Medizin

Aufgabe: **Medizin – auch Heilkunde genannt – beschäftigt sich mit Krankheiten und der Erhaltung der Gesundheit.**
Beispiel: Erkennen, Behandeln und Vorbeugung einer Grippeerkrankung

Chemie

Aufgabe: **Die Chemie ist eine Naturwissenschaft. Sie beschäftigt sich mit dem Aufbau und der Umwandlung von Stoffen.**
Beispiel: Eine Kerze verbrennt an der Luft. Dabei bilden sich verschiedene Gase.

Biologie

Die Biologie ist eine Naturwissenschaft. Sie beschäftigt sich mit den Kennzeichen von Lebewesen wie z. B. Gestalt, Bewegung, Stoffwechsel, Wachstum, Reizbarkeit, Fortpflanzung und Entwicklung.

Technik

Aufgabe: **Die Technik beschäftigt sich mit der Herstellung von Gegenständen wie z. B. Werkzeugen, Maschinen, Geräten und Apparaten.**
Beispiel: Entwicklung und Bau von Flugzeugen

Politik

Aufgabe: **Die Politik beschäftigt sich unter anderem mit Gesetzen, Staaten und Regelungen menschlichen Zusammenlebens.**
Beispiel: Entwurf, Ausführung und Einhaltung von Gesetzen zum Schutz der Umwelt

Geschichte

Aufgabe: **Die Geschichte beschäftigt sich mit Menschen und Ereignissen aus der Vergangenheit.**
Beispiel: Im Jahre 1665 entdeckte der englische Naturforscher Robert Hooke bei einer Untersuchung von Flaschenkork die Zelle.

Streifzug

**Häufig benötigt man Kenntnisse aus anderen Fächern, um biologische Sachverhalte besser zu verstehen. Hierbei helfen dir die „Streifzug"-Seiten.
Du stellst fest, dass die Biologie mit vielen Fächern und Lebensbereichen vernetzt ist.**

Prüfe dein Wissen

Am Ende von Hauptkapiteln hast du Gelegenheit, anhand von umfassenden Aufgaben zu prüfen, ob du das Wesentliche verstanden hast.

Joachim Jaenicke
Andreas Paul

Netzwerk Biologie 2

Ein Lehr- und Arbeitsbuch
Teilband 1

Schroedel

Netzwerk Biologie 2
Teilband 1

Herausgegeben von
Joachim Jaenicke
Andreas Paul

Bearbeitet von
Dr. Joachim Jaenicke
Dr. Harald Kähler
Dr. Andreas Paul
Rolf Wellinghorst
Christian Wendel

unter Mitarbeit der Verlagsredaktion

ISBN 3-507-86433-9

Druck A $^{5\ 4\ 3\ 2\ 1}$ / Jahr 2005 2004 2003 2002 2001

Alle Drucke der Serie A sind im Unterricht parallel verwendbar, da bis auf die Behebung von Druckfehlern untereinander unverändert. Die letzte Zahl bezeichnet das Jahr dieses Druckes.

Illustrationen:
Liselotte Lüddecke, Karin Mall, Tom Menzel, Heike Möller, Barbara Schneider

Grundlayout und Pinnwände:
Atelier *tiger*color Tom Menzel

Einbandgestaltung:
Cordula Hofmann

Gesamtherstellung:
Universitätsdruckerei H. Stürtz AG, Würzburg

CHLORFREI
Gedruckt auf Papier, das nicht mit Chlor gebleicht wurde. Bei der Produktion entstehen keine chlorkohlenwasserstoffhaltigen Abwässer.

Biologie – vernetzt mit anderen Lebensbereichen

Lebewesen bestehen aus Zellen

Bau und Lebensweise von Tieren

Grüne Pflanzen brauchen Licht

Lebensräume

Natur- und Umweltschutz

Bau und Leistungen des menschlichen Körpers

Biologie – vernetzt mit anderen Bereichen

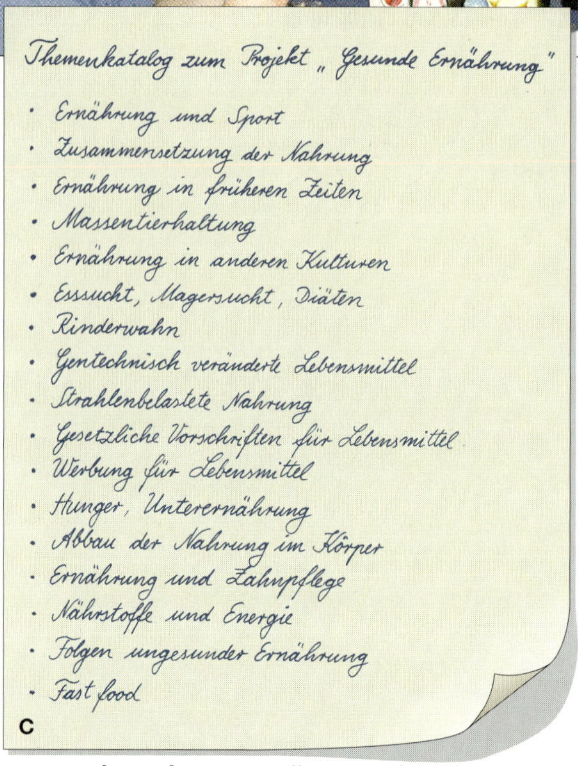

Themenkatalog zum Projekt „Gesunde Ernährung"

- Ernährung und Sport
- Zusammensetzung der Nahrung
- Ernährung in früheren Zeiten
- Massentierhaltung
- Ernährung in anderen Kulturen
- Esssucht, Magersucht, Diäten
- Rinderwahn
- Gentechnisch veränderte Lebensmittel
- Strahlenbelastete Nahrung
- Gesetzliche Vorschriften für Lebensmittel
- Werbung für Lebensmittel
- Hunger, Unterernährung
- Abbau der Nahrung im Körper
- Ernährung und Zahnpflege
- Nährstoffe und Energie
- Folgen ungesunder Ernährung
- Fast food

C

1 *Gesunde Ernährung.* A *Grillparty;* **B** *Plakat für ein Projekt;* **C** *Themenkatalog für das Projekt*

Die Klasse 9 plant ein Projekt „Gesunde Ernährung". Die Schülerinnen und Schüler stellen Überlegungen an, mit welchen Themen sich die einzelnen Gruppen auseinandersetzen müssen. An der Tafel werden die Beiträge festgehalten: „Zusammensetzung der Nahrung; Abbau der Nahrung im Körper; Ernährung in früheren Zeiten; gesetzliche Vorschriften für Lebensmittel; Ernährung in anderen Kulturen; Werbung für Lebensmittel; Fast food; Nährstoffe und Energie ..." Nach der Auswertung der Beiträge werden die Themen auf Gruppen verteilt. Dabei stellen die Schülerinnen und Schüler fest, dass das Projekt „Gesunde Ernährung" kein rein biologisches Vorhaben ist, sondern auch Kenntnisse aus anderen Fächern und Lebensbereichen wie Chemie, Physik, Medizin, Geschichte, Geographie, Sozialkunde oder Politik erfordert.

Diese Überlegungen zum Projekt „Gesunde Ernährung" lassen sich verallgemeinern. Fragen der Biologie sind fast immer mit anderen Fächern und Lebensbereichen verknüpft. Eine Schülerin entwirft dazu ein treffendes Bild: „Wie in einem Netz hängt hier vieles zusammen."

1 Nenne die Fächer bzw. Lebensbereiche, die auf der Pinnwand angesprochen sind.

2 Welche Fächer bzw. Lebensbereiche sind in dem Themenkatalog vertreten, jedoch nicht auf der Pinnwand?

3 Zu welchem Fach bzw. Lebensbereich gehört folgende Anregung einer Schülerin: „Man müsste einmal erfragen, ob Menschen, die sich vegetarisch ernähren, gesünder und länger leben."

> *„Ebensowenig wie ein Einzelner heute das jeweils bedeutsame Wissen überschauen und verarbeiten kann, ebensowenig ist es möglich, Fragen nur aus der Sicht eines Faches heraus beantworten zu wollen und damit Problemstellungen zu lösen ..."*
> *aus:* Delphi-Studie, im Auftrag des Bundesministeriums für Bildung, Wissenschaft, Forschung und Technologie, 1998

Pinnwand

THEMA „GESUNDE ERNÄHRUNG" VERNETZT MIT…

Waldpilze noch immer strahlenbelastet

...in einer Probe von Maronen aus der Gegend von Lüneburg wurden nicht weniger als 13317 Bequerel Cäsium pro Kilogramm getrockneter Pilze gemessen – ein Wert, der sonst nur noch in den stark belasteten Gebieten Südbayerns vorkommt.
Auffällig daran sei der hohe Anteil an Cäsium 137, der aus dem Fallout von Tschernobyl stamme.

Landeszeitung für die Lüneburger Heide, 24. 10. 1994

Frau, 43 Jahre, 168 cm groß, 77 kg schwer, sucht „Gleichgesinnte" für gemeinsames Abnehmen und andere Freizeitaktivitäten. Anschriften an die LN, Chiffre Nr. 77838.

§ 14 Pflanzenschutz- oder sonstige Mittel.

(1) Es ist verboten, Lebensmittel gewerbsmäßig in den Verkehr zu bringen,
1. wenn in oder auf ihnen Pflanzenschutzmittel im Sinne des Pflanzenschutzgesetzes, Düngemittel im Sinne des Düngemittelgesetzes ... die nach Absatz 2 Nr. 1 Buchstabe a festgelegten Höchstmengen überschreiten;
2. wenn in oder auf ihnen Pflanzenschutzmittel im Sinne des Pflanzenschutzgesetzes vorhanden sind, die nicht zugelassen sind ...

(aus: Lebensmittel- und Bedarfsgegenständegesetz der Bundesrepublik Deutschland, i. d. Fassung vom 8. Juli 1993)

Anlässlich der Hochzeit des Bäckermeisters B. Grundlinger aus Augsburg im Jahre 1483 verzehrten 720 Gäste

20 Ochsen
30 Hirsche
95 gemästete Schweine
46 gemästete Kälber
49 Zicklein
5000 Stück Federvieh
1006 Gänse
15 Auerhähne
45 Pfauen
900 Würste
15000 Hechte, Barben, Aalraupen, Forellen und Krebse

Lebewesen bestehen aus Zellen

1 ***Korkeichen.*** ***A*** *Bäume;* ***B*** *Korkzellen nach HOOKE (1667)*

2 ***Tulpe*** *(Schema)*

1 Bau einer Pflanzenzelle

„Durch das Mikroskop erkennen wir, dass das Korkstück ganz und gar mit Luft gefüllt ist, die in kleinen voneinander getrennten Schachteln oder Zellen vollkommen eingeschlossen ist ...“.
So lässt sich der Text des englischen Physikers Robert HOOKE aus dem Jahre 1667 übersetzen, den er in seinem Buch „Micrographia“ nach der mikroskopischen Untersuchung der Borke einer Korkeiche verfasste. HOOKE hatte den Baustein von Pflanzen entdeckt, die **Zelle.** Wie ist eine Pflanzenzelle aufgebaut?
Betrachtet man die Zeichnungen von HOOKE, erkennt man ein wabenartiges Muster vieleckiger Zellen. Den genauen Aufbau von Zellen konnte HOOKE mit seinem einfachen Mikroskop noch nicht erkennen. Bei den modernen *Lichtmikroskopen* ist das *Objektiv* aus mehreren fein geschliffenen Linsen zusammengesetzt. Durch dieses Linsensystem wird ein Objekt vergrößert abgebildet. Das

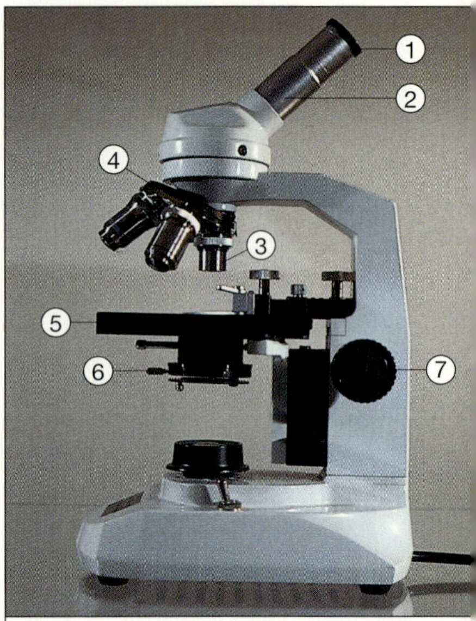

① **Okular** (Linsensystem, das dem Auge zugewandt ist; Lupenvergrößerung z. B. 5×, 10 ×);
② **Tubus** (Metallröhre);
③ **Objektiv** (Linsensystem, das dem Objekt zugewandt ist; Vergrößerung z. B. 10×, 45×, 100×);
④ **Objektivrevolver;**
⑤ **Objekttisch mit Präparat** (= Objektträger mit Objekt, das durch ein Deckglas bedeckt wird);
⑥ **Kondensor mit Blende;**
⑦ **Triebräder**

3 ***Lichtmikroskop***

vergrößerte Bild wird durch ein zweites Linsensystem, das *Okular,* wie durch eine Lupe nochmals vergrößert. Die *Gesamtvergrößerung* eines Mikroskopes ergibt sich aus dem Produkt der Vergrößerungen von Objektiv und Okular. Mit einem Mikroskop sieht man mehr Einzelheiten als mit dem Auge. Man sagt, das Lichtmikroskop hat ein höheres *Auflösungsvermögen.* Hierunter versteht man die Fähigkeit eines optischen Systems, zwei dicht nebeneinander liegende Punkte eines Objektes als getrennte Punkte wiederzugeben. So beträgt das Auflösungsvermögen des Auges etwa $^1/_{10}$ mm, das heißt, zwei Objektpunkte, die dichter als $^1/_{10}$ mm zusammenliegen, werden nicht mehr als getrennte Punkte wahrgenommen. Das Auflösungsvermögen des Lichtmikroskopes liegt in der höchsten Vergrößerung bei etwa $^1/_{4000}$ mm.

Zur mikroskopischen Untersuchung müssen die Objekte dünn und lichtdurchlässig sein. Ein solches Objekt ist zum Beispiel das Zwiebelhäutchen, eine farblose Haut, die die Oberseite des Schuppenblattes einer Tulpenzwiebel begrenzt. Zur Untersuchung überträgt man ein kleines Hautstück in einen Wassertropfen auf einem Glasstreifen, dem Objektträger, und deckt ein Deckgläschen darüber. Dieses **Präparat** kann nun mikroskopiert werden.

Bei schwacher Vergrößerung erkennt man ein Linienmuster, das an ein Netz erinnert. Die eckig verlaufenden Linien begrenzen die Zellen. Bei stärkerer Vergrößerung sieht man, dass jede Zelle von einer **Zellwand** umgeben ist. Sie verleiht ihr Festigkeit und bestimmt ihre Gestalt.

Im Zellinneren liegt das zähflüssige, körnige **Zellplasma.** Da die Zellwand durchlässig für Flüssigkeiten ist, wird das Zellplasma zur Zellwand hin von einer dünnen Haut, der **Zellmembran,** begrenzt.

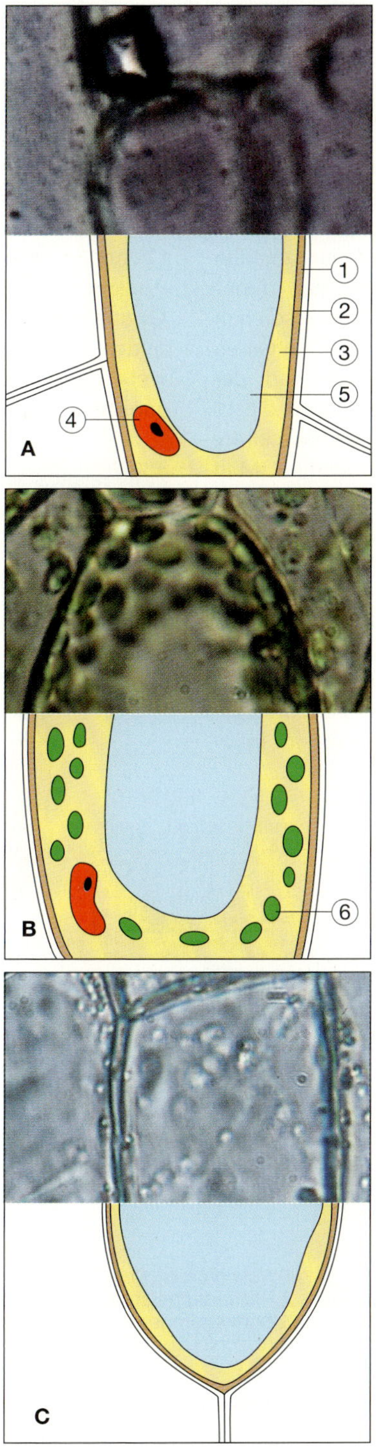

4 Zellen der Tulpe. ***A*** *Kronblattzelle (① Zellwand, ② Zellmembran, ③ Zellplasma, ④ Zellkern, ⑤ Vakuole mit rotem Zellsaft);* ***B*** *Laubblattzelle (⑥ Chloroplast);* ***C*** *Zelle des Zwiebelhäutchens*

Sie ist so dünn, dass man sie auch bei stärkster Vergrößerung nicht sieht. Im Zellplasma findet man auch den **Zellkern** mit Kernkörperchen. Er ist kugelförmig, durchscheinend und ebenfalls von einer dünnen Haut, der *Kernhülle,* umgeben. Der Zellkern steuert alle Lebensvorgänge in der Zelle. In den Zwiebelhautzellen findet man den Zellkern meist in der Nähe der Zellwand. Das liegt daran, dass sich im Zellinneren eine große Blase befindet, die das Zellplasma mit den anderen Zellbestandteilen an die Zellwand drückt. Diese **Vakuole** ist ebenfalls von einer Membran, dem *Tonoplasten,* begrenzt. Das Innere der Vakuole ist mit einer farblosen, wässerigen Flüssigkeit gefüllt, dem *Zellsaft.*

Der Zellsaft kann aber auch Farbstoffe enthalten. So ist zum Beispiel die rote Farbe von Kronblättern der Tulpe auf einem roten Farbstoff in den Vakuolen der Kronblattzellen zurückzuführen. Der grüne Blattfarbstoff Chlorophyll hingegen liegt in körnchenähnlichen Zellbestandteilen, die **Chloroplasten** heißen. Chloroplasten findet man in allen grünen Pflanzenteilen wie den Laubblättern und der Sprossachse.

Alle Pflanzenzellen enthalten eine Zellwand, eine Zellmembran, körniges Zellplasma, einen Zellkern und Vakuolen. In den Zellen grüner Pflanzenteile kommen zusätzlich Chloroplasten hinzu.

1 Welche Zellbestandteile einer pflanzlichen Zelle konnte HOOKE bei seiner Untersuchung des Korks erkennen? Erläutere.

2 Eine Schülerin mikroskopiert ein Zwiebelhäutchen. Am Mikroskop hat sie ein 40×-Objektiv eingestellt. Auf dem Okular findet sie die Angabe 5×. Bei welcher Gesamtvergrößerung betrachtet sie das Objektiv?

2 Die Zellen einer Pflanze unterscheiden sich

Bei der Tulpenpflanze sehen die Zellen der Kronblätter anders aus als die der Laubblätter oder die der Zwiebelschuppenblätter. Woran liegt das? Zur Klärung dieser Frage verfolgt man, wie die Tulpenpflanze aus der Zwiebel austreibt. An der Spitze der gestauchten Sprossachse liegt ein Verband würfelförmiger, dünnwandiger Zellen, die sich ständig teilen. Einen solchen Verband gleich gebauter Zellen mit gleichen Aufgaben nennt man **Gewebe.** Das Teilungsgewebe an der Sprossspitze heißt *Bildungsgewebe*. Die Zellen dieses Gewebes verändern sich im Verlaufe der Entwicklung zu anderen Zelltypen mit bestimmten Aufgaben. Man sagt, die Zellen **differenzieren** sich. Dies lässt sich an dem treibenden Tulpenspross gut verfolgen. Die Zellen werden langgestreckter, ihre Zellwände dicker und Vakuolen entstehen. Hat ein Gewebe seine endgültige Gestalt und Größe erreicht und teilt es sich nicht mehr, spricht man von einem *Dauergewebe*.

Ein solches Dauergewebe schließt zum Beispiel das Laubblatt nach außen hin ab. Dieses *Abschlussgewebe*, die Epidermis, schützt andere Gewebe im Inneren des Blattes, die für die Ernährung und den Gasaustausch sorgen. Die verschiedenen Gewebe ergänzen sich in ihren Aufgaben. Sie bilden in ihrer Gesamtheit ein **Organ,** das Laubblatt. Auch die Sprossachse und die Wurzel sind Organe der Pflanze.

Verschiedenartige Blätter findet man in der Tulpenblüte: rote Kronblätter, gelbe Staubblätter und grüne Fruchtblätter. Staubblätter sind die männlichen, Fruchtblätter die weiblichen Blütenorgane. Die Kronblätter locken Insekten an, die die Bestäubung durchführen. Die Blüte wird also aus mehreren Organen gebildet, die der gemeinsamen Aufgabe der Fortpflanzung dienen. Organe, die eine gemeinsame Aufgabe erfüllen, bilden ein **Organsystem.** Organsysteme bilden mit ihren Zellen, Geweben und Organen den **Organismus** Tulpenpflanze.

Die Pflanze ist ein Organismus, der sich aus Zellen, Geweben, Organen und Organsystemen zusammensetzt.

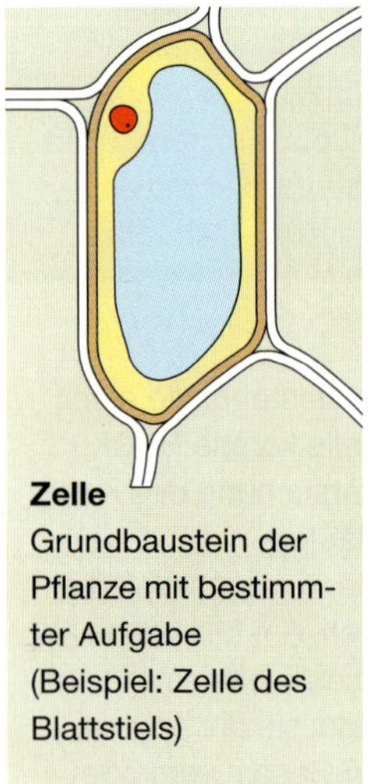

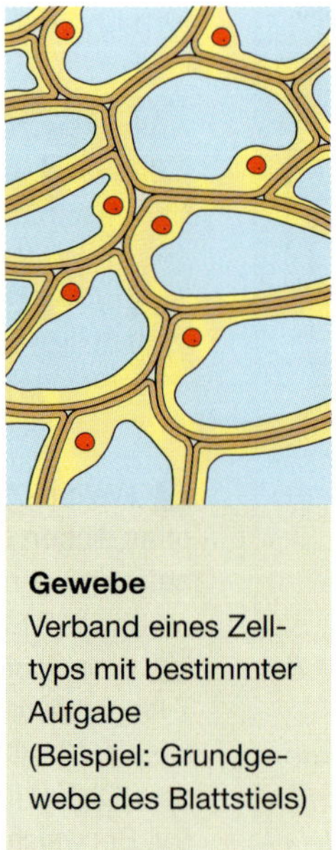

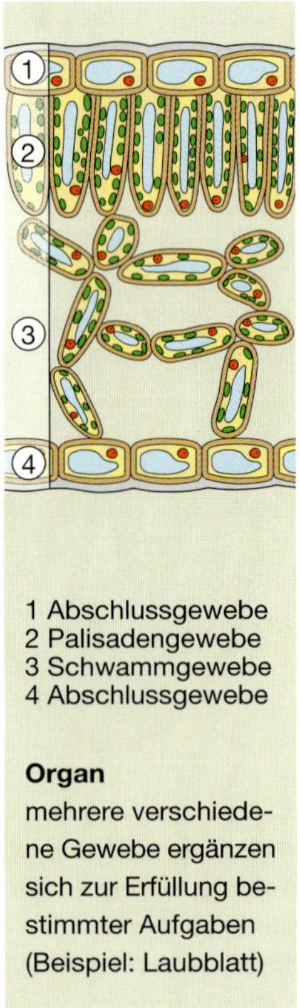

1 Organisationsstufen des Organismus Tulpenpflanze

Pflanzliche Zellen

Übung

A1 Das Mikroskop von HOOKE

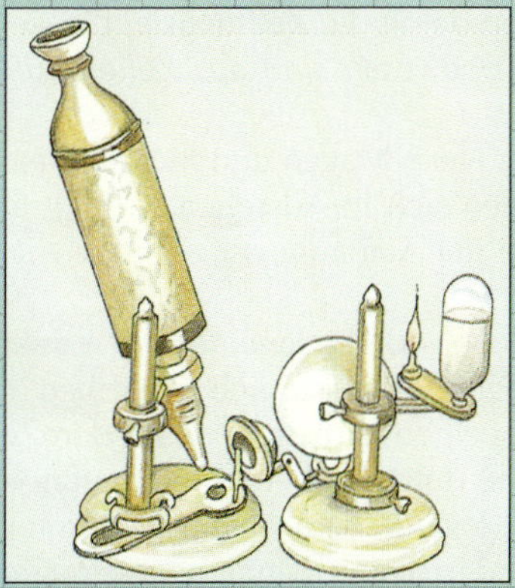

a) Beschreibe das Vergrößerungsprinzip beim Mikroskop von R. HOOKE.
b) Nenne Unterschiede zwischen dem HOOKEschen Mikroskop und dem Schülermikroskop auf Seite 10.

A2 Handhabung des Lichtmikroskops

In einer Anleitung zur sachgemäßen Bedienung eines Schülermikroskops heißt es:

1. Beginne das Mikroskopieren mit der kleinsten Vergrößerung!
2. Schiebe den Kondensor bis zum oberen Anschlag!
3. Stelle erst mit dem Grobtrieb scharf, dann reguliere die Schärfe mit dem Feintrieb!
4. Reguliere gegebenenfalls Helligkeit und Kontrast mit der Blende!
5. Beim Wechsel des Objektivs berühre nie das Präparat! Kontrolliere von der Seite!

Erläutere die Maßnahmen 1. bis 5.

V3 Mikroskopieren des „Zwiebelhäutchens"

Material: Mikroskop und Zubehör; Messer; Rasierklinge; Zeichenpapier; Zeichenmaterial; Wasser; Küchenzwiebel
Durchführung: Schneide die Küchenzwiebel längs durch. Schneide dann eine Hälfte in zwei Viertel. Löse eine Zwiebelschuppe (= Zwiebelschuppenblatt) vorsichtig heraus. Das Schuppenblatt ist auf der nach innen gewölbten Seite von einer matten, durchscheinenden Haut begrenzt. Es ist ein Abschlussgewebe, eine Epidermis. In dieses Zwiebelhäutchen schneide mit einer scharfen Rasierklinge ein Muster kleiner Quadrate (Kantenlänge etwa 3 mm). Gib einen Tropfen Wasser in die Mitte eines Objektträgers. Löse dann mit der Pinzette ein quadratisches Stückchen des Zwiebelhäutchens ab und übertrage es in den Wassertropfen. Setze ein Deckglas seitlich an den Wassertropfen und lege es vorsichtig auf.
Aufgaben: a) Mikroskopiere das Frischpräparat bei kleiner Vergrößerung. Zeichne und beschrifte.
b) Handelt es sich beim Zwiebelhäutchen um die obere oder die untere Epidermis des Zwiebelschuppenblattes? Erläutere.

V4 Blattzellen der Wasserpest

Material: Mikroskop und Zubehör; Zeichenpapier; Zeichenmaterial; Pinzette; Wasserpest
Durchführung: Gib einen Tropfen Wasser auf einen Objektträger. Zupfe dann mit einer Pinzette ein Blatt vom Spross der Wasserpest ab und übertrage es in den Wassertropfen. Lege vorsichtig von der Seite des Wassertropfens ein Deckglas auf.
Aufgaben: a) Mikroskopiere das Präparat. Wähle dann eine Vergrößerung, bei der eine Zelle gut zu erkennen ist. Zeichne eine einzelne Blattzelle aus dem Gewebe und deute die angrenzenden Zellen an. Beschrifte deine Zeichnung.
b) In lebenden Zellen bewegt sich das Zellplasma. Diese Plasmaströmung erkennt man gut an den mitgeführten Chloroplasten. Beobachte die Plasmaströmung in der unter a) mikroskopierten und gezeichneten Blattzelle. Trage die Bewegungsrichtung – auch in den angrenzenden Zellen – durch Pfeile ein.
c) Ordne das Blatt der Wasserpest einer Organisationsstufe bei Pflanzen zu. Erläutere.

A5 Zelldifferenzierung

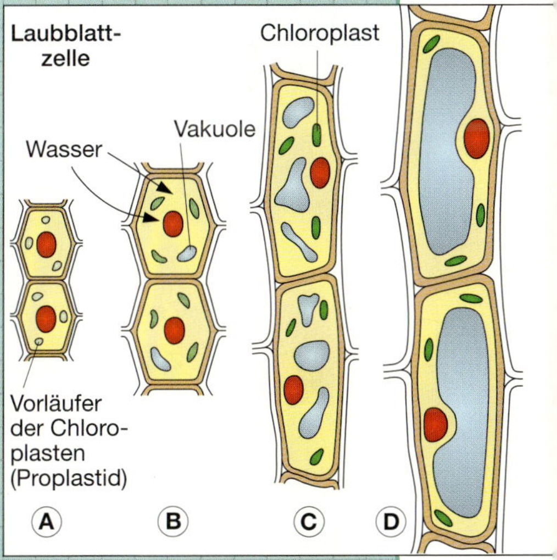

Beschreibe die Veränderungen einer Zelle des Bildungsgewebes einer Sprossspitze einer grünen Pflanze im Verlaufe des Streckungswachstums.

3 Tierzellen – mikroskopisch betrachtet

Pflanzen bestehen aus Zellen. Diese Theorie wurde 1838 von dem Botaniker Jakob Matthias SCHLEIDEN aufgrund einer Fülle von mikroskopischen Untersuchungen aufgestellt. Der Zoologe Theodor SCHWANN konnte etwa zur gleichen Zeit nachweisen, dass auch der Körper von Tieren aus Zellen aufgebaut ist. Beide Forscher begründeten damit die **Zelltheorie,** die sie in folgendem Lehrsatz formulierten: *Alle Lebewesen sind aus Zellen aufgebaut.*

Körperteile wie zum Beispiel Haut, Leber, Herz, Magen und Muskeln eines Menschen oder eines Tieres unterscheiden sich in Aussehen, Gestalt und in ihren Aufgaben. Gemeinsam ist ihnen der Aufbau aus Zellen. Wie sind die Zellen dieser Körperteile aufgebaut?

Versucht man zum Beispiel von Rinderleber oder Schweineherzen mikroskopische Präparate herzustellen, gelingt dies nur durch Zerreiben der Körperteile. Dabei werden die Zellen voneinander getrennt. Um den Zellverband zu erhalten, werden die Objekte durch Einbetten in Paraffin verfestigt und mit einem besonderen Schneidegerät, dem *Mikrotom,* dünn geschnitten. Dann wird das Paraffin von den Dünnschnitten entfernt, das Objekt gefärbt und in Kunstharz auf einem Objektträger dauerhaft eingebettet. Solche Präparate heißen *Dauerpräparate.*

Leicht hingegen lässt sich die menschliche Mundschleimhaut mikroskopisch untersuchen. Sie kleidet die Mundhöhle aus und schützt die innen gelegenen Gewebe. Durch Kaubewegungen sind die Zellen einer starken Abnutzung ausgesetzt. Ihre Lebensdauer beträgt nur wenige Tage. Die abgeschilferten Zellen werden dann aus unteren Schichten nachgebildet. Mikroskopiert man abgeschabte Zellen der Mundschleimhaut, so ist der Bau erst deutlich nach dem Anfärben des Präparates zu erkennen. Jede der plattförmigen Zellen ist von einer *Zellmembran* begrenzt. Vom körnigen *Zellplasma* hebt sich besonders der stark angefärbte *Zellkern* mit den Kernkörperchen hervor. Durch die Präparation bedingt, hängen die Zellen nur vereinzelt zusammen. Die Mundschleimhaut bildet einen Verband gleichartiger Zellen, ein *Gewebe.* Auch die Magenschleimhaut ist ein Gewebe.

Es schließt den Magen zum Mageninnenraum hin ab. Solche Gewebe, die Körperoberflächen bedecken, heißen **Deckgewebe** oder Epithelien.

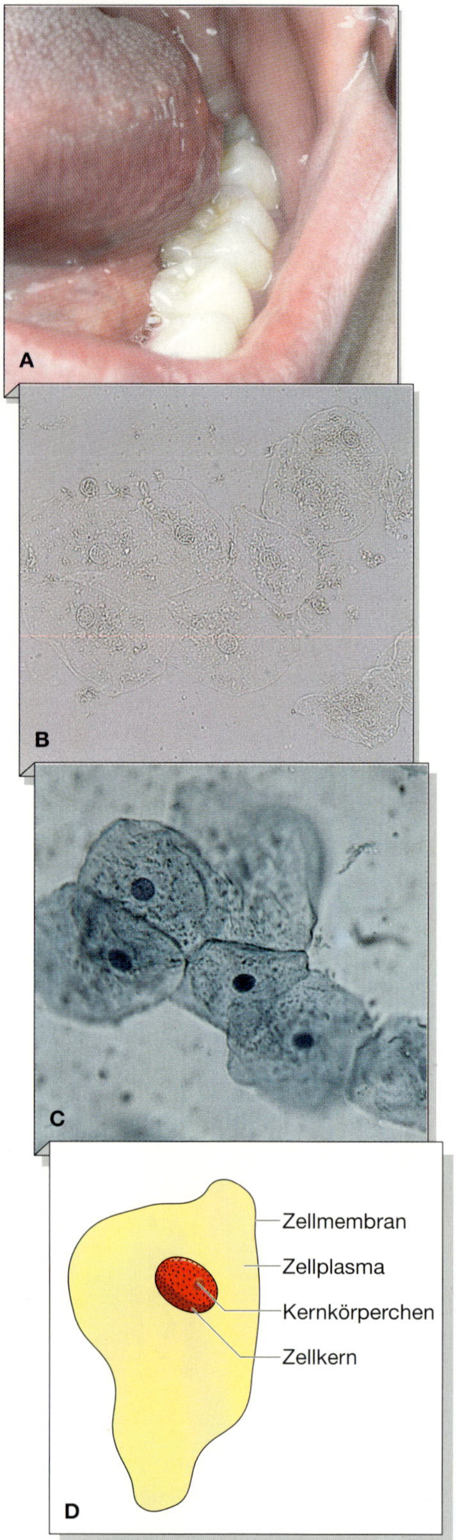

1 Mundschleimhaut des Menschen. ***A*** *Aufsicht;* ***B*** *Zellen, ungefärbt;* ***C*** *Zellen, gefärbt;* ***D*** *Zelle (Schema)*

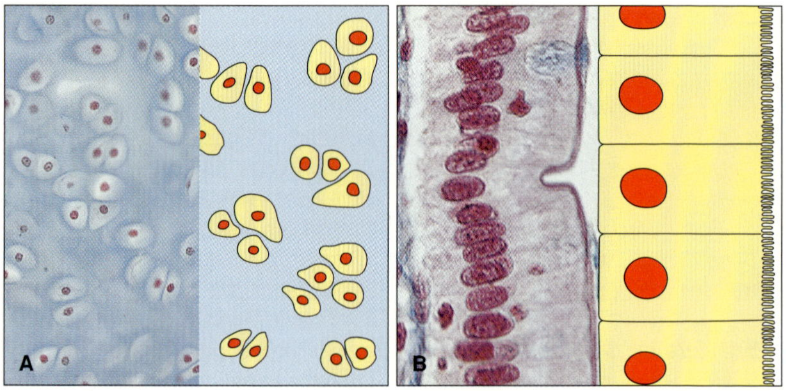

2 Zellen des Menschen. ***A*** *Knorpelzellen;* ***B*** *Darmzellen*

Magen, Darm und andere Körperteile werden durch **Bindegewebe** verbunden. Seine Zellen sind durch eine ausgeschiedene *Interzellularsubstanz* voneinander getrennt. Bindegewebsfasern durchziehen diese Grundsubstanz und verleihen dem Gewebe Festigkeit. Im *Fettgewebe* liegen Fettzellen mit großen Fetttropfen zwischen Bindegewebsfasern. Beim *Knorpelgewebe* sind die Zellen in einer elastisch-festen Grundsubstanz eingebettet, die beim *Knochengewebe* durch Einlagerung von Salzen erhärtet ist. Solche Gewebe, die dem Organismus Festigkeit und Halt verleihen, nennt man **Stützgewebe.**

Knochen werden mit Muskeln durch Bindegewebe verbunden. In den Sehnen zum Beispiel sind die Bindegewebsfasern parallel angeordnet, wodurch eine hohe Zugfestigkeit bewirkt wird. Das Muskelgewebe besteht aus langgestreckten Zellen, die im Zellplasma längs verlaufende Eiweißfäden, so genannte Fibrillen, enthalten, die sich zusammenziehen können. In der Magenwand ergänzen sich zum Beispiel Muskelgewebe, Drüsengewebe und Bindegewebe mit weiteren Gewebearten zur Erfüllung der Aufgabe der Verdauung im Magen. Der Magen ist also ein *Organ.*

Auch die Mundhöhle mit den Speicheldrüsen, die Bauchspeicheldrüse, der Dünndarm und der Dickdarm sind Organe, die insgesamt die Aufgabe der Verdauung von Nährstoffen erfüllen. Sie bilden das Verdauungssystem, ein *Organsystem.*

Die Zellen von Menschen und Tieren bestehen aus einer Zellmembran, einem körnigen Zellplasma und einem Zellkern. Auch der menschliche und tierische Organismus ist aus den Organisationsstufen Zelle, Gewebe, Organ und Organsystem aufgebaut.

1 Formuliere Begriffsbestimmungen zu den in der Abbildung 3 wiedergegebenen Organisationsstufen beim Menschen. Nimm auch die Abbildung 1 der Seite 12 zu Hilfe.

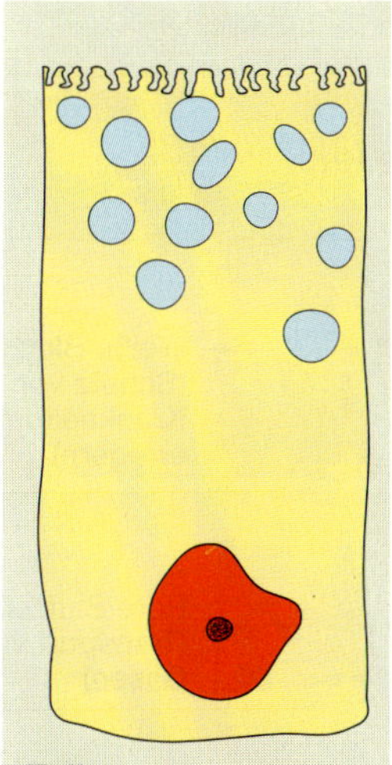

Zelle
Drüsenzelle der Magenschleimhaut

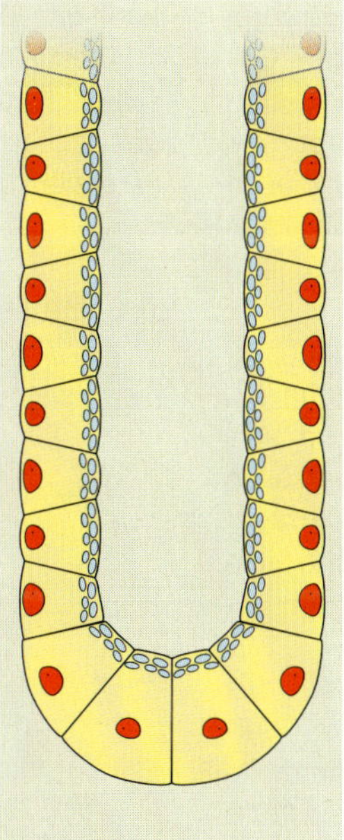

Gewebe
Drüsengewebe aus der Magenschleimhaut

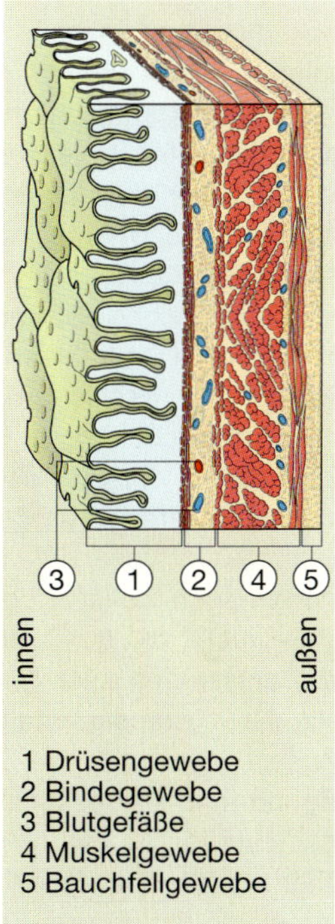

Organ
Magen

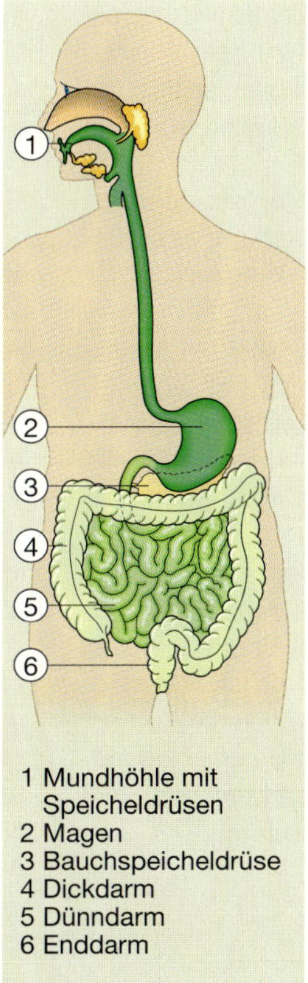

Organsystem
Verdauungssystem

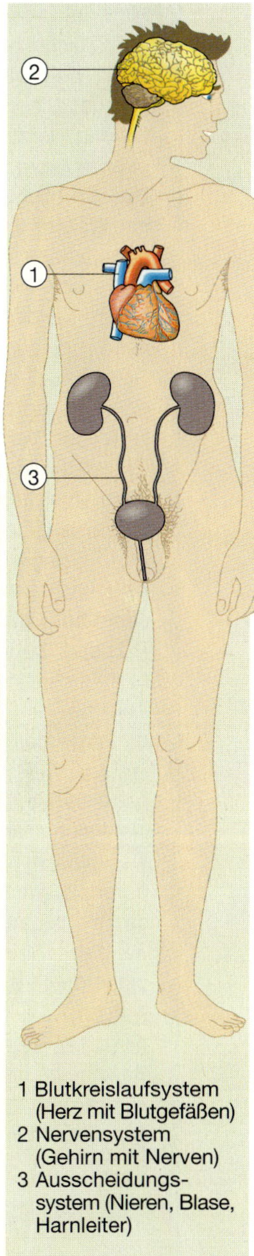

Organismus
Mensch

3 Organisationsstufen des Organismus Menschen

Übung

Tierische Zellen

V1 Mikroskopieren von Mundschleimhautzellen

Material: Mikroskop und Zubehör; Zeichenpapier; Zeichenmaterial; Holzspatel oder Teelöffel; Pipette; Glasstab; Methylenblau-Lösung (verdünnt); Filtrierpapierstreifen (etwa 5 cm × 1 cm)

Durchführung: Gib einen Tropfen Wasser auf einen Objektträger. Schabe mit einem sterilen Holzspatel (oder mit einem sauberen Teelöffel) von der Innenseite deiner Wange etwas Schleimhaut ab. Übertrage sie in den Wassertropfen auf dem Objektträger. Vermische mit einem Glasstab die Schleimhautstückchen vorsichtig mit dem Wasser. Setze ein Deckglas seitlich an den Flüssigkeitstropfen und lege es vorsichtig auf.

Aufgaben: a) Mikroskopiere das Präparat bei starker Vergrößerung und kleiner Blende.
Zeichne.

b) Färbe das Objekt mit Methylenblau: Gib dazu mit einer Pipette einen Tropfen Methylenblaulösung an den Rand des Deckgläschens. Halte den Filtrierpapierstreifen an den gegenüberliegenden Rand. Sauge auf diese Weise den Farbstoff so lange durch das Präparat, bis es sichtbar angefärbt ist. Mikroskopiere bei starker Vergrößerung. Beschreibe den Unterschied zwischen dem gefärbten und dem ungefärbten Präparat.

V2 Mikroskopieren von Leberzellen

Material: Mikroskop und Zubehör; Pipette; Glasstab; Becherglas (50 ml); Zeichenpapier; Zeichenmaterial; Orcein-Essigsäure; kleines Stück frische Rinderleber

Durchführung: Gib das Leberstückchen mit etwas Wasser in das Becherglas. Zerschneide das Leberstückchen im schräg gestellten Becherglas so lange, bis ein braunrotes Flüssigkeitsgemisch entstanden ist. Mit einer Pipette übertrage nun vorsichtig einen Tropfen dieser Flüssigkeit an ein Ende des Objektträgers. Dann stellst du ein *Ausstrichpräparat* her: Dazu setzt du einen zweiten Objektträger mit der schmalen Kante im schrägen Winkel an den Tropfen auf dem ersten Objektträger auf, sodass sich der Tropfen bei Berührung an der Kante entlang zieht. Dann schiebst du den schräg gestellten Objektträger zum anderen Ende des liegenden Objektträgers. Dabei wird die Leberflüssigkeit verteilt, man sagt, sie wird ausgestrichen. Gib auf diesen Ausstrich mit einem Glasstab einen Tropfen Orcein-Essigsäure und lege ein Deckglas auf.
Mikroskopiere dieses Ausstrichpräparat bei mittlerer Vergrößerung. Du siehst sowohl Leberzellen im Verband als auch isolierte Leberzellen und Zellreste, die durch die Präparation entstanden sind. Suche eine Stelle mit vollständig erhaltenen Leberzellen.

Aufgaben: a) Mikroskopiere das Ausstrichpräparat bei starker Vergrößerung. Welche Zellbestandteile werden durch Orcein-Essigsäure besonders stark gefärbt?

b) Zeichne mehrere Zellen und beschrifte deine Zeichnung.

A3 Kennzeichen tierischer und pflanzlicher Zellen

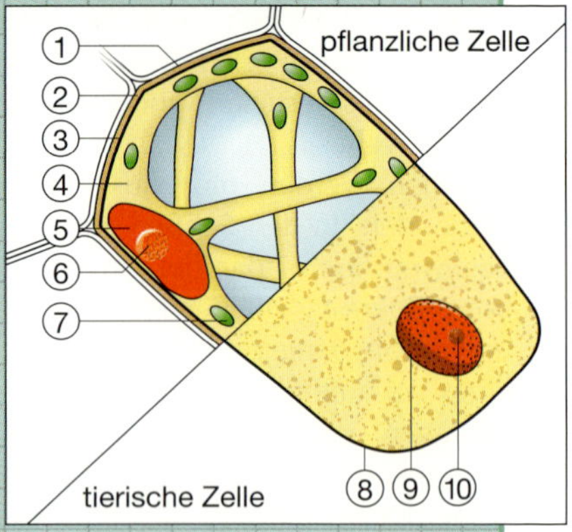

a) Ordne den Ziffern in den obigen Schemazeichnungen einer tierischen und einer pflanzlichen Zelle die richtigen Begriffe zu.

b) Stelle in einer Tabelle Kennzeichen pflanzlicher und tierischer Zellen gegenüber. Nimm auch das Lehrbuch zu Hilfe.

c) Weshalb lassen sich von tierischen Organen mikroskopisch geeignete Präparate schwieriger herstellen als von pflanzlichen?

A4 Blutzellen

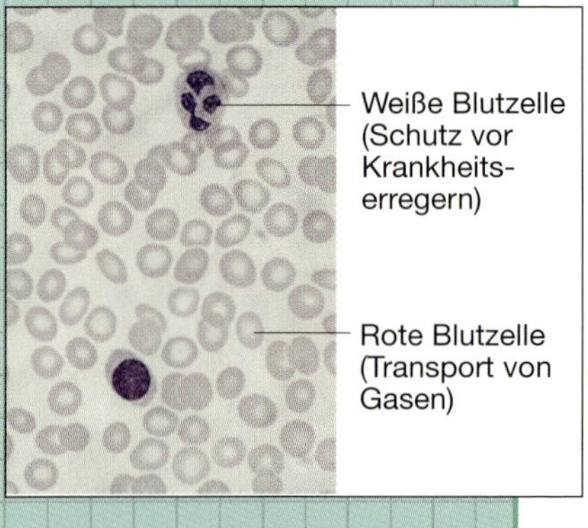

„Blut ist ein flüssiges Organ." Erläutere.

Lebewesen bestehen aus Zellen

Prüfe dein Wissen

A1 Nach der Entdeckung der Zelle durch HOOKE im Jahre 1667 haben Wissenschaftler intensiv grüne Pflanzen untersucht. Dabei entdeckten sie etwa um 1700 die Chloroplasten, den Zellkern jedoch erst 1831.
Finde eine Erklärung für die späte Entdeckung des Zellkerns.

A2 Beim Mikroskopieren eines Präparats des „Zwiebelhäutchens" sieht man nicht in jeder Zelle einen Zellkern.
a) Was besagt die Zelltheorie von SCHLEIDEN und SCHWANN?
b) Erkläre den Widerspruch der obigen Beobachtung.

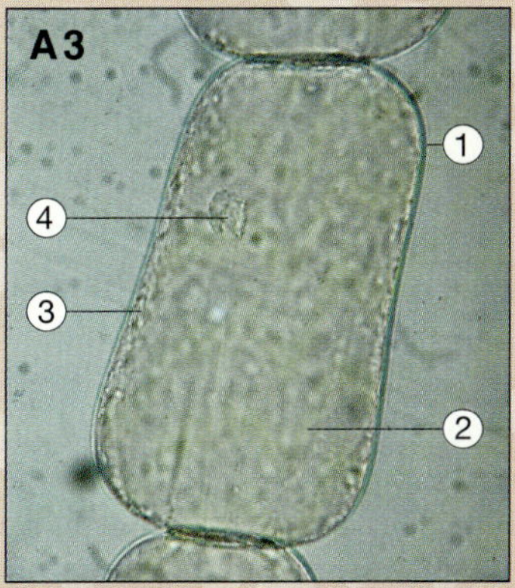

a) Ordne den Ziffern der Staubfadenhaarzelle einer Ampelpflanze die richtigen Begriffe zu.
b) Ordne ein Staubfadenhaar einer Organisationsstufe bei Pflanzen zu.

A4 Schüler haben ein Zellmodell aus einer Kunststoffbox, einem Kunststoffbeutel und einem Tischtennisball gebaut.
a) Nenne den Zelltyp, den das Modell veranschaulichen soll.
b) Welche Modellteile entsprechen den Bestandteilen einer lebenden Zelle?
c) Äußere dich kritisch zu dem beschriebenen Zellmodell.

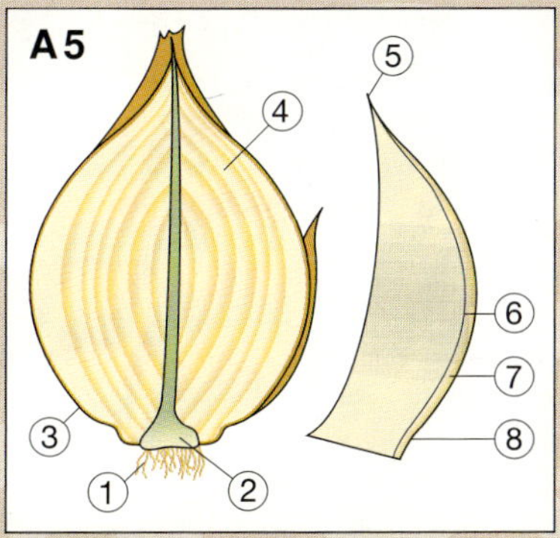

a) Ordne den Ziffern des Längsschnittes durch eine Küchenzwiebel und durch ein Zwiebelschuppenblatt die richtigen Begriffe zu.
b) Ordne Küchenzwiebel und Zwiebelschuppenblatt den Organisationsstufen bei Pflanzen zu. Erläutere deine Zuordnung.

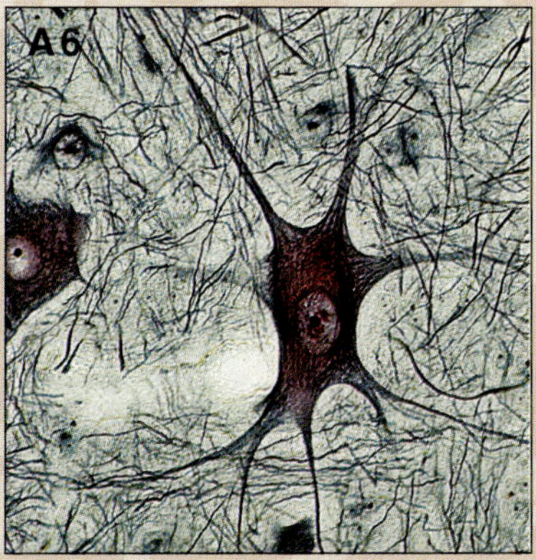

a) Zeichne ein Schema der abgebildeten Nervenzelle.
b) Vergleiche den Aufbau der Nervenzelle mit dem einer Mundschleimhautzelle.
c) Nenne Unterschiede und Gemeinsamkeiten einer Blattzelle der Wasserpest und einer Zelle der Mundschleimhaut des Menschen. Fertige eine Tabelle an.

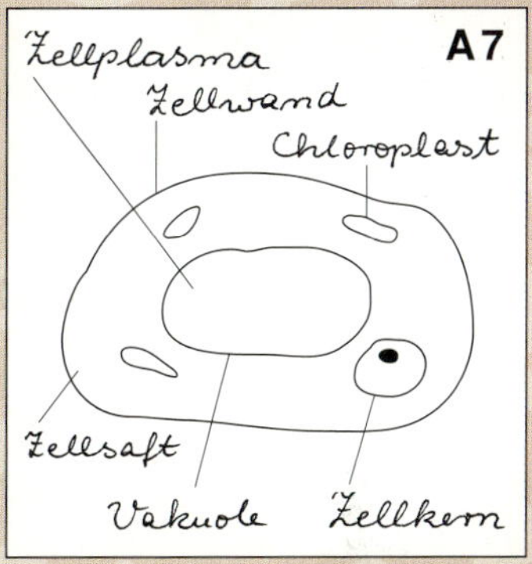

Ein Schüler sollte eine Zelle des Zwiebelhäutchens zeichnen und beschriften. Was hat er falsch gemacht? Zeichne eine richtige Darstellung mit Beschriftung in dein Heft.

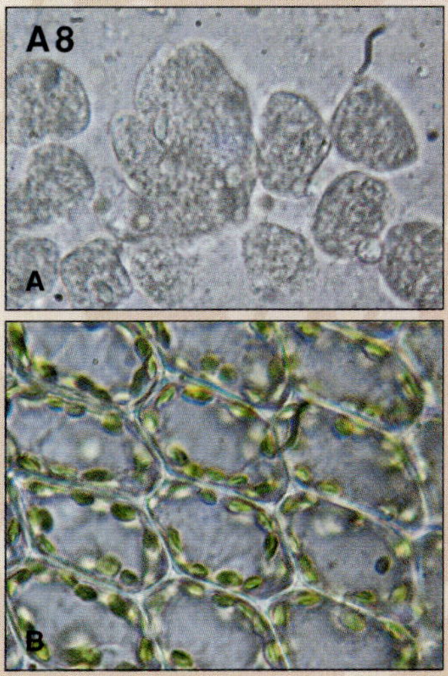

Ordne die Zellen A und B tierischen oder/und pflanzlichen Zellen zu. Erläutere.

Bau und Lebensweise von Tieren

*1 **Tiere des Waldes. A** Specht; **B** Rote Waldameise; **C** Bläuling; **D** Reh; **E** Grashüpfer*

1 Insekten

1.1 Insekten sind wirbellose Tiere

Bei einem Waldspaziergang im Frühjahr kann man verschiedene Tiere beobachten: ein Eichhörnchen, ein Reh, einen Hasen, einen Sperber, einen Specht oder eine Kohlmeise. Sie haben alle ein knöchernes Innenskelett mit einer Wirbelsäule. Sie sind Wirbeltiere. Aber auch Tiere ohne ein solches Skelett leben mit ihnen in der *Lebensgemeinschaft Wald.* Da eilen z. B. Ameisen auf dem Waldboden hin und her. Über eine Lichtung flattert ein Schmetterling. Ein Grashüpfer sitzt an einem Grashalm, auf dem ein Marienkäfer klettert. Eine Hummel landet auf einer Blüte des Waldziestes. Ein Maikäfer frisst an einem Buchenblatt.

*2 **Maikäfer. A** auf einem Blatt; **B** Gliederung (Schema)*

Nimmt man diesen *Maikäfer* in die Hand, fühlt er sich hart und trocken an. Das liegt an der harten, schützenden Hülle aus **Chitin.** Dieser Gerüststoff umgibt den Körper wie ein Panzer und bildet das **Außenskelett** des Maikäfers. Allerdings ist der Körper nicht starr. Der Körper des Maikäfers ist in drei Abschnitte, **Kopf, Brust** und **Hinterleib,** gegliedert. Diese sind durch Gelenkhäute beweglich untereinander verbunden. Der Körper scheint eingekerbt. Deshalb nennt man diese Tiere *Kerbtiere* oder nach dem lateinischen Wort „insectum" **Insekten.** Der Kopf trägt die halbkugeligen Augen und davor die gegliederten Fühler mit fächerförmigen Blättchen an den Enden. Mit ihnen kann der Maikäfer riechen. Auf der Unterseite des Kopfes befinden sich die Mundwerkzeuge. Sie bestehen ebenfalls

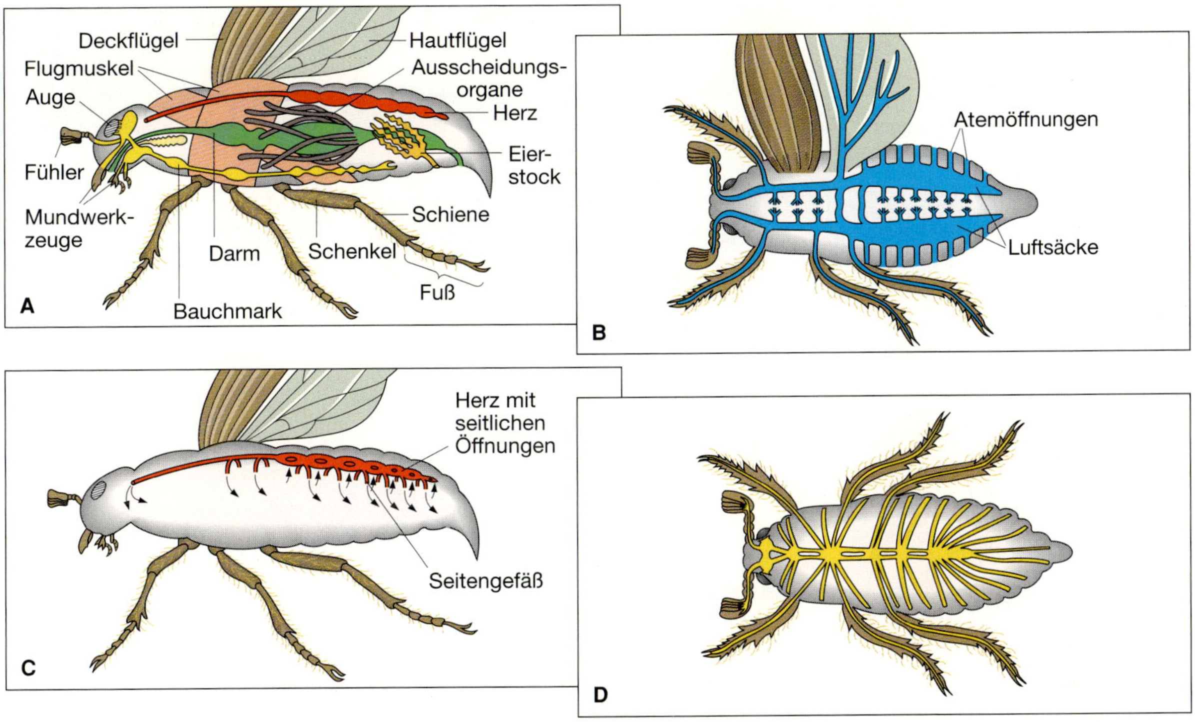

3 Innerer Bau des Maikäfers (schematische Darstellungen). A *Längsschnitt;* ***B*** *Atemsystem in Aufsicht;* ***C*** *Herz, offener Kreislauf;* ***D*** *Strickleiternervensystem von der Bauchseite*

aus hartem Chitin und sind bewegliche scharfkantige Platten, mit denen der Maikäfer Blätter zerbeißen kann. Die Brust besteht aus drei Ringen. Jeder der drei Brustringe trägt ein Beinpaar. Diese Zahl von sechs Beinen ist für alle Insekten charakteristisch. Die Beine sind gegliedert. Der Maikäfer ist ein **Gliederfüßer.** Zweiter und dritter Brustring sind miteinander verwachsen. Die harten *Vorderflügel* am zweiten Brustring bedecken und schützen die häutigen *Hinterflügel* und werden deshalb auch als Deckflügel bezeichnet. Sie werden während des Fluges schräg nach oben gestellt. Die Hinterflügel am dritten Brustring können schnell auf und ab bewegt werden und dienen dem Fliegen. Der Hinterleib besteht aus sieben Ringen.

Als guter Flieger bewegt der Maikäfer seine Muskeln schnell. Der notwendige Sauerstoff gelangt durch ein röhrenförmiges Atemsystem direkt bis zu den Zellen. Der Sauerstoff wird also nicht durch Blut transportiert. Das Atemsystem durchzieht mit Verzweigungen den ganzen Körper und mündet mit Atemöffnungen nach außen. Die Atemröhren sind durch Chitinspiralen versteift und heißen **Tracheen.** Der notwendige Nährstofftransport erfolgt mit einer farblosen Körperflüssigkeit, die von einem schlauchförmigen Herzen durch den Körper gepumpt wird. Es saugt das Blut durch seitliche Öffnungen an und drückt es vorn und durch Seitengefäße wieder hinaus. Die Körperflüssigkeit fließt nicht durch Adern, sondern frei durch den Körper. Maikäfer haben wie alle Insekten einen **offenen Kreislauf.**
Zum Nervensystem gehören je ein Nervenknotenpaar oberhalb und unterhalb des Schlundes, die **Ganglien.** Von diesen Ganglien ziehen zwei parallel verlaufende Nervenstränge auf der Bauchseite als *Bauchmark* durch den Körper. Hier sind weitere Ganglienpaare eingelagert, die auch quer miteinander verbunden sind. Wegen des strickleiterartigen Aussehens spricht man von einem **Strickleiternervensystem.**

Insekten haben ein festes Außenskelett aus Chitin. Ihr Körper ist in Kopf, Brust und Hinterleib gegliedert. Sie haben drei gegliederte Beinpaare, ein Tracheensystem, einen offenen Kreislauf und ein Strickleiternervensystem. Die meisten Insekten haben Flügel.

1 Nenne Unterschiede zwischen Insekten und Wirbeltieren. Nimm die Pinnwände Seite 20 und 21 sowie 22 und 23 zu Hilfe.

2 Begründe, weshalb die Abbildung der Ritterrüstung an der Pinnwand Seite 23 hängt.

Pinnwand

WIRBELTIERE IM VERGLEICH

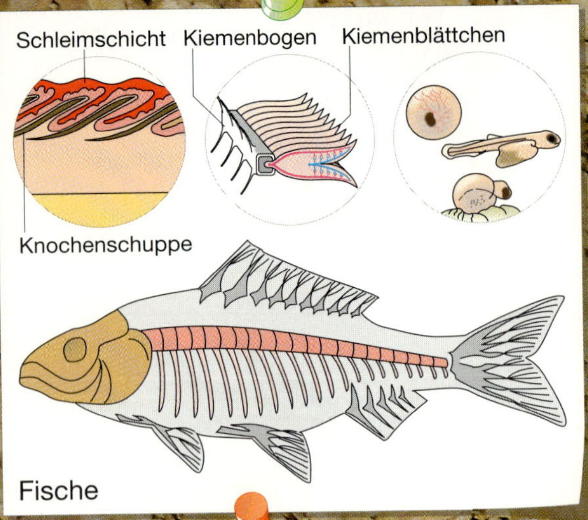

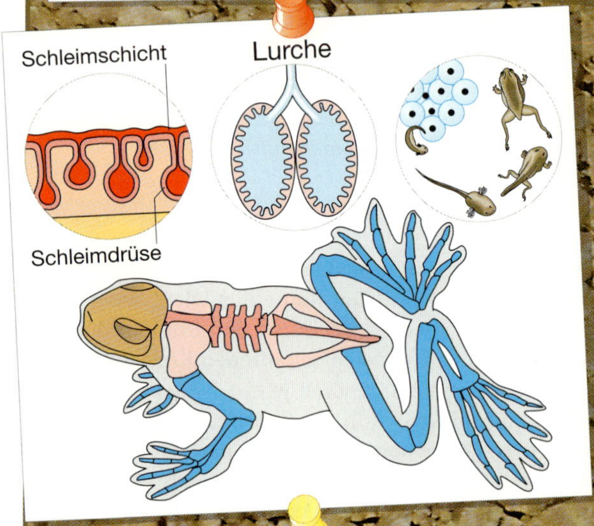

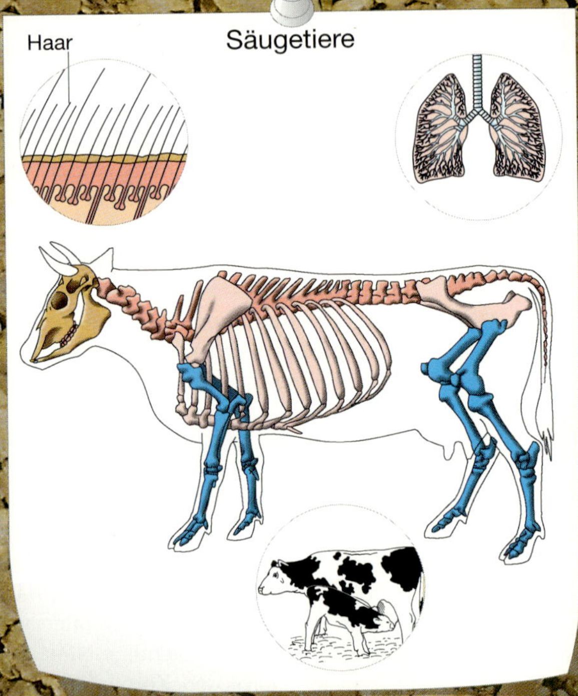

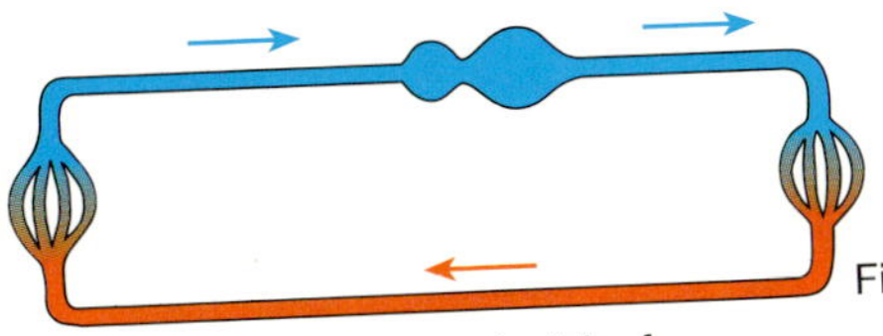

Fische
einfacher Blutkreislauf

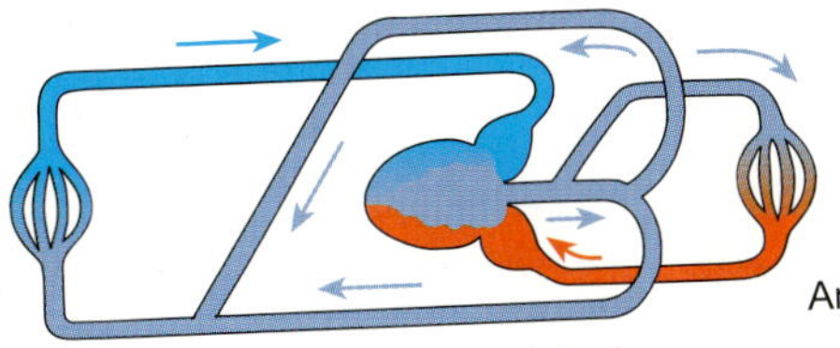

Amphibien
doppelter Blutkreislauf

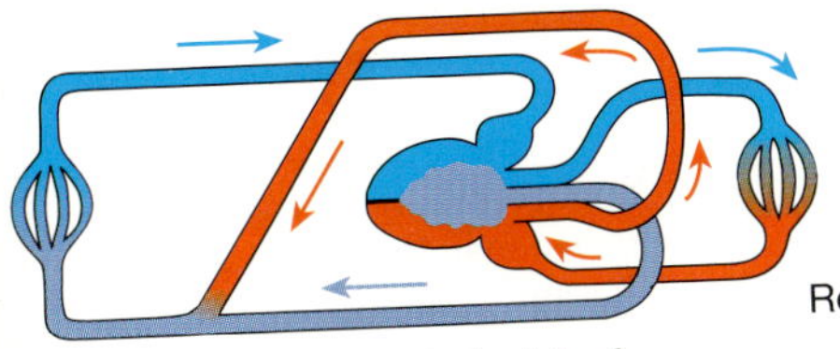

Reptilien
doppelter Blutkreislauf

Vögel
doppelter Blutkreislauf

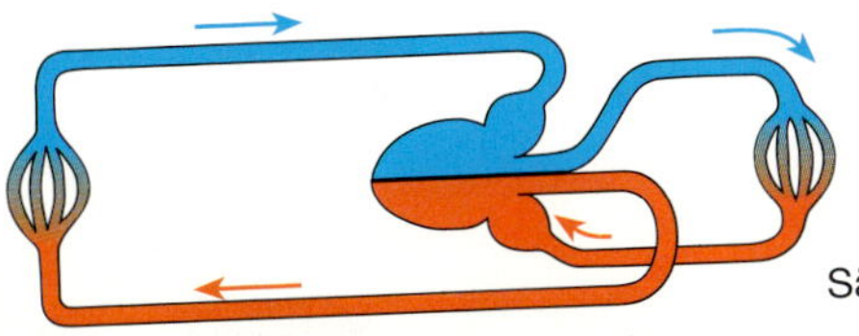

Säugetiere
doppelter Blutkreislauf

3 Fasse in einer Tabelle die Merkmale der fünf Wirbeltierklassen vergleichend zusammen.

4 Ordne die Tiere auf den Fotos den fünf Wirbeltierklassen zu.

5 Vergleiche den Bau der Atmungsorgane bei den Wirbeltierklassen.

6 Beschreibe den Blutkreislauf bei den Wirbeltierklassen. Achte hierbei besonders auf den Bau des Herzens und den Sauerstoffkreislauf des Blutes (sauerstoffarm, sauerstoffreich).

Feuersalamander
glatte, feuchte Haut; lebt in feuchten Wäldern; Ablage der Larven in Bächen; Larven besitzen Außenkiemen

Seepferdchen
Meeresbewohner; Männchen brütet Eier in Hautfalte aus; besitzt Kiemen

Mausohr
Vordergliedmaßen zu Flügeln mit Flughäuten umgebildet; Körper mit Fell bedeckt; säugt die Jungen

Kaiserpinguin
Vordergliedmaßen zu Flossen umgebildet; sehr guter Schwimmer; legt Eier; unter dem Federkleid dicke Fettschicht

Delfin
Vordergliedmaßen zu Flossen umgebildet; Hintergliedmaßen fehlen; Haut glatt mit einzelnen Haaren; Junges wird gesäugt

Pinnwand

VERGLEICH VON INSEKT UND WIRBELTIER

Körpergliederungen

Wirbeltiere. Der Körper ist in Kopf und Rumpf gegliedert und hat zwei Beinpaare.
Insekten zeigen eine Gliederung in Kopf, Brust und Hinterleib. Sie haben drei Beinpaare und meist zwei Flügelpaare.

Die Haut

Bei Wirbeltieren ist sie mehrschichtig. Man unterscheidet Ober-, Leder- und Unterhaut. Die Haut hat viele Aufgaben. Sie verhindert das Eindringen von Schadstoffen und Parasiten. Sie dient mit ihren Bildungen wie Schweißdrüsen, Hornschichten, Haaren und Federn der Wärmeregulation und schützt vor Verletzungen.

Bei Insekten ist sie einschichtig. Sie umschließt als Oberhaut den Körper. Sie scheidet nach außen die so genannte Cuticula ab, eine Schicht, die für Schutz und Festigkeit sorgt. Sie ist mit verschiedenen Strukturen wie Dornen, Schuppen und Haaren versehen.

Körperbedeckungen

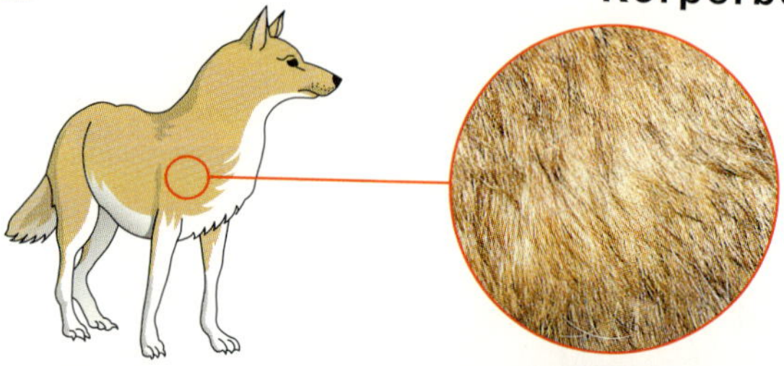

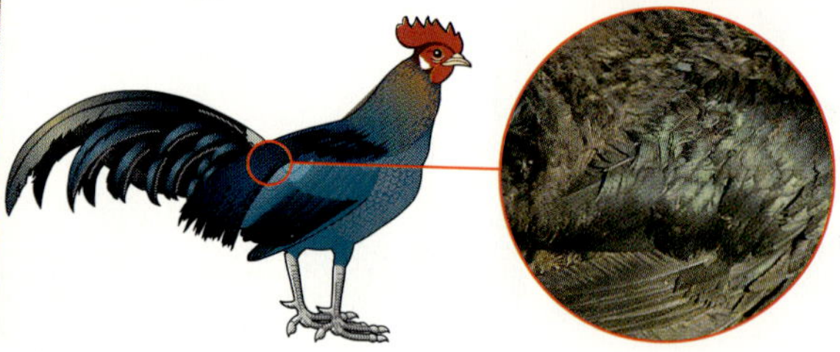

Wirbeltiere:
Die Haare der Säugetiere und die Federn der Vögel bestehen aus verhornten Zellen der Oberhaut. Haare und Federn helfen die Körpertemperatur konstant zu halten.

Insekten:
Die Haare der Hummel und die Flügelschuppen der Schmetterlinge sind Teile der Cuticula. Sie sind Strukturen aus Chitin. Sie haben unterschiedliche Aufgaben: Die gefärbten Schuppen mit ihren Mustern geben dem Schmetterling das arttypische Aussehen, dienen oft der Tarnung und locken als Duftschuppen der Weibchen die Männchen an.

Harnisch

Aus Eisenplatten zusammengesetzte Schutzrüstung der Ritter aus dem Mittelalter. Die Beweglichkeit der Teile, z. B. in Arm- und Beinbereich, wurde durch Gelenke aus Leder ermöglicht.

Skelette

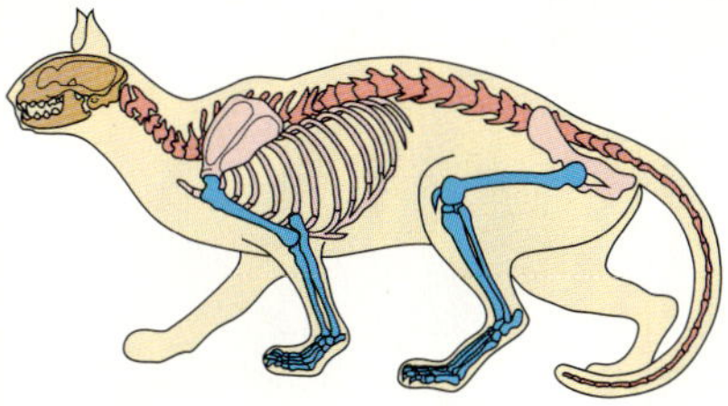

Querschnitt

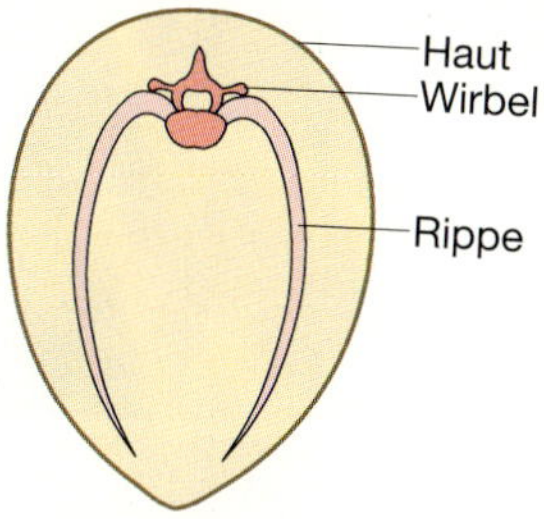

Querschnitt

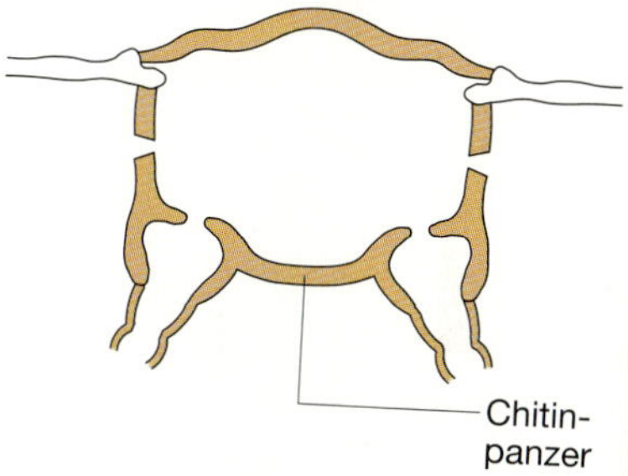

Wirbeltiere haben ein *Innenskelett* aus Knochen. Die Wirbelsäule durchzieht als Achse den Körper. Rippen schützen die inneren Organe. Die Gliedmaßenskelette setzen an Schulter- und Beckengürtel an. Die Schädelkapsel schützt das Gehirn.
Insekten haben ein *Außenskelett*. Wie eine Ritterrüstung umgibt die chitinhaltige Cuticula den Körper. Elastische, harte Panzerplatten dienen dem Schutz.

Kreislaufsysteme

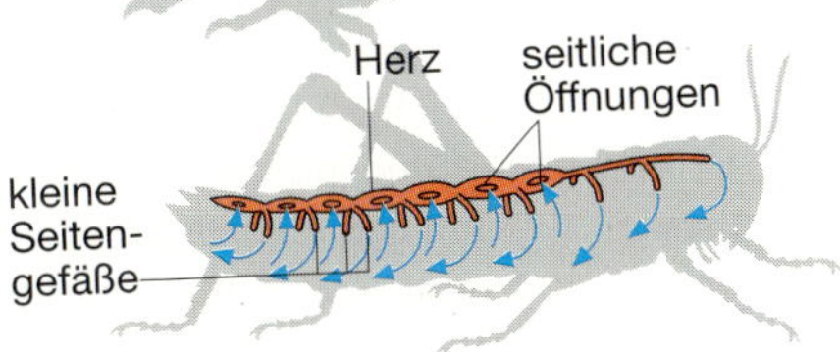

Bei den **Wirbeltieren** bilden Herz und Gefäße ein geschlossenes System, in dem das Blut fließt. Wirbeltiere haben einen *geschlossenen Blutkreislauf*.
Bei den **Insekten** nimmt das schlauchförmige Herz durch seitliche Öffnungen das Blut auf und drückt es nach vorne und durch kleine Seitengefäße hinaus. Es fließt frei durch den Körper. Insekten haben einen *offenen Blutkreislauf*.

Atmungsorgane

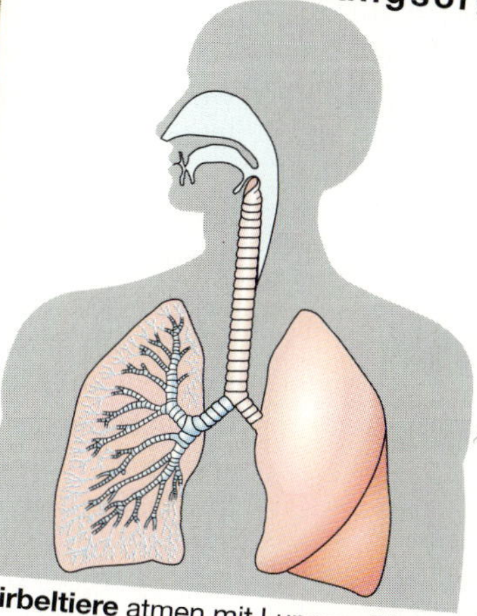

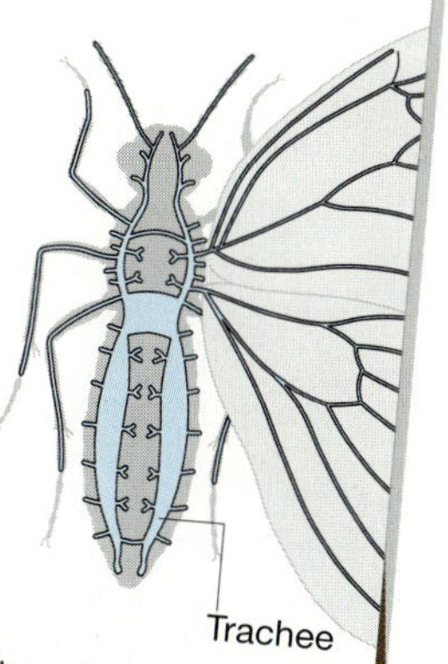

Wirbeltiere atmen mit Lungen. Diese haben durch Einstülpungen, Bläschen- und Röhrenbildungen vergrößerte innere Oberflächen. Dort nimmt das Blut den Sauerstoff auf und transportiert ihn zu den Organen.
Insekten atmen mit Tracheen. Dieses Röhrensystem mit vielen immer feiner werdenden Verzweigungen leitet den Sauerstoff direkt zu den Zellen.

1 ***Entwicklung des Mehlkäfers.***
A *Eier;* ***B*** *Larve;* ***C*** *Puppe;*
D *Vollinsekt*

2 ***Mehlkäfer. A*** *im Mehl;* ***B*** *Kopf des Käfers*

1.2 Der Mehlkäfer zeigt eine vollständige Verwandlung

In Mühlen, Getreidespeichern, Bäckereien und Stallungen kann ein kleiner, etwa 15 mm langer, braunschwarzer Käfer zu einem Problem werden. Der Käfer frisst nämlich Getreide, Mehl, Kleie und Brot. Er ist also ein *Vorratsschädling.*
Früher, als das Mehl beim Verkauf noch aus offenen Säcken in Tüten gefüllt wurde, war er darin häufig zu finden. Sein ursprünglicher Lebensraum waren Baumstümpfe, wo er in vermoderndem Holz lebte.

Heute werden Mehlkäfer in Zoohandlungen als Futter für Terrarientiere, Vögel und Fische gezüchtet. Man kann sich auch selbst eine Zucht dieser Käfer anlegen und die Entwicklung der Tiere beobachten.
Schüttelt man Mehl aus einer Mehlkäferzucht durch ein Sieb, so findet man neben den Käfern noch weitere Tiere in unterschiedlicher Größe, die *Mehlwürmer.* Der gelbbraune Mehlwurm hat eine trockene feste Außenhaut aus Chitin. Sein Körper ist in **Segmente** gegliedert. Außerdem lassen sich drei Körperabschnitte unterscheiden: Vorn hat er einen kleinen *Kopf.* Auf ihn folgt ein *Brustabschnitt* mit drei Beinpaaren. Der *Hinterleib* ist lang und hat die größte Zahl an Segmenten. Dies ist der typische Aufbau eines *Insekts.* Der Mehlwurm sieht zwar wurmähnlich aus, ist jedoch ein Jugendstadium des Mehlkäfers. Man bezeichnet solche Jugendstadien als **Larven.** Sie schlüpfen aus **Eiern,** die der Mehlkäfer legt. Die Larven fressen fast ständig und nehmen an Gewicht zu. Der Außenpanzer kann sich aber nicht dehnen. Deshalb müssen sich die Larven von Zeit zu Zeit häuten. Unter dem alten Panzer wird eine neue Haut angelegt. Dann platzt der Panzer auf und wird abgestreift. Die frische Haut dehnt sich aus und erhärtet. Jetzt kann die Larve weiterwachsen, bis die nächste Häutung erforderlich wird.
Bei der letzten Larvenhäutung tritt eine Veränderung auf: Aus der alten Haut befreit sich ein anders gestaltetes Entwicklungsstadium. Dieses wird als **Puppe** bezeichnet. Die Puppe frisst nicht und ist unbeweglich.
Innerhalb weniger Tage werden in der Puppenhülle die Organe der Larve abgebaut und die Organe des Käfers aufgebaut. Der Käfer ist nun ausgewachsen und häutet sich

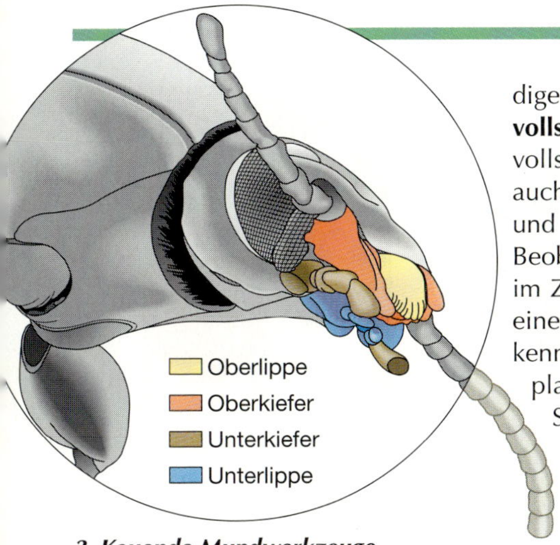

3 ***Kauende Mundwerkzeuge des Käfers*** *(Schema)*

nicht mehr. Er schlüpft als fortpflanzungsfähiges Tier aus der Puppe.
Die Entwicklung des Mehlkäfers führt also vom *Ei* über verschiedene *Larvenstadien* und die *Puppe* zum *Vollinsekt,* dem *Käfer.* Man spricht deshalb von einer vollständigen Verwandlung oder einer **vollständigen Metamorphose.** Eine vollständige Metamorphose zeigen auch andere Insekten, z. B. Fliegen und Schmetterlinge.
Beobachtet man einen Mehlkäfer im Zuchtglas beim Fressen z. B. an einem Brotrest, so kann man erkennen, dass sich unter dem Kopf plattenartige Gebilde von der Seite zur Mitte und zurück bewegen. Diese Platten bestehen ebenfalls aus Chitin und sind die *Mundwerkzeuge* des Käfers.
Man erkennt zunächst die *Oberlippe.* Sie überdeckt drei Paar Mundwerkzeuge. Das erste Paar, die *Oberkiefer,* stellt zwei kräftige seitliche Kauladen dar. Mit ihnen kann der Käfer Teile vom Brot abbeißen. Das zweite Paar bildet die darunter liegenden Unterkiefer. Sie haben jeweils eine innere Kaulade und einen äußeren *Kiefertaster.* Mit den Kiefertastern können die Tiere schmecken. Die Grundglieder des dritten Paares von Mundwerkzeugen sind zur *Unterlippe* verschmolzen. Sie bedeckt Ober- und Unterkiefer von unten. Der Mehlkäfer zerkleinert also seine Nahrung, indem er die Ober- und Unterkiefer beim Kauen seitlich bewegt. Der Mehlkäfer hat also *kauende Mundwerkzeuge.*

Der Mehlkäfer entwickelt sich aus einem Ei über mehrere Larvenstadien und ein Puppenstadium zum geschlechtsreifen Vollinsekt. Eine solche Verwandlung heißt vollständige Metamorphose.

1 Ordne die Käfer der Pinnwand Seite 26 in Schad- und Nutzinsekten für den Menschen. Begründe deine Entscheidungen.
2 Erkläre den Begriff vollständige Verwandlung.

Züchtung von Mehlkäfern

Übung

Material: Einmachglas; engmaschiger Gardinenrest; Gummiring; Speisemehl oder Sägespäne; Brotreste; Karottenscheiben; Lappen; Sieb; Zeitung; Lupe; Bleistift und Papier
Durchführung: Das Einmachglas wird zur Hälfte mit Mehl, Brotresten, Karottenscheiben, Sägemehl und einem angefeuchteten Lappen gefüllt.
Im Zoohandel kaufst du Mehlwürmer. Setze 20 Tiere in ein Glas, das dann mit einem Stück feinmaschigen Gardinenstoffs abgedeckt wird. Befestige den Stoff mit einem Gummiring. So erhalten die Käfer Luft und können nicht entkommen. Alle zwei Wochen erneuert man das Mehl und das übrige Futter.
Aufgabe: Kontrolliere deine Mehlwurmzucht jede Woche. Schüttle dazu den Lappen über einem groben Sieb aus. Gib den ganzen Inhalt des Zuchtglases dazu und siebe alles auf eine Zeitung. Im Sieb bleiben die verschiedenen Entwicklungsstadien des Mehlkäfers zurück.
Halte alle Befunde in einem Protokoll fest, indem du Datum, die Zahlen lebender und toter Mehlwürmer, lebender und toter Puppen und lebender sowie toter Mehlkäfer aufschreibst.

Zuchtglas für eine Mehlkäferzucht

Pinnwand

KÄFER

Name: ***Apfelblütenstecher***
Größe: 3 bis 4 mm
Lebensweise: Eier werden in Blütenknospen gelegt, die absterben; Käfer lebt von Blättern
Besonderheit: verdorrte Knospen mit Puppen fallen nicht ab

Name: ***Großer Eichenbock***
Größe: 30 bis 55 mm
Lebensweise: Die Larven leben in der Rinde, später auch im Holz und nagen fingerbreite Gänge.
Besonderheit: vom Aussterben bedroht

Name: ***Rosenkäfer***
Größe: 14 bis 20 mm
Lebensweise: auf Blüten, frisst Pollen
Besonderheit: Die Larven leben in morschem Holz.

Name: ***Marienkäfer***
Größe: 5 bis 8 mm
Lebensweise: Käfer und Larve vertilgen Blattläuse
Besonderheit: für biologische Schädlingsbekämpfung genutzt

Name: ***Hirschkäfer***
Größe: bis 75 mm
Lebensweise: lange Oberkiefer des Männchens dienen dem Kampf um Weibchen; Käfer ernähren sich von Eichensaft.
Besonderheit: nach Roter Liste stark gefährdet

Name: ***Goldlaufkäfer***
Größe: 20 bis 27 mm
Lebensweise: frisst auf Feldern und in Gärten Schnecken und Käferlarven
Besonderheit: sehr nützlich

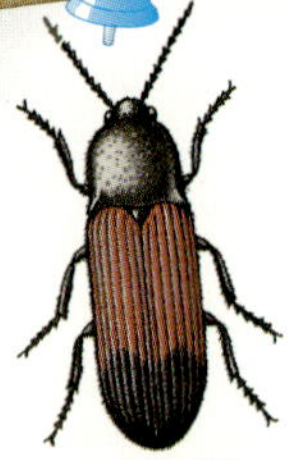

Name: ***Schnellkäfer***
Größe: bis 12 mm
Lebensweise: im Herbst oft auf Doldenblütlern
Besonderheit: Larven (Drahtwürmer) fressen Wurzeln von Kulturpflanzen

KÄFER
Artenreichste Ordnung der Insekten; sehr festes Außenskelett
Vorderflügel: harte Flügeldecken
Hinterflügel: häutig, dienen dem Fliegen; kauende Mundwerkzeuge

Name: ***Nashornkäfer***
Größe: bis 40 mm
Lebensweise: In alten Baumstümpfen und Komposthaufen entwickeln sich die Larven.
Besonderheit: Larven fast 10 cm lang

Name: ***Kartoffelkäfer***
Größe: 6 bis 11 mm
Lebensweise: lebt mit seinen Larven von Kartoffellaub und anderen Nachtschattengewächsen
Besonderheit: aus Nordamerika eingeschleppt

Name: ***Gelbrandkäfer***
Größe: 30 bis 35 mm
Lebensweise: räuberisch lebender Wasserkäfer
Besonderheit: Die Larven können eine Fischbrut schädigen.

1 Grünes Heupferd in seinem Lebensraum

1.3 Insekten ohne Puppenstadium

In Wiesen und Gebüschen lebt das Grüne Heupferd. Es gehört zu den Laubheuschrecken. Auffallend am Grünen Heupferd sind die langen Fühler. Sie sind etwa so lang wie der seitlich abgeflachte Körper. Vom länglichen Kopf leitet sich der Name Heupferd ab. Die Farbe des Tiers ist grasgrün.
An der Gliederung des Körpers in Kopf, Brust und Hinterleib erkennt man, dass das Grüne Heupferd ein Insekt ist.
Die Hinterbeine sind auffällig kräftig und gewinkelt. Mit diesen *Sprungbeinen* können die Tiere weit springen. Die Flügel ragen über den Hinterleib hinaus. Das Männchen erzeugt mit ihnen zirpende Geräusche. Dazu streicht es mit einem so genannten Schrillkamm des linken Flügels über eine Schrillkante des anderen Flügels. Das erzeugte Zirpgeräusch wird durch eine schwingende Membran im Flügel verstärkt. Das Zirpen hat Bedeutung für die Paarung. Die Männchen locken damit die Weibchen an. Diese besitzen eine lange Legeröhre, mit der sie ihre Eier in den Erdboden legen. Hier überwintern die Eier. Im darauf folgenden Frühjahr schlüpfen die jungen Larven. Sie sind noch sehr klein und haben keine Flügel, sehen aber den Elterntieren schon sehr ähnlich. Sie wachsen und werden von Häutung zu Häutung größer. Die Flügel werden zunächst als Stummel sichtbar. Nach weiteren Häutungen werden sie immer länger. Nach der letzten Larvenhäutung ist die Entwicklung zum geschlechtsreifen Vollinsekt abgeschlossen. Heuschrecken haben kein Puppenstadium. Man spricht deshalb von einer **unvollständigen Verwandlung.**

Viele andere Insektengruppen, z. B. Libellen und Wanzen, haben ebenfalls eine *unvollständige Verwandlung.*

Insekten, deren Jugendformen dem Vollinsekt schon sehr ähnlich sehen und eine Entwicklung ohne Puppenstadium durchlaufen, haben eine unvollständige Verwandlung.

1 Vergleiche die Entwicklung von Libelle und Mehlkäfer.
2 Bringe die Entwicklungsstadien der Wanze auf der Pinnwand Seite 28 in eine richtige Reihenfolge.
3 Beschreibe das Schlüpfen einer Libelle. Verwende die Abbildung auf der Pinnwand Seite 29.

2 ***Entwicklungsstadien des Grünen Heupferdes. A*** *Eier legendes Weibchen;* ***B*** *und* ***C*** *unterschiedliche Larvenstadien;* ***D*** *Vollinsekt*

Pinnwand

INSEKTEN OHNE PUPPEN

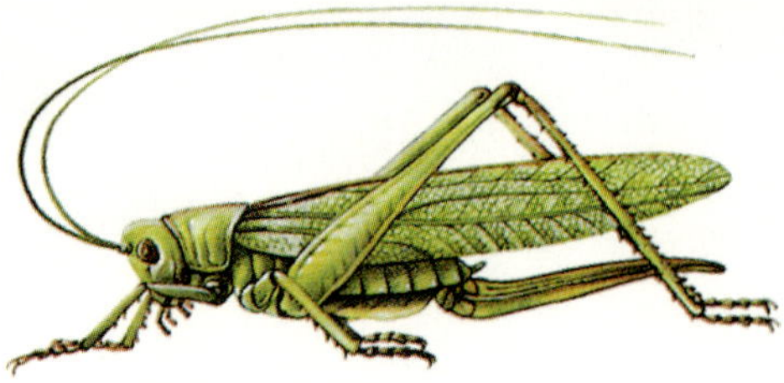

Name: ***Grüne Laubheuschrecke***
Größe: 28 bis 42 mm
Merkmale: lange Fühler, kräftige Sprungbeine
Lebensweise: auf Wiesen und Feldern; frisst Insekten und Pflanzenteile

Name: ***Maulwurfsgrille***
Größe: 35 bis 50 mm
Merkmale: kräftige Grabschaufeln und gedrungener Körper
Lebensweise: in unterirdischen Gängen auf Wiesen und in Gärten; frisst Insekten und Wurzeln
Besonderheit: Entwicklung dauert zwei Jahre; schadet jungen Pflanzen auch durch ihr Graben

Entwicklungsstadien einer Fichtenzapfenwanze

Name: ***Gottesanbeterin***
Größe: 40 bis 75 mm
Merkmale: auffälliges vorderes Fangbeinpaar
Lebensweise: räuberisch; erbeutet Fliegen, Wespen und Heuschrecken

Name: ***Kurzflüglige Schwertschrecke***
Größe: 12 bis 15 mm
Merkmale: Männchen erzeugen hohe, durchdringende Töne
Lebensweise: lebt auf feuchten Wiesen von Pflanzen und Insekten

Name: ***Feldgrille***
Größe: 20 bis 26 mm
Merkmale: kurzer, schwarzer, kompakter Körper; lange Fühler und Schwanzborsten
Lebensweise: gräbt sich Kammern; frisst tierische und pflanzliche Kost

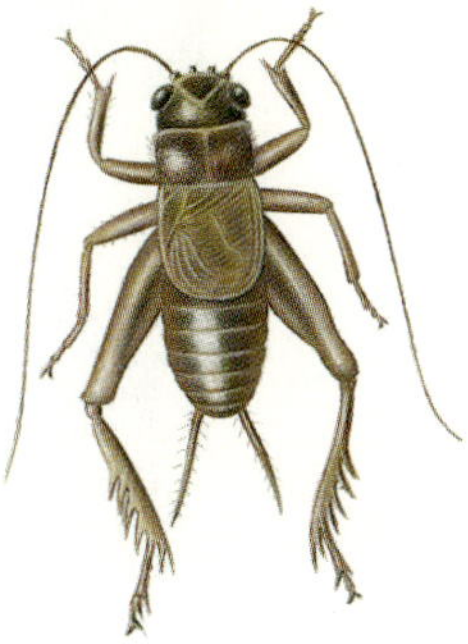

Name: ***Waldgrille***
Größe: 7 bis 10 mm
Lebensweise: lebt in abgefallenem Laub von pflanzlicher und tierischer Kost

Name: ***Räuberische Schildwanze***
Größe: 11 bis 14 mm
Merkmale: Körper abgeflacht; großes, dreieckiges Nackenschild
Lebensweise: stellt Schmetterlingsraupen und Käferlarven nach

Name: ***Silberfischchen***
Größe: 7 bis 10 mm
Merkmale: längliche, abgeflachte, flügellose Insekten
Lebensweise: lebt verborgen, z. B. hinter Tapeten; frisst stärkehaltige Stoffe

Name: ***Küchenschabe***
Größe: 18 bis 30 mm
Merkmale: oval, abgeflacht
Lebensweise: Nachttier; lebt in Küchen und Bäckereien; bevorzugt warmen Lebensraum; vernichtet und verunreinigt Nahrungsmittel
Besonderheit: kann zum Krankheitsüberträger werden

Name: ***Gemeiner Ohrwurm***
Größe: 14 bis 23 mm
Merkmale: zwei zangenartige Fortsätze am Hinterleib
Lebensweise: Nachttier; unter Steinen und Holzstücken; tierische und pflanzliche Nahrung
Besonderheit: nützlich; frisst Blattläuse

Name: ***Grashüpfer***
Größe: 13 bis 24 mm
Merkmale: Fühler kurz
Lebensweise: Pflanzenfresser auf Wiesen

1.4 Insekten sehen anders als Wirbeltiere

1 Schwebfliege mit Netzaugen

2 Bild der Blüte durch das Auge der Schwebfliege gesehen

Gelb leuchtet die Blüte des Gänsefingerkrautes. Eine Schwebfliege landet in der Blüte. Die großen Augen nehmen nahezu den ganzen Kopf ein. Auf seiner Oberseite stoßen sie aneinander. Im Verhältnis zur Kopfgröße sind die Augen der Schwebfliege größer als zum Beispiel bei einem Hasen. Sieht die Fliege mit ihren Augen auch besser als ein Hase?

Betrachtet man das Auge einer Schwebfliege mit der Lupe, macht man eine interessante Entdeckung: Die Oberfläche des Auges ist nicht einheitlich gebaut, sondern zeigt ein netzartiges Muster. Die mehreren tausend Maschen dieses **Netzauges** sind sechseckig. Jede Masche gehört zu einem einzelnen Auge. Das Netzauge der Schwebfliege bildet also einen Komplex aus mehreren tausend **Einzelaugen.** Das Netzauge heißt deshalb auch **Komplexauge.**

Im Längsschnitt kann man gut den Aufbau eines Einzelauges erkennen: Auf die außen liegende *Linse* folgt nach innen ein *Glaskörper.* Noch weiter innen bilden acht lichtempfindliche *Sehzellen* eine Röhre. Zellen mit eingelagertem Farbstoff, die *Pigmentzellen,* schirmen die Einzelaugen voneinander ab. Vergleicht man den Aufbau eines solchen Einzelauges mit dem eines Wirbeltierauges, so erkennt man vergleichbare Bauteile: Hinter der vorderen *Augenkammer* des Wirbeltierauges befindet sich eine *Linse.* Die vordere Augenkammer ist mit Flüssigkeit gefüllt und wird nach außen von der durchsichtigen *Hornhaut* abgegrenzt. Hinter der Linse liegt ein mit einer gallertigen Flüssigkeit gefüllter Hohlraum, der *Glaskörper.* Er grenzt an die Sehzellen, die zusammen die *Netzhaut* bilden.

Ein Wirbeltierauge und ein Einzelauge im Netzauge sind also ähnlich aufgebaut. Wie sieht die Schwebfliege nun mit ihren vielen Einzelaugen die Blüte des Gänsefingerkrautes? Jedes Einzelauge übermittelt nur einen bestimmten Bildpunkt der Blüte an das Gehirn. Aus den verschiedenen Bildpunkten der vielen tausend Einzelaugen entsteht dann im Gehirn ein Rasterbild, das dem Druckraster eines Zeitungsfotos vergleichbar ist. Betrachtet man ein solches Foto mit der Lupe, sieht man die einzelnen Rasterpunkte. Aus größerer Entfernung gesehen, verschmelzen sie zu einem Bild.

Alle Insekten haben Netzaugen und nehmen ihre Umgebung offenbar „gerastert“ wahr. Allerdings gibt es bei verschiedenen Insektengruppen auch Unterschiede. So ist jedes Netzauge der Roten

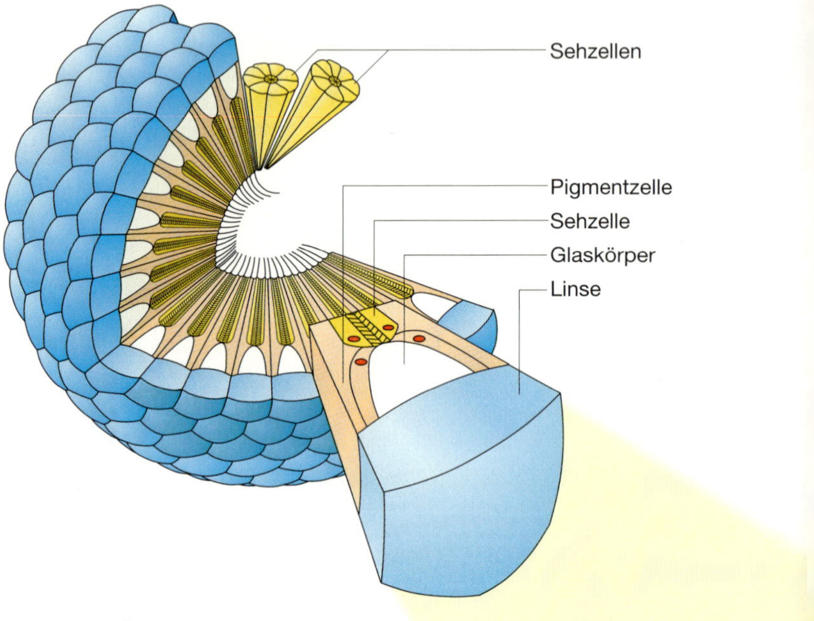

3 ***Netzauge*** *(Schema)*

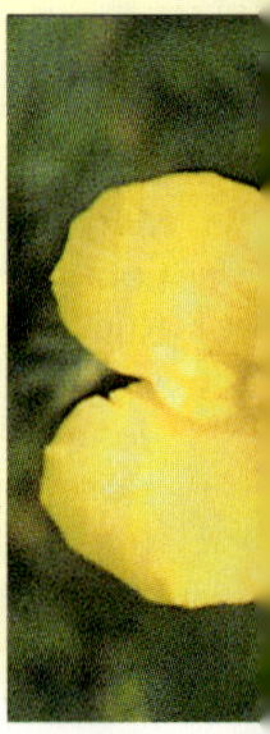

4 Blüte

5 ***Bild der Blüte durch das Auge des Hasen gesehen***

6 ***Wirbeltierauge des Hasen***

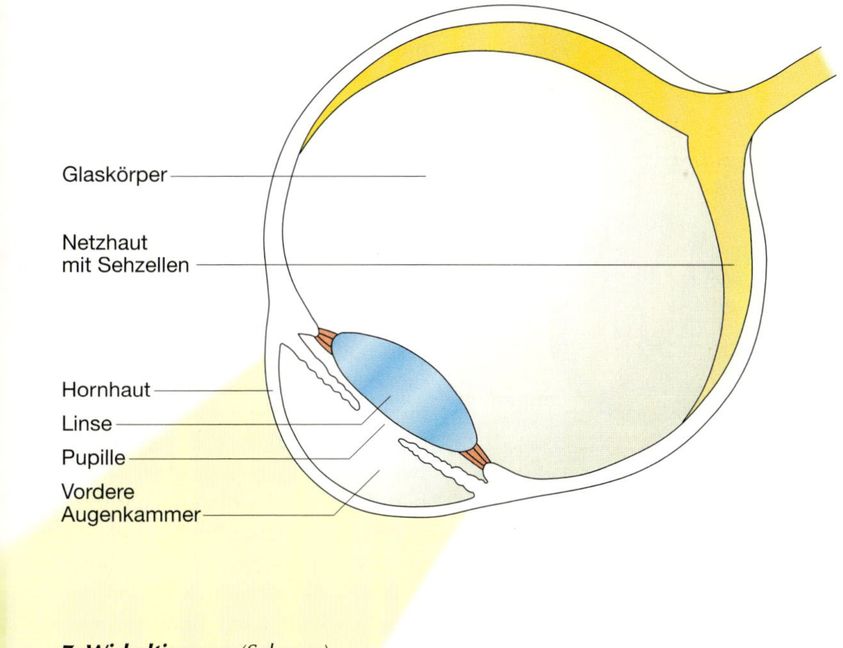

7 ***Wirbeltierauge*** *(Schema)*

efingerkraut)

Waldameise aus 600 Einzelaugen zusammengesetzt. Bei der Stubenfliege sind es 3200. Bei der Libelle, die in der Luft andere Insekten jagt, sind es sogar bis zu 28 000 Einzelaugen. So viele Einzelaugen liefern dem Libellengehirn wesentlich mehr einzelne Bildpunkte als die geringere Anzahl Einzelaugen der Waldameise an das Ameisengehirn. Im Libellengehirn werden also sehr viel mehr Einzelheiten wahrgenommen als im Ameisengehirn. Offenbar sieht die Libelle schärfer als die Ameise.

Das Auge eines Wirbeltieres, wie z. B. das des Hasen, ist nicht aus Einzelaugen zusammengesetzt. Die *Linse* erzeugt auf der Netzhaut, ähnlich wie bei der Kamera, ein einheitliches Bild. Die Netzhaut der Wirbeltiere enthält mehrere Millionen Sehzellen. Von diesen wird das Bild in mehrere Millionen Bildpunkte zerlegt. Jede Sehzelle schickt über den Sehnerv Impulse zum Gehirn. Dieses verarbeitet die eintreffenden Impulse zur Wahrnehmung eines scharfen Bildes.

Der Hase sieht die Umgebung schärfer als eine Schwebfliege. Weitere Untersuchungen haben aber ergeben, dass die Schwebfliege mehr Einzelbilder in der Sekunde wahrnehmen kann als der Hase. Die Schwebfliege kann also Bewegungsabläufe besser sehen. Sie ist somit an die fliegende Lebensweise gut angepasst.

Auch das Farbensehen von Insekten und Wirbeltieren ist unterschiedlich. Der Bienenforscher KARL VON FRISCH stellte zur Überprüfung des Farbensehens bei Bienen Gefäße mit Zuckerwasser auf farbige Unterlagen. Nachdem die Bienen das Futter z. B. auf einem blauen Untergrund gefunden hatten, stellte er Gefäße auf blaue und andersfarbige Unterlagen. Die Bienen suchten ihr Futter nur auf blauen Bereichen. Sie hatten sich die Farbe gemerkt. Durch weitere Untersuchungen fand VON FRISCH heraus, dass Bienen alle Farben wie der Mensch sehen können mit Ausnahme von Rot. Im Gegensatz zum menschlichen Auge nehmen sie aber auch ultraviolettes Licht wahr. Eine für den Menschen rote Mohnblume sieht die Biene ultraviolett.

Die Netzaugen der Insekten sind aus vielen Einzelaugen zusammengesetzt. Ihre Bilder sind „unschärfer" als die der Wirbeltiere. Insekten können aber mehr Einzelbilder pro Sekunde unterscheiden als Wirbeltiere.

1 Fertige eine Tabelle an, in der Wirbeltierauge und Netzauge einander gegenübergestellt werden.

1.5 Vom Flug der Insekten

Schon im zeitigen Frühjahr kann man mit etwas Glück im Garten einen Zitronenfalter durch die Luft fliegen sehen. Die Sonne hat ihn aus seinem Winterversteck hervorgelockt. Seine zitronengelbe Färbung weist ihn als Männchen aus. Das Weibchen ist fast weiß gefärbt. Der Schmetterling hat sich auf einer Schlüsselblume niedergelassen und seine Flügel hochgeklappt. Er rollt seinen langen Rüssel aus und taucht ihn in die lange Blütenröhre ein, um Nektar aufzusaugen. Der Falter fliegt weiter zur nächsten Pflanze. Dabei kann man den Flug genauer beobachten: Torkelnd flattert er durch die Luft, ohne eine gerade Richtung einzuhalten. Schon leichte Windstöße wehen das Tier aus der Richtung. Vorder- und Hinterflügel werden gleichzeitig auf und ab bewegt. Wie kommt die Flügelbewegung des Schmetterlings zustande?

Ein Blick in den Brustraum zeigt, dass starke Quermuskeln die Rückenplatte mit der Bauchplatte des Chitinpanzers verbinden. Zwischen Rücken- und Seitenplatten liegt gelenkig verbunden der Ansatz der Flügelpaare. Längsmuskeln ziehen von schräg oben nach hinten durch den Brustraum. Werden die Längsmuskeln angespannt, werden die Quermuskeln entspannt. Der Brustraum weitet sich und die Flügel schlagen nach unten. Die Längsmuskeln nennt man deshalb auch *Senker*. Werden die Quermuskeln angespannt, entspannen sich gleichzeitig die Längsmuskeln.

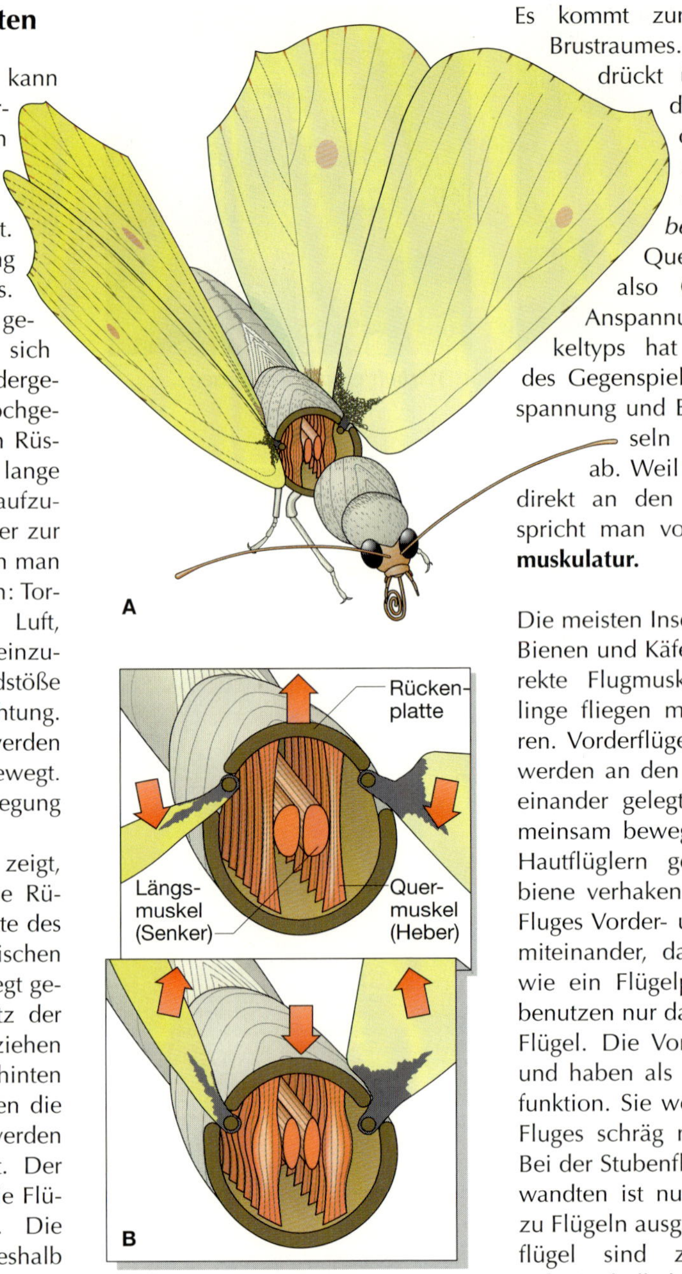

1 Zitronenfalter. A *Querschnitt durch die Brustregion;* ***B*** *Wirkungsweise der indirekten Flugmuskulatur*

Es kommt zur Abflachung des Brustraumes. Die Rückenplatte drückt über die Gelenke die Flügel nach oben. Die Quermuskeln heißen deshalb auch *Heber.* Längs- und Quermuskeln sind also Gegenspieler. Die Anspannung des einen Muskeltyps hat die Entspannung des Gegenspielers zur Folge. Anspannung und Entspannung wechseln sich miteinander ab. Weil die Muskeln nicht direkt an den Flügeln ansetzen, spricht man von **indirekter Flugmuskulatur.**

Die meisten Insekten, z. B. Fliegen, Bienen und Käfer, haben eine indirekte Flugmuskulatur. Schmetterlinge fliegen mit zwei Flügelpaaren. Vorderflügel und Hinterflügel werden an den Innenkanten übereinander gelegt und dadurch gemeinsam bewegt. Bei der zu den Hautflüglern gehörenden Honigbiene verhaken sich während des Fluges Vorder- und Hinterflügel so miteinander, dass die vier Flügel wie ein Flügelpaar wirken. Käfer benutzen nur das hintere Paar ihrer Flügel. Die Vorderflügel sind fest und haben als Deckflügel Schutzfunktion. Sie werden während des Fluges schräg nach oben gestellt. Bei der Stubenfliege und ihren Verwandten ist nur das vordere Paar zu Flügeln ausgebildet. Die Hinterflügel sind zu so genannten *Schwingkölbchen* umgeformt. Mithilfe der indirekten Flügelbewegung kann eine hohe Zahl von Flü-

gelschlägen pro Sekunde erreicht werden, bei Fliegen z.B. 180 bis 330 Flügelschläge pro Sekunde.

Ganz anders fliegt die Libelle. An Teichen oder Seen kann man beobachten, wie Libellen ihre Beute, kleine Insekten, jagen. Blitzschnell geht es ständig hin und her, vor und zurück. Plötzlich wird die Richtung gewechselt. Schwirrend kann die Libelle in der Luft stehen bleiben, bevor sie wieder davonschießt.
Ein Schnitt durch den Brustraum zeigt hier eine andere Anordnung der Muskulatur. Bei der Libelle setzen die Flugmuskeln, die auch als Gegenspieler arbeiten, mit Sehnen direkt an den Flügeln an. Spannen sich die Senker an, bewegen sich die Flügel nach unten. Spannen sich die Heber an, werden die Flügel nach oben bewegt. Die Zahl von 20 bis 30 Flügelschlägen pro Sekunde ist bei Libellen im Vergleich zu anderen Insekten niedrig. Libellen können beide Flügelpaare weitgehend unabhängig voneinander bewegen. Das erklärt die besondere Manövrierfähigkeit.
Da hier die Flügel durch Muskeln direkt bewegt werden, spricht man von **direkter Flugmuskulatur.** Auch Heuschrecken weisen eine direkte Flügelbewegung auf.

Für viele Insekten ist, wie für Vögel und Fledermäuse, der Luftraum zum Lebensraum geworden. Vergleicht man jedoch einen Insektenflügel mit dem einer Fledermaus und mit dem Flügel eines Vogels, so erkennt man große Unterschiede. Bei der Fledermaus sind Flughäute zwischen Armen, Beinen, Rumpf und Schwanz gespannt. Damit ist ein Flatterflug möglich. Der Vogelflügel ist eine umgestaltete, mit Federn versehene Vordergliedmaße. Elle, Speiche und Handknochen tragen die kräftigen Schwungfedern. Am Brustbein des Vogels setzen starke Flugmuskeln an, die die Flügel bewegen.

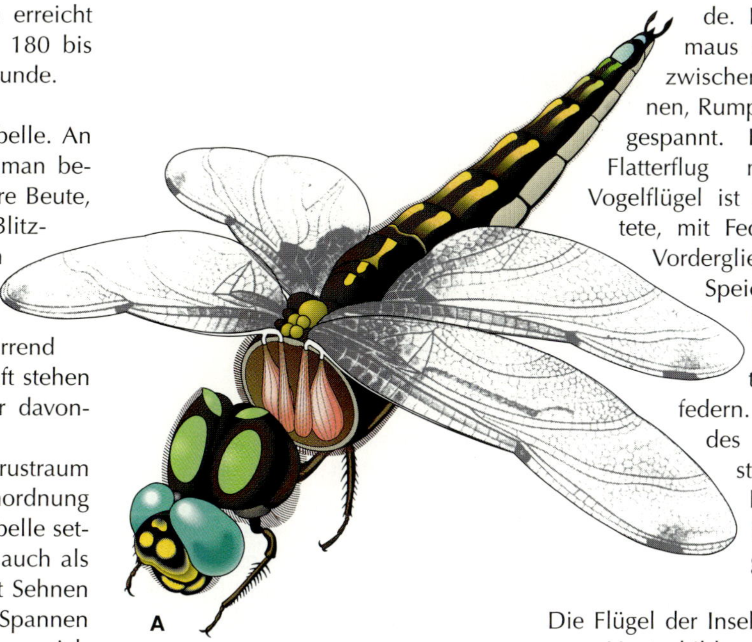

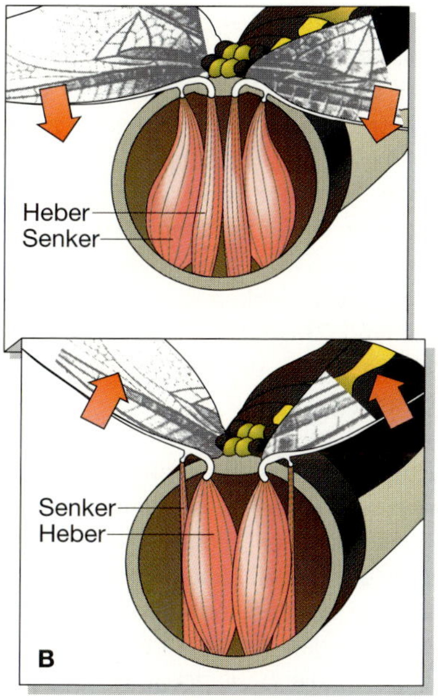

2 Libelle. A *Querschnitt durch die Brustregion;* ***B*** *Wirkungsweise der direkten Flugmuskulatur*

Die Flügel der Insekten sind dagegen Hautgebilde. Sie entstehen während der Puppenentwicklung aus Hautfalten der Rückenplatten des zweiten und dritten Brustsegments. Wenn das Vollinsekt aus der Puppe schlüpft, werden die vorher zusammengelegten Flügel entfaltet. Dazu pumpt das Tier Körperflüssigkeit in einen Teil der Adern.

Insekten fliegen mit Flügeln, die Hautgebilde sind. Bei den meisten Insekten werden die Flügel durch eine indirekte Flugmuskulatur bewegt.
Libellen haben eine direkte Flugmuskulatur. Sie setzt direkt an den Flügeln an.

1 Erkläre den Unterschied zwischen direkter und indirekter Flügelbewegung bei den Insekten.

Streifzug durch die Technik

Fliegen Libellen wie Hubschrauber?

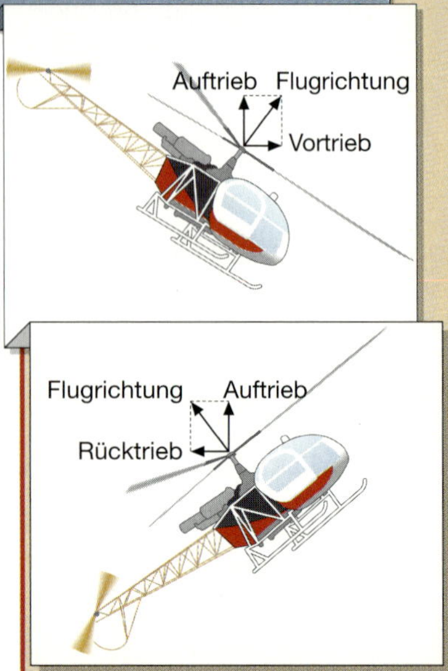

3 Flug des Hubschraubers

Häufig wird der Flug einer Libelle mit dem eines Hubschraubers verglichen. Ein Hubschrauber kann wie eine Libelle nach oben, wieder hinunter, vorwärts, rückwärts und seitwärts fliegen und in der Luft an einer Stelle stehen bleiben. Wie funktioniert das?

Die Rotorblätter drehen sich um eine senkrechte Achse. Sie sind etwas schräg gestellt und erzeugen beim Starten einen Auftrieb. Der Hubschrauber steigt senkrecht auf. Wird die Steigung der Anstellwinkel der Blätter verringert, wird der Auftrieb schwächer, und der Hubschrauber sinkt nach unten. Sind Auftrieb und Gewichtskraft ausgeglichen, steht der Hubschrauber in der Luft auf einer Stelle. Wird die Rotorachse etwas geneigt, z. B. wenn sich der Hubschrauber schräg stellt, entsteht eine Zugkraft. So kann er vorwärts, aber auch in alle anderen Richtungen fliegen. Die Rotorblätter wirken also als Propeller und Tragflächen zugleich. Der kleine Rotor am Heck stabilisiert den Flug.

Zeitlupenaufnahmen der Flugphasen von Libellen haben gezeigt, dass die vier Flügel gleichzeitig, aber auch unabhängig voneinander bewegt werden. Außerdem können Libellen den Anstellwinkel der Flügel und die Schlaggeschwindigkeit ändern. Beim Rückwärtsflug beispielsweise werden die Vorderflügel steil angestellt und lassen beim Schlagen eine nach hinten gerichtete Kraft entstehen. Die Hinterflügel sind dagegen fast waagerecht gestellt und sorgen für den Auftrieb.

2 Beantworte die Frage in der Überschrift. Erläutere.

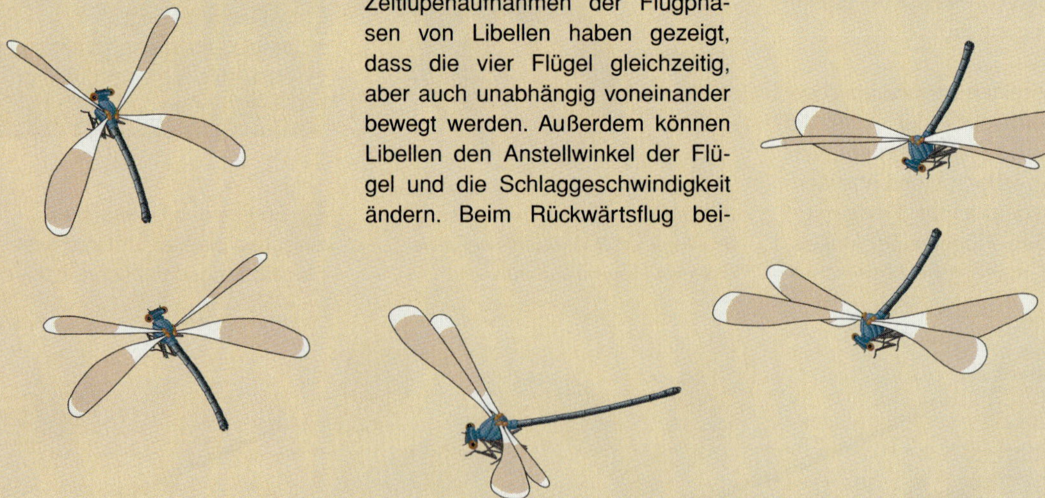

4 Flugphasen eines Prachtlibellen-Männchens beim Balzflug

Pinnwand

LIBELLEN

„Paarungsrad“

Einige Libellen zeigen eine ungewöhnliche Paarungshaltung: Das Männchen befindet sich auf der Abbildung oben. Es hält mit Zangen an seinem Hinterleib das Weibchen hinter dem Kopf fest. Das Weibchen biegt von hinten seinen Hinterleib so weit nach vorn, dass es sich mit dem Begattungsorgan des Männchens vereinigen kann. Das Paarungsrad bleibt längere Zeit bestehen.

Name: ***Große Binsenjungfer***
Größe: 45 mm
Spannweite: 60 mm
Lebensweise: in der Nähe von Teichen, von denen sie sich auch entfernt

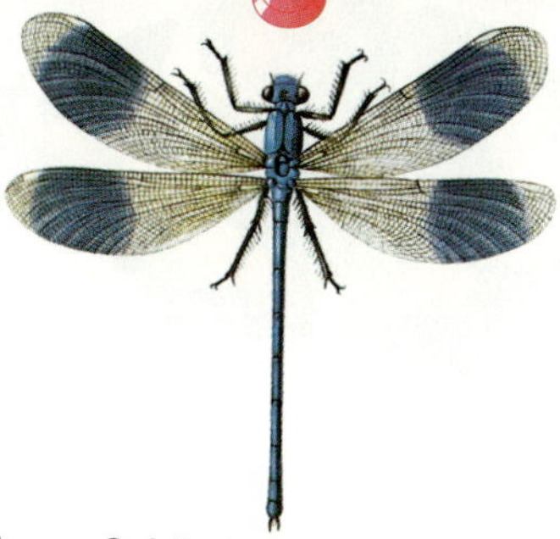

Name: ***Gebänderte Prachtlibelle***
Größe: 50 mm
Spannweite: 70 mm
Lebensweise: in der Nähe von Wasserläufen

3 Beschreibe den Aufbau eines Auges der Libelle. Nimm auch die Seiten 30 und 31 zu Hilfe.

Libellen

Schlanke Insekten mit typisch dreigliedrigem bis zu 13 cm langem Körper und Flügelspannweiten bis zu 14 cm. Die Flügel sind glasklar, durchsichtig und stark geädert. Die auffällig großen Augen nehmen den größten Teil des Kopfes ein. Libellen gehören zu den am besten sehenden Insekten. Ihre Lebensweise ist wie die ihrer im Wasser lebenden Larven räuberisch. Sie durchlaufen eine unvollständige Entwicklung.

Facettenauge einer Libelle

Libellenlarve mit ausgeklappter Fangmaske
Die zur Fangmaske umgestaltete Unterlippe wird blitzschnell vorgeschnellt, wenn ein Beutetier nahe genug vorbeischwimmt.

Name: ***Blaugrüne Mosaikjungfer***
Größe: 65 bis 80 mm
Spannweite: bis 110 mm
Lebensweise: Sie fliegt an stehenden Gewässern, von denen sie sich aber auch weit entfernt.

1 Kleiner Fuchs

1.6 Schmetterlinge „gaukeln“ durch die Luft

Mit flatternden Flügelbewegungen „gaukelt“ ein *Kleiner Fuchs* durch den Garten. Jetzt setzt er sich auf die stark duftende Rispenblüte eines Schmetterlingsstrauchs. Wenn er dabei die Flügel ausbreitet, kann man ihre auffällige Färbung und Musterung gut erkennen. Die vier Flügel sind mit winzig kleinen Schuppen bedeckt, die sich wie Dachziegel teilweise überlappen. Die Musterung wird durch unterschiedliche Farbstoffe in diesen Schuppen hervorgerufen. Alle **Schmetterlinge** haben solche beschuppten Flügel.

Beobachtet man den Kleinen Fuchs aus nächster Nähe an der Blüte, so erkennt man das Ausrollen eines Rüssels am Kopf des Tieres, mit dem er bis zum Grund der Blütenkelche eintauchen kann. Dort liegen die Nektardrüsen. Mit den als Saugrüssel ausgebildeten Mundwerkzeugen saugt der Kleine Fuchs den Nektar als Nahrung auf. Am Kopf sitzen zwischen den großen Netzaugen zwei lange Fühler mit keulenartig verdickten Enden. Diese sind dicht mit Geruchsorganen besetzt, sodass der Falter den Duft von Blüten über größere Entfernungen riechen kann.

Der Körper ist mit einem dichten Haarpelz versehen, in dem beim Nektarsaugen Pollenkörner hängen bleiben, die auf andere Blüten übertragen werden können. Der Kleine Fuchs trägt wie viele andere Schmetterlinge durch seine Blütenbesuche zur Bestäubung der Blüten bei.

Mit etwas Glück kann man die Eiablage des Kleinen Fuchses beobachten. Im Mai legt das Weibchen unter den Blättern von Brennnesseln seine Eier ab. Sie sehen wie winzige Stachelbeeren aus. Nach wenigen Tagen schlüpfen die Larven. Diese **Raupen** können gut klettern, denn sie haben außer sechs gegliederten Beinen am Brustabschnitt noch acht Bauchfüße und ein Paar „Nachschieber“ am Hinterleib. Bauchfüße und Nachschieber sind keine echten Gliedmaßen, sondern Hautausstülpungen. Die Raupen haben beißende Mundwerkzeuge. Sie häuten sich während des Wachstums mehrfach. Nach einigen Wochen sind sie ausgewachsen. Nun suchen sie einen geschützten Ort auf und verpuppen sich dort. Dabei erzeugt die Raupe zuerst ein lockeres Gespinst aus einem Seidenfaden, der aus Spinndrüsen am Kopf austritt. Dann kriecht sie über dieses Gespinst, verankert sich mit den Nachschiebern und lässt die anderen Beine los. Die Raupe hängt nun mit dem Kopf abwärts und wird durch die Spinnfäden gehalten. Anschließend häutet sie sich zur **Puppe,** die wegen ihrer Körperhaltung *Stürzpuppe* genannt wird. In der Puppenhülle erfolgt innerhalb von etwa zwei Wochen die Verwandlung zum Vollinsekt. Am Ende dieser so genannten Puppenruhe platzt die Puppenhülle auf und der Schmetterling schlüpft. Der Kleine Fuchs legt zwei- bis dreimal im Jahr Eier ab. Die Falter

2 Entwicklung beim Kleinen Fuchs

Stichwort

Futterpflanzen

Die meisten Schmetterlinge legen ihre Eier auf einer ganz bestimmten Pflanzenart ab, von der sich dann die Raupen ernähren. Die Zerstörung von Lebensräumen durch den Menschen hat dazu geführt, dass viele Schmetterlinge keine geeigneten Pflanzen mehr zur Eiablage finden und dadurch selten geworden sind.

der letzten Sommergeneration überwintern an geschützten Orten. Der Kleine Fuchs gehört zu den Schmetterlingen, die tagsüber aktiv sind. Er ist ein **Tagfalter.** Alle Arten dieser Gruppe haben keulenförmig verdickte Fühlerenden und schlagen die Flügel in Ruhe über dem Körper zusammen. Andere Schmetterlinge sind vorwiegend in der Dämmerung oder nachts aktiv. Den Tag über halten sich diese **Nachtfalter** meist gut getarnt auf der Borke von Bäumen oder in Verstecken auf. Nachtfalter haben keine gekeulten Fühler. Häufig sind die Fühler jedoch mit kammartigen Fortsät-

zen versehen. Dadurch wird die mit Geruchssinneszellen besetzte Fühlerfläche erheblich vergrößert. Zu den Nachtfaltern gehören verschiedene Familien, die auf der Pinnwand Seite 39 zu sehen sind.

Schmetterlinge haben farbige Schuppen auf den Flügeln und einen Saugrüssel als Mundwerkzeug. Die Entwicklung erfolgt über eine vollkommene Verwandlung. Die Larven heißen Raupen.

1 Beschreibe die Entwicklung des Kleinen Fuchses.

2 Ordne in einer Tabelle den auf der Pinnwand Seite 38 abgebildeten Tagfalter-Raupen die entsprechenden Nahrungspflanzen zu.

Streifzug durch die Geschichte

Die Seidenstraße

Seide war eine der ersten Waren, mit der im Altertum ein regelmäßiger Fernhandel betrieben wurde. In China erzeugt, wurde die Seide auf staubigen Pfaden über eine Entfernung von 6500 km zum Mittelmeer transportiert und von dort per Schiff nach Rom, später auch nach Genua und Venedig gebracht. Die Route durch Asien auf der Seidenstraße war mühsam und gefährlich. Sie führte durch Wüsten und über hohe Gebirgspässe. Überfälle auf die Karawanen kamen immer wieder vor. Einige Städte, die an der Route der Seidenstraße lagen, kamen durch den Handel zu Wohlstand und Ansehen.

Jahrhundertelang beherrschten ausschließlich die Chinesen die Herstellung von Seide. Deshalb waren Stoffe aus Seide sehr teuer. Diese Faser gewinnt man durch die Zucht der Raupe eines Schmetterlings, der **Seidenspinner** heißt. Die Raupen ernähren sich von den Blättern des Maulbeerbaums. Zur Verpuppung spinnen sie sich in einen Kokon ein. Dieser besteht aus einem bis zu 3,5 km langen sehr dünnen Faden aus Eiweiß, der Seide.

Schon vor 4000 Jahren hielten Chinesen Seidenspinner als Haustiere. Die Ausfuhr dieser Tiere war unter Androhung der Todesstrafe verboten. Chinesische Auswanderer begründeten aber schon im Altertum in Korea eine eigene Seidenzucht, die später auch nach Japan und in andere Länder kam. Heute hat China seine führende Stellung im Seidenhandel verloren.

***3 Seidenspinner. A** Vollinsekt; **B** Raupen; **C** Puppe mit Kokon*

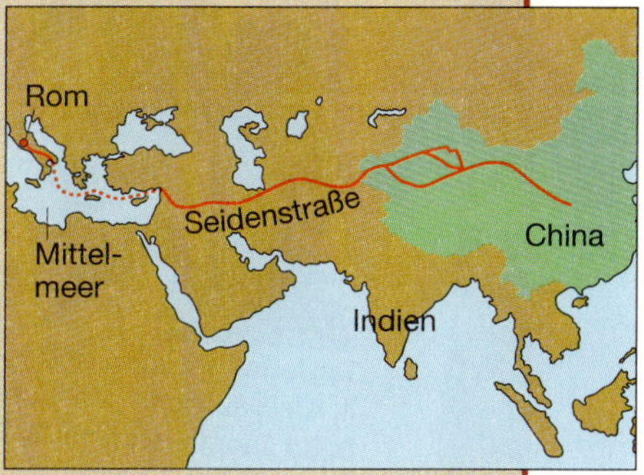

4 Seidenstraße

Pinnwand

Tagfalter, Raupen und Futterpflanzen. 1 Trauermantel, **1 a** Raupe; **2, 2 a** Distelfalter; **3, 3 a** Zitronenfalter; **4, 4 a** Bläuling (♂ Männchen, ♀ Weibchen); **5, 5 a** Schwalbenschwanz, **6, 6 a** Admiral; **7, 7 a** Aurorafalter; **8, 8 a** Tagpfauenauge; **9, 9 a** Kohlweißling. Abgebildet sind jeweils die Männchen (Ausnahme: Bläuling). Die Weibchen sind oft anders gezeichnet. **A** Salweide; **B** Faulbaum; **C** Kohl; **D** Klee; **E** Wiesenschaumkraut; **F** Doldengewächs (z.B.: Kerbel, Wilde Möhre); **G** Brennnessel

Pinnwand

NACHTFALTER

Name: ***Ligusterschwärmer (Familie: Schwärmer)***
Größe: Spannweite des Falters bis 10 cm; Länge der Raupe bis 7 cm
Lebensweise: Raupen auf Ligusterhecken, Flieder oder Schneeball; Überwinterung als Puppe in der Erde; Falter in offenen Wäldern, Gärten und Parklandschaften
Besonderheit: unbehaarte Raupen mit Horn am Körperende; in Drohstellung Aufrichten des Vorderkörpers („Sphinxstellung"); Falter legen die Flügel in Ruhe dachartig an den Körper an; gewandte Flieger, die Geschwindigkeiten von 50 km/Std. erreichen

Name: ***Rotes Ordensband (Familie: Eulenfalter)***
Größe: Spannweite des Falters bis 8 cm; Länge der Raupe bis 6 cm
Lebensweise: unbehaarte Raupen auf Weiden und Pappeln; Verpuppung in zusammengesponnenen Blättern; Falter in Ufergebieten von Gewässern, auf Wiesen, in Gärten und Parklandschaften
Besonderheit: Körper der Falter dicht behaart; legen die Flügel in Ruhe dachförmig über dem Körper zusammen

Name: ***Nonne (Familie: Spinner)***
Größe: Spannweite des Falters bis 7,5 cm; Länge der Raupe bis 8 cm
Lebensweise: behaarte Raupen auf Kiefern oder anderen Nadelbäumen; Eier überwintern im Moos unter den Fressbäumen; Falter ebenfalls in Nadel- oder Mischwäldern
Besonderheit: Raupen legen zur Verpuppung in Astgabeln oder an Baumstämmen einen Kokon aus Spinnfäden an; Forstschädlinge; Falter legen in Ruhe ihre Flügel dachartig zusammen

Name: ***Apfelwickler (Familie: Wickler)***
Größe: Spannweite des Falters etwa 1,5 cm; Länge der Raupe bis 1 cm
Lebensweise: Eier werden meist an jungen Äpfeln abgelegt; Raupen ernähren sich vom Fruchtfleisch und von unreifen Kernen; sie überwintern im Boden oder in Rindenspalten und verpuppen sich im folgenden Frühjahr; Falter vorwiegend in Gärten oder an Waldrändern
Besonderheit: Obstschädling; Äpfel mit Raupenbefall sind von Fraßgängen durchzogen, die mit Kot gefüllt sind; meist fallen diese „wurmstichigen“ Äpfel vorzeitig ab und faulen; die Wickler gehören zur Gruppe der Kleinschmetterlinge, zu denen auch die Motten gezählt werden

Name: ***Kiefernspanner (Familie: Spanner)***
Größe: Spannweite des Falters 3,5 cm; Länge der Raupe bis 4,5 cm
Lebensweise: unbehaarte Raupen auf Kiefern oder anderen Nadelbäumen; Falter in Nadelwäldern
Besonderheit: Raupen haben nur zwei Bauchfüße und bewegen sich „spannend" fort, indem sie sich abwechselnd strecken und dann den Hinterkörper so nah an den Vorderkörper ziehen, dass sich die Mitte aufwölbt; Forstschädlinge; Falter ähnelt Tagfaltern

1.7 Bienen leben in einem Staat

Bereits in der Steinzeit lieferten Bienen dem Menschen Honig. Lange war dies der einzige verfügbare Süßstoff. Das Sammeln an schwer zugänglichen Baumhöhlen oder Felsspalten, in denen die Bienen ursprünglich lebten, war jedoch schwierig. Honig war daher kostbar und teuer. Bereits vor einigen tausend Jahren versuchten Menschen deshalb die Bienen in künstlichen Behausungen anzusiedeln, um den Honig leichter erreichen zu können. Die **Honigbiene** wurde so zu einem der ältesten Haustiere.

Heute werden Honigbienen in Holzkästen gehalten, die der Bienenzüchter, der *Imker,* aufstellt. In jedem dieser Kästen lebt ein Volk von etwa 30 000 bis 80 000 Tieren. Bei manchen Imkern oder in einigen Naturkundemuseen kann man das Leben in einem Bienenstock durch eine Glasscheibe beobachten: Dicht nebeneinander hängen die *Waben.* Sie werden von den Bienen aus Wachs gebaut. Jede Wabe besteht aus einigen tausend sechseckigen *Zellen.* Als Hilfe für den Wabenbau setzt der Imker Holzrahmen in den Bienenstock ein. So lassen sich später die mit Honig gefüllten Waben leicht herausnehmen und auswechseln.

In einem Bienenvolk gibt es eine Aufgabenteilung zwischen den Tieren. Deshalb spricht man auch von einem **Bienenstaat.** Man unterscheidet verschiedene Bienenwesen. Das größte Tier ist die **Bienenkönigin.** Sie hält durch die Abgabe von Duftstoffen das Volk zusammen. Dazu bewegt sie sich ständig durch den gesamten Stock, wobei sie von jungen **Arbeitsbienen,** dem „Hofstaat", gefüttert und gepflegt wird.

Arbeitsbienen sind unfruchtbare Weibchen mit verkümmerten Eierstöcken. Nach der Verwandlung und dem Schlüpfen verrichtet eine Arbeitsbiene im Laufe ihres etwa sechs Wochen dauernden Lebens verschiedene Aufgaben. Sie versorgt die Bienenbrut, baut Waben, säubert den Stock, reguliert die Temperatur oder verteidigt den Stockeingang. Den größten Teil ihres Lebens verbringt sie jedoch als **Sammelbiene** außerhalb des Stockes. Mit ihren vier Flügeln kann eine Biene ausdauernd fliegen und sich mehrere Kilometer vom Stock entfernen. Die Flügel bestehen aus einer durchsichtigen festen Chitinhaut.

Während eines Sammelfluges besucht die Biene oft über 100 Blüten. Sie sammelt dabei sowohl Pollen als auch Nektar. Bei fast jedem Blütenbesuch bleibt Pollen auch im Haarpelz haften. Er wird mit der Pollenbürste auf der Innenseite des ersten Fußgliedes der Hinterbeine, der Ferse, abgestreift und im Körbchen, einer Vertiefung außen an der Schiene, gesammelt. Die Pollenballen an den Hinterbeinen nennt man „Höschen". Bei ihren Blütenbesuchen kommen die Sammelbienen immer wieder in Kontakt mit der Narbe, an der Pollenkörner haften bleiben. Da die Bienen meist viele Blüten der glei-

D

1 Honigbiene. ***A*** *Imker mit Waben;* ***B*** *Königin (markiert) mit „Hofstaat";* ***C*** *Sammelbiene mit „Höschen";* ***D*** *Sammelbein von innen:* ① *Schenkel,* ② *Schiene,* ③ *Pollenschieber,*

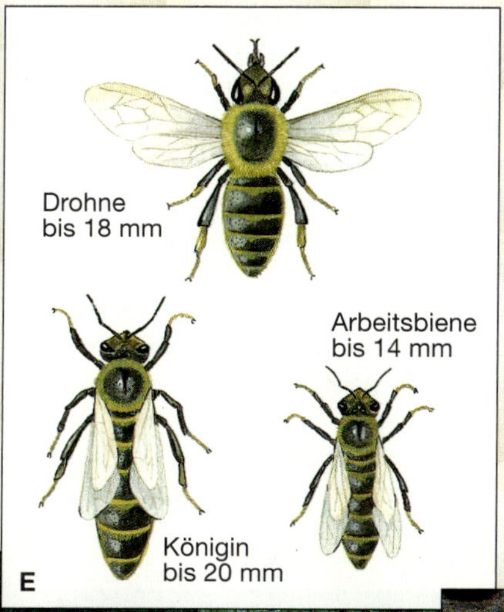

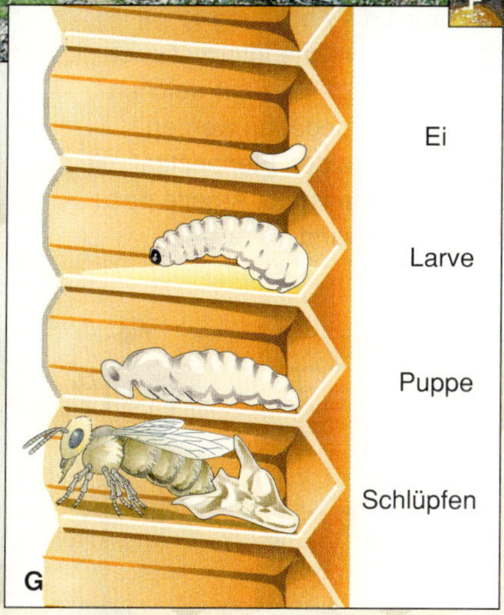

④ Ferse mit Pollenbürste, ⑤ Fuß;
***E** die drei Bienenwesen;*
***F** Brutwabe (Zellen mit älteren Larven und Puppen sind mit Wachs verschlossen); **G** Entwicklung (Schema)*

chen Pflanzenart nacheinander besuchen, tragen sie bei der Nektarsuche auch zur Bestäubung von Pflanzen bei.

Nektar saugt die Biene mit einem Saugrüssel auf, der durch Zusammenlegen von Unterkiefer und Unterlippe gebildet wird. An der Unterlippe befindet sich das Löffelchen, mit dem kleine Nektartröpfchen aufgeleckt werden können. Außer dem Saugrüssel verfügt die Biene noch über zwei zangenartige Oberkieferteile, mit denen sie z. B. Wachs formen kann. Die Mundwerkzeuge der Biene nennt man *beißend–leckend–saugend.*

Der Nektar gelangt zunächst in einen besonderen Abschnitt des Verdauungssystems, den *Honigmagen.* Dort wird er mit Drüsensäften vermengt. Nur ein kleiner Teil des aufgenommenen Nektars dient der Sammelbiene zur eigenen Ernährung. Im Stock gibt sie den Inhalt des Honigmagens an andere Bienen ab, die der Flüssigkeit weitere Drüsensäfte zusetzen und sie später eindicken. So entsteht aus dem Nektar Honig, der als Nahrungsreserve für den Winter in besonderen Waben, den *Honigwaben,* gelagert wird.

Die Königin ist das einzige fortpflanzungsfähige Weibchen. Sie legt in bestimmte Zellen jeweils ein Ei ab, im Sommer bis zu 2000 am Tag. Aus den Eiern in diesen *Brutwaben* entwickeln sich Larven, die noch keine Augen und Beine haben. Diese **Maden** werden von *Ammenbienen* zunächst mit einem Futtersaft gefüttert, der sich in *Futtersaftdrüsen* im Kopf bildet. Später werden die Maden mit Honig und Pollen gefüttert.

Die Königin kann befruchtete oder unbefruchtete Eier ablegen. Aus befruchteten Eiern entstehen immer Weibchen, nämlich meist Arbeiterinnen und einige wenige Königinnen. Königinnen wachsen in **Weiselzellen** aus Larven heran, die mit einem besonders eiweißreichen Futtersaft ernährt werden. Aus unbefruchteten Eiern entstehen im Frühjahr einige hundert männliche Bienen, die **Drohnen.** Sie haben verkümmerte Mundwerkzeuge und müssen von Arbeitsbienen gefüttert werden.

Im Frühsommer verlässt die alte Königin mit etwa der Hälfte des Volkes den Stock. Die Bienen „schwärmen". Sie sammeln sich in einer Traube z. B. an einem Baumzweig. Kundschafterbienen gehen auf die Suche nach einem neuen geeigneten Nistplatz.

Im alten Stock schlüpft in der Zwischenzeit aus einer Weiselzelle eine neue Königin. Auf ihrem Hochzeitsflug lässt sie sich von mehreren Drohnen begatten. Dabei empfängt sie einen ausreichenden Spermavorrat für ihr vier- bis fünfjähriges Leben. Dann kehrt sie in den alten Stock zurück. Die Drohnen werden nach dem Hochzeitsflug nicht mehr gefüttert und sterben.

Von Zeit zu Zeit nimmt der Imker die Honigwaben aus dem Stock. Sie werden in eine Honigschleuder gebracht, in der der Honig vom Wachs getrennt wird. Als Ersatz für den entnommenen Honig erhalten die Bienen für den Winter Zuckerwasser.

An blühenden Obstbäumen oder auf Rapsfeldern kann man manchmal folgende Beobachtung machen: Einzelne Bienen besuchen die Blüten und saugen Nektar, anschließend fliegen sie wieder zu ihrem Stock zurück. Wenig später treffen am gleichen Futterplatz mehrere Bienen fast gleichzeitig ein, als ob sie herbeigerufen wurden.

Der Biologe KARL VON FRISCH (1886–1982) nahm diese Beobachtung zum Anlass, das Verhalten der Bienen genauer zu erforschen. Nach jahrelangen Versuchen hatte er Gewissheit: Sammelbienen können sich tatsächlich untereinander verständigen. Dazu verwenden sie eine Art Zeichensprache, die **Bienentänze.**

Hat eine Sammelbiene eine reiche Futterquelle gefunden, so teilt sie dies einer größeren Zahl von Stockgenossinnen mit. Um welche Art von Blüten es sich handelt, erfahren diese durch den Blütenduft, der der heimkehrenden Biene anhaftet. Außerdem gibt die Sammelbiene Kostproben aus ihrem Honigmagen ab. Die Sammelbiene führt nun auf der Wabe Tanzbewegungen aus, bei denen sie den Hinterleib hin und her bewegt. Die Biene „schwänzelt". Der Tanz wird deshalb **Schwänzeltanz** genannt.

KARL VON FRISCH fand heraus, dass die Bienen bei ihrer Orientierung die Lage der Futterquelle in Beziehung zum Bienenstock und zum Stand der Sonne setzen. Eine besondere Eigenschaft ihrer Augen ermöglicht es ihnen, den Sonnenstand auch bei bedecktem Himmel zu ermitteln. Die Biene muss die Lagebeziehungen zwischen Stock, Futterplatz und Sonne, wie sie sie draußen vorfindet, beim Tanz auf der senkrecht hängenden Wabe in eine Art Code umsetzen. Dies geschieht auf folgende Weise: Liegt die Futterquelle vom Stock aus gesehen genau in Richtung zur Sonne, so tanzt die Biene auf der Wabe in einer Linie senkrecht nach oben und schwänzelt dabei. Durch Bögen abwechselnd nach links oder nach rechts kehrt sie immer wieder an den Ausgangspunkt dieser Linie zurück. Dabei beschreibt sie die Form einer Acht. Liegt der Futterplatz vom Stock aus entgegengesetzt zur Sonne, schwänzelt die Biene in der Senkrechten mit dem Kopf nach unten.

Ist das Futter um einen bestimmten Winkel von der Sonne entfernt zu finden, dreht die Biene die Schwänzellinie um genau diesen Winkelbetrag aus der Senkrechten heraus. Liegt der Futterplatz in der Landschaft beispielsweise um 30° rechts von der Sonne, wird auch die Schwänzellinie um 30° aus der Senkrechten nach rechts gedreht. Ist die Futterquelle nahe gelegen, tanzt die Biene schneller als bei einer weiter entfernten. Zusätzliche Informationen gibt die tanzende Biene durch surrende Flügelgeräusche, die die anderen Bienen mit Sinnesorganen in ihren Fühlern hören.

Weil die Bienen im dunklen Stock die Tänzerin nicht sehen können, tasten sie nach ihr und folgen den Bewegungen, um die Information des Tanzes verstehen und auf die Gegebenheiten in der Landschaft übertragen zu können.

Im Bienenstaat leben viele tausend Arbeitsbienen, eine Königin und im Frühjahr einige hundert Drohnen. Die Arbeitsbienen verrichten zunächst verschiedene Tätigkeiten im Stock, später sammeln sie draußen Nektar und Pollen. Gute Futterquellen teilen sie im Stock durch Schwänzeltänze mit.

1 Gib Beispiele für die Arbeitsteilung im Bienenstaat. Verwende dazu auch die Abbildung 1.

2 Erkläre, welche Informationen beim Schwänzeltanz mit welchen Mitteln weitergegeben werden.

3 Vergleiche den Bienenstaat mit einem Ameisenstaat. Arbeite dazu mit der Pinnwand Seite 44.

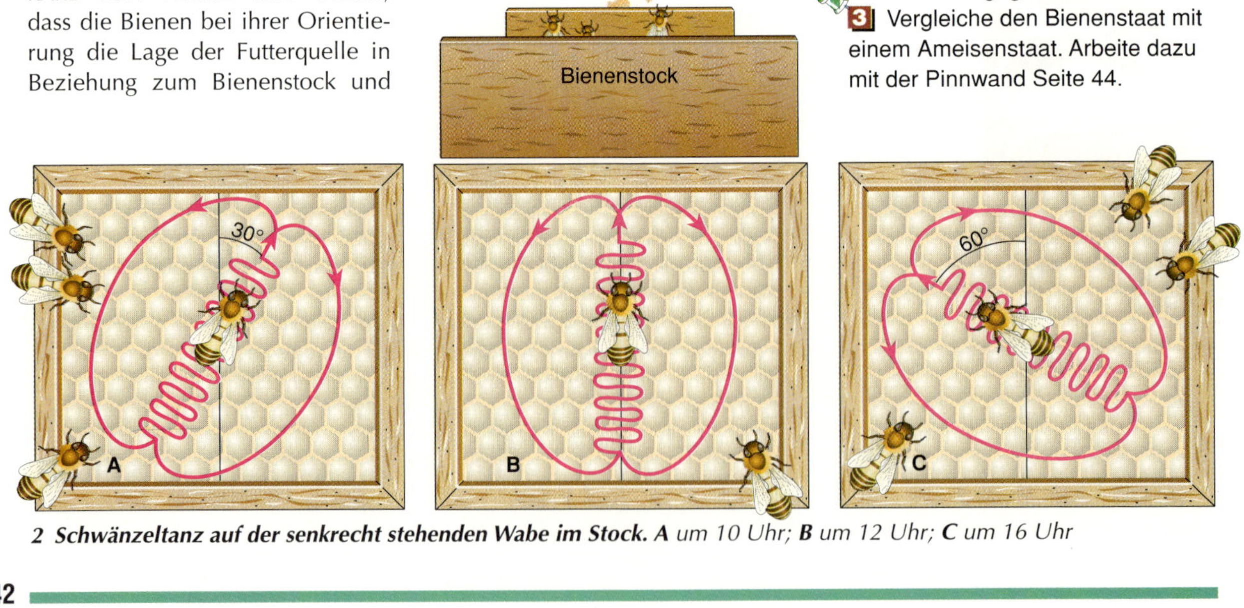

2 ***Schwänzeltanz auf der senkrecht stehenden Wabe im Stock. A** um 10 Uhr; **B** um 12 Uhr; **C** um 16 Uhr*

Die Roboterbiene

Streifzug durch die Technik

„Bald können wir vermutlich den Gesprächen der Bienen zuhören und uns später vielleicht an diesen beteiligen. Eine Modellbiene mit den richtigen Bewegungen und vielleicht mit dem richtigen Laut und Duft wird vermutlich erforderlich sein."

3 Arbeitsbiene nimmt Zuckerwasser von der Roboterbiene

So äußerte sich 1927 ein Biologe in einem Zeitschriftenartikel, kurz nachdem KARL VON FRISCH die Tanzsprache der Bienen entdeckt hatte. Doch erst mehr als 60 Jahre später war die Technik wirklich in der Lage, ein funktionsfähiges Modell einer tanzenden Biene herzustellen, eine *Roboterbiene.* Forscher und Techniker aus mehreren Ländern waren an dem Projekt beteiligt. 1988 war es dann endlich so weit: Die erste künstliche Tanzbiene konnte in einem Bienenstock in einer ehemaligen Scheune an der Universität in Würzburg ausprobiert werden.

Die Roboterbiene besteht aus einem kleinen Metallklümpchen, das an einer dünnen Metallstange angebracht ist. Als Ersatz für die Flügel dient ein Stück einer Rasierklinge. Computergesteuerte Motoren können die Roboterbiene in jede beliebige Tanzbewegung bringen. Ein Elektromagnet versetzt die Flügel in surrende Bewegungen. Durch einen feinen Schlauch kann Zuckerwasser an die Arbeitsbienen abgegeben werden, die der künstlichen Tanzbiene folgen. Vor jedem Versuch muss die Roboterbiene in Bienenwachs getaucht und einige Stunden lang im Stock aufbewahrt werden, damit sie den richtigen Stockgeruch annimmt.

Und dann geht es los: Ein Wissenschaftler startet am Computer das Programm. Die nach Pfefferminzöl duftende Roboterbiene durchläuft eine Tanzfigur, die eine Futterquelle 250 m entfernt im Süden des Stockes angibt. Dort liegt auf einem Tischchen Filtrierpapier, das mit Pfefferminzöl getränkt ist. Kurze Zeit später stellen sich dort tatsächlich Sammelbienen aus dem Stock ein. Sie haben die Information der Roboterbiene also verstanden.

Die Roboterbiene ist noch nicht perfekt. Es gibt noch vieles zu verbessern und zu verfeinern. Sie ist manchmal noch recht „unhöflich" und stößt die echten Arbeitsbienen auf der Wabe durch heftige Bewegungen oft unsanft zur Seite. Der Tanz ist auch noch etwas unbeholfen und ungenau, denn ihm folgen bei weitem nicht so viele Sammelbienen wie bei einer echten Tanzbiene. Die Forscher hoffen, bei zukünftigen Versuchen weitere Einzelheiten über die Bienentänze herauszufinden.

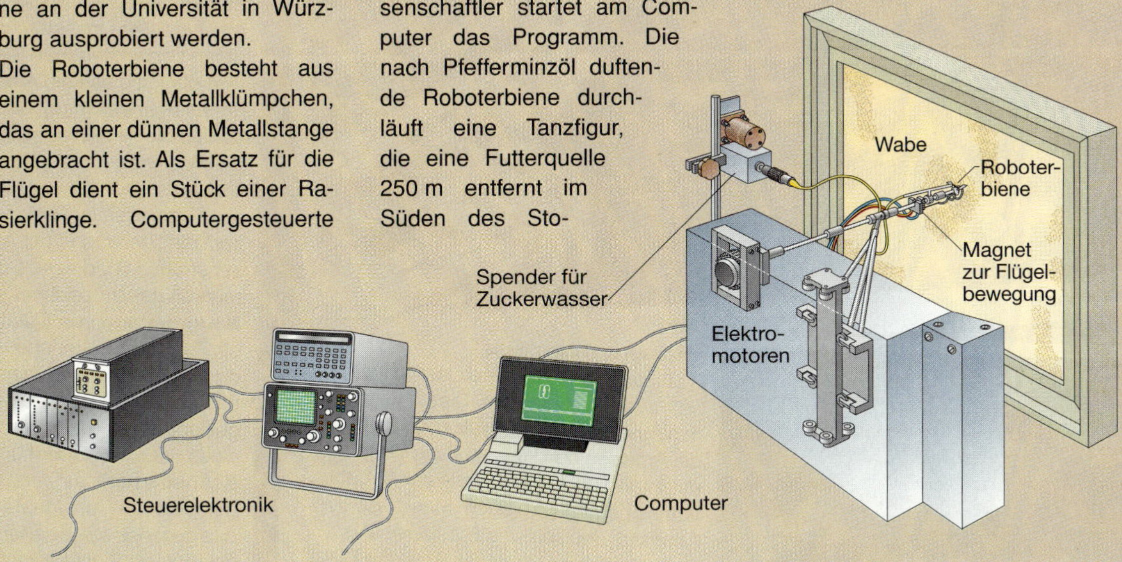

4 Versuchsaufbau

Pinnwand

STAATEN BILDENDE INSEKTEN

Ameisenwesen

total gescheu

Bedeutung für den Wald

Arnsberg, den 17. Mai
Nach Angaben der Forstämter kommt es in den Wäldern des Sauerlandes immer wieder zu mutwilligen Zerstörungen von Ameisennestern.
Jetzt sollen noch mehr Ameisenhaufen durch stabile Drahtgitter geschützt werden. Ein Volk der Kleinen Roten Waldameise kann pro Tag bis zu 100 000 Schadinsekten vertilgen, z. B. die Larven von Kiefernspannern. Dadurch leisten Ameisen einen wichtigen Beitrag, unsere Forste vor Kahlfraß durch Schädlinge zu bewahren.

Ameisennest

Ameisen und Blattläuse
Blattläuse scheiden einen zuckerhaltigen Saft aus, den Honigtau. Dieser wird von den Ameisen gern gegessen. Oft betrillern die Ameisen den Hinterleib der Blattläuse mit ihren Fühlern, um diese zur Abgabe von Honigtau anzuregen. Man sagt, die Ameisen „melken" die Blattläuse. Als Gegenleistung verteidigen Ameisen Blattläuse gegen Feinde.

Ameisen

Nest: bei Waldameisen bis zu 2 m hoher Hügel aus Fichten- und Kiefernnadeln sowie anderen Pflanzenteilen; innen zahlreiche Kammern und Gänge, die auch tief in den Boden reichen; Nesteingänge (1) werden abends und bei kaltem, regnerischem Wetter geschlossen
Volk: 200 000 bis 2 Millionen unfruchtbare und flügellose Arbeiterinnen; sie verrichten alle Tätigkeiten im Staat (Bau, Reparatur und Reinigung des Nestes; Temperaturregulation, Nahrungsbeschaffung, Fütterung und Pflege der Larven); viele Königinnen (2), als Jungtiere mit Flügeln; werden auf dem Hochzeitsflug befruchtet, werfen dann die Flügel ab und beginnen mit der Eiablage (3); im Frühjahr treten auch geflügelte Männchen auf, die nach dem Hochzeitsflug sterben
Entwicklung: Larven sind Maden (4); Puppen in weißen, eiförmigen Kokons (5)
Lebensweise: Arbeiterinnen sammeln außerhalb des Nestes Nistmaterial und ölhaltige Anhängsel bestimmter Samen; als Nahrung dienen aber vor allem Insekten und deren Larven; lebende Beute wird oft von mehreren Arbeiterinnen überwältigt (6); dabei beißen die Ameisen mit ihren Oberkiefern tiefe Wunden, in die sie ätzende Ameisensäure aus Giftdrüsen im Hinterleib spritzen; Transport über Ameisenstraßen (7), die mit Duftmarken gekennzeichnet sind
Neugründung von Staaten: ein Teil der Arbeiterinnen verlässt mit einigen Königinnen das Nest und beginnt an einer geeigneten Stelle mit dem Bau eines neuen Ameisenhügels
Besonderheit: zur Verständigung dienen Duftsignale und das gegenseitige Betrillern mit den Fühlern (Fühlersprache; 8)

Wespen

Nest: oft in dunklen Verstecken; kugelig mit mehreren Hüllschichten, innen mehrere Stockwerke Waben; Baumaterial papierartig aus zerkautem und mit Speichel vermischtem Holz (Papiernest)
Volk: meist viele hundert Tiere; eine Königin, viele Arbeiterinnen; im Sommer auch Drohnen; Volk besteht nur einen Sommer; es überwintern bereits begattete junge Königinnen.
Lebensweise: Nestgründung und Aufzucht erster Arbeiterinnen im Frühjahr durch eine Jungkönigin; Arbeitsteilung bei den Arbeiterinnen; Nahrung für die Larven sind Insekten, die erbeutet und mit dem Giftstachel getötet werden; Nahrung der Vollinsekten sind Früchte und süße Säfte von Pflanzen

Hummeln

Nest: oft in Erdlöchern, Baumhöhlen oder verlassenen Vogelnestern; mehrere Brutzellen aus Wachs, in denen die Larven heranwachsen; zur Verpuppung spinnen sich die Larven in Seidenkokons ein, die nach dem Schlüpfen als Speicher für Nektar und Pollen dienen
Volk: wenige hundert Tiere; eine Königin, viele Arbeiterinnen; im Sommer auch Drohnen; Volk besteht nur einen Sommer; es überwintern junge begattete Königinnen
Lebensweise: Nestgründung durch eine Königin im Frühjahr; die ersten Arbeiterinnen sind sehr klein, später entwickeln sich normal große Tiere; Sammeln von Nektar und Pollen zur Ernährung der Larven und Vollinsekten

Termiten

Termitenbau

Bau: häufig mehrere Meter hoch; aus Erde, zerkautem Pflanzenmaterial, Kot und Speichel gebaut; oft hart wie Beton; der Bau und der darunter liegende Boden enthält das Nest der Termiten und ist von Kammern und Gängen durchzogen, in denen das Volk lebt; mit Durchlüftungsgängen und Röhren zum Grundwasser werden Temperatur und Luftfeuchtigkeit stets gleich gehalten
Volk: oft mehrere Millionen Einzeltiere; eine Königin (4), die Eier legt; bei einigen Termitenarten ist der Hinterleib der Königin durch die Eierstöcke unförmig aufgebläht; die Königin ist dann über 10 cm groß; ein König (3), der für die Befruchtung der Eier sorgt; die meisten Tiere sind etwa 1 cm große blinde und zeitlebens flügellose Arbeiter (1) und, weniger häufig, Soldaten (2) mit besonders kräftigen Kiefern; Arbeiter und Soldaten sind unfruchtbare Männchen und Weibchen

Lebensweise: die lichtscheuen Arbeiter kommen nie ans Tageslicht; sie höhlen abgestorbene Bäume, aber auch Holzbauten, Möbel und Bücher bis auf eine hauchdünne Außenschicht aus, die schließlich zu Staub zerfällt; außer Holz dienen oft auch Humus und saftige Pflanzenteile der Ernährung; einige Termitenarten züchten in ihren Nestern auf Holz und Kot Pilze, mit denen junge Larven gefüttert werden
Vorkommen: tropische und subtropische Gebiete

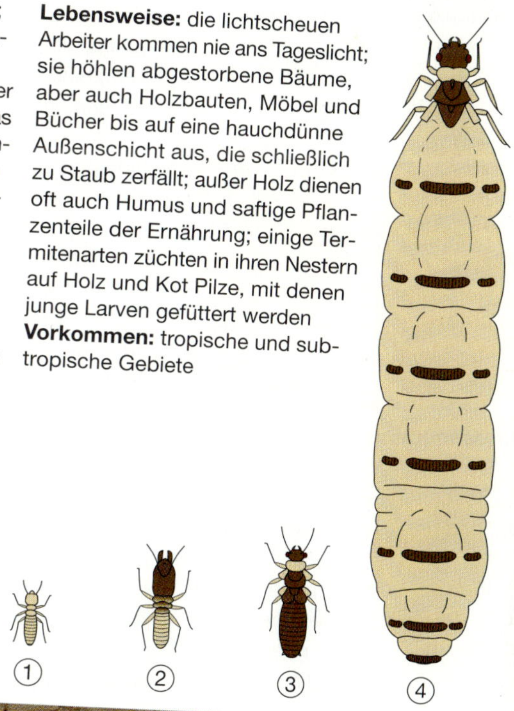

Übung

Staaten bildende Insekten

A1 Bienentanz

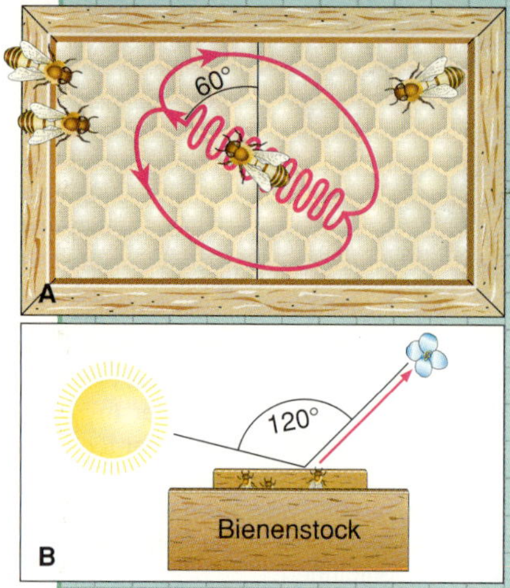

Schwänzeltanz (A) und Lage eines Futterplatzes (B)

a) Beschreibe anhand von Abbildung A die Lage der Futterquelle.
b) Zeichne in deinem Heft den zu Abbildung B passenden Schwänzeltanz.

A2 Bienenwabe

Ausschnitt aus einer Bienenwabe

a) Beschreibe die Form der Zellen und ihre Anordnung in der Wabe.
b) Welche Vorteile bietet diese Form der Zellen gegenüber einer solchen mit rundem oder quadratischem Querschnitt?

V3 Brutplatz für Erdhummeln

Material: Blumentopf aus Ton (12 bis 15 cm im Durchmesser) mit Bodenloch; trockenes Moos; ein großer flacher Stein (etwa 20 × 20 cm); mehrere kleine Steine zum Unterlegen; Schaufel; Feile

Brutplatz für Erdhummeln

Durchführung: Erweitere mit der Feile das Bodenloch des Blumentopfes auf etwa 1,5 cm Durchmesser. Hebe mit der Schaufel an einer ruhigen sonnigen Stelle ein Loch aus, in das der Blumentopf umgekehrt hineinpasst. Fülle den Topf zu drei Vierteln locker mit Moos, halte die Öffnung mit der Hand zu und stelle den Topf mit dem Boden nach oben in das Loch. Fülle an den Rändern lockere Erde so an, dass der Topf noch etwa 1 cm über die Erde hinausragt. Ordne die kleinen Steine so um den Topf herum an, dass sie als Unterlage für den großen Stein dienen. Lege den großen Stein auf und achte darauf, dass zwischen Blumentopf und Deckstein ein Spalt offen bleibt, durch den Hummeln einfliegen können.
Aufgabe: Protokolliere alle Beobachtungen, sobald das Nest bezogen worden ist.

A4 Hornissen

Name: Hornisse
Größe: Königin bis 40 mm lang, Männchen und Arbeiterinnen 24 bis 28 mm

Hornisse (A); Größenvergleich der Arbeiterinnen bei Hornissen (B) und Honigbienen (C)

Lebensweise: Staaten einjährig; Überwinterung eines begatteten Weibchens; dieses gründet im darauf folgenden Frühjahr ein neues Volk, indem es in oberirdischen Hohlräumen eine Wabe baut und erste Arbeiterinnen aufzieht; Nest ist ein Papiernest
Nahrung: Nektar, Obst- und Pflanzensäfte; Larven werden mit lebend erbeuteten Insekten und deren Larven gefüttert
Besonderheit: die größten einheimischen Staaten bildenden Insekten; Hornissen stechen selten, die Stiche sind allerdings sehr schmerzhaft
a) Beschreibe das Aussehen einer Hornisse. Vergleiche die Größe mit der der Honigbiene.
b) Vergleiche die Lebensweise der Hornisse mit der von Biene, Hummel und Wespe. Ordne die Hornisse einer dieser Gruppen zu.

1.8 Manche Insekten schaden dem Menschen

Mit **Stechmücken** hat jeder schon einmal Bekanntschaft gemacht. Bereits der hohe sirrende Ton, den diese Insekten durch ihren Flügelschlag erzeugen, versetzt viele Menschen in Unruhe, denn Mückenstiche verursachen unangenehm juckende Schwellungen. Nur die Weibchen der Stechmücken sind Blutsauger, die Männchen ernähren sich von Pflanzensäften. Die Weibchen können mit ihren Mundwerkzeugen durch die Haut stechen und aus kleinen Blutgefäßen Blut saugen. Hat die Mücke gestochen, gibt sie etwas Speichel in die Wunde ab, um das Gerinnen des Blutes zu verhindern. Diese Speichelflüssigkeit verursacht auch die anschließende Schwellung.

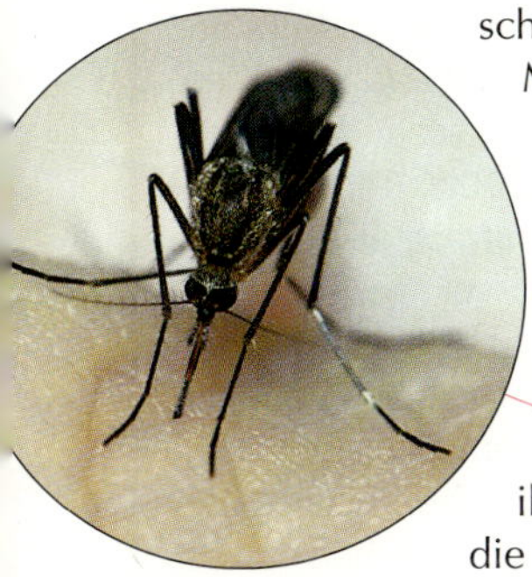

1 Stechmücke

Stechmücken haben eine vollkommene Entwicklung mit Larven- und Puppenstadium. Die Larven entwickeln sich in stehenden Gewässern. Deshalb treten Mücken in Feuchtgebieten oft in wahren Schwärmen auf. In den warmen Ländern können bestimmte Stechmücken, die *Moskitos*, gefährliche Krankheiten übertragen, z.B. die Malaria.

Ein weiteres Blut saugendes Insekt ist die **Bettwanze.** Sie kommt in unsauberen, dunklen Schlafräumen vor, ist aber heute in unserem Land nur noch selten anzutreffen. Tagsüber verstecken sich die Tiere hinter Tapeten, Bildern oder zwischen Matratzen. Die abgeflachte Körpergestalt ermöglicht es den etwa 5 mm großen Wanzen, auch in kleinste Spalten zu kriechen. Nachts kommen sie aus ihren Verstecken heraus und stechen ihre Mundwerkzeuge zum Blutsaugen in die Haut schlafender Menschen. Auch Wanzen können dabei die Erreger von Krankheiten übertragen. Bettwanzen haben keine Flügel. Sie legen ihre winzig kleinen Eier auf Tapeten oder Möbeln ab. Die Entwicklung ist unvollkommen, also ohne ein Puppenstadium.

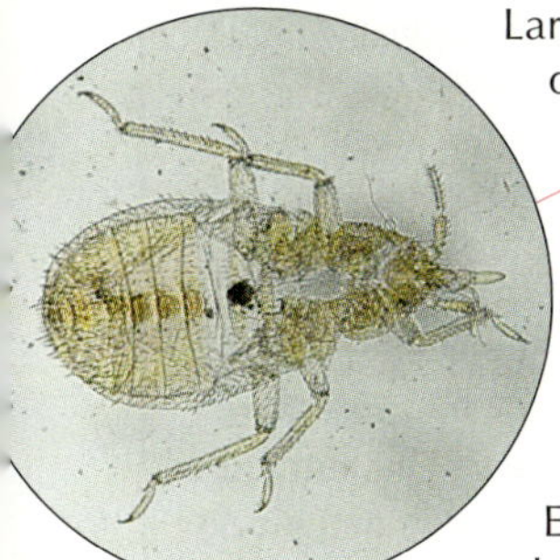

2 Bettwanze

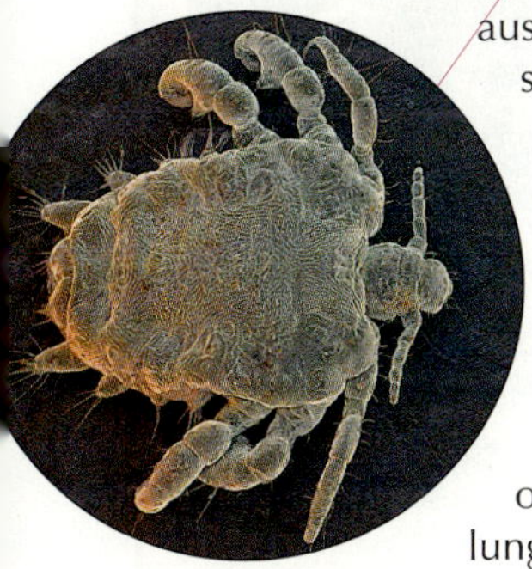

3 Filzlaus

Auch **Läuse** können nicht fliegen. Verschiedene Arten dieser Blutsauger haben sich auf bestimmte Bereiche des menschlichen Körpers spezialisiert. Die 1 mm große **Filzlaus** bewohnt alle behaarten Stellen des Körpers mit Ausnahme des Kopfes. Diesen Körperteil sucht nur die **Kopflaus** auf. In den Nähten von Kleidern kann sich die bis zu 4 mm große **Kleiderlaus** verbergen. Alle Läuse haben einen abgeflachten Körper und klauenartige Krallen an den Füßen. Damit können sie sich so gut festhalten, dass man sie mit dem Fingernagel oder mit einem Kamm nicht entfernen kann. Die Weibchen kleben ihre Eier, die Nissen, an den Haaren oder in der Kleidung des Menschen fest. Die Entwicklung ist unvollkommen. Reinlichkeit ist der beste Schutz gegen Läusebefall.

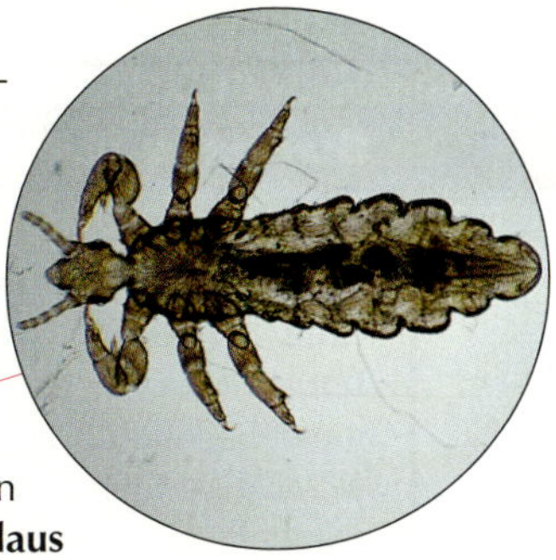

4 Kopflaus

Im Gegensatz zu den oberflächlich abgeplatteten Wanzen und Läusen sind die **Flöhe** seitlich abgeflacht. Der etwa 2,5 mm große Menschenfloh kann mit seinen langen Hinterbeinen über 30 cm weit springen. Auf diese Weise gelangt dieser Blutsauger leicht von einem Opfer zum anderen. Manchmal wird der Mensch auch von Flöhen gestochen, die sonst vorwiegend an Haustieren Blut saugen. Durch Rattenflöhe wurde früher häufig die Pest übertragen. Flöhe haben eine Entwicklung mit vollkommener Verwandlung. Ihre Larven entwickeln sich in Bodenritzen und unsauberen Ecken.

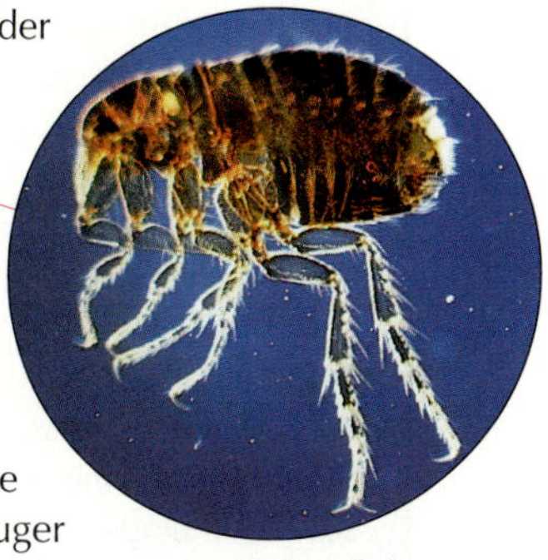

5 Menschenfloh

Tiere, die sich auf ähnliche Weise wie Stechmücken oder Flöhe von anderen Lebewesen ernähren, nennt man Schmarotzer oder **Parasiten.**

Blut saugende Schmarotzer des Menschen sind Stechmücken, Wanzen, Läuse und Flöhe. Alle diese Insekten haben stechend-saugende Mundwerkzeuge. Der Stich verursacht juckende Schwellungen. Manche dieser Parasiten übertragen Krankheitserreger.

1 Erkläre die Bedeutung der abgeflachten Körpergestalt bei Wanzen, Läusen und Flöhen.

2 Die Lebensweise der Stechmücke unterscheidet sich von der anderer Blut saugender Insekten. Erläutere die Unterschiede.

Streifzug durch die Erdkunde

Wanderheuschrecken

In manchen Gebieten der Erde nennt man **Wanderheuschrecken** den „fliegenden Fluch". Dort, wo sich die riesigen Schwärme niederlassen, sitzen die Tiere dicht an dicht. Das Aneinanderschlagen von Millionen von Flügeln und das Beißen von ebenso vielen Mundwerkzeugen erfüllt die Luft mit lautem Knistern und Knacken. Wenn der Schwarm am nächsten Tag weiter zieht, ist alles kahl gefressen, ganze Ernten sind restlos vernichtet.

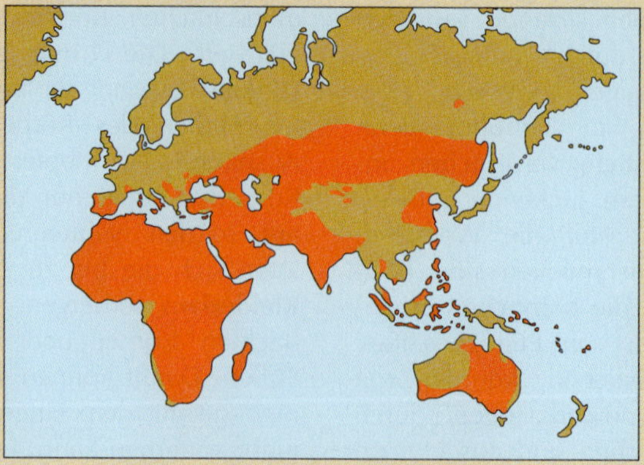

7 Besonders gefährdete Gebiete

Wanderheuschrecken kommen in allen Erdteilen vor. Noch im 19. Jahrhundert fielen Heuschreckenschwärme auch nach Europa und Deutschland ein. Besonders häufig treten diese Tiere jedoch bis heute in Afrika auf. Schon in der Bibel wird von Heuschreckenplagen berichtet, die Ägypten heimsuchten.

Wanderheuschrecken gehören zur Gruppe der *Feldheuschrecken.* Die am weitesten verbreitete Art ist die *Wüstenheuschrecke,* die von Afrika über Arabien bis nach Indien zu finden ist. Normalerweise leben diese Tiere in geringer Zahl in den trockenen Randgebieten der wechselfeuchten Tropen. Fällt dort einmal besonders viel Regen, kommt es zu einer Massenvermehrung der Heuschrecken. Sie schließen sich zu Schwärmen zusammen und beginnen auf der Suche nach Nahrung zu wandern. Große Schwärme bestehen aus mehreren Milliarden Tieren, die täglich bis zu 100 000 Tonnen Biomasse vernichten können. Innerhalb einiger Monate ziehen solche Schwärme mehrere tausend Kilometer weit. Finden die Heuschrecken nicht mehr genügend Nahrung, sterben die Schwärme rasch bis auf wenige Tiere ab.

Eine wirksame Bekämpfung ist nur zu Beginn der Schwarmphase möglich. Hat man die Massenvermehrung in einem begrenzten Gebiet rechtzeitig erkannt, setzt man meist Insektenvernichtungsmittel ein. Diese töten aber auch nützliche Insekten und sind ebenfalls für den Menschen giftig. Deshalb erprobt man heute auch andere Bekämpfungsmethoden. So versucht man, die Heuschrecken mit bestimmten Pilzen zu infizieren. Die fadenförmigen Pilze dringen in den Insektenkörper ein, durchwuchern die Organe und töten die Heuschrecken auf diese Weise.

***6 Wanderheuschrecken. A** Schwarm; **B** Einzeltier*

Insekten

Übung

V1 Hilfen für Nutzinsekten

Zu den natürlichen Feinden von Blattläusen gehören Marienkäfer und ihre Larven, die Larven von Florfliegen sowie Ohrwürmer.

Material: Kieselsteine; Reisig; trockenes Gras oder Moos; Blumentopf mit Bodenloch; Holzstab (1 m lang)

Durchführung: a) *Winterquartier für Marienkäfer:* Errichte im Garten an geschützten Stellen 10 cm hohe Stein- oder Reisighäufchen, unter denen die Käfer im Winter Schutz finden.

b) *Fluchtwege für Florfliegen:* Florfliegen überwintern häufig auf Dachböden oder in Speichern. Öffne im Frühjahr (ab März) ein Dachfenster, damit die Tiere ins Freie gelangen können.

c) *Unterschlupf für Ohrwürmer:* Stopfe trockenes Gras oder Moos in einen leeren Blumentopf. Stecke den Holzstab in ein Gartenbeet und stülpe den Topf mit dem Boden nach oben so über den Stab, dass die Spitze in das Bodenloch ragt.

Aufgabe: Der Schutz von Nutzinsekten ist Teil einer biologischen Schädlingsbekämpfung. Erkläre diesen Begriff.

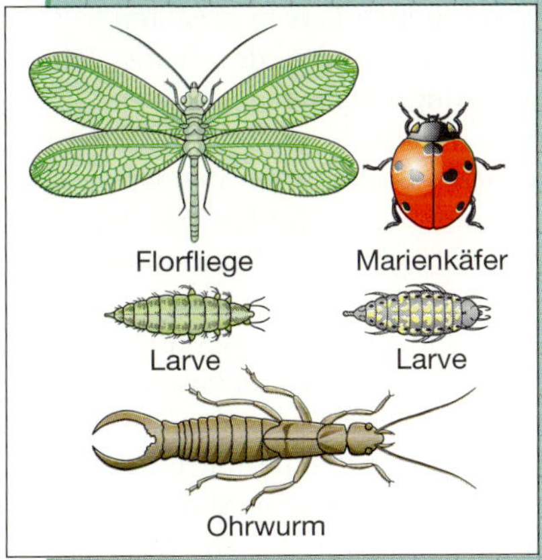

V2 Untersuchung von toten Insekten

Material: Lupe oder Stereolupe; Pinzette; Zeichenmaterial; tote Insekten (z. B. Fliegen, Bienen)

Durchführung: Zur Untersuchung werden die Tiere mit der Pinzette an einem Flügel angefasst und in eine geeignete Lage zur Beobachtung gebracht. *Reinige nach der Beobachtung die Hände mit Wasser und Seife!*

Aufgabe: Untersuche die Insekten mit der Lupe bzw. der Stereolupe. Zeichne die Tiere. Beschrifte.

A3 Insektenordnungen

Die Insekten werden in verschiedene Gruppen eingeteilt, die man Ordnungen nennt, z. B. Wanzen, Schmetterlinge, Käfer, Flöhe usw.

a) Benenne die Ordnungen, die in den Abbildungen 1 bis 6 dargestellt sind. Welche sind Larvenformen?

b) Stelle eine Liste der Merkmale auf, an denen du die jeweilige Ordnung erkannt hast.

c) Ergänze die Liste um weitere Insektenordnungen. Verwende zur Bearbeitung der Aufgaben das Insekten-Kapitel in deinem Lehrbuch.

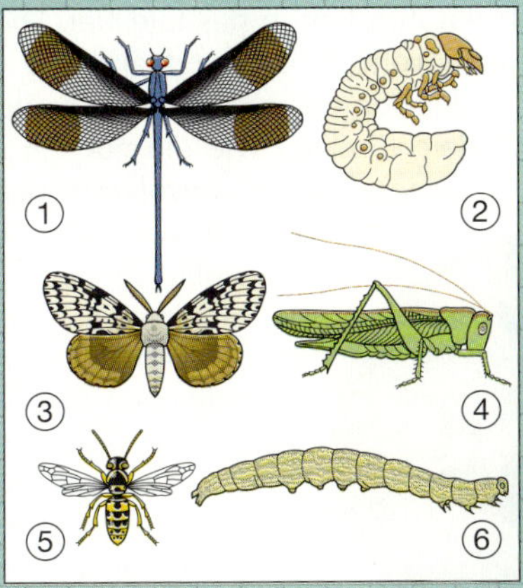

A4 Mundwerkzeuge

a) Beschreibe die Mundwerkzeuge bei Bienen, Schmetterlingen und Stechmücken.

b) Erkläre aus dem Aufbau die Leistungen der Mundwerkzeuge bei verschiedenen Insekten. Berücksichtige dabei die jeweilige Lebensweise.

c) Erläutere folgende Aussage: *Die verschiedenen Typen von Mundwerkzeugen lassen sich auf einen Grundbauplan zurückführen.* Beachte bei der Beantwortung die Farb-Legende.

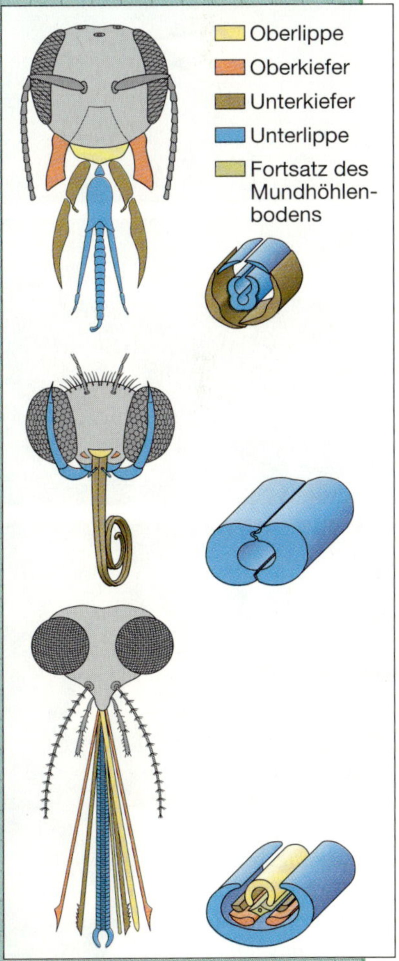

1 Insekten bestäuben Blüten. ***A*** *Biene auf Kirschblüte;* ***B*** *Kirschbaumzweig;* ***C*** *Kirschfrüchte*

1.9 Ökologische Bedeutung der Insekten

In der Krone eines blühenden Kirschbaumes machen Hunderte von *Bienen* durch ihr geschäftiges Treiben und Summen auf sich aufmerksam. Sie sammeln Nektar und Blütenstaub. Dabei übertragen sie klebrigen Pollen, der an ihren Körperhaaren hängen bleibt, auch von den Blüten eines Kirschbaumes auf die eines anderen und bestäuben diese. Nach der **Bestäubung** erfolgt im Fruchtknoten der Blüten die Befruchtung. Nun können sich Früchte mit Samen entwickeln, die Kirschen. Die meisten Kirschensorten sind bei ihrer Fortpflanzung auf den Blütenbesuch der Bienen oder anderer Insekten angewiesen. Diese enge ökologische Beziehung gilt in gleicher Weise für viele andere Blütenpflanzen.

Insekten haben in der Natur noch andere Funktionen. Der Hausrotschwanz ist unermüdlich auf der Suche nach Insekten, um seine Jungen damit zu füttern. Gibt es in Jahren auf Grund schlechter Witterung weniger Insekten, ist diese Vogelart in ihrer Existenz bedroht. Insekten sind Nahrungsgrundlage für alle Insektenfresser und stellen somit ein wichtiges **Glied in der Nahrungskette** dar.

Manche Insekten spielen in Nahrungsketten aber auch eine ganz andere Rolle. Ist ein Vogel in der Natur verendet, finden sich an dem Kadaver sehr rasch *Schmeißfliegen* oder auch bestimmte Käfer, die *Totengräber.* Sie legen ihre Eier in das tote Tier. Die ausgeschlüpften Larven ernähren sich dann vom Fleisch und anderen fressbaren Substanzen des Tieres. Die Insektenlarven beschleunigen so den **Zersetzungsvorgang.**

Andere Insekten wie die nur ein bis zwei Millimeter großen flügellosen *Springschwänze* bevölkern den feuchten Boden des Waldes und ernähren sich vom Falllaub der Bäume und Sträucher. Sie zersetzen also pflanzliches Material und tragen so zur **Humusbildung** und Bodenverbesserung bei.

In manchen Jahren treten bestimmte Insekten in Massen auf. Zu Millionen fressen z.B. die Raupen des *Schwammspinners,* eines unscheinbaren Nachtfalters, ganze Laubwälder kahl und überziehen das Geäst der Bäume mit ihren Gespinsten. Ein an sich harmloser Nachtfalter wird durch eine solche **Massenvermehrung** zum Schadinsekt. Die Bekämpfung der Insekten mit chemischen Insektenbekämpfungsmitteln

2 Insekten in der Nahrungskette.
A *Neuntöter mit Insekt;* ***B*** *totes Tier mit Schmeißfliege;* ***C*** *Laub;* ***D*** *Springschwanz*

3 ***Schwammspinner.*** ***A*** *Raupen;* ***B*** *Wald nach Massenbefall;* ***C*** *Schwammspinnerweibchen*

ist ökologisch wenig sinnvoll. Viele Nutzinsekten würden dabei ebenfalls vernichtet. Eine geeignetere Maßnahme ist die Bekämpfung mit *natürlichen Feinden* des Schwammspinners und seiner Raupen, z. B. durch die *Rote Waldameise.* Pflanzen fressende Insekten und deren Raupen machen etwa ein Drittel ihrer Nahrung aus. Eine Rote Waldameise nimmt es dabei mit Beutetieren bis zum Zwanzigfachen ihres Körpergewichts auf. Das Heer von ein bis zwei Millionen Ameisen eines Staates kann daher einen beträchtlichen Beitrag zu dieser **biologischen Schädlingsbekämpfung** leisten. Deshalb wird die Rote Waldameise auch gehegt und geschützt.

Manche Pflanzensamen besitzen ölhaltige, nahrhafte Anhängsel, welche von Ameisen gerne gefressen werden. Beim Sammeln derartiger Samen verbreiten Ameisen über 150 Pflanzenarten in unseren Wäldern.

1 Nenne Gründe, weshalb die Rote Waldameise unter Naturschutz steht.

2 Erläutere die Bedeutung von Schmeißfliegen und Springschwänzen in der Natur.

Insekten sichern mit der Bestäubung die Fortpflanzung vieler Pflanzenarten. Sie sind Glieder in Nahrungsketten und sind für die Schädlingsbekämpfung wichtig.

4 ***Ameisen schützen den Wald.*** ***A*** *Ameise mit Beute;* ***B*** *Ameisenhaufen (Hege)*

Pinnwand

INSEKTEN – HERRSCHER DER WELT?

Planet der Insekten

Insekten bilden die artenreichste Tierklasse auf der Erde. Erst ein Bruchteil der vorkommenden Arten wurde bis heute beschrieben. Im Erdaltertum gehörten Libellen zu den ersten Tieren, die den Luftraum eroberten. Bis heute sind Insekten die Tierklasse, die fast alle Lebensräume auf der Erde vom Wasser über den Boden bis zur Luft besiedelt. So finden wir den Gelbrandkäfer im Wasser, die Maulwurfsgrille im Boden und die Tanzmücke oft in der Luft. Libellen sind am Tage aktiv, Nachtfalter in der Nacht. Auch an Extremstandorte sind Insekten angepasst. So lebt eine Schwarzkäferart in der Namibwüste, in der in manchen Jahren gar kein Niederschlag fällt. Durch die Ausbildung beißender, stechender oder saugender Mundwerkzeuge können Insekten jegliche Nahrung aufnehmen. Bei den staatenbildenden Bienen gibt es Individuen, die besondere Aufgaben wie Futtersuche, Wabenbau oder Verteidigung des Stockes übernehmen.

Überlebenskünstler Schabe

Schon im Erdaltertum vor 350 Millionen Jahren besiedelten Schaben (siehe Steckbrief Pinnwand Seite 29) die Erde und noch heute sind sie weltweit verbreitet. Wie konnten diese Lebewesen so lange Zeit unter den verschiedensten Umweltbedingungen überleben? Ein Grund liegt darin, dass Schaben fast alles fressen. Dazu gehören Klärschlamm, Abfälle und tote Bettwanzen ebenso wie Mehl, Zucker und Brotkrümel. Aus dieser vielfältigen Ernährung lässt sich ableiten, dass Schaben im Verlaufe der Erdgeschichte immer wieder durch extreme Hungerperioden gezwungen waren, ihre Ernährung anzupassen. Ebenso dürften sie Zeiten mit unterschiedlichsten klimatischen Bedingungen überstanden haben. Je mehr unterschiedliche Lebensbedingungen eine Lebensform überlebt hat, desto größer ist die Wahrscheinlichkeit, dass sie auch kommende Veränderungen überstehen wird.

Insekten – Experten beim Tarnen, Warnen und Täuschen

Insekten werden von vielen Tieren gefressen. Wegen dieser Bedrohungen haben zahlreiche Insekten Tarn- oder Warntrachten ausgebildet. So ahmen Tiere Gegenstände ihres Lebensraumes nach. Einheimische Spannerraupen (A) beispielsweise nehmen auf einem Ast eine starre Haltung an und ähneln dann kleinen, schräg abstehenden Zweigen. Insektenfressende Vögel können die so getarnten Raupen kaum erkennen.

Wespen (B) hingegen sind wehrhafte Tiere. Durch ihre auffällige Körperfärbung machen sie auf sich aufmerksam. Mögliche Feinde werden so gewarnt und ziehen sich zurück. Schwebfliegen (C) sind keine wehrhaften Tiere. Sie sind jedoch den Wespen im Aussehen ähnlich. Somit täuschen sie möglichen Feinden eine Gefahr vor und schützen sich vor einem Angriff.

Name: ***Große Stubenfliege***
Lebensraum: hält sich weltweit in der Nähe des Menschen auf
Lebensweise: verlässt ihr Winterversteck bei uns im März; legt gut 100 Eier auf verwesende pflanzliche oder tierische Stoffe wie Exkremente und Fleisch; vor der Verpuppung verkriechen sich die Larven meist in der Erde; Krankheitsüberträger

Fliegen sind Vermehrungskünstler

Einem Spruch aus dem Englischen zufolge „tötest du Tausende Fliegen, wenn du im Mai eine tötest“. Eine Stubenfliege legt auf einmal etwa 100 Eier, im Laufe ihres Lebens sogar über 1000. Nach einem Tag schlüpfen aus ihnen die bleichen Maden. Sie haben nach etwa sechs Tagen ihr Wachstum beendet und dabei ihr Körpergewicht um das 800-fache vermehrt. Würden alle schlüpfenden Maden zu geschlechtsreifen Tieren heranwachsen und sich selbst wieder ungehindert fortpflanzen, so würden sich von einem Pärchen schon in der zweiten Generation 500000, in der dritten 250 Millionen und in der vierten 125 Milliarden Fliegen ableiten. Wenn alle Nachkommen eines sich im April vermehrenden Fliegenpaares überlebten, so würden die Nachkommen im September Deutschland mit einem etwa 10 Meter hohen Fliegenteppich bedecken. Nach einem Jahr wäre die Masse der Fliegen größer als die Masse der Erde.

3 Berechne, wie viele bekannte Tierarten es etwa auf der Erde gibt. Wie viel Prozent davon sind Insekten? Erstelle ein Kreisdiagramm, in dem die Häufigkeiten der sieben Tiergruppen dargestellt sind.

4 Erstelle eine Tabelle nach folgendem Muster. Nenne Fähigkeiten, die Insekten zu einer besonders erfolgreichen Tierklasse machten und nenne jeweils Beispiele.

Fähigkeit der Insektenart	Beispiele
hohe Vermehrungsrate …	Stubenfliege, Blattlaus …

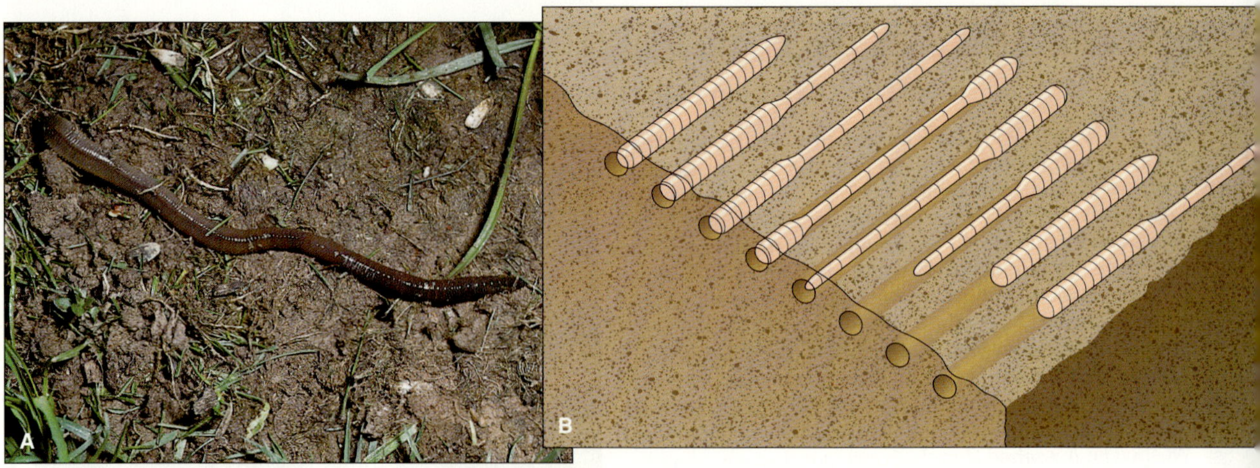

1 ***Regenwurm. A*** *kriechend;* ***B*** *Fortbewegung (Schema)*

2 Regenwürmer

Ein pflügender Bauer wird häufig von Möwen und Krähen begleitet, die sich auf die umgeworfene Erde stürzen. Dort erbeuten sie längliche, fast drehrunde, gelbrot gefärbte Tiere. Es sind Regenwürmer, die beim Umpflügen der Erde aus ihren Wohnröhren an die Oberfläche geworfen wurden. Regenwürmer, die nicht gefressen werden, versuchen schnell wieder im Erdboden zu verschwinden. Weshalb?

Nimmt man einen Regenwurm in die Hand, fühlt er sich weich und feucht an. Nur mit einer feuchten Haut kann der Wurm atmen. Er besitzt nämlich keine weiteren Atmungsorgane. An der Luft trocknet die ungeschützte Haut schnell aus. Außerdem wird sie durch einen Teil des Sonnenlichts, der UV-Strahlung, gefährdet. Der Regenwurm lebt deshalb immer in dunkler und feuchter Umgebung. Er ist ein *Feuchtlufttier*.

Der Regenwurm kann bis zu 40 cm lang werden. Er ist auffällig geringelt. Sein Körper besteht aus bis zu 180 weitgehend gleichartigen Ringen, den *Segmenten*. Wegen dieser Ringelung wird er den **Ringelwürmern** zugeordnet.

Beobachtet man einen kriechenden Regenwurm, so fallen wellenartige, über seinen Körper hinweglaufende Bewegungen auf. Verursacht werden sie von zwei Muskelschichten, die mit der darüberliegenden Haut zum *Hautmuskelschlauch* verwachsen sind. Bewegt sich der Wurm vorwärts, zieht er zunächst die Ringmuskelschicht von vorn beginnend nach hinten zusammen. Dabei wird er länger und dünner. Beim anschließenden Zusammenziehen der Längsmuskulatur von vorn nach hinten verkürzt sich der Wurm; sein Körper wird dicker, der hintere Körperabschnitt wird nach vorn gezogen. Dabei wird ein Zurückrutschen durch vier Paar abspreizbare Chitinborsten verhindert, die sich unten und seitlich an jedem

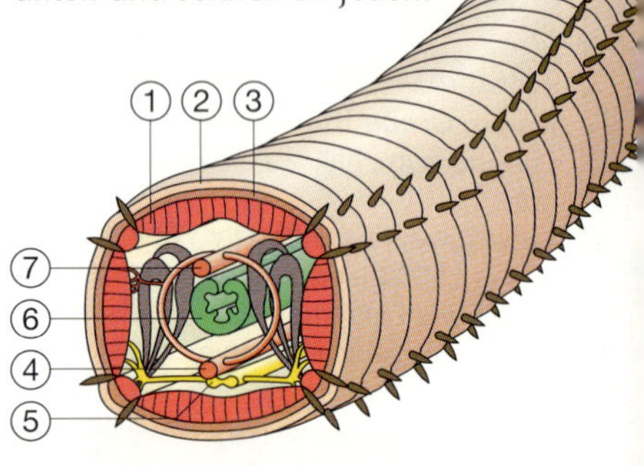

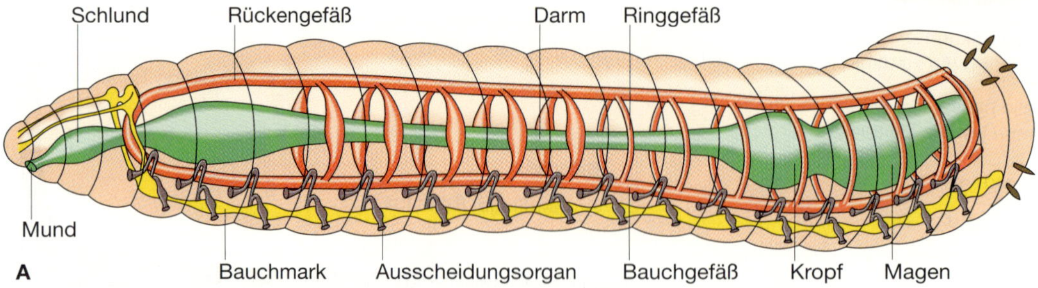

2 ***Regenwurm. A*** *Schema;* ***B*** *Hautmuskelschlauch mit Borsten*

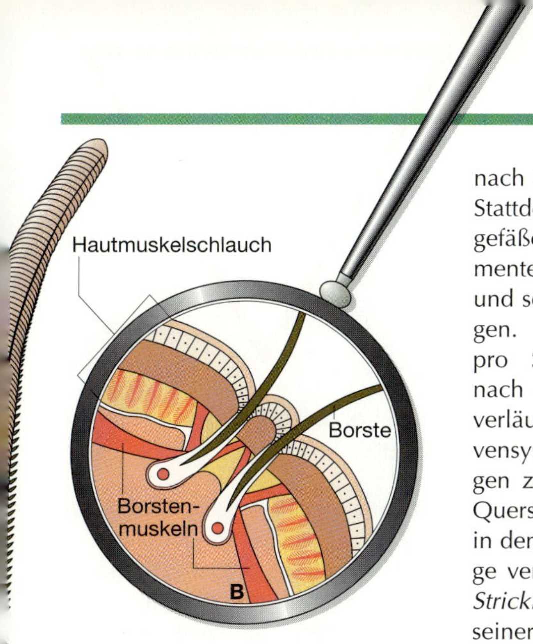

Segment befinden. Mithilfe dieser Borsten kann sich der Regenwurm auch in seiner engen Wohnröhre auf- und abwärts bewegen.

In der Nacht ziehen Regenwürmer abgefallene Blätter in ihre Wohnröhren. Wenn diese verrottet sind, werden sie zusammen mit Erde gefressen. Unverdauliche Bestandteile werden als Kothäufchen auf dem Boden abgesetzt.

Den gesamten Wurm durchzieht ein in der Mitte liegender Darm, der im ersten Segment mit einem Mund beginnt und im letzten Segment mit einem After endet. Über und unter dem Darm verläuft je ein großes Blutgefäß, das *Rücken-* und das *Bauchgefäß*. Beide sind in jedem Segment durch Ringgefäße miteinander verbunden. Das Blut fließt im Rückengefäß von hinten nach vorn. Ein richtiges Herz fehlt. Stattdessen können sich die Ringgefäße in den ersten fünf Segmenten ruckartig zusammenziehen und so das Blut in Bewegung bringen. Zwei Ausscheidungsorgane pro Segment leiten Abfallstoffe nach außen. Auf der Bauchseite verläuft der Hauptstrang des Nervensystems. In jedem Segment liegen zwei Nervenknoten, die über Querstränge und mit den Ganglien in den Segmenten über Längsstränge verbunden sind. Sie bilden ein *Strickleiternervensystem.* Wegen seiner Lage auf der Bauchseite wird es auch – im Gegensatz zum Rückenmark bei Wirbeltieren – als *Bauchmark* bezeichnet.

Regenwürmer besitzen keine sichtbaren Sinnesorgane. Trotzdem können sie schmecken, Wärme und Kälte unterscheiden und sehr empfindlich auf Licht reagieren. In ihrer Haut sind über den ganzen Körper Sinneszellen für die Aufnahme bestimmter Reize verteilt. Am empfindlichsten reagiert dabei das Vorderende.

Auf taunassen Wiesen kann man in Sommernächten Regenwürmer paarweise mit ihrer Bauchseite aneinander liegend sehen. Regenwürmer sind **Zwitter,** d.h. jeder Wurm bildet sowohl Spermien als auch Eizellen aus. Da sie sich nicht selbst befruchten können, paaren sie sich. Hierbei tauschen sie Spermien aus, die in Samentaschen gespeichert werden. Sobald in jedem Tier die Eizellen reif sind, wird von hellgelben, verdickten Segmenten im vorderen Körperdrittel eine Schleimhülle produziert. In diesen *Gürtel* werden die Eier abgelegt. Während der Wurm sich rückwärts aus der Schleimhülle herauswindet, befruchten die gespeicherten Spermien die Eizellen. Die an der Luft erhärtende Schleimhülle nimmt eine zitronenähnliche Form an, sie wird *Kokon* genannt. Aus ihm schlüpft nach wenigen Wochen ein junger Regenwurm.

Beim Pflügen eines Feldes oder beim Umgraben des Gartens kommt es häufig vor, dass Regenwürmer durch Pflug oder Spaten in zwei Hälften durchtrennt werden. Einer weit verbreiteten Vorstellung nach sollen dadurch zwei lebensfähige Würmer entstehen. Das trifft aber nicht zu. Das abgetrennte Hinterende stirbt ab, auch wenn es sich noch über einen längeren Zeitraum bewegt. Nur die vordere Hälfte des Wurmes überlebt. Sie bildet ein neues Hinterende aus. Die Fähigkeit eines Organismus verlorengegangene oder verletzte Körperteile mehr oder weniger vollständig zu ersetzen, nennt man **Regeneration.**

> Regenwürmer gehören zu den Ringelwürmern. Sie sind Feuchtlufttiere, die das Tageslicht meiden. Sie besitzen einen Hautmuskelschlauch, ein Strickleiternervensystem und sind Zwitter.

3 ***Fortpflanzung.*** ***A*** *Regenwurmpaarung;* ***B*** *aus einem Kokon schlüpfender Jungwurm*

1 Auf der Pinnwand Seite 57 ist der „Wurm drin“. Finde heraus, welches der abgebildeten Tiere kein Wurm ist. Nenne die Pinnwand, auf die der „falsche Wurm“ gehört.

2 Nenne zu den Ziffern 1 bis 7 der Abbildung 2 die richtigen Begriffe.

3 Erläutere, weshalb Regenwürmer Bodenverbesserer sind. Nimm die Pinnwand Seite 57 zu Hilfe.

Beachte!
Nach Beendigung der Versuche werden die Regenwürmer stets in ihren Lebensraum zurückgesetzt!

Übung

Regenwürmer

V1 Blutgefäßsystem

Material: Marmeladenglas; Schmirgelpapier; weißes Filtrierpapier; Lupe; Regenwurm
Durchführung: Der Boden des Marmeladenglases wird mit Filtrierpapier ausgelegt. Darauf wird ein Papierfilz von ca. 2 cm Dicke eingebracht. Den Papierfilz erhält man durch Zerreiben von Filtrierpapier zwischen zwei Schmirgelpapieren. Dann wird ein Regenwurm hineingesetzt. Das Glas wird dunkel gestellt; der Papierfilz wird leicht feucht gehalten.
Aufgabe: Stelle fest, wie viele Tage es dauert, bis der Regenwurm keinen erdigen Kot mehr abgibt, sondern Papier ausscheidet. Jetzt beobachte mit der Lupe das durchschimmernde Rückengefäß und stelle die Fließrichtung des Blutes fest.

V2 Bewegung

Material: Kristallisationsschale (∅ ca. 16 cm); Pergamentpapier; Pinsel; Lupe; Regenwurm
Durchführung: Die Kristallisationsschale wird mit Pergamentpapier ausgelegt. Dann wird der Wurm eingesetzt. Lege zunächst dein Ohr an die Schale und lausche! Dann berühre den vorwärts kriechenden Wurm mit den Pinselhaaren ganz leicht am Kopf. Wiederhole den Vorgang nach kurzer Pause; übe jetzt aber einen etwas stärkeren Druck auf das Vorderende aus.
Aufgaben: a) Finde eine Erklärung für die vom Wurm verursachten Geräusche. Suche mit der Lupe am Wurmkörper nach der Ursache. Beschreibe.
b) Beschreibe, wie sich der Wurm vorwärts bewegt. Vergleiche seine Bewegung mit der unten auf dieser Seite abgebildeten Bewegungsweise eines Egels.
c) Erläutere das Verhalten des Wurmes nach leichtem und nach stärkerem Druckreiz.

V3 Bodendurchmischung

Material: Einmachglas; heller Sand; dunkler Humusboden; Haferflocken; 5 Regenwürmer
Durchführung: Es werden abwechselnd vier gleich dicke Schichten (ca. 3 cm) von Humus und Sand aufeinandergelegt. Alle Schichten müssen über die gesamte Versuchsdauer (mehrere Wochen) feucht gehalten werden. Es darf keine Staunässe am Boden entstehen. Setze etwa fünf große Regenwürmer ein und füttere sie mit Haferflocken. Binde das Glas mit Gaze zu und stelle es kühl und dunkel.
Aufgabe: Erläutere die Bedeutung der Bodendurchmischung.

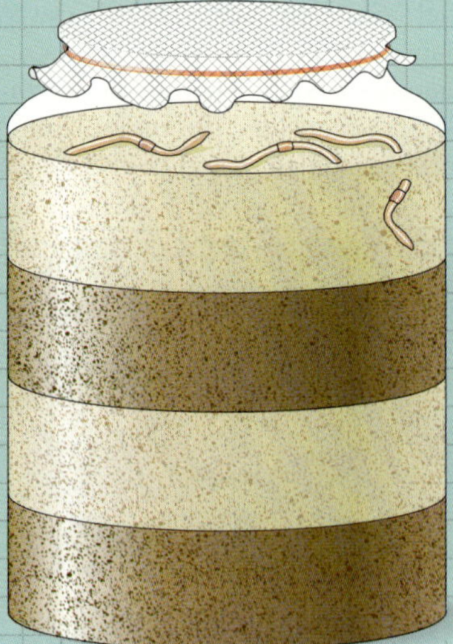

V4 Verhalten gegen Säure

Material: Kristallisationsschale (∅ 16 cm); Pinsel; Speiseessig
Durchführung: Lege den Wurm in die Kristallisationsschale und ziehe mit dem Pinsel einen Halbkreis mit Essig um das Vorderende herum.
Aufgabe: Stelle fest, welche Reaktion der Wurm beim Berühren der Säure zeigt. Erläutere.

V5 Düngung

Material: Zwei Blumentöpfe (ca. 12 cm hoch); Sand; Haferkörner; Wurmkot
Durchführung: Fülle beide Becher mit Sand. Mische zusätzlich vier Esslöffel gesammelten Wurmkot bei. Pflanze je fünf Haferkörner in beide Töpfe, und halte die Erde stets feucht. Entnimm die Pflanzen zur Zeit des Halmschießens und spüle vorsichtig die Erde von den Wurzelnetzen ab.
Aufgabe: Vergleiche die Ausbildung der Wurzelnetze miteinander. Nimm die Pinnwand Seite 57 zu Hilfe. Erläutere.

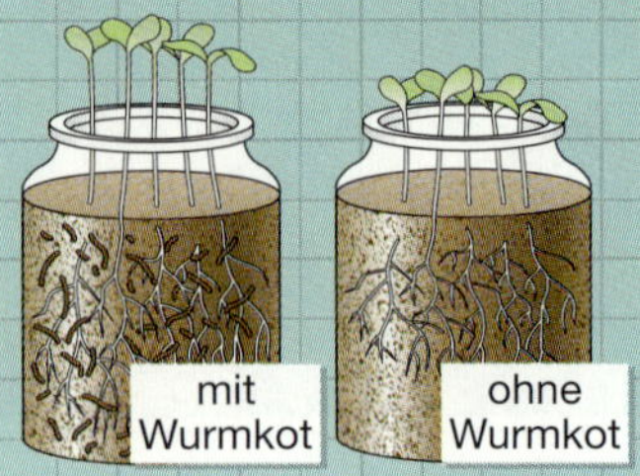

Pinnwand

RINGELWÜRMER

Name: ***Schlammröhrenwurm***
Länge: bis 8,5 cm
Lebensraum: am Grund schlammiger Gewässer
wichtige Merkmale: wohnt in mit Schleim ausgekleideten Röhren; lebt in Kolonien
Besonderheit: wird als Fischfutter verwendet

Wurmkot

Regenwürmer sind Bodenverbesserer

Etwa 400 Regenwürmer können unter 1 m^2 Boden leben.Sie schichten ihn durch ihre Wühlarbeit ständig um. Ihre Wohnröhren reichen bis in eine Tiefe von 1,5 bis 2 m und lockern dadurch das Erdreich auf.
Nachts ziehen sie abgefallene Blätter in ihre Röhren. Sind diese Pflanzenteile vermodert, werden sie zusammen mit Erde gefressen.
Der ausgeschiedene, feine Wurmkot wird in Kothäufchen auf dem Erdboden abgesetzt oder in den oberen Teil der Wohnröhre eingearbeitet.
So können in 1 m^2 Gartenerde bis zu 2,5 kg Humus erzeugt werden.
Böden mit vielen Regenwürmern erhöhen daher die Bodenfruchtbarkeit und steigern die Erträge.

Name: ***Drahtwurm***
Länge: 3 bis 4 cm
Lebensraum: im Erdboden
wichtige Merkmale: abgesetzter Kopf mit Mundwerkzeugen; besitzt sechs Beine
Besonderheit: verpuppt sich zum Ende des Sommers

Name: ***Mistwurm***
Länge: bis 13 cm
Lebensraum: in Mist- und Komposthaufen
wichtige Merkmale: ist gelblich gefärbt und trägt auf jedem Ring eine rotbraune Querbinde; riecht unangenehm

Name: ***Blutegel***
Länge: bis 70 cm
Lebensraum: im Süßwasser
wichtige Merkmale: Körper abgeplattet und dicht geringelt; mit Mundsaugnapf und Haftscheibe am Hinterende
Besonderheit: der bis zu 20 cm lange medizinische Blutegel wird zur Blutabnahme eingesetzt; soll die Abwehrkräfte anregen

Name: ***Sandpier (Köderwurm)***
Länge: bis 35 cm
Lebensraum: Gezeitenzone der Nord- und Ostsee
wichtige Merkmale: gräbt in den Sand senkrechten Gang, der in waagerechte Wohnröhre umbiegt; legt typische Kothäufchen ab

Name: ***Seeringelwurm***
Länge: bis ca. 30 cm
Lebensraum: in verzweigten Gängen am Meeresboden
wichtige Merkmale: pro Segment paarig angeordnete Stummelfüße mit vielen Borsten

3 Spinnentiere

3.1 Spinnen gehören zu den Spinnentieren

Vor dem Fenster hat eine *Kreuzspinne* ihr Netz gebaut. Die Spinne selbst ist nicht zu sehen, sie hat sich in ihrem Schlupfwinkel am Netzrand versteckt. Plötzlich gerät eine Fliege ins Netz und bleibt an den klebrigen Netzfäden hängen. Durch das Zappeln der Beute wird die Spinne alarmiert. Sie eilt herbei und beginnt die Fliege einzuspinnen. Aus den *Spinndrüsen* am Hinterleibsende tritt eine aus Eiweißstoffen bestehende Flüssigkeit aus, die sofort erhärtet und als *Spinnfaden* mit den Hinterbeinen über die Beute geworfen wird. Diese ist jetzt bewegungslos, wird mit einem Biss der *Giftklauen* getötet und meist sofort gefressen.
Eine Spinne kann ihre Beute nicht zerkleinern. Deshalb spuckt sie Verdauungssaft in das Insekt und saugt die Flüssigkeit mit den darin gelösten Nährstoffen wieder auf. Spinnen haben also eine *Außenverdauung*.

Das Spinnennetz dient dem Beutefang. Aufgrund seiner Form wird es als *Radnetz* bezeichnet. Zuerst erzeugt die Spinne einen Faden, dessen Anfang sie vom Wind davontragen lässt. Wenn dieser Faden irgendwo festklebt, läuft die Spinne auf dieser Seilbrücke bis zur Mitte, befestigt hier einen neuen Faden und lässt sich daran nach unten fallen. So entsteht ein Y-förmiges Grundgerüst. Nun zieht sie zuerst die *Rahmenfäden,* dann weitere *Speichenfäden* ein. Jetzt baut sie in der Netzmitte aus einigen wirren Fäden die *Warte.* Schließlich erzeugt sie von innen nach außen eine nicht klebende *Hilfsspirale.* Dann läuft sie entlang der Hilfsspirale zurück, frisst diese dabei auf und zieht die klebende *Fangspirale* ein. Die Spinne kann also klebende und nicht klebende Fäden erzeugen. Wenn sie sich im Netz bewegt, greifen ihre Beine immer an die nicht klebenden Speichenfäden. So verfängt sie sich nicht in dem eigenen Netz.

Während die Kreuzspinne die Fliege frisst, sieht man, dass Kopf und Brust zu einem Kopfbruststück verwachsen sind. Hier sitzen vier Paare gegliederter Laufbeine. Körperringe, wie bei den Insekten, sind nicht zu erkennen. Auch der sackförmige, mit einem kreuzförmigen Fleckenmuster versehene Hinterleib ist ungegliedert. Der Körper weist also, trotz des Außenskeletts aus Chitin, wesentliche Unterschiede zu den Insekten auf.
Spinnen haben keine Netzaugen, sondern acht kleine *Punktaugen.* Hinter den Giftklauen sitzen zwei kurze, beinähnliche *Kiefertaster.* Auch die inneren Organe weisen zwar einige Übereinstimmungen, aber doch wesentliche Unterschiede zu den Insekten auf. Im Kopfbruststück liegt ein aus mehreren Ganglien verschmolzenes *Strickleiternervensystem.*

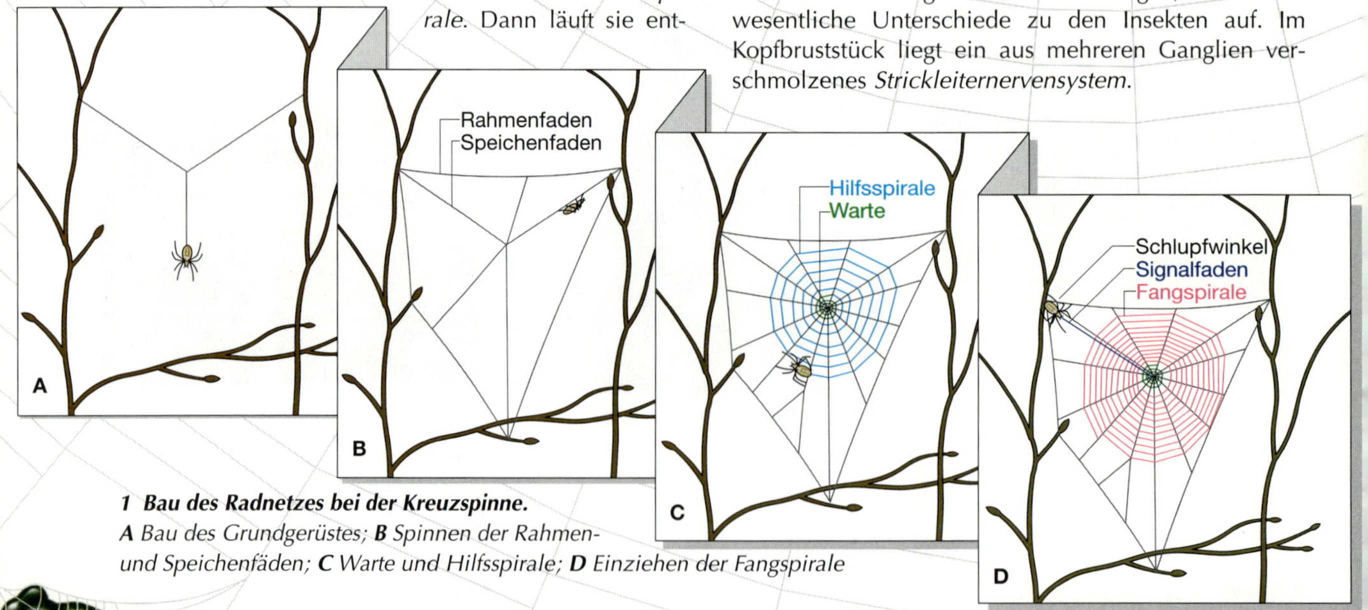

1 Bau des Radnetzes bei der Kreuzspinne.
__A__ Bau des Grundgerüstes; __B__ Spinnen der Rahmen- und Speichenfäden; __C__ Warte und Hilfsspirale; __D__ Einziehen der Fangspirale

Der Blutkreislauf ist wie bei den Insekten offen, auch Röhrenherz und Röhrentracheen sind vorhanden. Jedoch haben Spinnen als zusätzliches Atmungsorgan eine *Fächertrachee*. Diese besteht aus dünnen Häutchen, die in eine Atemhöhle auf der Unterseite des Hinterleibs ragen.

Im Hinterleib liegen auch die Spinndrüsen. Der Spinnenfaden wird unterschiedlich genutzt: Die Kreuzspinne baut damit nicht nur ihr Netz und spinnt die Beute ein, sondern sie umhüllt damit auch die Eier. Man nennt ein solches Eipaket einen *Kokon*. Er wird von dem Spinnenweibchen in der Nähe des Schlupfwinkels abgelegt. Die jungen Spinnen sind beim Schlüpfen aus dem Kokon noch sehr klein, aber voll ausgebildet. Nur die Geschlechtsorgane sind noch unreif. Spinnen haben also keine Larvenstadien. Bis zur Geschlechtsreife häuten sie sich sieben Mal. Nach dem Verlassen des Kokons beginnt eine junge Spinne mit dem Bau eines eigenen Netzes. Dieses ist zwar winzig, sieht aber genauso aus wie das Netz einer erwachsenen Spinne. Der Netzbau wird also nicht erlernt, sondern erfolgt nach einem angeborenen Verhaltensprogramm.

Nicht alle Spinnenarten bauen ein so kompliziertes Netz wie die Kreuzspinne. Die Hausspinne baut eine waagerecht liegende Netzdecke, die zu einer dicht gesponnenen Röhre, dem Schlupfwinkel, führt. Andere Spinnen bauen überhaupt keine Netze, sondern laufen umher und suchen Beute. Sie spinnen jedoch ebenfalls Fäden, um sich beim Laufen und Springen abzusichern und um den Kokon zu bauen.

Aufgrund ihrer Beweglichkeit und Vielseitigkeit findet man Spinnen in allen Lebensräumen. Besonders wichtig sind die meist winzigen Arten, die in der Laubstreu und in der Krautschicht die Massenvermehrung von Insekten verhindern. Hier kann man auch Arten finden, die den Spinnen sehr ähnlich sind, wie z.B. die Weberknechte oder die Milben. Diese haben auch acht gegliederte Laufbeine, aber keine Spinndrüsen. Sie können keine Fäden spinnen wie die *Webspinnen*. Deshalb sind Weberknechte und Milben eigene Ordnungen in der Klasse der **Spinnentiere.** Einige Gemeinsamkeiten im Bau der inneren Organe von Insekten und Spinnentieren zeigen aber, dass sie zum gleichen Tierstamm, den *Gliederfüßern*, gehören.

Spinnen unterscheiden sich von Insekten durch ihre Körpergliederung, die Zahl der Beine, die Art der Ernährung und die Erzeugung von Spinnfäden. Spinnen gehören zu den Spinnentieren.

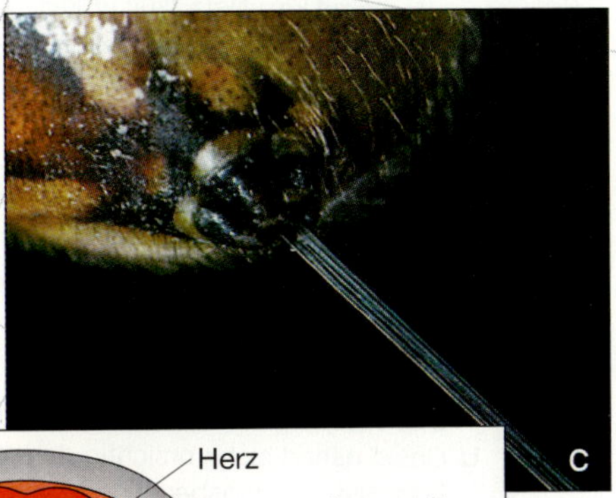

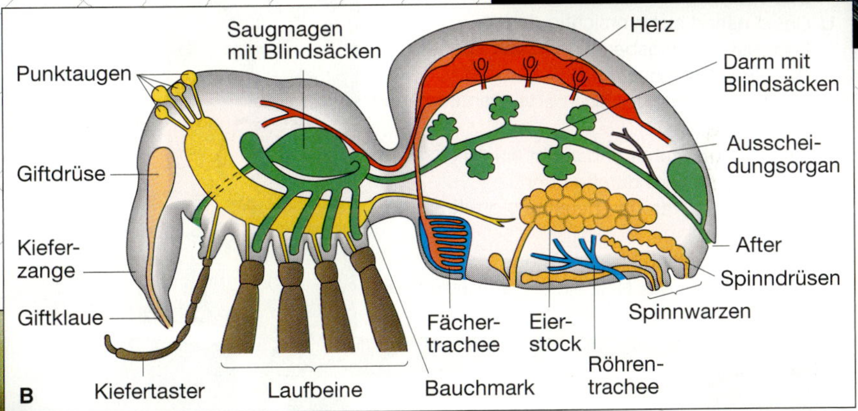

2 ***Kreuzspinne. A*** *Kopf;* ***B*** *Bau des Körpers (Schema);* ***C*** *Spinndrüsen*

1 Wieso frisst die Kreuzspinne die Hilfsspirale auf? Überlege, aus welchem Material diese besteht.

2 In der Pinnwand Seite 60 ist die gleiche Spinne zweimal abgebildet. Wie unterscheiden sich beide Abbildungen? Erläutere.

3 Erläutere, weshalb man zwar von einem Skorpion, nicht aber von einer Tarantel gestochen werden kann. Nimm die Pinnwand Seite 61 und den Streifzug auf Seite 62 zu Hilfe.

4 Stelle Gemeinsamkeiten und Unterschiede von Spinnen und Insekten in einer Tabelle zusammen.

Pinnwand

SPINNEN

Name: ***Harlekin-Springspinne***
Vorkommen: weit verbreitet, oft an Mauern und Zäunen
Lebensweise: baut kein Netz, läuft umher und jagt Insekten
Besonderheit: schleicht an die Beute heran und fängt sie im Sprung

Name: ***Wolfspinne***
Vorkommen: weit verbreitet, vor allem auf Wiesen und Wegen
Lebensweise: baut kein Netz, jagt frei umherlaufend
Besonderheit: Kokon wird umhergetragen; junge Spinnen klettern auf den Hinterleib der Mutter (*Brutpflege*)

Krabbenspinne

♥♥♥♥♥ Balz der Kreuzspinne ♥♥♥♥♥

Ordne die Sätze in eine sinnvolle Reihenfolge. Die Buchstaben ergeben dann einen Begriff aus dem Körperbau der Spinnen:

T Das ♂ zupft an einem Speichenfaden.
U Das ♂ nähert sich vorsichtig dem ♀.
L Das ♀ ist paarungsbereit und zupft ebenfalls an den Speichenfäden.
A Die Zupfbewegungen sind bei verwandten Arten unterschiedlich.
I Das ♂ streift umher und sucht ein ♀-Netz.
E Die Paarung wird durchgeführt.
K Ein nicht zur Paarung bereites ♀ greift an, das ♂ flieht.
G Das ♂ ist deutlich kleiner als das ♀.
F Das ♂ erkennt das Netz eines ♀ am Geruch der Netzfäden.

Name: ***Baldachinspinne***
Vorkommen: Hecken, Krautschicht
Lebensweise: fängt in ihrem Netz fliegende Insekten
Besonderheit: Netz mit waagerechter Netzdecke, die nach oben und unten mit Fäden verspannt ist; Beute verfängt sich in den oberen Spannfäden und fällt auf die Netzdecke; Spinne hängt unter der Netzdecke und beißt hindurch

Name: ***Krabbenspinne***
Vorkommen: Blumenwiesen
Lebensweise: baut kein Netz, lauert in Blüten auf Beute
Besonderheit: [illegible] danach fällt alle[illegible]

Name: ***Trichterspinne***
Vorkommen: Wiesen
Lebensweise: baut eine flache Netzdecke mit Schlupfröhre
Besonderheit: nah verwandt mit der Hausspinne

Pinnwand

SPINNENARTIGE

Name: ***Schwertschwanz***
Vorkommen: Meeresgrund an den Küsten Nordamerikas und Südostasiens
Nahrung: Würmer, Schnecken, Muscheln

Besonderheit: Körper gegliedert; Kiemenatmung; bereits vor etwa 400 Mill. Jahren nachweisbar

Name: ***Bücherskorpion***
Vorkommen: Kulturfolger, weltweit in Wohnungen des Menschen
Nahrung: kleine Insekten, Staubmilben
Besonderheit: platter Körper, Kiefertaster zu Scheren umgewandelt

Name: ***Weberknecht***
Vorkommen: modernde Baumstümpfe, Mauern
Nahrung: Pflanzen, Insekten, Aas
Besonderheit: kann Beine abwerfen (Ablenkung des Gegners); Stinkdrüsen

Name: ***Skorpion***
Vorkommen: Mittelmeergebiet, Afrika, Südasien
Nahrung: Insekten, kleine Wirbeltiere
Besonderheit: Kiefertaster zu Scheren umgewandelt; Giftstachel am Hinterleibsende

Name: ***Rote Spinne***
Vorkommen: auf Blättern
Nahrung: saugt an Blättern; kann auf Obstbäumen großen Schaden anrichten
Besonderheit: Spinndrüsen in den Kieferklauen; schützen sich durch Gespinste (Spinnmilben)

5 Hier sind drei ähnliche Tiere abgebildet. Welches Tier ist eine Spinne, welches nicht? Erläutere.

Streifzug durch die Medizin

Spinnengifte

Geheimagent 007 hat Todesangst. Eine große, eklige Vogelspinne bewegt sich langsam über seinen Körper; in jedem Moment kann der Giftbiss erfolgen. Der Zuschauer sitzt gebannt im Kinosessel oder vor dem Fernseher und fühlt das Grauen am eigenen Körper. Nur wenige Menschen wissen, dass die meist aus Südamerika stammenden Vogelspinnen harmlos sind. Ihre Giftdrüsen sind klein und der Biss entspricht etwa dem Stich einer Wespe. Außerdem beißen sie nur, wenn sie in die Enge getrieben werden. Das Gift ist ein Gemisch aus verschiedenen Eiweißstoffen und tötet kleinere Tiere; beim Menschen ruft es eine Hautrötung und eine leichte Schwellung hervor.

Sind Spinnen wirklich so gefährlich, wie behauptet wird? Im Mittelmeergebiet wird der Tarantel, einer Wolfspinne, nachgesagt, dass ihr Biss krampfhafte Muskelzuckungen und Wahnsinnsanfälle hervorruft. Der Ausspruch „wie von der Tarantel gestochen“ und auch der etwas hektisch anmutende Volkstanz „Tarantella“ beziehen sich darauf, obwohl jede sachliche Grundlage fehlt und der Biss etwa einem Bienenstich vergleichbar ist.

Die einzige, in Deutschland vorkommende Spinne, die mit ihren kräftigen Giftklauen die menschliche Haut durchdringen kann, ist die Dornfingerspinne. Das Gift bewirkt einen brennenden Schmerz und eine Hautrötung, manchmal auch Übelkeit und leichtes Fieber. Nach etwa einem Tag klingen die Beschwerden wieder ab.

4 Tarantel

5 Dornfingerspinne

Die bekannteste Giftspinne ist die Schwarze Witwe, die in Nordamerika, aber auch im Mittelmeergebiet vorkommt. Die Netze sind unscheinbar und oft unter Steinen oder Zweigen verborgen. In den USA waren früher besonders die Beschäftigten auf den Baumwollfeldern gefährdet, wenn sie bei der Arbeit in die Netze griffen. Das Gift der Schwarzen Witwe ist ein besonders wirksames Nervengift, das enorme Schmerzen und Muskelkrämpfe auslöst. Es gibt wirksame Gegenmittel, jedoch führt der Biss auch ohne ärztliche Behandlung nur selten zum Tod.

3 Vogelspinne

***6 Schwarze Witwe. A** Baumwollfeld; **B** Weibchen*

Spinnen

Übung

V1 Hausspinne

Material: Hausspinne in ihrem Netz; dünner Draht (etwa 20 cm lang); Kellerassel oder Stubenfliege
Durchführung: Suche z. B. in einem dunklen Kellerwinkel das Netz einer Hausspinne. Wirf eine Assel oder Fliege, die du vorher gefangen hast, auf das Netz. Zupfe nach einigen Minuten mit dem Draht an dem Netz.

Netz der Hausspinne

Aufgaben: a) Beschreibe den Aufbau des Netzes und vergleiche die Netze von Hausspinne und Kreuzspinne.
b) Beobachte das Verhalten der Spinne beim Beutefang und beim Zupfen am Netz. Erläutere.

V2 Zitterspinne

Material: Karton (etwa 50 × 30 × 30 cm) mit abnehmbarem Deckel; eine Seite offen und mit Fliegengaze abgedeckt; Zitterspinne
Durchführung: Zitterspinnen sind fast überall im Haus zu finden. Setze eine dieser Spinnen in den Karton und bewahre diesen an einem ruhigen Ort, nicht direkt am Fenster, etwa eine Woche auf. Die Spinne baut ein Netz. In dieser Zeit braucht sie keine Nahrung und auch kein Wasser. Wirf dann eine Fliege in das Netz.
Aufgaben: a) Beschreibe den Aufbau des Netzes.
b) Beobachte den Beutefang und das Fressen. Führe ein Protokoll.
c) Puste die Spinne im Netz kurz und kräftig an. Warum heißt die Spinne „Zitterspinne"? Welche biologische Bedeutung könnte dieses Verhalten haben?

V3 Sehvermögen der Springspinne

Material: Harlekinspringspinne; randloser Handspiegel
Durchführung: Suche an einer Hauswand oder Mauer eine der dort recht häufigen Harlekin-Springspinnen (siehe Pinnwand Seite 60). Halte ihr einen kleinen Spiegel direkt vor den Kopf.

Kopf einer Springspinne

Aufgaben: a) Beobachte und erläutere das Verhalten der Spinne. Nimm die Abbildung zu Hilfe.
b) Welche Bedeutung könnte das vor dem Spiegel gezeigte Verhalten der Spinne in ihrem natürlichen Lebensraum haben?

V4 Kokon der Wolfspinne

Material: Wolfspinne mit Eierkokon (je nach Spinnenart April bis September); kleines Terrarium mit leicht angefeuchteter Erdschicht; Kokonattrappen (in Kokongröße): kleine Glasmurmel, Kügelchen Zeitungspapier, Kügelchen Knetgummi; Pinzette
Durchführung: Nimm der Spinne vorsichtig mit der Pinzette den Eierkokon weg. Lege die im Material angegebenen Gegenstände in das Terrarium.
Aufgaben: a) Erläutere, wie sich die Wolfspinne nach Entfernen des Eierkokons verhält.
b) Wie kannst du erreichen, dass die Spinne ihren eigenen Kokon wieder annimmt?
c) Protokolliere, wie aus dem Kokon die Jungtiere schlüpfen und wie sie sich verhalten.

A5 Spinnentiere

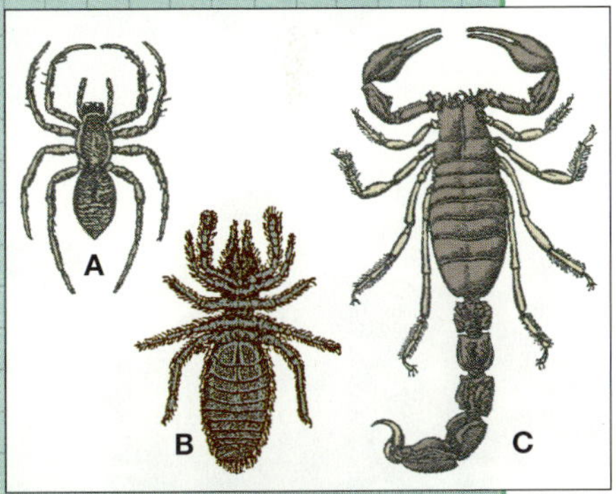

***Spinnentiere. A** Webspinne; **B** Walzenspinne; **C** Skorpion*

Zwischen den Kieferzangen und dem ersten Beinpaar sitzen bei den Spinnen die gegliederten Kiefertaster. Vergleiche die Spinnentiere in Bezug auf dieses Organ. Ziehe Schlussfolgerungen.

3.2 Milben leben in vielen Lebensräumen

Bei einer Waldexkursion kann man beispielsweise auf Ahornblättern eigenartige, grünliche Gebilde finden. Es sind *Pflanzengallen,* die durch Gallmilben verursacht werden. Die *Milben* saugen an der Pflanze, worauf die Wucherungen entstehen.

Milben sind Spinnentiere und haben acht Beine, Kiefertaster und Kieferklauen. Im Gegensatz zu den Webspinnen ist ihr Körper ungegliedert und sackförmig. Die meisten der mehr als 30 000 Arten sind winzig klein, manche sind auffällig rot oder gelb gefärbt.

Viele Milbenarten leben als *Räuber.* Sie ergreifen andere Kleintiere, z. B. winzige Insekten, und zerbeißen sie. Andere Milben ernähren sich von vermoderndem *Pflanzenmaterial.* Beim Abbau des Falllaubs zerkleinern Milben die Blätter und bereiten so die Zersetzung durch Bakterien und Pilze vor. Die Zahl der Milben im Boden ist unvorstellbar hoch. In einem Quadratmeter sandigen Wiesenboden leben schätzungsweise mehr als 15 000 Milben. In humusreichem Waldboden ist die Zahl um ein Vielfaches höher. So kann aus dem Milbenbestand eines Bodens auf den Humusgehalt und die Bodenqualität geschlossen werden.

1 Ahornblätter mit Gallen der Blattgallmilben

2 Milben ernähren sich unterschiedlich.
A *Pflanzensauger;* ***B*** *Hornmilbe in der Laubstreu;* ***C*** *Raubmilbe;* ***D*** *Wassermilbe;* ***E*** *Milben nutzen einen Käfer als Transportmittel;* ***F*** *Vogelmilben sind Parasiten*

3 **Holzbock.** ***A*** *vollgesogenes Weibchen an einem Reh;* ***B*** *Kopf eines Weibchens (mikroskopische Aufnahme);* ***C*** *bei der Paarung (♂ oben, ♀ unten)*

Anzahl und Art der Milben sind wichtige Hinweise auf Veränderungen eines Bodens durch Umwelteinflüsse. Wenn der Boden versauert, geht z. B. die Zahl an Regenwürmern und Asseln zurück, während die Milben zunehmen. Schwermetalle und Umweltgifte schädigen alle Bodentiere.
Manche Milbenarten haben sich an das *Leben im Wasser* angepasst. Sie klettern meist an den Wasserpflanzen umher, können aber mit ihren kräftigen Beinen auch schwimmen. Milben gibt es in allen Gewässern, auch im Meer.
Oft kann man Milben finden, die sich von anderen Tieren umhertragen lassen. Mistkäfer sind fast immer mit Milben besetzt. Wenn ein Kuhfladen völlig abgebaut ist, wechseln die Mistkäfer auf einen neuen Fladen über und nehmen so die Milben mit. Das „Taxi" wird hier nicht angeknabbert. Es gibt jedoch Milben, die bei anderen Tieren Stücke aus der Haut beißen oder mit einem Rüssel in die Haut stechen und Blut saugen. Solche Milben, die andere Tiere schädigen, nennt man *Parasiten.* Manche Milben bohren sich sogar in die Haut ein, wie beispielsweise die *Krätzmilbe,* ein unangenehmer Parasit des Menschen.

4 **Hausstaubmilbe** *(mikroskopische Aufnahme)*

Aber auch als Überträger von Krankheiten können Milben eine Rolle spielen. Besonders im Frühjahr, wenn die ersten Sonnenstrahlen die Menschen ins Freie locken, lauern auf Gräsern und Sträuchern *Zecken.* Sie werden durch die Körperwärme und den Schweißgeruch angelockt. Beim Vorbeigehen lassen sie sich auf das „Opfer" fallen und beißen sich fest. Die ein bis zwei Millimeter kleinen Weibchen bohren mit ihrem Stechrüssel in die Haut und saugen Blut. Ihr dehnbarer Körper schwillt dabei gewaltig an. Durch den Stich können zwei Formen von Krankheitserregern übertragen werden. Durch Viren wird die sehr gefährliche *Frühsommerhirnhautentzündung* ausgelöst. Gegen diese Erkrankung kann man sich vorbeugend impfen lassen. Keinen Impfschutz gibt es gegen die *Borreliose,* die durch Bakterien ausgelöst wird, und Fieber, Nerven- und Gelenkbeschwerden bewirkt.
Schließlich leiden viele Menschen auf besondere Weise an Milben. Sie reagieren allergisch auf den Kot der Hausstaubmilbe, die vorwiegend in Teppichböden oder Parkettritzen lebt.

Milben haben sich an fast alle Lebensräume angepasst. Besonders wichtig sind die Bodenmilben, weil sie an der Humusbildung beteiligt sind.
Einige Milben sind Parasiten und können Krankheiten übertragen.

1 Erläutere den Widerspruch: „Die Rote Spinne ist keine Spinne." Nimm die Pinnwand Seite 61 zu Hilfe.

2 „Bodenmilben sind ein Indikator für den Bodenzustand." Erläutere diese Aussage.

3 Wie findet eine Zecke ein Säugetier zum Blutsaugen?

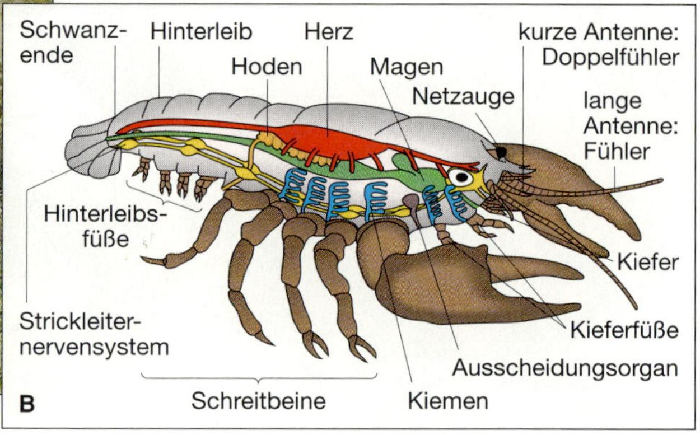

1 ***Flusskrebs. A** im natürlichen Lebensraum; **B** Schema*

4 Krebstiere

4.1 Krebstiere im Wasser

In klaren sauberen Flüssen oder Seen findet man manchmal noch in Ufernähe den heute seltenen *Flusskrebs.* Er verlässt seine Höhle erst in der Dämmerung, um auf Nahrungssuche zu gehen. Mit seinen zwei Paar ungleich großen Fühlern tastet er nach Nahrung. Die beiden Netzaugen bewegen sich dabei auf Stielen hin und her. Langsam verlässt er seine Höhle.

Sein Körper ist in zwei Abschnitte gegliedert: in ein starres *Kopfbruststück* und einen *Hinterleib* aus sechs gegeneinander beweglichen Segmenten. Daneben fällt eine große Zahl von Beinen mit unterschiedlicher Form auf. Sie sind wie bei Insekten und Spinnen stark gegliedert. Auch der Flusskrebs gehört also zu den **Gliederfüßern.**

Mit den acht *Schreitbeinen* am Kopfbruststück kann der Flusskrebs laufen. Die beiden vorderen *Brustfüße* tragen große *Scheren,* mit denen sich der Krebs verteidigen und seine Nahrung ergreifen und grob zerkleinern kann. Kleine *Kieferfüße* transportieren die Nahrung zu den Kiefern. Der Krebs ernährt sich von Kleintieren, Aas und Pflanzenteilen; er ist ein *Allesfresser.*
Erst wenn man den Krebs auf den Rücken dreht, erkennt man die unter den Körper geklappten *Hinterleibsfüße.* Sie strudeln laufend frisches Wasser in Hohlräume über den Schreitbeinen, wo die *Kiemen* liegen, mit denen der Krebs atmet. Den Hinterleib schließt ein *Schwanzfächer* ab. Schlägt er diesen kräftig gegen die Bauchseite, schwimmt er rückwärts davon. Alle Körperteile sind von einem Panzer aus Chitin und Kalk umgeben. Da dieses *Außenskelett* nicht mitwächst, muss sich der Krebs ein- bis zweimal im Jahr häuten. In einem Versteck wartet der nun ungeschützte „Butterkrebs" etwa zehn Tage auf das Erhärten des neuen Panzers. Flusskrebse pflanzen sich im Herbst fort. Die Weibchen betreiben *Brutpflege,* indem sie die befruchteten Eier monatelang an ihren Hinterleibsfüßen mit sich herumtragen. Im Mai oder Juni schlüpfen die Larven.

Der Körper des Flusskrebses ist zweigeteilt in Kopfbruststück und Hinterleib. Er besitzt ein Außenskelett, zwei Paar Fühler und auf Stielen bewegliche Netzaugen. Er atmet mithilfe von Kiemen an den Beinen. Er betreibt Brutpflege.

2 Entwicklung des Flusskrebses.
***A** Eier; **B** schlüpfende Larve*

1 Krebse können rückwärts schwimmen. Beschreibe diesen Vorgang anhand der Abbildung.

2 Nenne die gemeinsamen Merkmale der Krebstiere. Nimm dazu auch die Pinnwand Seite 67 zu Hilfe.

3 Begründe, weshalb Wasserfloh und Hüpferling auch zu den Krebstieren gehören. Nimm die Pinnwand Seite 67 zu Hilfe.

KREBSTIERE IM MEER UND IM SÜSSWASSER

Pinnwand

Name: ***Europäischer Hummer***
Größe: bis 50 cm lang
Lebensweise: Nachtjäger, tagsüber in Höhlen versteckt
Vorkommen: felsige Meeresküsten, z. B. vor Helgoland
Besonderheit: größter Langschwanzkrebs; mächtige Scheren am ersten Laufbeinpaar, ungleich groß; derbe *Knackschere* links mit groben Zähnen, schlanke *Packschere* rechts mit feinen Zähnen

Name: ***Nordseegarnele***
Größe: bis 5 cm lang
Lebensweise: reine Schwimmform, hält sich jedoch viel am Boden auf; nachtaktiv; Allesfresser
Vorkommen: Wattküsten und Flussmündungen
Besonderheit: Laufbeine schlank, am Hinterleib Schwimmbeine; Körper seitlich zusammengedrückt; Rückenpanzer läuft nach vorn in einen Dorn aus

Name: ***Wollhandkrabbe***
Größe: bis 7,5 cm breit
Lebensweise: ernährt sich hauptsächlich von Pflanzen, aber auch von Tieren und Aas
Vorkommen: von Frankreich bis Finnland; in Flüssen, auch in Elbe und Weser; ursprünglich China
Besonderheit: Scheren des Männchens dicht behaart; Fortpflanzung und Larvenentwicklung im Meer

Name: ***Taschenkrebs***
Größe: bis 30 cm breit
Lebensweise: jagt andere Tiere im Strandbereich; kann nicht schwimmen
Vorkommen: Strandbereich und Felsküsten vor Helgoland
Besonderheit: Kurzschwanzkrebs: kurzer Hinterleib unter den Vorderkörper geklappt; breiter Rückenpanzer; schwarze Scherenspitzen

Name: ***Wasserfloh***
Größe: 0,5 bis 1 mm lang
Lebensweise: freischwimmend, ruckartige Bewegung durch stark vergrößertes 2. Antennenpaar; frisst vor allem einzellige Algen
Vorkommen: Tümpel und Seen, langsam fließende Gewässer
Besonderheit: Körper fast vollständig vom Rückenschild bedeckt, Hinterkörper beinlos, Brustabschnitt mit Blattbeinen; Brutraum unter dem Panzer; im Sommer existieren nur Weibchen, die junge Wasserflöhe aus unbefruchteten Eiern zur Welt bringen. Im Herbst entwickeln sich auch Männchen, die die Weibchen befruchten. Die befruchteten Eier entwickeln sich zu Dauereiern, die z. B. von Vögeln verbreitet werden und Trockenzeiten überdauern können

Name: ***Bachflohkrebs***
Größe: bis 24 mm lang
Lebensweise: ernährt sich von Pflanzen und Aas
Vorkommen: in stehenden und fließenden Gewässern
Besonderheit: Körper seitlich zusammengedrückt; vier Brustbeinpaare nach vorn, drei Brustbeinpaare nach hinten gerichtet

Name: ***Hüpferling***
Größe: 0,5 bis 1 mm lang
Lebensweise: freischwimmend, die sehr lange 1. Antenne dient dem Schwimmen; ernährt sich von Einzellern, Algen, Pflanzen
Vorkommen: Meer, Süßwasser, teilweise in nasser Erde oder Moos, Planktonbereich
Besonderheit: Körperringe deutlich abgesetzt; Gliedmaßen nur am Vorderkörper; „Ruderfußkrebs"

1 Kellerasseln. A *im natürlichen Lebensraum;* ***B*** *Vergrößerung (① Fühler, ② Kiefer, ③ Bauchplatte unter Brutraum, ④ Laufbein, ⑤ hintere Beine mit Kiemen);* ***C*** *Querschnitt durch den Brutraum einer Assel (Schema)*

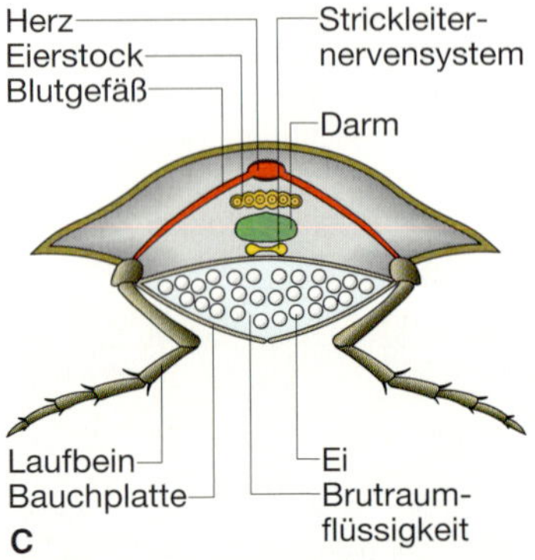

4.2 Krebstiere auf dem Land

Hebt man im Garten einen großen Stein auf, findet man an der Unterseite häufig dicht gedrängt die dunkelgrau gefärbten **Kellerasseln** in großer Zahl.
Eilig versuchen sie, wieder ins Dunkle zu gelangen. Schnell laufen sie mit ihren sieben fast gleich langen **Laufbeinpaaren** wieder in den Schutz der Dunkelheit zurück. Mit ihren stark abgeflachten und *segmentierten* Körpern können sie sich in jede Spalte verkriechen.

Die Asseln scheuen Licht und Wärme, weil sie nicht austrocknen dürfen. An der Körperunterseite haben sie am Hinterleib in Doppelplatten umgewandelte Beine, an deren Innenseiten nämlich empfindliche **Kiemen** für die Atmung sitzen. Kiemen verkleben bei Trockenheit und müssen daher immer feucht gehalten werden. Zusätzlich haben einige Landasseln auch die Möglichkeit, Sauerstoff direkt aus der Luft aufzunehmen.

Die Weibchen der Kellerasseln haben an ihren Laufbeinen blattartige Anhänge, die einen **Brutraum** bilden können. Dieser Brutraum ist mit Flüssigkeit gefüllt. In ihm können nach der Begattung 30 bis 80 Eier schwimmen – wie in einem Aquarium. In diesem Brutraum schlüpfen die Jungtiere und durchlaufen die *Larvenstadien*. Sie verlassen ihn als kleine, noch farblose Asseln. Sie häuten sich mehrmals, bis sie voll ausgewachsen sind. In der Fortpflanzung sind die Kellerasseln durch den wassergefüllten Brutraum des Weibchens vom Lebensraum Wasser unabhängig geworden.

Asseln rufen bei vielen Menschen Abscheu hervor. Dabei sind sie – wie Regenwürmer und andere Kleintiere – unentbehrlich bei der Schaffung von fruchtbarem Boden. Kellerasseln ernähren sich von abgefallenen Laubblättern, die sie zu **Humus** verdauen, der für das Gedeihen von Pflanzen unentbehrlich ist. Sie ernähren sich aber auch von tierischem Material.

Die Asseln spielen somit bei der Zersetzung von pflanzlichen organischen Substanzen eine wichtige Rolle im *Nahrungsnetz* ihres Lebensraumes.

Asseln sind Krebstiere, die auf dem Land leben. Sie atmen mithilfe von Kiemen an den Hinterleibsbeinen. Die Eier entwickeln sich in einem speziellen Brutraum unter dem Bauch der Weibchen.

1 Nenne Gründe, warum sich Kellerasseln tagsüber in dunklen, feuchten Räumen verstecken.

2 Vergleiche die auf der Pinnwand Seite 69 beschriebenen Asseln. Nenne Unterschiede.

3 Finde zwischen den auf der Pinnwand Seite 69 abgebildeten Krebstieren und den Asseln Gemeinsamkeiten.
Woran erkennt man, dass auch Asseln Krebstiere sind?

4 Weshalb können Rollasseln und Wüstenasseln auch an trockenen Standorten überleben?

KREBSTIERE LEBEN AUCH AN LAND

Pinnwand

Name: ***Rollassel***
Größe: bis 17 mm lang
Lebensweise: frisst abgestorbene Pflanzenteile, verbirgt sich unter Laub und loser Rinde
Vorkommen: an trockenen Waldrändern, unter Steinen, kalkliebend
Besonderheit: Körper stark gewölbt, glänzend; kann sich bei Gefahr oder starker Trockenheit zu einer Kugel zusammenrollen (Name!)

Asseln – gesellige Tiere?

An ihren Tagesruheplätzen finden sich häufig Asseln verschiedener Arten in größerer Zahl zusammen. Die Abbildung zeigt nebeneinander die glänzende Mauerassel und die Kellerassel mit ihrer etwas rauheren Körperoberfläche.
Sind Asseln demnach sozial lebende Tiere wie Ameisen oder Bienen – zumal sie des öfteren auch in Gesellschaft anderer Tierarten angetroffen werden, wie z. B. Hundertfüßern?

Das Zusammenkommen ist kein Zeichen ihrer Geselligkeit, sondern zeigt nur, dass besonders Keller- und Mauerasseln auf feuchten, dunklen Unterschlupf angewiesen sind. Die verschiedenen Tierarten finden nur bei der Suche nach einem geeigneten feuchten Lebensraum zusammen! Eine solche Gemeinschaft nennt man **Tagschlafgesellschaft.**

Name: ***Mauerassel***
Größe: bis 18 mm lang
Lebensweise: nachtaktiv; lebt überwiegend von verrottendem Pflanzenmaterial
Vorkommen: in Kellern, aber auch an trockenen Standorten (Name!)
Besonderheit: Körperoberfläche glänzend

Name: ***Wasserassel***
Größe: ♂ bis 12 mm, ♀ bis 8 mm lang
Lebensweise: am Grund der Gewässer oder an Pflanzen; frisst absterbende Pflanzenteile und abgefallenes Laub
Vorkommen: stehende und langsam fließende Gewässer, auch im Brackwasser
Besonderheit: kann nur im Wasser leben

Name: ***Wüstenassel***
Größe: 20 mm lang
Lebensweise: in Höhlen; Paarbildung nach der Winterruhe; Familienverband lebt den ganzen Sommer zusammen, zeigt ausgeprägtes Sozialverhalten
Vorkommen: Wüsten in Afghanistan, bis in 2000 m Höhe bei Luftfeuchtigkeit unter 20 %
Besonderheit: Höcker auf dem Panzer dienen der Abwehr von Feinden, mit ihnen verschließt die „Wachassel" den Eingang der Wohnhöhle.

Name: ***Rote Landkrabbe***
Größe: etwa 8 cm; 40 g schwer
Lebensweise: gräbt Erdhöhlen; frisst herabgefallenes Laub, Früchte, gelegentlich Aas („Kompostierer")
Vorkommen: tropischer Regenwald im Innern der Weihnachtsinsel (Indischer Ozean)
Besonderheit: in der Regenzeit Massenwanderung an den Strand zur Paarung und Eiablage ins Meer; auch an Land Kiemenatmung und Häutung

5 Weichtiere

5.1 Die Weinbergschnecke

Im Garten kann man auf Steinplatten oft silbrig glänzende Bänder erkennen. Diese Spuren weisen auf die nächtliche Futtersuche einer Schnecke hin. Sie gibt beim Kriechen aus vorn in ihrem Körper liegenden Drüsen ständig Schleim ab, auf dem sie vorwärts gleitet. Dieser zähe Schleim schützt sie auch vor Verletzungen, wenn sie über scharfkantige und sehr spitze Hindernisse kriecht.

Unter dem spiralig gewundenen Gehäuse, das die inneren Organe der Schnecke enthält, erkennt man einen sehr muskulösen länglichen Körperteil, auf dem sie sich vorwärts bewegt. Es ist der **Fuß.** Seine Unterseite ist zu einer Kriechsohle abgeplattet. Die Fortbewegung der Schnecke erfolgt durch stetige Muskelkontraktionen, die wellenförmig über die Kriechsohle hinweglaufen. Ein Skelett fehlt. Deshalb gehört die Schnecke zum Stamm der **Weichtiere.**

Vorn setzt sich der **Kopf** nur wenig vom Fuß ab. Besonders auffällig sind zwei sich ständig bewegende Fühlerpaare. Sie dienen der Orientierung. Stößt die Schnecke mit ihnen an ein Hindernis, zieht sie die Fühler für kurze Zeit ein und ändert dann ihre Kriechrichtung. Die

1 Schnecke in Winterstarre

2 Weinbergschnecke.
***A** bei der Nahrungsaufnahme;*
***B** Kriechsohle; **C** Radula*

Spitzen des großen Fühlerpaares enden mit je einem einfach gebauten Auge. Mit ihnen kann die Schnecke hell und dunkel unterscheiden und die Richtung feststellen, aus der das Licht kommt.

Weinbergschnecken besitzen keine echten Zähne. Sie schneiden weiche Pflanzenteile mit ihrem harten Oberkiefer ab und raspeln sie in ihren Mund hinein. Dazu besitzen sie eine muskulöse Zunge, die von einer mit Hornzähnchen dicht besetzten Reibplatte, der **Radula,** bedeckt ist. Die zerkleinerten Nahrungsteilchen gelangen durch den Darm zu einer besonderen Verdauungsdrüse, der *Mitteldarmdrüse.* Sie gibt Verdauungssäfte ab, die den pflanzlichen Nahrungsbrei aufschließen. Der Darm transportiert die unverdaulichen Reste zum After, der am Schalenrand mündet.

Blickt man von unten in das Gehäuse hinein, erkennt man ein gelbliches Gewebe, das nach innen den Eingeweidesack umgibt und das ganze Gehäuse auskleidet. Es ist der **Mantel.** Auf der rechten Seite öffnet und schließt sich im so genannten Mantelrand ein Loch. Es führt in einen Hohlraum, dessen Wandung von vielen kleinen Blutgefäßen durchzogen wird. Hier findet der Gasaustausch mit dem Blut statt. Der Hohlraum wird als *Atemhöhle* bezeichnet, seine Öffnung als *Atemloch.*

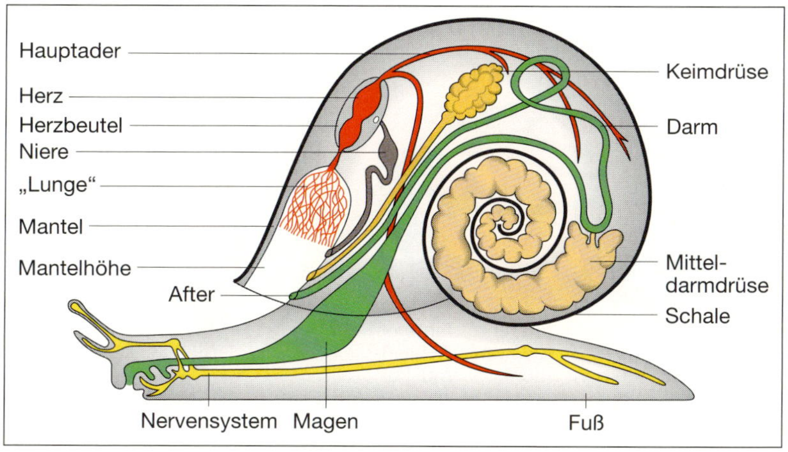

3 Bauplan der Schnecke *(Schema)*

Aus den Blutgefäßen der Atemhöhle fließt das mit Sauerstoff angereicherte Blut zum Herzen. Dieses pumpt das Blut in den Körper, wo es die inneren Organe frei umspült. Schnecken haben also einen *offenen Blutkreislauf.*

Weinbergschnecken sind im Alter von drei Jahren fortpflanzungsfähig. In jedem Tier entwickeln sich sowohl Spermien als auch Eier. Sie sind also Zwitter. Zur Paarung richten sie sich mit den Sohlen aneinander auf. Dabei lässt jede Schnecke ein etwa ein Zentimeter langes, scharfkantiges und spitzes Kalkstilett, den *Liebespfeil,* aus einer Vertiefung ihres Fußes hervorschnellen und bohrt ihn als Reizmittel in den Körper des Partners. Im Anschluss werden Spermien ausgetauscht und gespeichert. Wenn die reifen Eier später den Eileiter passieren, werden sie durch diese Fremdspermien befruchtet. Etwa einen Monat später gräbt die Weinbergschnecke mit ihrem Fuß eine 10 bis 15 cm tiefe Grube und legt in ein bis zwei Tagen 60 bis 80 Eier hinein. Nach wenigen Wochen schlüpfen die Jungschnecken, die bereits ein Gehäuse besitzen. Mit dem weiteren Wachstum des Schneckenkörpers muss auch das Gehäuse mitwachsen. Als Baumaterial verwendet die Schnecke hauptsächlich Kalk, den sie mit der Nahrung aufnehmen muss. Am Mündungsrand des Gehäuses wird der aufgenommene Kalk von Drüsen ausgeschieden. Hierbei entstehen Wachstumsstreifen, die ihr das gestreifte Aussehen verleihen. Wegen des hohen Kalkbedarfs findet man Weinbergschnecken bevorzugt auf kalkreichen Böden.

Rechtzeitig zu Beginn des Winters gräbt sich die Weinbergschnecke bis zu 30 cm tief in lockeres Erdreich ein. Sie bildet einen festen Kalkdeckel, mit dem sie ihr Gehäuse verschließt. Dann fällt sie in eine *Winterstarre.* Das ist ein Zustand, in dem alle Lebensfunktionen auf ein Minimum herabgesetzt sind und sie ohne Nahrungsaufnahme gerade überleben kann.

Die Weinbergschnecke besteht aus einem Gehäuse und einem weichen Körper. Der Körper ist in Kopf, Fuß, Eingeweidesack und Mantel gegliedert.
Ein Skelett fehlt. Schnecken gehören zu den Weichtieren.

1 Die Sumpfdeckelschnecke kommt zum Luftholen nie an die Wasseroberfläche.
Erkläre dieses Verhalten mithilfe der Pinnwand Seite 75.

4 Weinbergschnecke. A *Paarung;* ***B*** *Eiablage;* ***C*** *junge Schnecken*

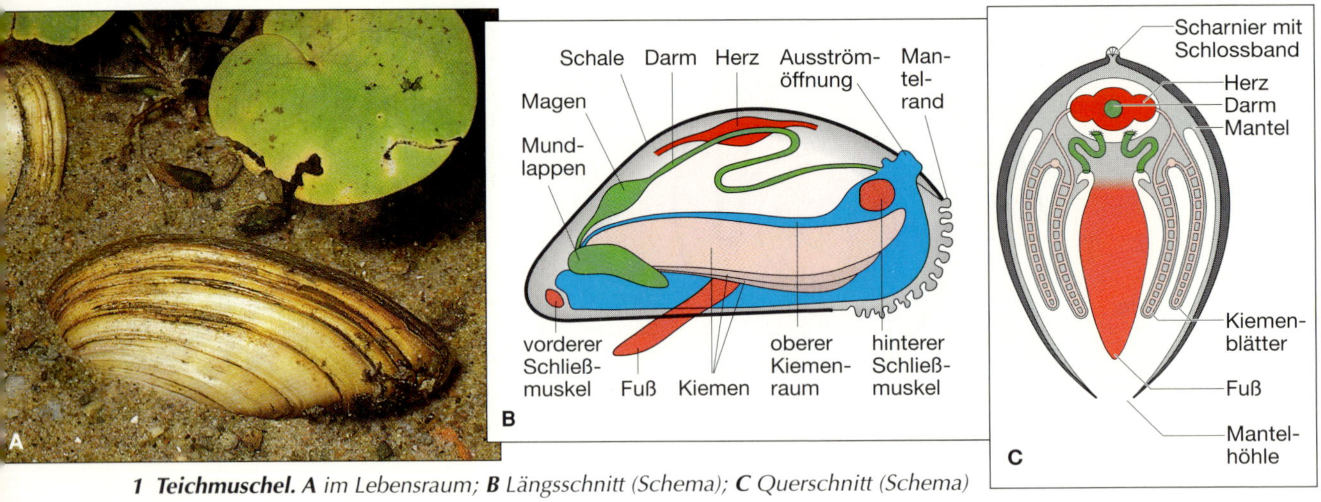

1 ***Teichmuschel. A*** *im Lebensraum;* ***B*** *Längsschnitt (Schema);* ***C*** *Querschnitt (Schema)*

2 ***Fortbewegung bei Muscheln***

5.2 Muscheln und Tintenfische

Im schlammigen Boden eines abgelassenen Fischteiches kann man oft die grünbraunen, ovalen Schalen von **Teichmuscheln** finden.

Die Schale einer Muschel besteht aus Kalk und ist aus zwei Hälften zusammengesetzt. Diese sind durch ein Band elastisch miteinander verbunden. Die Verbindungsstelle der Schalenhälften wird *Schloss* genannt. Die Innenseite der Schale ist von einer Haut, dem *Mantel*, ausgekleidet. Er bildet die äußere Kalkschicht und die innen anliegende, glänzende Schicht von *Perlmutt*. Der Mantel umschließt die *Mantelhöhle*. Hier liegen die beiden häutigen, stark durchbluteten *Kiemen*. Zwischen ihnen befindet sich das Fortbewegungsorgan der Muschel, der *Fuß*. Ein Kopf fehlt jedoch. An beiden Enden zieht je ein kräftiger Schließmuskel quer durch den Körper der Muschel. Bei Gefahr können die beiden Muschelschalen rasch und langanhaltend geschlossen werden. Am stumpfen Ende besitzt die Muschel zwei schmale Öffnungen. Durch die größere gelangt Wasser in das Tier hinein, durch die kleinere strömt es wieder hinaus. Die Wasserströmung wird von Millionen feinster *Wimperhärchen* auf den Kiemen und dem Mantel erzeugt.
Ein Großteil des Wassers wird zu den Kiemen gewirbelt, um sie mit frischem Sauerstoff zu versorgen. An den Kiemen werden im Wasser enthaltene Kleinstlebewesen, das Plankton, in einem Schleimband festgehalten, vom Mund aufgenommen und im Darm verdaut. Tiere, die auf diese Art ihre Nahrung gewinnen, werden als **Filtrierer** oder **Strudler** bezeichnet. Durch ihre Filtriertätigkeit tragen die Muscheln viel zur Sauberkeit eines Gewässers bei, da sie auch abgestorbenes Material und Schmutz aus dem Wasser entfernen.

Muscheln bewegen sich sehr langsam vorwärts. Dabei strecken sie ihren Fuß aus der leicht geöffneten Schale und senken ihn in den Boden. Durch Einpumpen von Blut verdickt sich das Ende des Fußes. Die Muskeln im Fuß verkürzen sich und ziehen dadurch den Körper mit dem Vorderende tiefer in den Boden hinein.

Im Süßwasser leben nur wenige Muschelarten. Umso vielfältiger ist ihr Vorkommen in den Meeren.

3 ***Meeresmuscheln. A*** *Miesmuschelbank;* ***B*** *Miesmuscheln;* ***C*** *Bohrmuschel*

Miesmuscheln heften sich mit Fäden am Untergrund, z. B. Kaimauern oder Steinen, fest. Dort können sie große Ansammlungen bilden, die man als „Muschelbänke" bezeichnet. Sie kommen in der Nord- und Ostsee, dem Mittelmeer und dem Atlantik vor. Da die Miesmuschel eine beliebte Speisemuschel ist, wird sie auch gezüchtet.

Die **Bohrmuschel** findet sich häufig an der Nordseeküste. Die geriffelte Oberfläche ihrer Schale dient der Muschel als Werkzeug, um sich in festem Schlick am Meeresboden oder auch in Holz und Stein einzubohren. Üblicherweise richtet die Bohrmuschel keinen großen Schaden an. Der **Schiffsbohrwurm** dagegen hat früher, als die Rümpfe der Schiffe noch aus Holz waren, sogar große Segelschiffe völlig zerstört.

In tropischen Meeren lebt die **Riesenmuschel.** Sie kann bis zu einem Meter lang und bis zu vier Zentner schwer werden kann. Sie steckt so im Boden, dass die beiden Schalenklappen mit ihrer Öffnung ins freie Wasser ragen. Der Schließmuskel der Riesenmuschel ist sehr kräftig. Wenn z. B. ein Taucher eingeklemmt wird, kann er sich kaum mehr befreien. Doch selbst dieser Riese unter den Muscheln ernährt sich als Filtrierer von Kleinstlebewesen.

Manche Muschelarten können die wertvollen *Perlen* bilden. Dazu gehört die **Meerperlmuschel,** die ebenfalls in tropischen Meeren lebt. Nur in ganz wenigen dieser Muscheln finden sich Perlen. Weshalb bilden manche dieser Muscheln Perlen, andere aber nicht? Eine Perle kann nur dann entstehen, wenn ein Fremdkörper wie etwa ein Sandkorn zwischen die Schale und den Mantel gelangt. Der Mantel umzieht den Fremdkörper zuerst mit Kalk, dann mit einer matt glänzenden, glatten Perlmuttschicht. Bis vor einigen Jahrzehnten wurden Perlmuscheln von Tauchern am Meeresboden gesucht und nach oben gebracht. Tausende von Muscheln wurden umsonst geöffnet, weil sie keine Perle enthielten. Um die Tiere zu schonen und sie vor dem Aussterben zu bewahren, wurde in Japan ein Verfahren zur Herstellung von *Zuchtperlen* entwickelt.

4 ***Perlmuschel***

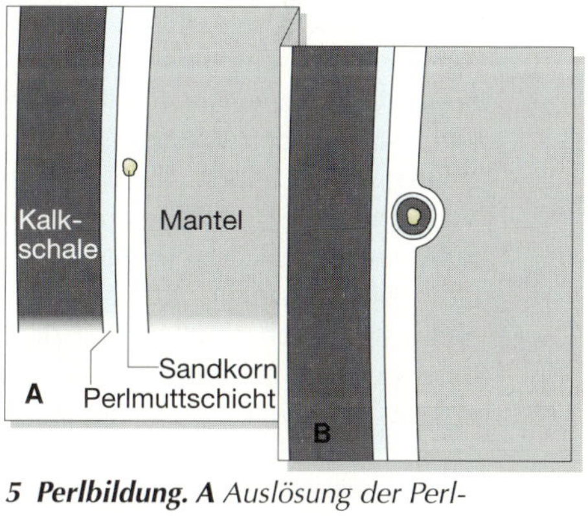

5 ***Perlbildung. A*** *Auslösung der Perlbildung;* ***B*** *fertige Perle*

6 ***Riesenmuschel***

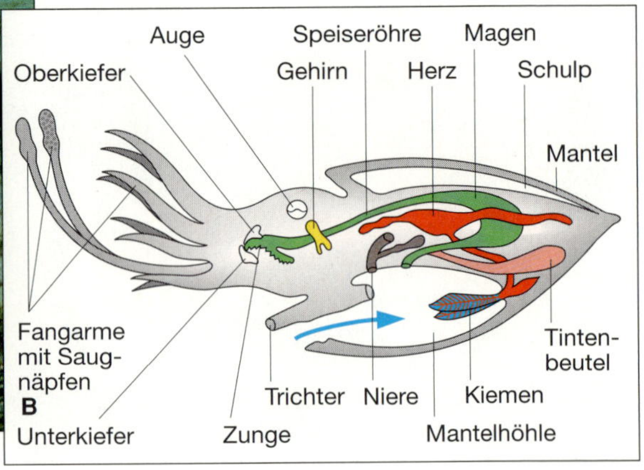

6 ***Tintenfisch. A*** *schwimmend;* ***B*** *Bauplan (Schema)*

Beim Schnorcheln in den Küstengewässern des Mittelmeeres kann man manchmal auf einen **Tintenfisch** stoßen, der hier nach Beute sucht. Besonders auffallend sind seine großen, leistungsfähigen *Linsenaugen*, die seitlich am Kopf sitzen. Er packt z. B. kleine Fische oder Krebse mit den beiden langen *Fangarmen* und hält sie mit den *Saugnäpfen* fest. Dann helfen die übrigen acht Fangarme mit, die Beute zum Mund zu transportieren. Dort wird sie von den beiden Kiefern und der Radula zerkleinert. Der Rumpf des Tintenfisches ist flach und von einem *Mantel* umgeben, der am Rand in einen *Flossensaum* übergeht. Auf der Oberseite des Tieres liegt unter dem Mantel verborgen eine flache Kalkplatte, der *Schulp*. Dieser ist der Rest eines Gehäuses. Manchmal kann man am Strand einen solchen Schulp als Überrest eines Tintenfisches finden.

Auf der Bauchseite umschließt der Mantel die *Mantelhöhle*, in der zwei Kiemen liegen. Sie entnehmen dem vorbeiströmenden Wasser den Sauerstoff. Das Wasser gelangt durch einen verschließbaren Schlitz in die Mantelhöhle. Ist sie verschlossen, kann das verbrauchte Wasser durch den *Trichter* hinausgepresst werden. Der dabei erzeugte Rückstoß lässt den Tintenfisch rückwärts davonschießen. Auf der Flucht vor Feinden mischt er dem ausgepressten Wasser eine dunkle Flüssigkeit, die „Tinte", bei, die dem Verfolger die Sicht nimmt. Außerdem können Tintenfische ihre Körperfarbe sehr schnell dem Untergrund anpassen, sodass die Tiere stets gut getarnt sind.

Unter den Tintenfischen ist der im Atlantik lebende achtarmige **Krake** mit einer Spannweite von bis zu 15 Metern und einem Gewicht bis zu 1000 Kilogramm der größte Vertreter dieser Tiergruppe. Tiere dieser Größe leben aber nur in der Tiefsee und dienen vor allem Pottwalen als Nahrung.

Die Kraken des Mittelmeers können bis zu drei Meter lang werden. Ihr Rumpf ist ein einfacher Sack ohne Schulp. Kraken gehen nachts auf Beutefang. Sie bevorzugen zerklüftete Felsküsten, wo sie sich am Tag gut getarnt in Felsspalten verstecken. Nach Möglichkeit benutzen sie immer die selbe Stelle als Versteck.

Wie alle Tintenfische sind auch die Kraken *getrennt geschlechtlich*. Nach der Paarung legen die Weibchen die Eier an einer Unterlage im Meer ab. Aus den Eiern entwickeln sich direkt, ohne Larvenstadium, junge Tintenfische.

Der Körperbau der Tiere lässt sehr deutlich erkennen, dass die Bezeichnung dieser Tiergruppe als Tinten*fische* irreführend ist. Tintenfische gehören wie Schnecken und Muscheln zu den **Weichtieren.** Da die Fangarme am Kopf der Tiere ansetzen, werden sie viel treffender auch **Kopffüßer** genannt.

Muscheln und Tintenfische gehören zu den Weichtieren. Muscheln fehlt der Kopf. Sie besitzen eine zweiklappige Schale. Tintenfische haben einen gut entwickelten Kopf. Da hier die Fangarme ansetzen, werden dieseTiere Kopffüßer genannt.

1 Beschreibe die Ernährungsweisen von Muscheln und Schnecken.

2 Erkläre, weshalb die Schalenklappen toter Muscheln immer weit geöffnet sind.

3 Gib der Abbildung am unteren Rand dieser Seite eine Bildunterschrift. Erläutere den abgebildeten Vorgang.

4 Welcher Gruppe von Weichtieren ist der auf der Pinnwand Seite 75 abgebildete Seehase zuzuordnen? Erläutere.

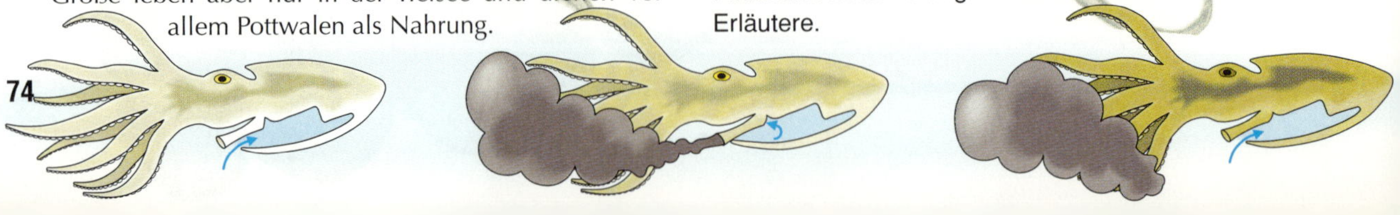

Pinnwand

WEICHTIERE

Name: ***Sumpfdeckelschnecke***
Vorkommen: in Teichen und kleineren Seen
Größe: 3 bis 4 cm hoch und 2,5 bis 3 cm breit
Nahrung: vermodertes Pflanzenmaterial (Detritus)
Besonderheit: atmet mit einer in der Mantelhöhle liegenden Kieme

Name: ***Seehase***
Vorkommen: Mittelmeer, Atlantik, Nordsee auf sandigen und schlammigen Meeresböden
Größe: bis 14 cm
Nahrung: Algen
Besonderheit: kann sich durch ein farbiges und giftiges Sekret verteidigen

Name: ***Kalmar***
Vorkommen: Mittelmeer, Atlantik, Nord- und Ostsee
Größe: bis 60 cm
Nahrung: Fische, Krebse
Besonderheit: lebt gesellig in Schwärmen, hält sich bevorzugt in Küstennähe auf

Name: ***Rote Wegschnecke***
Vorkommen: unter Falllaub, Holz und Steinen
Größe: bis 15 cm
Nahrung: Pflanzenmaterial
Besonderheit: verlässt bei feuchtem Wetter ihr Versteck und findet sich dann oft auf Wegen; die Farbe kann variieren: rot, schwarz und braun

Name: ***Auster***
Vorkommen: Atlantik, Nordsee, Mittelmeer, meist in größerer Anzahl vereint auf Austernbänken in Tiefen bis 50 m
Größe: bis 10 cm
Nahrung: organische Zerfallstoffe
Besonderheit: Delikatesse, der Marktbedarf wird durch Zuchtaustern gedeckt. Schon in der Antike gab es künstlich angelegte Austernparks

Name: ***Gemeine Ackerschnecke***
Vorkommen: Mittel- und Nordeuropa
Größe: 3 bis 6 cm
Nahrung: Pflanzen, Abfälle und Fäkalien
Besonderheit: Schädling an Kulturpflanzen

Name: ***Papierboot (Kopffüßer)***
Vorkommen: Atlantik, Mittelmeer
Größe: Weibchen bis 30 cm; Männchen 1,5 cm
Nahrung: Fische, Krebse
Besonderheit: zwei Arme des Weibchens bilden eine papierdünne, kahnförmige Schale, die als Brutbehälter dient

Pinnwand

AMMONITEN

Ammoniten

Ammoniten findet man als Fossilien u. a. in den Steinbrüchen der Schwäbischen Alb. Diese Tiere traten erstmals im Devon (vor etwa 400 Millionen Jahren) auf und starben am Ende der Kreidezeit (vor etwa 65 Millionen Jahren) fast vollständig aus.

Ammoniten ähneln äußerlich Schnecken, sind aber eher mit den Tintenfischen verwandt. Ihr Gehäuse besteht aus mehreren, meist gasgefüllten Kammern, die durch Zwischenwände voneinander getrennt sind. Nur die größte, äußerste Kammer beherbergte das eigentliche Tier.

Ammoniten waren meist freischwimmend und konnten ihren Auftrieb regulieren.

Name: ***Dactylioceras***
Durchmesser: größtes Exemplar 12 cm
Fundort: Holzmaden (Württemberg)
Besonderheit: flachgedrückte Erhaltung

Name: ***Taramelliceras***
Durchmesser: etwa 11 cm
Fundort: Albstadt-Laufen (Württemberg)
Besonderheit: enger Nabel

Name: ***Amaltheus***
Durchmesser: etwa 6 cm
Fundort: Reutlingen (Württemberg)
Besonderheit: Ammonit mit Zopfkiel

Name: ***Nautilus (Perlboot),*** Schnittbild
Größe: etwa 15 bis 25 cm
Vorkommen: Indischer Ozean, bis in 100 m Tiefe
Besonderheit: spiralig gewundenes Gehäuse; einfach gebaute Augen; etwa 90 Fangarme

Ammonit in seinem Lebensraum (Lebensbild)

Name: ***Lytoceras***
Durchmesser: etwa 22 cm
Fundort: Holzmaden (Württemberg)
Besonderheit: die kragenartigen Rippen stellen ehemalige Mundsäume dar

Name: ***Hildoceras***
Durchmesser: etwa 6 cm
Fundort: Mende (Südfrankreich)
Besonderheit: in goldgelbem Schwefelkies (Schwefeleisen-Verbindung) erhalten

5 Welches der abgebildeten Tiere ist kein Ammonit?

6 In welcher Kammer befindet sich der Körper des Ammoniten und welche Aufgaben haben die übrigen Kammern?

Einheimische Gehäuseschnecken

Übung

A1 Bestimmung von Gehäuseschnecken

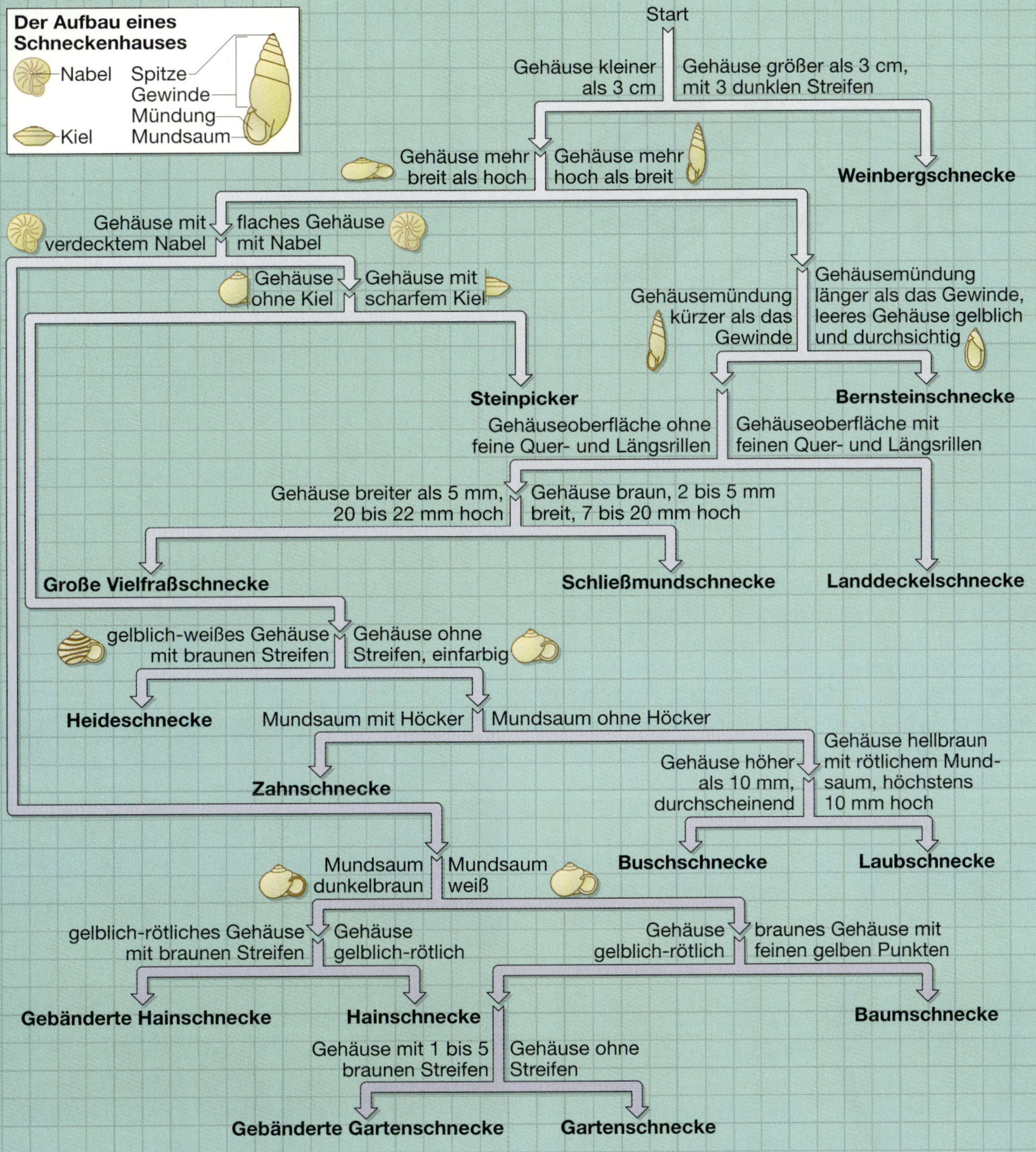

a) Sammle im Garten Schneckengehäuse und bestimme ihre Namen mithilfe des obigen Bestimmungsschlüssels.
b) Stelle die Erkennungsmerkmale der einheimischen Gehäuseschnecken mit verdecktem Nabel in einer Tabelle zusammen.

Prüfe dein Wissen

Bau und Lebensweise von Tieren

A 1

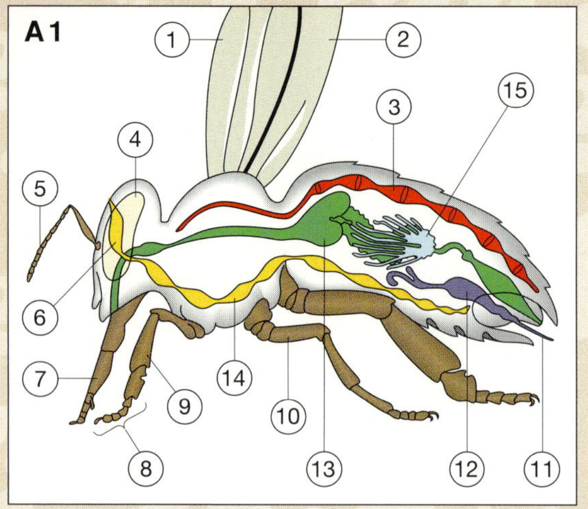

a) Benenne die mit den Ziffern ① bis ⑮ gekennzeichneten Körperteile und Organe der schematisch dargestellten Honigbiene.
b) Erläutere Bau und Arbeitsweise des eingezeichneten Organs ③.
c) Erläutere die Aufgabe der Wachsdrüsen.
d) Ein bekanntes Organ der Honigbiene ist in der Abbildung mit ⑬ gekennzeichnet. Überlege, welcher Stoff in der damit zusammenhängenden „Blase“ gespeichert wird, und erläutere.
e) Vergleiche den Bau der Flügel von Honigbiene, Maikäfer und Kleinem Fuchs. Nenne Gemeinsamkeiten und Unterschiede. Erläutere die Flügelbewegung bei diesen Insekten.

A 2

a) Die Abbildung zeigt eine Öffnung, wie sie an den beiden Körperseiten der meisten Insekten zu finden sind. Welche Aufgabe haben diese Öffnungen? Zu welchem inneren Organ gehören sie?
b) Am Rand der Öffnungen sitzen verzweigte Strukturen aus Chitin. Überlege, welche Aufgabe diese Strukturen haben könnten.
c) Sind solche Öffnungen auch an den Körperseiten eines Regenwurms zu erkennen? Erläutere.

A 3

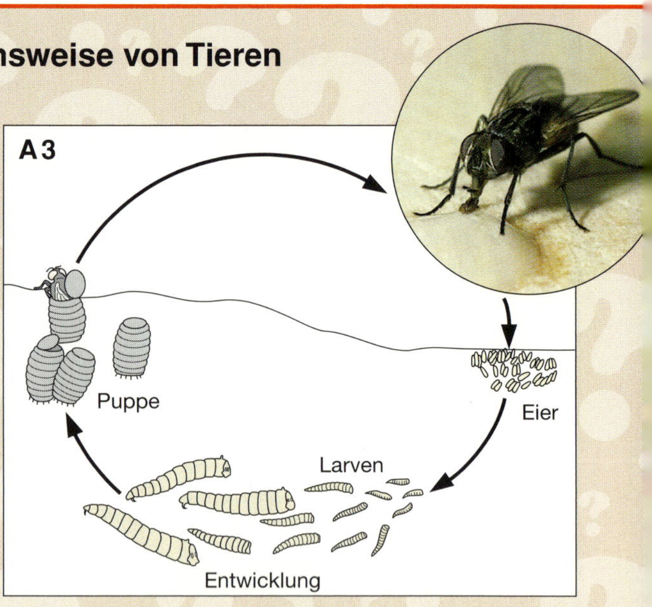

a) Beschreibe anhand der Abbildung die Entwicklung einer Stubenfliege.
b) Zu welcher Tiergruppe gehört die Stubenfliege? Erläutere die Zuordnung.
c) Welche Form der Verwandlung liegt hier vor?
d) Nenne weitere Formen der Verwandlung in der Entwicklung von Insekten.
Gib für jede Form von Verwandlung einige Beispiele an.

A 4

a) Welche Tierart baut dieses Netz? Aus welchem Material besteht das Netz?
b) Ordne den Ziffern in der Abbildung die entsprechenden Begriffe zu.
c) Erläutere die Funktion der einzelnen Netzbestandteile.

A5

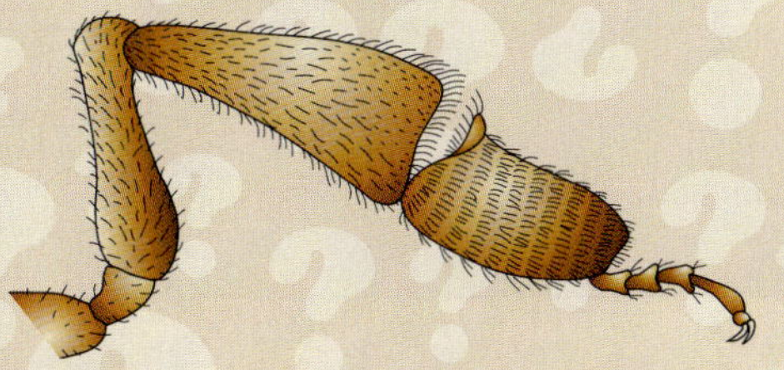

a) Erläutere den besonderen Bau des abgebildeten Insektenbeins. Von welchem Insekt stammt dieses Bein?
b) Vergleiche den Bau von Beinen und Füßen bei Menschenfloh, Kopflaus und Bettwanze.

A6

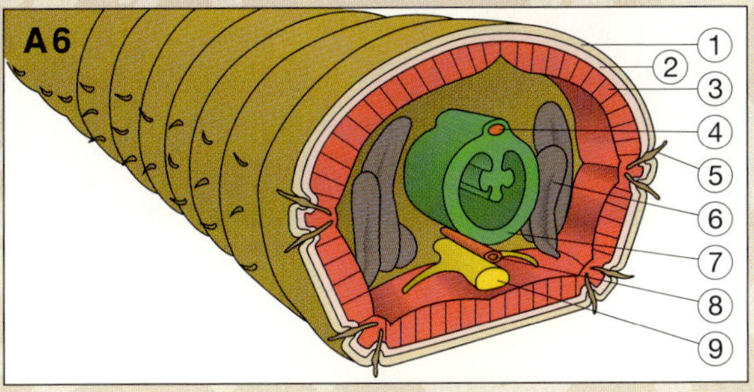

Der obenstehende Querschnitt gehört zu dem 6 bis 10 cm langen Mistwurm, einem Verwandten des Regenwurms.
a) Ordne den Ziffern entsprechende Fachbegriffe zu.
b) Hinsichtlich ihrer inneren Organe könnte man den Regenwurm und auch den Mistwurm auch als „Hundertling" bezeichnen. Warum?
c) Erläutere, warum Gartenbesitzer und Landwirte das zahlreiche Vorkommen von Regenwürmern und Mistwürmern hoch einschätzen.

A7

Der abgebildete Tausendfüßer gehört in eine eigene Untergruppe der Gliedertiere. Nenne Unterschiede zum Regenwurm.

A8 a) Die Abbildung zeigt den Bauplan einer Teichmuschel. Ordne den Ziffern die entsprechenden Begriffe zu.
b) Erläutere, warum in der Abbildung die Schließmuskeln fehlen.
c) Erläutere die Nahrungsaufnahme einer Muschel.

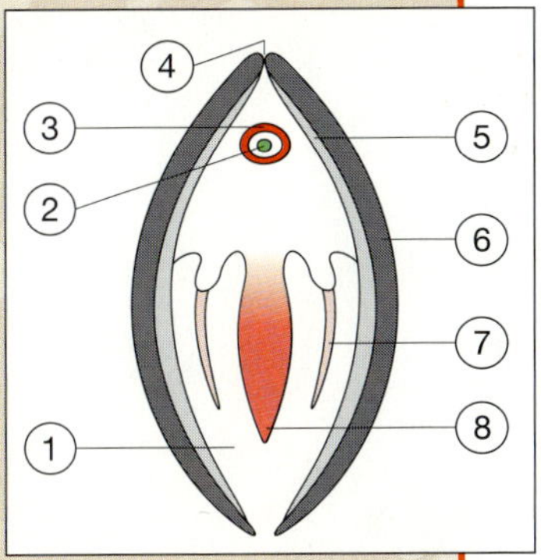

A9

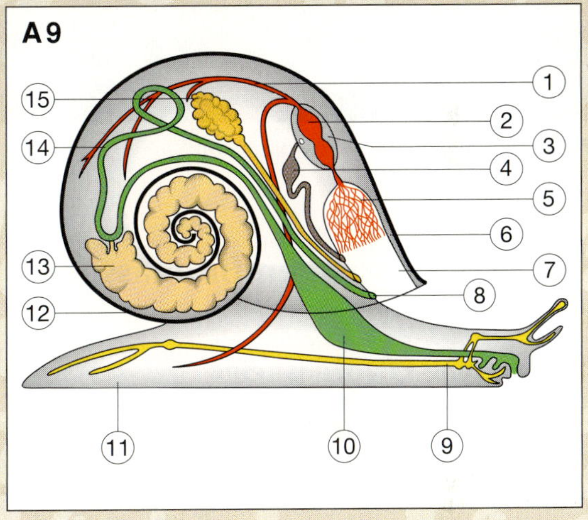

a) Ordne den Ziffern die entsprechenden Begriffe zu.
b) Stelle in einer Tabelle Unterschiede und Gemeinsamkeiten von Schnecken und Muscheln zusammen.

A10 Eine Krankenkasse informiert: „Wer seinen Urlaub in Süddeutschland, Österreich, Tschechien, Slowenien, Russland, Südschweden oder Finnland verbringt, sollte sich gegen Zeckenbisse impfen lassen. Für Versicherte, die wegen eines Arbeitsplatzrisikos geimpft werden, trägt der Arbeitgeber die Kosten."
a) Lies den Text kritisch. Welche Formulierung ist fehlerhaft?
b) Erläutere die Notwendigkeit der beschriebenen Impfung.
c) Welche Berufe könnten in diesem Zusammenhang ein Arbeitsplatzrisiko haben?

Grüne Pflanzen brauchen Licht

1 ***Höhle. A*** *am Eingang;* ***B*** *im Innenraum*

1 Pflanzen erzeugen Biomasse

1.1 Die grüne Pflanze ist eine Produktionsstätte

Vor dem Eingang der Höhle stehen grüne Bäume und Sträucher und blühen Blumen. Wenige Schritte weiter gibt es nur feuchten Lehmboden und kahle Felswände. Man kann vielleicht einige Tiere finden, aber Pflanzen fehlen völlig. Woran liegt das?

In der Höhle ist es dunkel. Hier fehlt das für Pflanzen notwendige Licht. Draußen können sie mit ihrem grünen Blattfarbstoff, dem *Chlorophyll*, die *Energie* des Sonnenlichts aufnehmen und nutzen. Darüber hinaus brauchen Pflanzen Stoffe aus ihrer Umgebung. *Wasser* nehmen sie mit ihren Wurzeln aus dem Boden auf. Über die Blätter gelangt *Kohlenstoffdioxid*, ein farb- und geruchloses Gas, in die Pflanze. Aus Wasser und Kohlenstoffdioxid bilden Pflanzen mithilfe der Sonnenenergie *Traubenzucker*. Dabei geben sie *Sauerstoff* über die Blätter ab. Man nennt diese Herstellung von Traubenzucker mithilfe von Lichtenergie **Fotosynthese.**

$$\text{Kohlenstoffdioxid} + \text{Wasser} \xrightarrow[\text{Chlorophyll}]{\text{Licht}} \text{Traubenzucker} + \text{Sauerstoff}$$

Den Traubenzucker verwenden Pflanzen zum Aufbau weiterer Stoffe, wie z. B. *Stärke, Holz, Cellulose, Fette* und *Eiweißstoffe*. Die Gesamtheit dieser Stoffe in Lebewesen bezeichnet man als **Biomasse.**
Steht den Pflanzen nicht ausreichend Licht zur Verfügung, stellen sie schließlich ihr Wachstum ein und sterben. Wie kommt es dazu?
Für Lebensvorgänge, wie z. B. Aufnahme von *Nährsalzen* aus dem Boden oder Ausbildung von Blättern, benötigen Pflanzen ständig Energie. Sie setzen diese Energie durch Abbau von Traubenzucker frei. Dazu benötigen sie Sauerstoff, den sie über ihre Blätter aufnehmen. Traubenzucker wird mit Sauerstoff zu Kohlenstoffdioxid und Wasser umgesetzt. Dabei wird Energie freigesetzt. Man bezeichnet diesen Vorgang als **Zellatmung.**

$$\text{Traubenzucker} + \text{Sauerstoff} \longrightarrow \text{Wasser} + \text{Kohlenstoffdioxid}$$

Hält man Pflanzen längere Zeit im Dunkeln, bauen sie durch Zellatmung ständig Traubenzucker oder andere Stoffe ab, bilden aber durch Fotosynthese keinen neuen Traubenzucker. Die Biomasse der Pflanzen nimmt ab, bis sie schließlich sterben. Pflanzen sind also darauf angewiesen, dass in ihren Blättern Fotosynthese abläuft. Jedes einzelne Blatt ist eine kleine, aber sehr aktive „Fabrik" für die Produktion von Zucker.

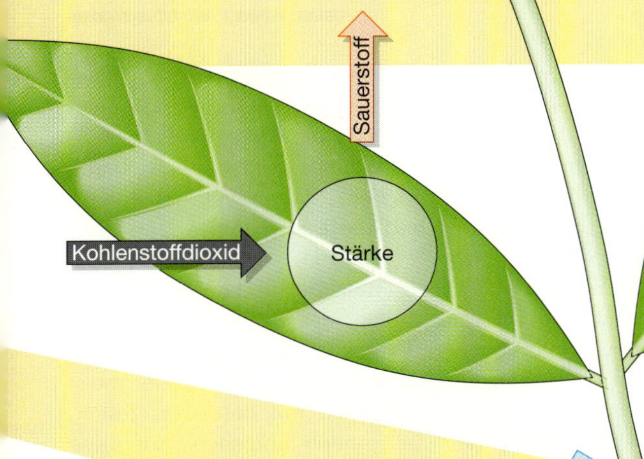

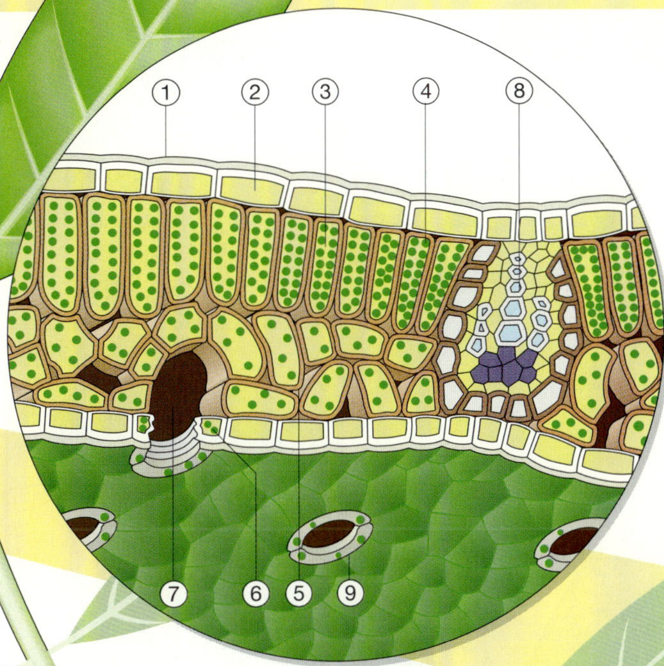

2 *Querschnitt durch ein Laubblatt (Schema).*
① Cuticula; ② obere Epidermis; ③ Zelle im Palisadengewebe; ④ Chloroplast; ⑤ Zelle im Schwammgewebe; ⑥ Schließzelle; ⑦ Atemhöhle; ⑧ Blattader; Spaltöffnung

Wie ist ein solches Blatt aufgebaut? Blickt man durch ein Mikroskop auf die Unterseite eines Blattes, kann man in der Fläche viele kleine schlitzförmige Öffnungen sehen. Man nennt sie **Spaltöffnungen.** Sie werden durch zwei bohnenförmige *Schließzellen* begrenzt. Wenn sie etwas Wasser an die Nachbarzellen abgeben, erschlaffen sie geringfügig und der Spalt schließt sich. Durch Aufnahme von Wasser spannen sie sich. Der Spalt öffnet sich jetzt.

Die Spaltöffnungen kann man auch in einem Querschnitt eines Laubblattes unter dem Mikroskop sehen. Sie liegen in einer Haut, die man als untere *Epidermis* bezeichnet. Auf der Oberseite wird das Blatt ebenfalls durch eine Epidermis begrenzt. Beide Abschlussgewebe sind von einer wachsartigen, Wasser abstoßenden *Cuticula* überzogen. Im Blattinnenraum fallen zwei Zellschichten durch ihre grüne Farbe auf. Das Chlorophyll ist nicht gleichmäßig verteilt, sondern in kleinen, runden Körperchen, den **Chloroplasten,** konzentriert.

Die lang gestreckten, senkrecht zur Blattfläche angeordneten Zellen im *Palisadengewebe* enthalten besonders viele Chloroplasten. Im darunter liegenden *Schwammgewebe* ist die Zahl der Chloroplasten in den Zellen geringer. Zwischen den Zellen sind viele mit Luft gefüllte Hohlräume zu erkennen. Sehr große Hohlräume, die *Atemhöhlen,* befinden sich über den Spaltöffnungen. Besonders auffällig durch Form und Anordnung sind im Blattquerschnitt die *Blattadern.* Ein Laubblatt besteht also aus mehreren Blattgeweben. Welche Aufgaben haben sie?

Die Epidermis schützt das Blatt vor Verletzungen. Durch die Cuticula werden unnötige Wasserverluste eingeschränkt. Ein Blatt gibt zwar ständig Wasser an die Luft ab, aber diese **Transpiration** wird durch Öffnen und Schließen der Spaltöffnungen kontrolliert. Durch diese erfolgt auch der Gasaustausch mit der Luft. So gelangt das für die Fotosynthese wichtige Kohlenstoffdioxid zuerst in die Hohlräume des Schwammgewebes und von dort in die Blattzellen des Palisadengewebes. Dieses erscheint durch die überaus zahlreichen Chloroplasten intensiv grün. Hier findet also die Fotosynthese statt. Das dafür notwendige Wasser gelangt durch die Blattadern in das Blatt.

Blattadern sind Bündel von Leitungsröhren. Diese Röhren sind aus lang gestreckten Zellen entstanden, deren Inhalte und Querwände aufgelöst wurden. So sind durchgehende *Wasserleitungsgefäße* entstanden. Um diesen Röhren Festigkeit zu geben, sind ihre Wände durch z. B. ring- oder schraubenförmige Einlagerungen versteift. Die Röhren führen über den Blattstängel in das Blatt. In der Sprossachse sind sie zu **Leitbündeln** zusammengefasst. Diese sind meist schon mit bloßem Auge zu erkennen. Bei vielen Pflanzen liegen sie ringförmig in einem *Markgewebe,* bei anderen sind sie verstreut über den Querschnitt der Sprossachse angeordnet.

Den Teil eines Leitbündels, der die Wasserleitungsröhren enthält, nennt man *Xylem.* Hier wird das Wasser in der Sprossachse nach oben zu den Blättern transportiert. Daneben enthält ein Leitbündel auch Röhren, in denen z. B. Kohlenhydrate, gelöst in Wasser, aus den Blättern in die Wurzeln oder Blüten gebracht werden. Diesen Leitbündelabschnitt nennt man *Phloem.* Die Röhren im Phloem sind anders gebaut als

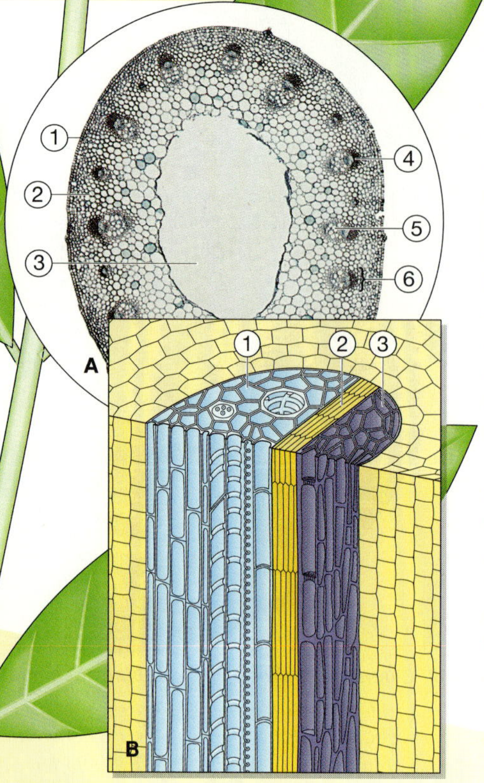

3 ***Sprossachse. A*** *Querschnitt: ① Rinde, ② Markgewebe, ③ Markhöhle, ④ Phloem, ⑤ Xylem, ⑥ Leitbündel;*
B *Leitbündel (Schema): ① Xylem, ② Kambium, ③ Phloem*

die im Xylem. Sie sind ebenfalls aus lang gestreckten Zellen entstanden. Jedoch sind die Querwände noch vorhanden. Damit die Flüssigkeit weitgehend ungehindert strömen kann, sind diese Querwände siebartig von Löchern durchbrochen. Man nennt die Röhren deshalb *Siebröhren* und die transportierte Flüssigkeit den *Siebröhrensaft*.
Bei manchen Pflanzen enthalten die Leitbündel noch rechteckig geformte Zellen, aus denen neue Röhren hervorgehen können. Dieses Gewebe wird als *Kambium* bezeichnet. Außerdem sind die Leitbündel meist von einer Schicht aus Zellen mit besonders festen, Holz enthaltenden Zellwänden umgeben. Auf diese Weise geben die Leitbündel der Sprossachse mehr Stabilität.

Die Leitbündel der Sprossachse können bis zu den Wurzeln zurückverfolgt werden. Dort sind alle Röhren in einem *Zentralzylinder* zusammengefasst. Die Wurzeln reichen mit ihren Wurzelhaaren bis in die kleinsten Hohlräume des Bodens. Von dort nehmen sie Wasser und die darin gelösten Nährsalze auf. Durch die Transpiration an den Blättern zieht eine Pflanze ständig Wasser aus dem Boden und versorgt sich damit auch mit den lebensnotwendigen Nährsalzen.

In den Chloroplasten erzeugt eine grüne Pflanze aus Kohlenstoffdioxid und Wasser Traubenzucker. Dabei wird Lichtenergie vom Chlorophyll aufgenommen. Deshalb heißt dieser Vorgang Fotosynthese. Als „Abfallstoff" entsteht Sauerstoff. Im Stoffwechsel wird aus Zucker Biomasse gebildet. Bei der Zellatmung wird Zucker abgebaut und die darin enthaltene Energie für Lebensvorgänge nutzbar gemacht.

1 Direkt unter der Krone eines Laubbaums können andere Pflanzen kaum wachsen. Erläutere.
2 Fertige eine Tabelle für die Gewebe eines Laubblattes und gib jeweils die Aufgaben an.
3 In einer Kartoffelknolle wird Stärke gebildet, obwohl sie sich im Boden befindet und nicht grün ist. Erläutere.

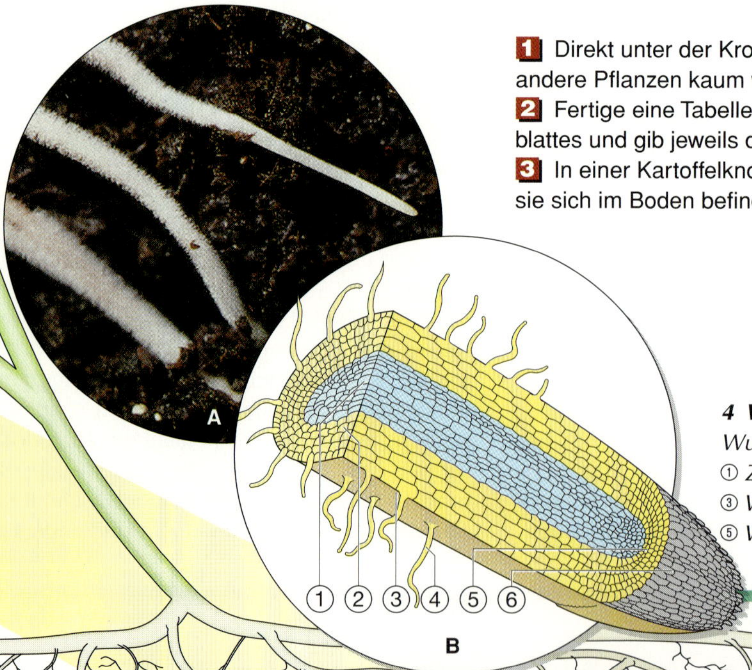

4 ***Wurzel. A*** *Wurzelspitze mit Wurzelhaaren;* ***B*** *Wurzelspitze: ① Zentralzylinder, ② Rinde, ③ Wurzelhaut, ④ Wurzelhaare, ⑤ Wachstumszone, ⑥ Wurzelhaube*

Licht

Streifzug durch die Physik

Hält man eine Lupe in geeigneter Weise ins Sonnenlicht, kann man z. B. auf einem Stück Papier einen grellweißen Lichtpunkt erzeugen. Nach wenigen Sekunden beginnt an dieser Stelle das Papier zu qualmen, schließlich zu brennen. Mit dem „Brennglas" hat man die Lichtenergie in einem Punkt gesammelt. Auf Papier wird sie in Wärmeenergie umgewandelt. Diese Energieumwandlung ist auch beim Tragen von Kleidungsstücken zu erkennen. Ein schwarzer Pullover wird im Sonnenlicht viel schneller warm als ein weißer. Der weiße Pullover nimmt die Lichtenergie nicht auf, sondern wirft sie zurück, er „reflektiert" das Licht.

Ein geschliffener Diamant wirft das Licht an seinen Flächen ebenfalls zurück und strahlt deshalb so stark. Dabei kann man etwas Eigenartiges beobachten: An den Kanten tritt farbiges Licht auf. Besonders deutlich wird dies, wenn man Sonnenlicht durch ein dreikantig geschliffenes Glas, ein so genanntes Prisma, fallen lässt. Auf einem Blatt Papier dahinter ist ein Lichtband mit den Regenbogenfarben zu erkennen. Dies nennt man ein *Lichtspektrum*. Mit einer Glaslinse, z. B. einem Brennglas, kann man dieses farbige Licht wieder zu einem weißen Lichtpunkt zusammenführen. Weißes Licht ist also aus verschiedenen Spektralfarben zusammengesetzt.

Wenn weißes Licht auf eine grüne Pflanze trifft, werden von den Blättern alle Spektralfarben außer Grün aufgenommen. Nur grünes Licht wird reflektiert, deshalb erscheinen die Blätter grün.
Die aufgenommene Lichtenergie wird zum Teil in Wärme umgewandelt und zum Teil in der Fotosynthese zum Aufbau von Biomasse genutzt.

4 Erläutere, warum man ein Brennglas in einem genau festgelegten Abstand zu einem Papier halten muss, um mit Sonnenlicht das Papier zum Brennen zu bringen.

5 Im Hochsommer ist helle Kleidung angenehmer als dunkle. Erläutere.

6 Vier gleich große Topfpflanzen werden längere Zeit mit Licht unterschiedlicher Farbe bestrahlt. Man verwendet weißes, blaues, grünes und rotes Licht. Welcher Einfluss auf das Pflanzenwachstum ist jeweils zu erwarten? Begründe.

Streifzug durch die Physik und die Chemie

Wasser

Alle Lebewesen brauchen Wasser. Der menschliche Körper besteht zu 60 % aus Wasser, bei manchen Meerestieren beträgt der Wasseranteil sogar 99 %. Wasser ist nicht nur an vielen Vorgängen in den Zellen und Organen von Pflanzen und Tieren beteiligt. Es spielt auch als abiotischer Faktor eine wesentliche Rolle. Dies liegt an einigen physikalischen und chemischen Eigenschaften, die Wasser zu einer besonderen Flüssigkeit machen.

5 Eis schwimmt auf Wasser

Ein Stück Kerzenrest versinkt, wenn es in flüssiges Wachs fällt. Festes Wachs ist also schwerer als flüssiges. Eis hingegen schwimmt auf Wasser. Im Gegensatz zu fast allen anderen Stoffen ist festes Wasser leichter als flüssiges Wasser. Es erreicht seine größte **Dichte** und damit sein größtes Gewicht bei +4 °C. Kühlt sich ein Gewässer oberflächlich so weit ab, sinkt dieses Wasser nach unten. Noch kälteres Wasser schwimmt dann obenauf und kann zu Eis werden. Hierdurch können Gewässer in kalten Wintern von oben her zufrieren.
Wenn Wasser gefriert, dehnt es sich aus. Bei dieser Ausdehnung treten sehr große Kräfte auf. Gefriert Wasser beispielsweise in Felsspalten, können ganze Felsen in Stücke gesprengt werden. Die Geröllhalden im Gebirge sind meist

6 Frostsprengung

7 Fische unter einer Eisdecke

durch **Frostsprengung** entstanden. Auf diese Weise trägt Wasser zur Verwitterung von Gesteinen bei.

Obwohl im Winter manchmal wochenlang eine Eisschicht ein Gewässer bedeckt, haben die Tiere, die am Grund überwintern, genügend Sauerstoff zum Atmen. Das hängt mit der Löslichkeit von Sauerstoff in Wasser zusammen. In warmem Wasser ist diese ziemlich gering. Je kälter das Wasser ist, umso mehr Sauerstoff kann es aufnehmen.
Auch für andere Stoffe ist Wasser ein gutes **Lösungsmittel.** Vor allem viele Salze lösen sich in Wasser gut. Mit ihren Wurzeln nehmen Pflanzen nicht nur Wasser, sondern auch solche Nährsalze aus dem Boden auf.

An einem Teich kann man häufig beobachten, wie kleine Insekten flink über die Wasseroberfläche

8 Oberflächenspannung

laufen, ohne einzusinken. Diese Wasserläufer nutzen die **Oberflächenspannung** des Wassers. Sie wird durch die gegenseitige Anziehung der einzelnen Wasserteilchen hervorgerufen und verursacht die Bildung einer Art Haut an der Wasseroberfläche, auf der sich leichte Tiere bewegen können.

Wasser hat auch die Eigenschaft, Wärme über längere Zeiträume zu speichern. Große Seen und das Meer beeinflussen dadurch in vielen Gebieten der Erde das Klima und damit die Lebensbedingungen für Pflanzen, Tiere und den Menschen.

Übung

Stoffwechsel grüner Pflanzen

V1 Kohlenhydrate enthalten Kohlenstoff

Material: Traubenzucker; Stärke; Reagenzgläser; kleiner Löffel; Bunsenbrenner; Zange
Durchführung: Mit dem Löffel wird etwas Traubenzucker in das Reagenzglas gegeben und dann trocken erhitzt, indem das Reagenzglas mit der Zange über den Bunsenbrenner gehalten wird.
Aufgaben: a) Beschreibe und erläutere deine Beobachtungen.
b) Wiederhole den Versuch mit Stärke und vergleiche die beiden Ergebnisse.

V2 Stärkenachweis in Kartoffelknolle, Getreidekörnern und Banane

Material: Kartoffelknolle, einige Getreidekörner, Banane; Messer; Petrischale; Iod-Kaliumiodid-Lösung
Durchführung: Schneide mit dem Messer die Kartoffelknolle an und bringe einen Tropfen Iod-Kaliumiodid-Lösung auf die Schnittfläche. Verfahre entsprechend mit den Getreidekörnern und der Banane.
Aufgaben: a) Beschreibe und erläutere die Versuchsergebnisse.
b) In den grünen Blättern einer Kartoffelpflanze ist zwar am Abend Stärke nachweisbar, nicht mehr jedoch am folgenden Morgen. Erläutere den Zusammenhang zwischen dieser Beobachtung und den Versuchsergebnissen.

A3 Transport von Kohlenhydraten

Die aus Traubenzucker aufgebaute Stärke wird in den Blättern nur kurzfristig gespeichert und vor allem in der Nacht in andere Pflanzenteile abtransportiert. Dieser Transport erfolgt nur in ganz bestimmten Leitungsröhren. Um herauszubekommen, ob Stärke, Traubenzucker oder vielleicht ein anderer Zucker transportiert wird, untersuchte man den Inhalt dieser Leitungsröhren. Die Untersuchung ergab ein anderes Kohlenhydrat, nämlich Rohrzucker.
a) In welchen Geweben der Sprossachse wird der Zucker transportiert?
b) Erläutere, weshalb die Pflanze Zucker in andere Pflanzenteile transportiert.

V4 Atmung bei Pflanzen

Material: 3 Waschflaschen; Gummischläuche; Handgebläse; Kalkwasser; gekeimte Erbsensamen
Durchführung: Gib in zwei Waschflaschen Kalkwasser und schließe sie entsprechend der Abbildung an die Gummischläuche an (beachte die Richtung der Anschlüsse). Baue dann die zwei Versuchsanordnungen auf und blase bzw. pumpe Luft durch die Apparatur.
Hinweis: Kohlenstoffdioxid trübt Kalkwasser.

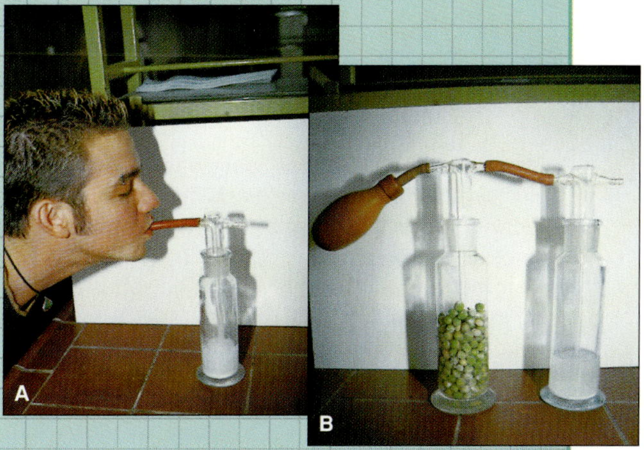

Aufgaben: a) Vergleiche die Ergebnisse von Versuch A und B. Welche Aufgabe hat das Kalkwasser? Ziehe eine Schlussfolgerung.
b) Erläutere, weshalb man den Versuch mit keimenden Erbsensamen und nicht mit Erbsenpflanzen, deren grüne Blätter schon ausgebildet sind, durchführt.

A5 Bei der Atmung entsteht Wärme

Beschreibe und erläutere das abgebildete Experiment.
Welche Bedeutung hat die in den Erbsen gespeicherte Stärke für die keimende Pflanze?

Übung

Fotosynthese

V1 Kressekeimung

Material: 2 Bechergläser oder Glasschalen; Watte; Kressesamen
Durchführung: Gib in die Glasgefäße jeweils etwas angefeuchtete Watte und lege einige Kressesamen darauf. Stelle ein Gefäß ins Helle, das andere ins Dunkle. Halte die Watte während der gesamten Versuchsdauer feucht.
Aufgabe: Beschreibe und erläutere deine Beobachtungen über einen Zeitraum von drei Wochen.

V2 Bei der Fotosynthese entsteht Sauerstoff

Material: einige Sprosse der Wasserpestpflanze; Becherglas (500 ml); Wasser; Mineralwasser; Glastrichter; Reagenzglas; Holzspan; Kerze; Zündhölzer; Tischlampe
Durchführung: Baue den Versuch entsprechend der Abbildung zusammen. Belichte nun die Wasserpest mit der Lampe. In dem Wasser im Reagenzglas steigen kleine Gasblasen hoch.
Aufgaben: a) Miss den Abstand von Lampe und Becherglas. Verändere den Abstand der Lampe auf das Doppelte, vergleiche jeweils die Zahl der Gasblasen und erläutere.
b) Wenn ein glimmender Holzspan in reines Sauerstoffgas gehalten wird, flammt er auf. Dieses Ergebnis der *Glimmspanprobe* ist ein Nachweis für Sauerstoffgas. Belichte, bis sich das Reagenzglas etwa zur Hälfte mit Gas gefüllt hat. Ziehe es dann etwas hoch, verschließe es unter Wasser wieder mit dem Daumen und drehe es um. Entzünde den Holzspan in einer Kerzenflamme, blase die Flamme aus, sodass der Span nur noch glimmt. Führe dann die Glimmspanprobe durch und erläutere.
c) Wiederhole den Versuch mit sprudelndem Mineralwasser und mit abgekochtem Wasser. Vergleiche die Zahl der Gasblasen und erläutere.

V3 Pflanzen erzeugen Stärke

Material: beblätterter Zweig, z. B. Flieder; Tischlampe; 2 Bechergläser (250 und 500 ml); Petrischale; Tiegelzange; Wasserbad; Brennspiritus; Siedesteinchen; Iod-Kaliumiodid-Lösung; Alufolie
Durchführung: Am Tag vor dem Versuch wird der Zweig in das große, mit Wasser gefüllte Becherglas gestellt und ein Blatt mit Alufolie lichtundurchlässig eingewickelt. Vor Versuchsbeginn wird der Zweig mindestens zwei Stunden mit der Lampe beleuchtet. In das kleinere Glas gibt man etwas Brennspiritus und einige Siedesteinchen und erhitzt in dem Wasserbad vorsichtig bis zum Sieden. Tauche nun mit der Tiegelzange ein belichtetes Blatt in den Brennspiritus, bis es farblos geworden ist, spüle es dann kurz mit Wasser ab und lege es etwa zehn Minuten in eine Petrischale mit Iod-Kaliumiodid-Lösung. Verfahre mit dem abgedunkelten Blatt auf die gleiche Weise.
Hinweis: Stärke wird in Iod-Kaliumiodid-Lösung dunkelblau bis violett gefärbt.
Aufgabe: Beschreibe und erläutere deine Beobachtungen.

A4 Fotosynthese in panaschierten Blättern

Manche Zierpflanzen haben grünweiß gescheckte, so genannte *panaschierte* Blätter. Ein solches Blatt wurde in eine Iod-Kaliumiodid-Lösung getaucht. Das Versuchsergebnis ist im Foto zu sehen. Erläutere das Ergebnis.

A5 Pflanzen im Treibhaus

Die Menge an Kohlenstoffdioxid in der Luft beträgt 0,03 %. Erläutere, weshalb in Gärtnereien oft Kohlenstoffdioxid aus Gasflaschen in die Treibhausluft geblasen wird.

Wasserhaushalt

Übung

V1 Wasserverdunstung

Material: Standzylinder; kurzes Lineal; Alufolie; Spross z. B. der Ampelpflanze
Durchführung: Fülle den Standzylinder mit Wasser, decke ihn mit Alufolie ab und bohre den Stängel eines Sprosses hindurch, sodass dieser tief in das Wasser eintaucht.
Aufgaben: a) Miss täglich zur gleichen Zeit die Höhe des Wasserspiegels und fertige eine grafische Darstellung an.
b) Erläutere das Versuchsergebnis.

A2 Wassertransport

Der Stängel einer krautigen Pflanze wird, wie in der Abbildung dargestellt, in zwei Hälften geteilt. Die eine Hälfte wird in klares Wasser gestellt, die andere in verdünnte rote Tinte.
a) Erläutere das in der Abbildung dargestellte Versuchsergebnis.
b) Welches Ergebnis ist zu erwarten, wenn man nun das rot gefärbte Wasser im rechten Becherglas durch reines Wasser ersetzen würde? Erläutere.

V3 Spaltöffnungen

Material: 1 grünes Blatt, z. B. Flieder, Tulpe; Pinzette; Mikroskop; Objektträger; Deckgläser
Durchführung: Zieh mit der Pinzette vorsichtig von der Unter- und Oberseite des Blattes je ein kleines Hautstückchen ab, bringe diese in je einen Wassertropfen auf Objektträgern, decke mit Deckgläsern ab und mikroskopiere.
Aufgabe: Beschreibe deine Beobachtungen. Wie unterscheiden sich die beiden Präparate? Erläutere. Nimm die Abbildung 2 auf Seite 17 zu Hilfe.

A4 Spaltöffnungen ändern ihre Form

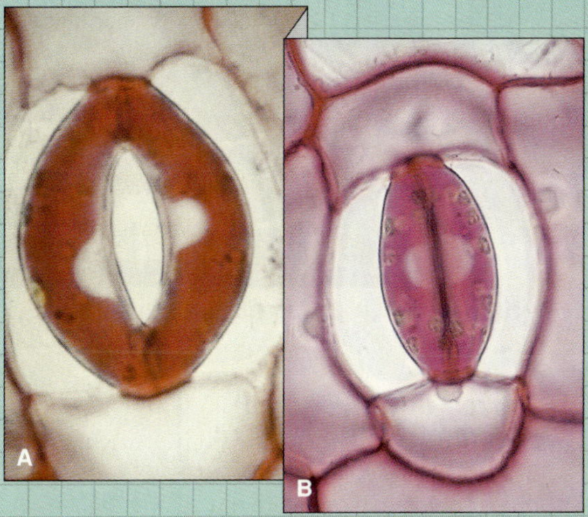

Die beiden Fotos einer Spaltöffnung wurden zu unterschiedlichen Tageszeiten gemacht. Welches Foto entstand am Vormittag bzw. in der heißen Mittagszeit? Begründe.

V5 Hydrokultur

Material: 3 Standzylinder aus Glas; gebrannte Tonkugeln und Nährsalzgranulat für Hydrokultur (im Gartenfachhandel erhältlich); 3 abgeschnittene Sprosse einer Ampelpflanze
Durchführung: Fülle die drei Standzylinder jeweils mit Tonkugeln und stecke je einen Spross der Ampelpflanze hinein. Der erste Standzylinder bleibt trocken, der zweite wird mit reinem Wasser bis zur Oberkante aufgefüllt, der dritte bekommt Wasser und nach Vorschrift ausreichend Nährsalzgranulat. Dann werden die Standzylinder nebeneinander an einen hellen, aber nicht sonnigen Ort gebracht.
Aufgaben: a) Beschreibe und protokolliere die Beobachtungen, die du im Lauf von etwa zwei Monaten bei den drei Versuchsansätzen machst.
b) Erläutere die feststellbaren Unterschiede in den drei Versuchsansätzen.
c) Welche Aufgabe haben die Tonkugeln? Ziehe die kräftigste Pflanze aus den drei Versuchsansätzen aus dem Standzylinder, betrachte das Wurzelwerk und erläutere.
d) Warum sollen die Hydrokulturen hell, aber nicht im Sonnenlicht aufgestellt werden?

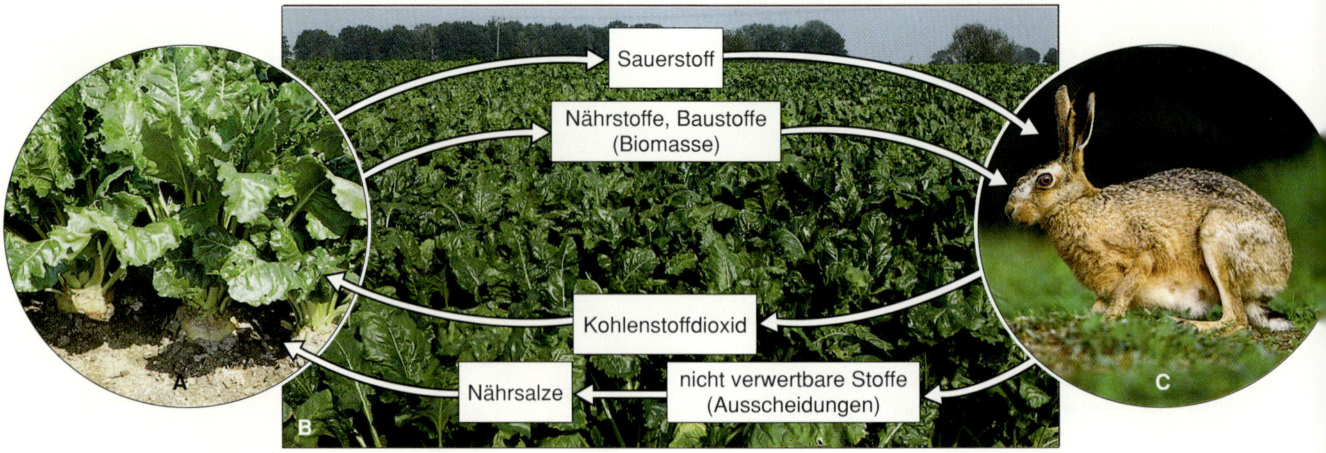

1 ***Stoffkreislauf. A*** *Rüben;* ***B*** *Rübenfeld;* ***C*** *Hase*

1.2 Pflanzen und Tiere sind voneinander abhängig

Ein Feldhase hält sich manchmal wochenlang in einem Rübenfeld auf. Er ernährt sich von der energiereichen Biomasse, die von den Pflanzen durch Fotosynthese erzeugt wurde.

Die Biomasse enthält Baustoffe und Nährstoffe. Sie werden im Magen und Darm des Tieres verdaut, also in ihre Bausteine zerlegt. Manche Stoffe werden zum Aufbau von Muskeln, Knochen usw. verwendet. Ein großer Teil der Nährstoffe dient der Bereitstellung von Energie. Wenn der Hase aufgestöbert wird und Haken schlagend flüchtet, nutzt er für die Bewegung seiner Muskeln die Energie, die er beim Fressen der Rübenblätter mit den darin gespeicherten Kohlenhydraten aufgenommen hat.

Alle Tiere, auch Menschen, sind auf energiereiche Nahrung angewiesen. Wenn ein Mensch ein Stück Brot isst, nutzt er die in der Stärke des Getreidemehls gespeicherte Energie für seine eigenen Lebensvorgänge. Auch in einem Stück Rindfleisch steckt letztlich die Energie, die das Rind beim Fressen von Gras mit dieser Nahrung aufgenommen hat.

Stichwort

Sonne

Die Sonne ist eine riesige Kugel aus glühenden Gasen. Sie ist mehr als eine Million mal so groß wie unsere Erde, erscheint uns aber so klein, weil sie etwa 150 Millionen Kilometer entfernt ist. Die Temperatur beträgt 15 Millionen °C, an ihrer Oberfläche etwa 6000 °C. Nur ein winziger Teil ihrer Licht- und Wärmestrahlung gelangt auf unsere Erde und ist Grundlage des Lebens.

In tierischen Zellen wie z.B. Muskelzellen wird genauso wie in Pflanzenzellen unter Verbrauch von Sauerstoff Zucker zu Kohlenstoffdioxid und Wasser abgebaut. Die Energie für die Lebensvorgänge wird demnach bei Pflanzen, Tieren und Menschen gleichermaßen durch *Zellatmung* aus den in der Fotosynthese gebildeten Nährstoffen freigesetzt. Weil Pflanzen ihre Nährstoffe selbst aufbauen, nennt man sie **autotroph.** Tiere und Menschen dagegen müssen energiereiche, von Pflanzen erzeugte Nährstoffe aufnehmen und sind deshalb **heterotroph.** Ohne die Fotosynthese der grünen Pflanzen wäre auf unserer Erde kein tierisches und menschliches Leben möglich.

Auch der gesamte Sauerstoff in der Luft ist durch die Fotosynthese grüner Pflanzen entstanden. Pflanzen verbrauchen zwar ständig durch Zellatmung Sauerstoff, erzeugen jedoch durch Fotosynthese etwa die fünffache Menge, die sie selbst zum Leben benötigen. Dieser Sauerstoff wird von Tieren und Menschen eingeatmet. Die Blätter eines einzigen Laubbaums erzeugen an einem Sommertag die Sauerstoffmenge, die von mehr als zwanzig Menschen täglich benötigt wird. Es besteht ein Stoffkreislauf des Sauerstoffs zwischen Pflanzen und Tieren. Auch Kohlenstoffdioxid ist in einen Stoffkreislauf eingebunden. Schließlich werden auch die Ausscheidungen der Tiere von Kleinstlebewesen abgebaut. Die entstehenden Nährsalze werden von Pflanzen wieder aufgenommen.

Pflanzen erzeugen in der Fotosynthese Stoffe, die von Tieren und Menschen genutzt werden. In deren Stoffwechsel werden Stoffe gebildet, die von Pflanzen genutzt werden.

1 Erläutere den Weg des Kohlenstoffs im Kohlenstoffkreislauf.

Grüne Pflanzen brauchen Licht

Prüfe dein Wissen

A 1 Zwei Wochen nach der Aussaat sind in einem parkähnlichen Garten die ersten Graspflänzchen zu sehen, zwei Wochen später ist ein samtartiger grüner Teppich herangewachsen. Nach weiteren vier Wochen deutet sich an, dass unter den beiden Kastanien, die eine breite und dichte Krone ausgebildet haben, die Rasenpflänzchen nicht so gut wie im übrigen Bereich des neu angelegten Rasens gedeihen. Auch im Folgejahr tritt keine Besserung ein.

a) Erkläre, weshalb der Rasen unter der Kastanie nicht so gut gedeiht wie auf freier Fläche.

b) Warum ist gleich nach der Aussaat ein gleichmäßiger Teppich zarter Graspflänzchen zu beobachten?

A 2

Lege eine Tabelle an. Trage in die erste Spalte die Ziffern ein. In die zweite Spalte werden dann die dazugehörigen Begriffe geschrieben. In der dritten Spalte schließlich wird die jeweilige Funktion der durch die Begriffe benannten Strukturen aufgeführt.

A 3

A Traubenzucker + Sauerstoff → Kohlenstoffdioxid + Wasser
B Wasser + Kohlenstoffdioxid → Traubenzucker + Sauerstoff

a) Vergleiche die Versuchsergebnisse in I und II.

b) Ordne den Versuchen I und II je einen der beiden Vorgänge A und B zu.

A 4

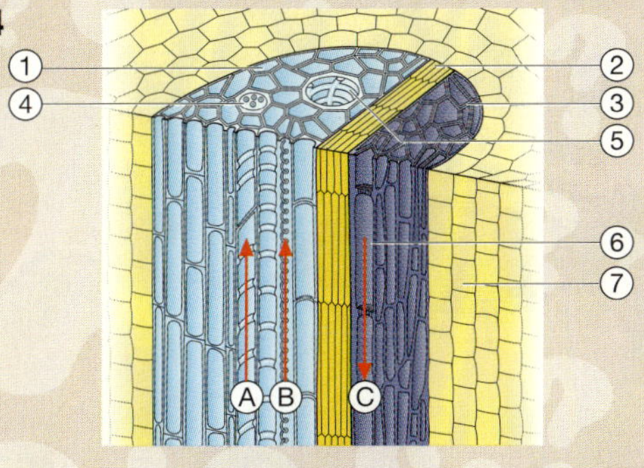

a) Ordne den Ziffern die passenden Begriffe zu.

b) Die Pfeile A, B und C weisen auf den Transport von Stoffen hin. Erläutere für jeden Pfeil, welcher Stoff transportiert wird, aus welchem Teil der Pflanze dieser Stoff kommt und wohin er transportiert wird.

c) Ein Baumstamm wird vollständig entrindet. Welcher der Transportvorgänge wird dadurch unterbrochen? Erläutere.

A 5

a) Finde für das Schema eine Überschrift.

b) Erläutere, worum es in den Pfeilen A, B und C geht.

c) Nenne weitere mögliche Pfeile im Schema. Erläutere.

d) Ein kritischer Betrachter des Schemas behauptet: „Eigentlich müsste in das Schema auch die Sonne eingezeichnet werden." Äußere dich zu dieser Behauptung.

Lebensräume

1 ***Lebensräume auf dem Schulgelände. A*** *Rasen;* ***B*** *Mauer;* ***C*** *Pflasterritze;* ***D*** *Schulteich;* ***E*** *Dachrinne;* ***F*** *Brache*

1 Lebensräume auf dem Schulgelände

1.1 Was ist ein Lebensraum?

Die ersten Biologiestunden der Klasse 8b im neuen Schuljahr finden im Freien statt. Die Biologielehrerin möchte zusammen mit den Schülerinnen und Schülern die Lebensräume im Umfeld des Schulgebäudes untersuchen. Dazu hat sie die Klasse in kleine Gruppen aufgeteilt. Jede Gruppe hat eine Übersichtskarte des Schulgeländes zur Orientierung erhalten.

Zunächst soll jede Schülergruppe das Schulgelände erkunden und dabei versuchen verschiedene Lebensräume aufzufinden. Diese Lebensräume sollen auf der Karte eingezeichnet werden. Außerdem soll jede Gruppe möglichst genau notieren, welche Pflanzen und Tiere in den jeweiligen Lebensräumen vorkommen und welche Lebensbedingungen dort herrschen.

Anna und Daniel arbeiten in einer Gruppe mit, die als Erstes den Rasen vor dem Hauptgebäude untersucht. „Viel scheint hier außer Gras nicht zu wachsen", meint Daniel und will schon weitergehen. „Doch, du musst dich nur mal genauer umsehen", entgegnet Anna,

Stichwort

Ökologie

Die Ökologie beschäftigt sich mit der Erforschung der Umweltbedingungen in unterschiedlichen Lebensräumen. Sie untersucht auch die Wechselbeziehungen zwischen den verschiedenen Lebewesen und den Umweltbedingungen in einem Lebensraum.

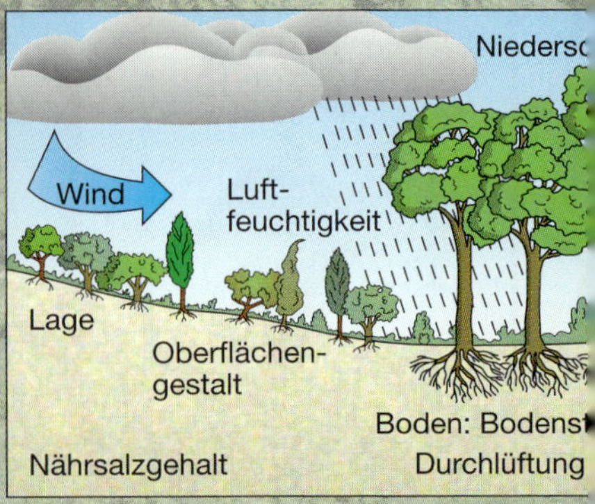

2 ***Abiotische Faktoren***

„hier wachsen doch noch Gänseblümchen, Löwenzahn, Klee und Hahnenfuß".

Bei genauerem Hinsehen entdecken die Schülerinnen und Schüler noch weitere Pflanzen, die sie aber nicht benennen können. An Tieren fallen ihnen einige Schmetterlinge, Mücken, ein Marienkäfer und eine Amsel auf. Maulwurfshügel deuten zudem auf Maulwürfe als Bodenbewohner hin. In der äußersten Ecke des Schulhofs steht eine größere Baumgruppe. Eine Eiche, eine Buche und einen Ahorn glaubt Daniel mit einem Blick auf die Blätter sicher bestimmen zu können. Unter den Bäumen blühen einige kleine Pflanzen. Anna erkennt darunter den Sauerklee. „Komisch, dass der Sauerklee nur hier wächst und nicht auch auf dem Rasen", bemerkt sie. „Vielleicht kann er die pralle Sonne nicht vertragen und wächst deshalb nur hier im Schatten", wirft Daniel ein. „Ja klar, das könnte sein. Sicher hat unsere Bio-Lehrerin solche Unterschiede gemeint, als sie uns vorhin aufforderte, auf die Lebensbedingungen in den verschiedenen Lebensräumen zu achten."

Bei ihrem Gang über das Schulgelände fallen den Schülerinnen und Schülern noch andere Lebensräume auf: der Schulteich, eine Mauer, ein bewachsener Erdhaufen und die Pflasterritzen auf dem Fußweg. So ähnlich wie der Gruppe von Anna und Daniel geht es auch den anderen Gruppen der 8b. Je länger sie unterwegs sind, umso mehr Lebensräume entdecken sie.

An jeder Schule gibt es eine Reihe von unterschiedlichen Standorten, an denen ganz bestimmte Pflanzen und Tiere vorkommen. Untersucht man diese Standorte genauer, so stellt man fest, dass die Lebensbedingungen dort sehr unterschiedlich sein können. Manche Standorte sind z. B. ständig feucht, andere meist trocken, einige sind der Sonne ausgesetzt, andere liegen immer im Schatten. Solche Umwelteinflüsse, zu denen außer Feuchtigkeit und Licht auch Wärme, Wind und die Bodenbeschaffenheit gehören, nennt man **abiotische Faktoren.**

Außer diesen Einflüssen aus der unbelebten Umwelt gibt es auch solche aus der belebten Umwelt. Sie werden **biotische Faktoren** genannt. Dazu gehören z. B. Nahrungspflanzen, Beutetiere oder Krankheitserreger, die am gleichen Standort vorkommen. Abiotische und biotische Faktoren zusammen bilden die Umwelt eines Lebewesens, seinen **Lebensraum.**

Die Umwelt lässt sich in eine Vielzahl von verschiedenen Lebensräumen gliedern. Die jeweiligen Umweltbedingungen werden durch Einflüsse aus der unbelebten und belebten Natur bestimmt. Diese Einflüsse heißen abiotische und biotische Faktoren.

1 Welche der auf den Seiten 90 und 91 abgebildeten Lebensräume findest du an deiner Schule?

2 Nenne weitere Lebensräume, die im Umfeld deiner Schule vorkommen.

3 Nenne die Bedeutung einiger der in Abbildung 2 berücksichtigten abiotischen Faktoren für Lebewesen.

4 Wähle aus den abgebildeten Lebensräumen zwei oder drei aus und vergleiche die Umweltbedingungen miteinander. Verwende zur Bearbeitung auch die Abbildung 2.

1 Arbeiten im Gelände.
***A** Betrachten; **B** Beobachten;*
***C** Sammeln; **D** Bestimmen*

1.2 Wir machen eine Exkursion

Die Klasse 8b hatte in Biologie einen Erkundungsgang im Schulgelände durchgeführt. Dabei erhielten die Schülerinnen und Schüler eine erste Übersicht über die verschiedenen Lebensräume. Bei der Nachbesprechung in der nächsten Stunde sind sich aber alle einig, dass man die Lebensräume noch viel genauer untersuchen müsste. Die Biologielehrerin ist damit einverstanden. In der nächsten Woche will sie eine ökologische **Exkursion** durchführen.

Eine Exkursion muss gut vorbereitet werden. Zunächst ist zu klären, welche Art von Lebensraum untersucht werden soll. Danach richtet sich, welche Geräte, Sammelbehälter und Bestimmungsbücher mitgenommen werden müssen. Auch die Kleidung muss zweckmäßig gewählt werden. Dabei kann ein Blick auf den Wetterbericht eine Entscheidungshilfe geben. Geht die Exkursion in sumpfiges Gelände oder an ein Gewässer, sollten Gummistiefel mitgenommen werden. An solchen Exkursionszielen ist auch mit Stechmücken zu rechnen. Lange Hosen und Hemden oder Pullis mit langen Ärmeln helfen Stiche zu vermeiden.
Wenn keine Karte zum Exkursionsgelände vorliegt, muss man zuerst eine Kartenskizze anfertigen, damit Eintragungen über die Lage von Geländeeigenschaften und die Fundorte von Pflanzen und Tieren gemacht werden können.
Zu Beginn der eigentlichen ökologischen Arbeit steht das **Betrachten** des Exkursionsgebietes. Dabei bespricht man in der Arbeitsgruppe, welche Untersuchungen an welcher Stelle durchgeführt werden sollen und wer aus der Gruppe welche Aufgabe übernimmt. Diese Planung der Arbeit kostet zwar anfangs etwas Zeit, ist aber die Voraussetzung für ein gutes Gelingen der Gruppenarbeit.

Wichtige Tätigkeiten im Exkursionsgebiet sind das **Messen,** das **Beobachten** und das **Sammeln.** Messen kann man beispielsweise Temperatur, Luftfeuchtigkeit und Helligkeit, wenn entsprechende Messgeräte zur Verfügung stehen. Sehr wichtig ist dabei das genaue **Protokollieren** der Messergebnisse, damit auch später noch eine Auswertung der Daten möglich ist. Oft kann man auch Tiere in ihrem natürlichen Lebensraum beobachten. Diese Beobachtungen sollten ebenfalls protokolliert werden. Es ist auch sinnvoll, Fotos im Exkursionsgebiet zu machen.

> Stichwort
>
> **Exkursionen**
>
> Das Wort Exkursion kommt aus dem Lateinischen und bedeutet Ausflug oder Streifzug. In der Biologie und in anderen Naturwissenschaften versteht man darunter Gänge oder Fahrten in die Natur. Auf Exkursionen führt man meist Beobachtungen und Messungen durch. Außerdem werden z. B. Pflanzen und Tiere bestimmt.

Bei der Arbeit im Gelände müssen die **Naturschutzbestimmungen** beachtet werden. So dürfen beispielsweise Blätter und Blüten für ein Herbar nur von nicht geschützten Pflanzen gepflückt werden. Seltene Arten dürfen dagegen nur an Ort und Stelle bestimmt werden. Nicht geschützte Tiere sollte man nach der Bestimmung in der Regel sofort wieder freilassen. Geschützte Tiere dürfen nicht gefangen werden. In Zweifelsfällen muss die begleitende Lehrperson gefragt werden.
Nach der Exkursion beginnt die **Auswertung.** Dazu kann man Karten zeichnen, die das Vorkommen

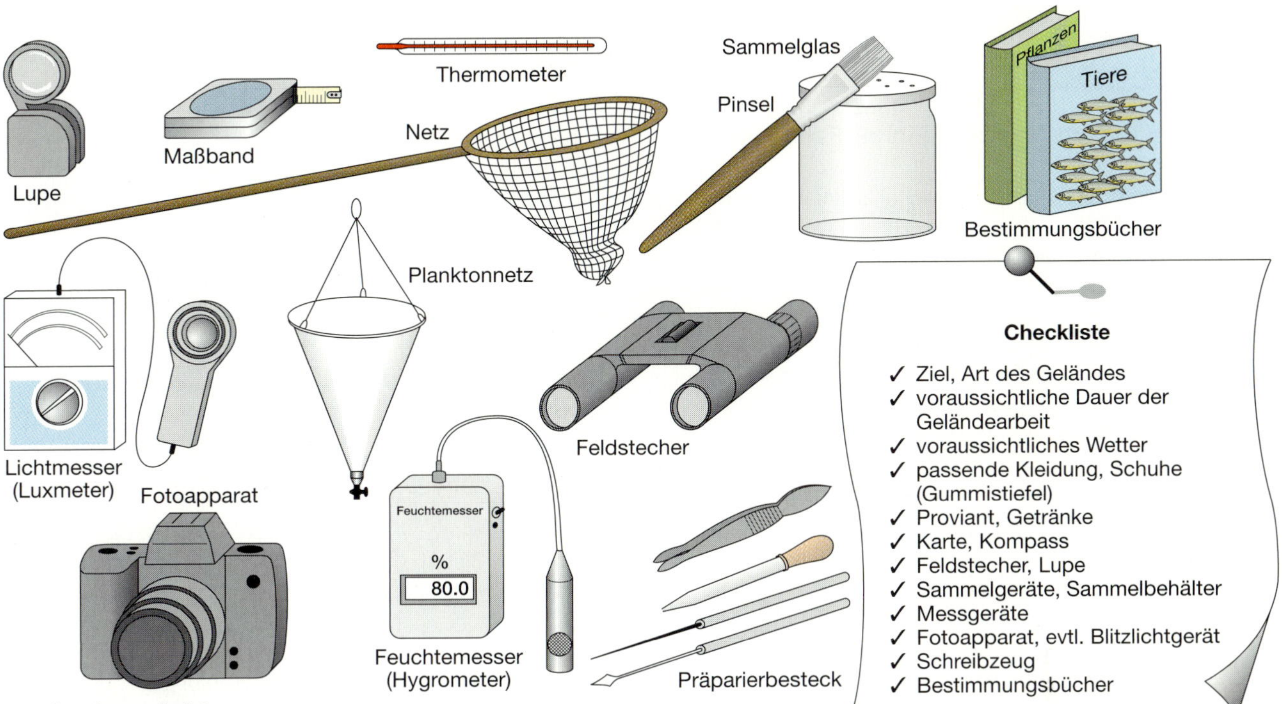

2 Exkursionszubehör

bestimmter Pflanzenarten im Exkursionsgebiet zeigen. Man kann auch die mitgebrachten Pflanzen ausstellen und Listen mit Abbildungen der gefundenen Tiere vorbereiten. Manche Fragestellungen lassen sich nur durch **Experimentieren** klären. So kann man z. B. untersuchen, ob ein Regenwurm helles Licht meidet oder aufsucht. Richtet man ein Terrarium als vorübergehenden Lebensraum für Schmetterlingsraupen ein, kann man untersuchen, welche Nahrungspflanzen bevorzugt werden.

Anna und Daniel haben sich mit ihrer Gruppe vorgenommen, auf der Exkursion den Schulteich zu untersuchen. Zuerst messen sie mit dem Maßband die Größe des Teiches aus. Sie entwerfen eine Lageskizze mit Form und Größe des Teiches. Dann bestimmen sie mithilfe eines Zollstocks die Wassertiefe. Mit einem Thermometer messen sie die Wassertemperatur und die Lufttemperatur. Die Werte tragen sie übersichtlich in einen Protokollbogen ein. Daniel hat seinen Fotoapparat mitgebracht. Er fotografiert jeden Arbeitsgang. Später will er der ganzen Klasse die Bilder zeigen, wenn seine Gruppe über ihre Ergebnisse berichtet.
Als nächsten Arbeitsgang nehmen sich Anna und Daniel die Pflanzen vor, die am Ufer des Teiches und im Teich selbst wachsen. Dazu brauchen sie ein Pflanzenbestimmungsbuch, denn viele Arten kennen sie noch nicht. Es wird genau notiert, welche Arten noch am trockenen Ufer wachsen, welche teilweise untergetaucht sind und welche ganz unter Wasser stehen. Daniel macht auch dazu einige Fotos, auf denen die auffälligsten und häufigsten Arten zu sehen sind.
Schließlich werden die Tiere im Teich untersucht. Einige große Schneckenarten kann Anna mit der Hand sammeln und zur späteren Bestimmung in ein Sammelglas mit Wasser geben. Daniel nimmt mit einem großen Becherglas eine Wasserprobe. Schon mit bloßem Auge sind kleine Tierchen zu sehen, die hin und her schwimmen. Um diese Tiere bestimmen zu können, müssen sie später in der Schule unter einer Stereolupe oder mit dem Mikroskop betrachtet werden.

Auf Exkursionen wird im Gelände gearbeitet. Bei einer ökologischen Exkursion kann man die Lebensbedingungen in Lebensräumen untersuchen und feststellen, welche Pflanzen und Tiere dort vorkommen.

1 Nenne die Verwendung von einigen der oben abgebildeten Geräte.
2 Plane eine Exkursion in einen Lebensraum auf dem Schulgelände. Erstelle eine Liste der Ausrüstungsgegenstände, die du für nötig hältst. Begründe. Verwende zur Bearbeitung auch die Checkliste in Abbildung 2.

Übung

Ökologische Untersuchungen auf dem Schulgelände

V1 Messung abiotischer Faktoren

Material: Luxmeter; Digitalthermometer; Messgerät für die Bodenfeuchte (im Garten-Center erhältlich)
Durchführung: Miss mit dem Luxmeter die Lichtintensität und mit dem Thermometer die Lufttemperatur (jeweils im Schatten in 2 m und in 5 cm Höhe über dem Boden) auf dem Schulhof, auf einer Rasenfläche, unter Bäumen, unter dichtem Gebüsch, auf einem Fußweg.
Untersuche mit einem Messgerät für die Bodenfeuchte den Boden einer Rasenfläche, in Pflasterritzen, unter Bäumen und unter dichtem Gebüsch.
Aufgaben: a) Erstelle zunächst einen Beobachtungsbogen. Protokolliere die Messergebnisse in den Beobachtungsbogen.
b) Vergleiche jeweils die Messdaten miteinander. Stelle Gemeinsamkeiten und Unterschiede der abiotischen Faktoren in den untersuchten Lebensräumen übersichtlich zusammen.

V2 Wasserspeicherung in verschiedenen Bodenarten

Material: Sandboden, Lehm, Ton (jeweils trocken); 3 Glas- oder Kunststoffrohre (mindestens 50 cm lang und mit etwa 5 cm Durchmesser); 3 durchgebohrte Stopfen mit Glasröhrchen; 3 Stative mit Klemmen; 3 Messzylinder (250 ml); 3 Bechergläser (250 ml oder 500 ml); Kunststofffasern (Stoffreste) oder Glaswolle; Uhr

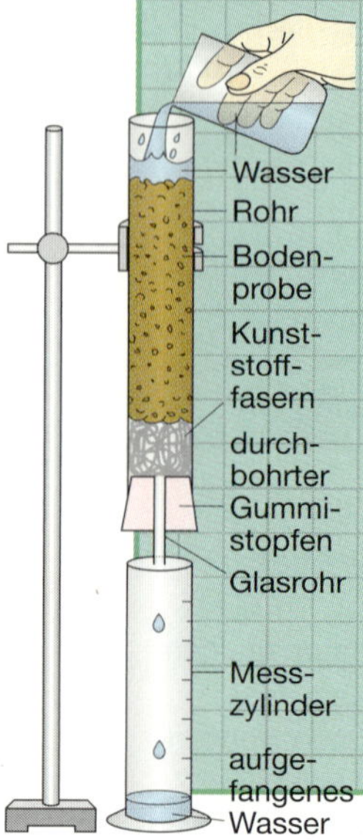

Durchführung: Baue den Versuch wie in nebenstehender Abbildung dreifach auf. Fülle jedes der Rohre zu etwa $^3/_4$ mit einer Bodenprobe: Rohr 1 mit Sandboden, Rohr 2 mit Lehm, Rohr 3 mit Ton. Drücke die Proben so weit an, dass an den Wänden keine größeren Hohlräume mehr zu sehen sind. Gib auf jede der Proben die gleiche Menge Wasser (z.B. 100 ml oder 200 ml; die Menge ist abhängig von der Größe der verwendeten Rohre).
Aufgaben: a) Protokolliere den Wasserstand in den Messzylindern im Abstand von jeweils einer Minute, bis kein Wasser mehr durchläuft.
b) Vergleiche das Wasserspeichervermögen der verschiedenen Bodenarten miteinander. Berechne, welche Menge Wasser in den einzelnen Proben gespeichert worden ist.
c) Erläutere, welche Auswirkungen die unterschiedliche Wasserspeicherfähigkeit von Böden für Pflanzen hat.

V3 Bäume und Sträucher als Lebensraum für Tiere

Material: Bestimmungsbücher für Holzgewächse, Vögel und wirbellose Tiere; Karte des Schulgeländes
Durchführung: a) Bestimme anhand der Blätter (und/oder der Blüten) die auf dem Schulgelände wachsenden Baum- und Straucharten. Viele an Schulen angepflanzte Holzgewächse sind nicht in Deutschland heimisch. Die Tabellen geben eine Übersicht über einige häufig angepflanzte Arten sowie über deren Herkunft.
b) Bestimme die auf den verschiedenen Holzgewächsen vorkommenden Insekten und Spinnentiere sowie Vögel auf Nahrungssuche.
Aufgaben: a) Trage auf der Karte die Standorte der verschiedenen Baum- und Straucharten ein.
b) Überprüfe, welche der in der Tabelle aufgeführten ausländischen Arten auf dem Schulgelände vorkommen.
c) Untersuche die Artenvielfalt an Tieren auf heimischen und auf ausländischen Gehölzen. Erläutere die Unterschiede.

Bäume	Herkunft
Ginkgo	Ostasien
Atlas-Zeder	Nordafrika
Douglas-Fichte	Nordamerika
Chinesischer Wacholder	Ostasien
Abendländischer Lebensbaum	Nordamerika
Rot-Eiche	Nordamerika
Magnolie	Ostasien
Platane (Kreuzung)	Nordamerika, Vorderasien
Japanische Zierkirsche	Ostasien
Robinie	Nordamerika
Götterbaum	Ostasien
Eschen-Ahorn	Nordamerika
Silber-Ahorn	Nordamerika
Rosskastanie	Balkan
Essigbaum	Nordamerika

Sträucher	Herkunft
Schneebeere	Nordamerika
Runzelblättriger Schneeball	Ostasien
Pfeifenstrauch (Falscher Jasmin)	Südeuropa
Kirschlorbeer	Südosteuropa
Quitte	Südosteuropa, Vorderasien
Kanadische Felsenbirne	Nordamerika
Zwergmispel (Cotoneaster)	Ostasien
Feuerdorn	Südeuropa
Spierstrauch (Spirea)	Osteuropa, Asien
Kartoffel-Rose	Ostasien
Gemeiner Erbsenstrauch	Sibirien
Buchsbaum	Mittelmeerraum
Forsythie	Ostasien
Tamariske	Mittelmeerraum
Zaubernuss	Nordamerika, Ostasien

V 4 Untersuchungen an Pflasterritzen

Material: Maßband; Kreide; Pflanzenbestimmungsbuch
Durchführung: Kennzeichne auf einem mit Steinen bzw. Steinplatten gepflasterten Weg zwei Untersuchungsquadrate von je 1 m^2 oder 2 m^2 Grundfläche mit Kreide. Das eine der beiden Quadrate soll den Wegrand erfassen, das andere die Mitte des Weges. Zähle in der Zeit der großen Pause oder vor und nach dem Unterricht, wie häufig die Quadrate jeweils betreten werden (Trittbelastung!).
Aufgaben: a) Bestimme die in den Pflasterritzen wachsenden Pflanzenarten. Erstelle eine Artenliste. Verwende zur Untersuchung auch die nebenstehenden Abbildungen.
b) Zähle aus, wie viele Exemplare jeder Pflanzenart in den Untersuchungsquadraten jeweils vorkommen. Vergleiche die Ergebnisse. Erstelle eine Liste der Arten, die nur an den weniger trittbelasteten Wegrändern vorkommen sowie der Arten, die auch bei starker Trittbelastung noch wachsen können.
c) Vergleiche Blattgröße, Blattzahl, Wuchshöhe und die Häufigkeit von Verletzungen bei Wegerichpflanzen an Standorten mit hoher, mittlerer und niedriger Trittbelastung.

V 5 Pflanzenaufnahme auf einer Rasenfläche

Material: Maßband; 4 Pflöcke; Wäscheleine oder andere lange Schnur; Pflanzenbestimmungsbuch
Durchführung: Stecke auf einer Rasen- oder Wiesenfläche mit den Pflöcken und der Schnur mehrere Quadrate von je 1 m^2 ab. Wähle dazu Stellen, an denen mehrere Pflanzenarten wachsen.
Aufgaben: a) Bestimme die in den abgesteckten Quadraten vorkommenden Pflanzenarten und protokolliere ihre Namen.
b) Schätze den Deckungsgrad der einzelnen Arten pro Quadrat und protokolliere ihn in einer Tabelle. Verfahre dabei nach folgenden Vorgaben:
Deckungsgrade
1 – die Art bedeckt weniger als 5% der Fläche
2 – die Art bedeckt 5–25% der Fläche
3 – die Art bedeckt 25–50% der Fläche
4 – die Art bedeckt 50–75% der Fläche
5 – die Art bedeckt mehr als 75% der Fläche
+ – die Art kommt vereinzelt vor

Pflanzen in Pflasterritzen

1.3 Ein Ökosystem ist mehr als nur ein Lebensraum

Mauern aus aufeinander geschichteten Steinen oder unverputztes Mauerwerk mit tiefen Fugen sind Lebensraum für eine große Zahl von Pflanzen und Tieren. Typische Pflanzenarten sind hier Löwenzahn, Schöllkraut, Mauerpfeffer, Streifenfarn und Mauerraute. Auf den Steinen selbst wachsen Moospolster oder grüne Beläge aus Algen. An Tieren findet man häufig Spinnen, Hummeln, Käfer, Heuschrecken und Schnecken, manchmal sogar Blindschleichen und Eidechsen.

1 Ökosystem Mauer.
***A** Mauerraute;*
***B** Weinbergschnecke*

Untersucht man ein größeres Mauerstück, so findet man fast immer mehrere Pflanzen sowie Tiere der gleichen Art, die den gleichen Lebensraum bevölkern. Betrachtet man beispielsweise alle Löwenzahn-Pflanzen, die an einer Mauer wachsen, so spricht man von der **Population** des Löwenzahns in diesem Lebensraum. Auch die übrigen Pflanzen- und Tierarten bilden jeweils eigene Populationen. Vergleicht man verschiedene Mauern miteinander, so findet man immer wieder die gleichen Pflanzen- und Tierarten. Die abiotischen Bedingungen im Lebensraum Mauer können nur von ganz bestimmten Arten genutzt werden. Die unterschiedlichen Pflanzenpopulationen, die in diesem Lebensraum wachsen, bilden eine **Pflanzengesellschaft.** Die verschiedenen Tierarten des Lebensraumes nennt man die **Tiergesellschaft.** Tier- und Pflanzengesellschaft zusammen bilden eine Lebensgemeinschaft, eine **Biozönose.** Die Biozönose ergibt zusammen mit dem Lebensraum, dem **Biotop,** ein **Ökosystem.**

Außer dem Ökosystem Mauer gibt es viele andere Ökosysteme mit eigenen Lebensgemeinschaften, z. B. Wälder, Hecken, Wiesen und Seen.
Die Pflanzen- und Tierarten einer Biozönose stehen in einem gegenseitigen Abhängigkeitsverhältnis zueinander. So fressen beispielsweise die Schnecken im Ökosystem Mauer vorwiegend Algen, die auf den Steinen wachsen. Von Schnecken ernähren sich Blindschleichen. Diese wiederum können Beute des Mäusebussards werden. Algen, Schnecken, Blindschleichen und Mäusebussarde bilden eine **Nahrungskette.** Sind mehrere Nahrungsketten miteinander verknüpft, spricht man von einem **Nahrungsnetz.**

Jede Nahrungskette beginnt mit grünen Pflanzen. Diese bauen durch die Fotosynthese und andere Stoffwechselvorgänge Nährstoffe auf. Sie sind die **Produzenten.**
Pflanzen fressende Tiere ernähren sich von diesen Nährstoffen. Sie selbst sind die Nahrung von Fleischfressern. Weil Tiere die Stoffwechselprodukte von Pflanzen nutzen, werden sie **Konsumenten** genannt.
Bakterien und Pilze verwerten Reste und Ausscheidungen von Pflanzen und Tieren. Dabei geben sie Nährsalze an den Boden ab. Pflanzen benötigen diese Salze für ihren Stoffwechsel und nehmen sie über die Wurzeln auf. Bakterien und Pilze sind die **Destruenten** in der Biozönose.
Zwischen Produzenten, Konsumenten und Destruenten besteht ein ständiger Kreislauf an Stoffen.

Pflanzen- und Tierarten, die zusammen einen Lebensraum besiedeln, bilden Lebensgemeinschaften. Mit dem Lebensraum sind sie Bestandteile eines Ökosystems. In der Lebensgemeinschaft gibt es Nahrungsketten aus Produzenten, Konsumenten und Destruenten.

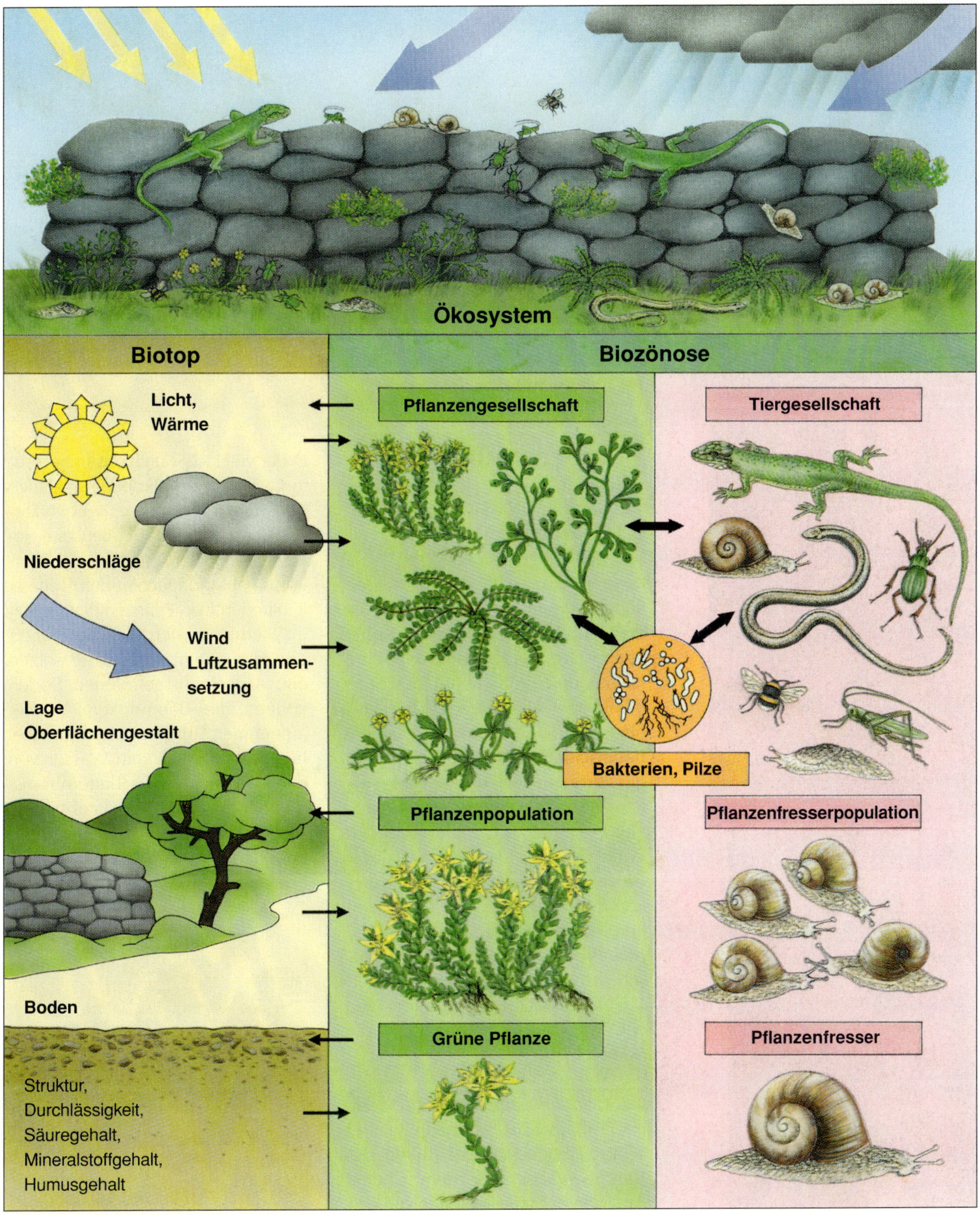

2 Ökosystem Mauer

1 Erkläre die Begriffe Population, Pflanzen- und Tiergesellschaft, Biotop, Biozönose, Nahrungskette, Nahrungsnetz und Ökosystem.

1 Laubmischwald im Sommer

***2 Laubmischwald zu unterschiedlichen Jahreszeiten. A** Frühjahr; **B** Herbst; **C** Winter*

2 Lebensraum Wald

2.1 Der Wald

Kommt man an einem heißen Sommertag in einen Laubwald, ist man von der angenehmen Kühle überrascht. Die Kronen der Bäume fangen den größten Teil des Sonnenlichtes auf und bilden das oberste Stockwerk des Waldes, die **Baumschicht.** Dort, wo Licht durch das Kronendach dringt, hat sich eine **Strauchschicht** entwickelt. Nur wenig Licht erreicht noch den Waldboden. Pflanzen wie das *Bingelkraut* und der *Waldmeister* können bei so wenig Licht gedeihen. Man spricht von *Schattenpflanzen.* Sie bilden die **Krautschicht.** Selbst unterhalb der Krautschicht findet man noch Pflanzen wie die Moose. Sie bilden die **Moosschicht.**

Ganz anders sieht der Waldboden im Frühjahr aus: Wie ein weißer Teppich bedecken die Blüten des *Buschwindröschens* den Boden. An anderer Stelle leuchten die gelben Blüten des *Scharbockskrauts.* Diese Frühblüher nutzen die im vorangegangenen Jahr gespeicherten Nährstoffe um auszutreiben. Sie bauen nun in der kurzen Zeit, in der viel Licht durch das unbelaubte Geäst auf den Erdboden gelangt, über die Fotosynthese neue Nährstoffe auf. Ist das Kronendach im Mai geschlossen, sterben sie oberirdisch ab und machen den weniger lichtbedürftigen Pflanzen Platz.

Im Herbst werden die Tage kürzer und die ersten Nachtfröste setzen ein. Aus einem gefrorenen Boden können die Bäume kein Wasser aufnehmen, und in einem gefrorenen Stamm kann kein Wasser von den Wurzeln zu den Blättern transportiert werden. Die Laubbäume werfen ihre Blätter ab und vermeiden dadurch eine zu starke Austrocknung.

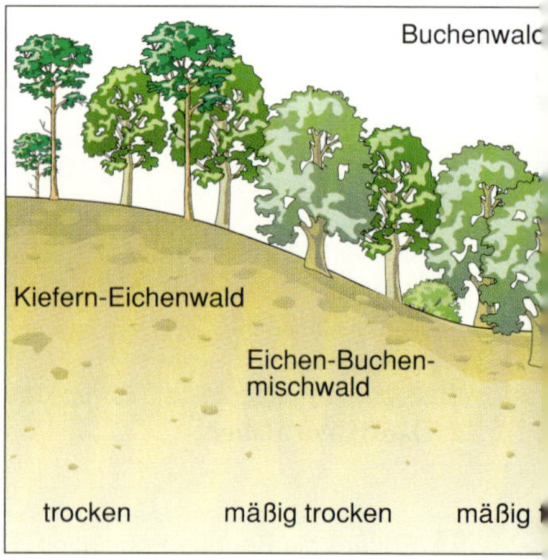

3 Waldtypen auf Böden mit unterschiedlic

4 Schichten des Waldes (Schema)

Die Nadeln der Nadelbäume sind durch ihren Bau vor Wasserverlust besser geschützt als Laubblätter. Deshalb tragen die Bäume der *immergrünen Nadelwälder* das ganze Jahr über ihre Nadeln, während die Bäume der *sommergrünen Laubwälder* im Herbst ihre Blätter abwerfen. In Nadelwäldern ändert sich die Lichtstärke am Boden im Jahresverlauf weniger stark. Sterben Bäume ab oder werden gefällt, entstehen aber auch hier Lücken, durch die mehr Licht zum Boden gelangt. Dann können sich Pflanzen ansiedeln, für die die Lichtstärke an beschatteten Stellen nicht ausreicht. Ein Wald kann durch unterschiedliche Baumarten gebildet werden. *Laubmischwälder* bestehen aus verschiedenen Laubbaumarten. Eine Baumart gedeiht nicht an allen Orten gleich gut. Auf nassen Böden wachsen beispielsweise andere Arten als auf trockenen, im Tiefland dagegen andere als im Gebirge. So finden sich an verschiedenen Standorten unterschiedliche **Waldtypen.** Die Waldtypen unterscheiden sich auch in der Artenzusammensetzung von Strauch- und Krautschicht.

Der Wald wird durch zahlreiche, dicht stehende Laub- oder Nadelbäume gebildet. Er ist in verschiedene Schichten gegliedert.

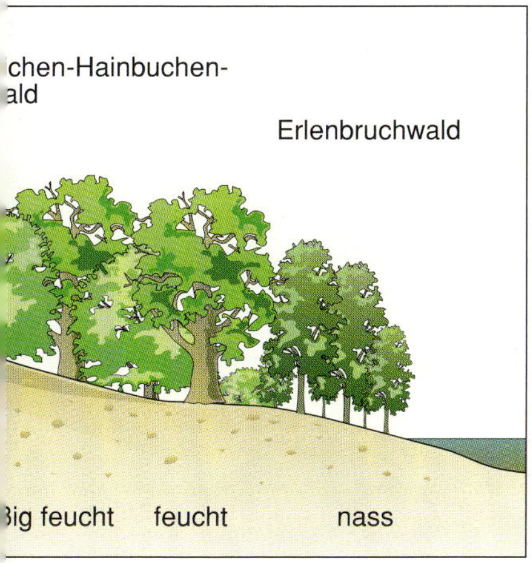

htigkeit (Schema)

1 Erläutere, weshalb in einem dichten Fichtenwald die Strauchschicht und die Krautschicht meist nicht ausgebildet sind.

2 Lege eine Tabelle an, in der du den verschiedenen Stockwerken eines Laubwaldes jeweils drei typische Pflanzenarten zuordnest. Verwende die Pinnwände auf den Seiten 102, 103, 108 und 109.

3 Ordne die auf den Pinnwänden Seite 102 und 103 abgebildeten Pflanzenarten den Waldtypen der Abbildung 3 zu.

***5 Fichtenwald zu unterschiedlichen Jahreszeiten. A** Sommer; **B** Herbst; **C** Winter*

1 **Rotbuche. *A*** *Blütenstände;* ***B*** *geöffnete Frucht mit Samen (Buchecker)*

2.2 Die Rotbuche – ein Laubbaum

In einem Buchenwald herrscht auch an hellen Tagen ein grünliches Dämmerlicht. **Rotbuchen** nutzen das Sonnenlicht sehr gut aus. Sie haben dazu zwei Arten von Blättern entwickelt: Sonnenblätter und Schattenblätter. Die dickeren, dunkelgrünen, kleineren *Sonnenblätter* stehen im äußeren Bereich der Krone. Die dünneren, hellgrünen *Schattenblätter* befinden sich im inneren Bereich der Krone. Durch ihre großen Blattflächen können sie das geringere Sonnenlicht in diesem Bereich besser ausnutzen.

Da nur wenig Restlicht auf den Waldboden gelangt, wachsen hier meist nur wenige andere Pflanzenarten. Keimlingen der Buche genügt aber das wenige Licht.

Ende April erscheinen die ersten Blüten der Buche. Die männlichen Blüten hängen in Büscheln am Grund der Triebe. Die weiblichen Blüten stehen zu zweit am Ende der jungen Zweige. Die Buche ist also **getrenntgeschlechtlich** und **einhäusig.** Nach der Befruchtung entwickeln sich die dreikantigen Nüsschen, die *Bucheckern.* Sie sind durch einen stachligen Fruchtbecher geschützt. Im September platzen die reifen Früchte auf und die Bucheckern fallen heraus. Sie können im nächsten Frühjahr keimen.

Rotbuchen werden bis zu 50 Meter hoch. Sie sind mit einem großen flachen Wurzelteller in der Erde verankert. Bei uns werden sie etwa 150 Jahre alt.

Die Rotbuche ist ein Laubbaum, der das Sonnenlicht besonders gut nutzen kann. Aus den befruchteten weiblichen Blüten entwickeln sich Bucheckern.

1 Stelle einen Steckbrief der Rotbuche auf.

2 Beschreibe die Entwicklung einer Buche mithilfe der Abbildung unten.

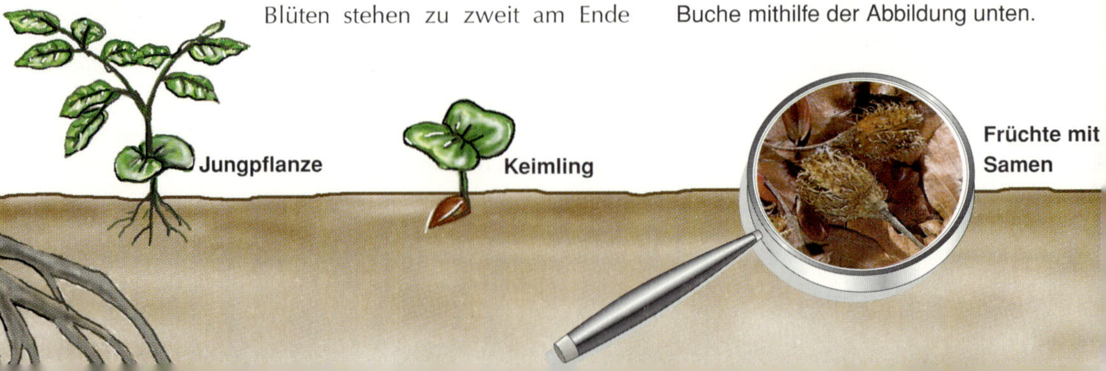

1 ***Waldkiefer. A*** *Blütenstände;* ***B*** *Zapfen*

2.3 Die Waldkiefer – ein Nadelbaum

In einem Kiefernwald sieht es ganz anders aus als in einem Buchenwald. Hier dringt das Sonnenlicht durch die lichten Kronen bis zum Boden und auf dem Waldboden wachsen einige Kräuter, Gräser und Moose. **Waldkiefern** haben schmale, nadelförmige Blätter. Die *Nadeln* verdunsten so wenig Wasser, dass sie der Baum auch im Winter behalten kann. Kiefern sind *immergrüne Nadelbäume.*
Herabgefallene Kiefernnadeln zersetzen sich nur langsam und bilden dabei Säuren. Auf einem solchen Boden können nur bestimmte Pflanzen wachsen, z.B. Heidelbeere und Heidekraut.
Im Mai blüht die Kiefer. Die männlichen *Blüten* sitzen am Grunde der Triebe, die zapfenförmigen weiblichen Blütenstände dagegen an deren Spitze. Sie enthalten die weiblichen Blüten. Auf der Samenschuppe der weiblichen Blüten liegen je zwei freie Samenanlagen. Man bezeichnet die Kiefer deshalb als **Nacktsamer.**
Der Wind trägt die Pollen auf die Samenanlagen. Nach der Befruchtung entwickeln sich eiförmige *Zapfen,* die bis zum Herbst des folgenden Jahres reifen. Im Frühjahr des dritten Jahres öffnen sie sich und die geflügelten *Samen* fallen heraus. Sie können an einem hellen Standort keimen. Sie wachsen schnell und bilden tiefe *Pfahlwurzeln* aus. Waldkiefern werden etwa 35 Meter hoch und können über hundert Jahre alt werden.

Waldkiefern gehören zu den Nadelbäumen. Aus ihren Blütenständen entwickeln sich nach Bestäubung und Befruchtung Zapfen.

1 Stelle einen Steckbrief von der Waldkiefer auf.

2 Beschreibe die Entwicklung einer Waldkiefer mithilfe der Abbildung unten.

Pinnwand

BÄUME DES WALDES

Fichte

Größe: bis 60 m
Vorkommen: auf lehmigen, sandigen Böden; feuchte Gebirgswälder
Blütezeit: Mai bis Juni
Besonderheit: wird bis 500 Jahre alt

Schwarzerle

Größe: bis 35 m
Vorkommen: auf feuchten, nährsalzreichen Böden; Auen- und Bruchwälder
Blütezeit: März bis April
Besonderheit: verträgt viel Bodennässe

Bergahorn

Größe: bis 40 m
Vorkommen: auf feuchten, nährsalzreichen Böden; Auen- und Gebirgswälder
Blütezeit: April bis Mai
Besonderheit: Flügel der Frucht bilden spitzen Winkel

Aufteilung der Waldfläche in Deutschland 1995 nach **Baumarten** (Angaben in %)

Kiefer	29,2
Fichte	34,0
Tanne	1,6
Lärche	1,2
Eiche	8,5
Pappel	2,0
Buche und anderes Laubholz	23,5

3 Setze die Tabelle in ein Kreisdiagramm um. Arbeite mit dem Winkelmesser. Du kannst das Kreisdiagramm auch am Computer erstellen.

4 Nenne Gründe, warum der Anteil an Nadelhölzern so groß ist.

Lärche

Größe: bis 50 m
Vorkommen: auf lockeren Tonböden; Licht liebend
Blütezeit: März bis Mai
Besonderheit: wirft Nadeln im Herbst ab

Hainbuche (Weißbuche)

Größe: bis 25 m
Vorkommen: warme, mäßig feuchte Laubmischwälder
Blütezeit: April
Besonderheit: nach ihrem weißgelben Holz benannt

Stieleiche

Größe: bis 40 m
Vorkommen: weit verbreitet; feuchte bis trockene Wälder
Blütezeit: Mai
Besonderheit: wird 500 bis 800 Jahre alt

Sommerlinde

Größe: bis 33 m
Vorkommen: in mäßig feuchten, krautreichen, wintermilden Berg- und Schluchtwäldern, auf lockeren, nährsalzreichen Böden, empfindlich gegen Frost und Dürre
Blütezeit: Juni
Besonderheit: Blätter weich, beiderseits behaart, an der Unterseite in den Winkeln der Blattadern weißlich behaart

Esche

Größe: bis 30 m
Vorkommen: auf mäßig feuchten bis feuchten, tiefgründigen, nährsalzreichen Böden
Blütezeit: April bis Mai
Besonderheit: Holz schwer, zäh und elastisch

Winterlinde

Größe: bis 25 m
Vorkommen: in lichten und sommerwarmen Laubmischwäldern, auf lockeren, tiefgründigen, nährsalzreichen Böden
Blütezeit: Juni bis Juli
Besonderheit: Blätter etwas derb, an der Unterseite in den Winkeln der Blattadern rostbraun behaart

5 Vergleiche die Sommerlinde und die Winterlinde miteinander.

6 Vergleiche die Esche mit der Vogelbeere (Eberesche).

7 Vergleiche Bergahorn, Spitzahorn und Feldahorn miteinander.

Spitzahorn

Größe: bis 30 m
Vorkommen: in mäßig feuchten, krautreichen, Licht und Wärme liebenden Berg- und Schluchtwäldern
Blütezeit: April bis Mai
Besonderheit: Flügel der Frucht bilden stumpfen Winkel

Vogelbeere, Eberesche

Größe: bis 17 m
Vorkommen: lichte Laub- und Nadelwälder, anspruchslos
Blütezeit: Mai bis Juni
Besonderheit: frosthart, kommt im Gebirge noch bis zur Baumgrenze vor

Feldahorn

Größe: bis 15 m
Vorkommen: in Laubmischwäldern und Gebüschen auf nährsalzreichen, tiefgründigen, lockeren Böden, Wärme liebend
Blütezeit: Mai bis Juni
Besonderheit: Flügel der Frucht waagrecht abstehend

2.4 Merkmale von Samenpflanzen

Betrachtet man Taubnesselpflanzen, so fallen die Blüten auf. Aus ihnen entwickeln sich die Samen. Pflanzen, die Blüten aufweisen, aus denen sich Samen bilden, heißen Blüten- oder **Samenpflanzen.** Bis heute wurden etwa 250 000 verschiedene Arten von Samenpflanzen beschrieben. Alle Samenpflanzen haben einen gemeinsamen Bauplan, der am Beispiel der Gefleckten Taubnessel gut zu erkennen ist.

Die unterirdischen **Wurzeln** sind verzweigt und geben der Pflanze Halt. Sie dienen außerdem der Aufnahme von Wasser mit den Nährsalzen. Bei vielen Samenpflanzen kann man eine dickere Hauptwurzel und dünnere Seitenwurzeln unterscheiden.

Der oberirdische vierkantige Stängel, die **Sprossachse** der Taubnessel, trägt die Laubblätter und Blüten. Stängel und Blätter bilden den **Spross.** Der Stängel ist hohl; in seinen Randbereichen findet man Wasserleitungsbahnen und Festigungsgewebe. Die Sprossachse verläuft auch unterirdisch. Man spricht von Erdspross, da dieser Teil des Stängels ebenfalls Blätter, die Schuppenblätter, entwickelt.

Die Gestalt der dreieckig-eiförmigen und am Blattrand gesägten **Laubblätter** ähnelt Brennnesselblättern. Am Stängel sind sie bei der Taubnessel kreuzweise gegenständig angeordnet. Beim Laubblatt unterscheidet man Blattgrund, Blattstiel und die Blattfläche mit netzartigen Blattadern und einer Blattspitze.

Eine **Blüte** besteht aus Blättern, die zusammen der Fortpflanzung dienen. Sie entspringen einem stark verkürzten Abschnitt der Sprossachse, dem Blütenboden. Man unterscheidet von außen nach innen Kelchblätter, Kronblätter, Staubblätter und die zum Stempel verwachsenen Fruchtblätter. Die Blüte der Taubnessel besteht aus einem fünfzipfeligen Kelch. Es folgen fünf Kronblätter, die unten zu einer Röhre verwachsen sind. Zwei Kronblätter bilden die Oberlippe, drei Kronblätter die Unterlippe. Weiter innen sieht man zwei kürzere und zwei längere Staubblätter und im Zentrum der Blüte den Stempel mit dem Fruchtknoten. Der Fruchtknoten zerfällt bei der Reife in vier Teilfrüchte, die die **Samen** enthalten.
Besonders gut kann man die Anordnung der Blütenteile in einem **Blütengrundriss** erkennen. Einen Blütengrundriss erhält man, wenn man eine geschlossene Blüte etwa in der Mitte quer durchschneidet. In den Abbildungen 1 C und 1 D sind die verschiedenen Blütenteile durch verschiedene Farben gekennzeichnet.

1 Gefleckte Taubnessel.
***A** im Lebensraum;*
***B** vollständige Pflanze;*
***C** Blütenschema (Längsschnitt);*
***D** Blütengrundriss;*
***E** Frucht (mit Samen im Inneren)*

Da alle Gefleckten Taubnesseln die beschriebenen Merkmale besitzen und sich miteinander fortpflanzen, fasst man sie zu einer **Art** zusammen.
Das Pflanzenreich wird in verschiedene Abteilungen unterteilt. Um sich in der großen Vielfalt der Abteilung Samenpflanzen zurechtzufinden, ordnet man sie in einem System. Pflanzen, deren Samenanlagen frei auf dem Fruchtblatt liegen, gehören zur Unterabteilung **Nacktsamer,** während Pflanzen mit im Fruchtknoten eingeschlossenen Samen zur Unterabteilung **Bedecktsamer** zählen. Von der Unterabteilung über die *Klasse,* die *Ordnung,* die *Familie,* die *Gattung* bis zur Art werden die Ähnlichkeiten der Pflanzen innerhalb einer Verwandtschaftsgruppe immer größer. Die gemeinsamen Merkmale der zur Klasse der **Einkeimblättrigen** gehörenden Pflanzen sind in Abbildung 2 aufgelistet. Dasselbe gilt für gemeinsame Merkmale der **Zweikeimblättrigen.**

Pflanzennamen bestimmt man anhand ihrer charakteristischen Merkmale. So sind zum Beispiel für die Familie der Lippenblütler, zu der auch die Gefleckte Taubnessel zählt, der vierkantige Stängel, die gegenständigen Blätter und die Blütenform typisch. Diese und alle weiteren Merkmale sind in Pflanzenbestimmungsbüchern aufgelistet. In ihnen werden oft Merkmalspaare angeboten. Am Ende jeder Zeile mit einer Merkmalsbeschreibung steht eine Ziffer, die im folgenden Teil des Bestimmungsschlüssels am Anfang einer Zeile wiederholt wird. Ist eines der Merkmale charakteristisch für die zu bestimmende Pflanze, so wird man von diesem Merkmal zum nächsten Merkmalspaar geführt. Dort wählt man erneut das charakteristische Merkmal aus, um dann zu einem weiteren Merkmalspaar zu gelangen. Dieser Vorgang wiederholt sich solange, bis man den Pflanzennamen erreicht. Einen solchen *Bestimmungsschlüssel* nennt man gegabelt oder *dichotom.*

Gemeinsames Merkmal aller Samenpflanzen ist die Samenbildung. Man ordnet Pflanzen in ein System aus Abteilungen, Klassen, Ordnungen, Familien, Gattungen und Arten ein.

1 Erstelle einen gegabelten Bestimmungsschlüssel für fünf blühende Samenpflanzen.

2 Ordne folgende Blütenpflanzen den Nacktsamern, Bedecktsamern, Einkeimblättrigen oder Zweikeimblättrigen zu: Kiefer, Fichte, Buche, Eiche, Taubnessel, Weizen, Tulpe.

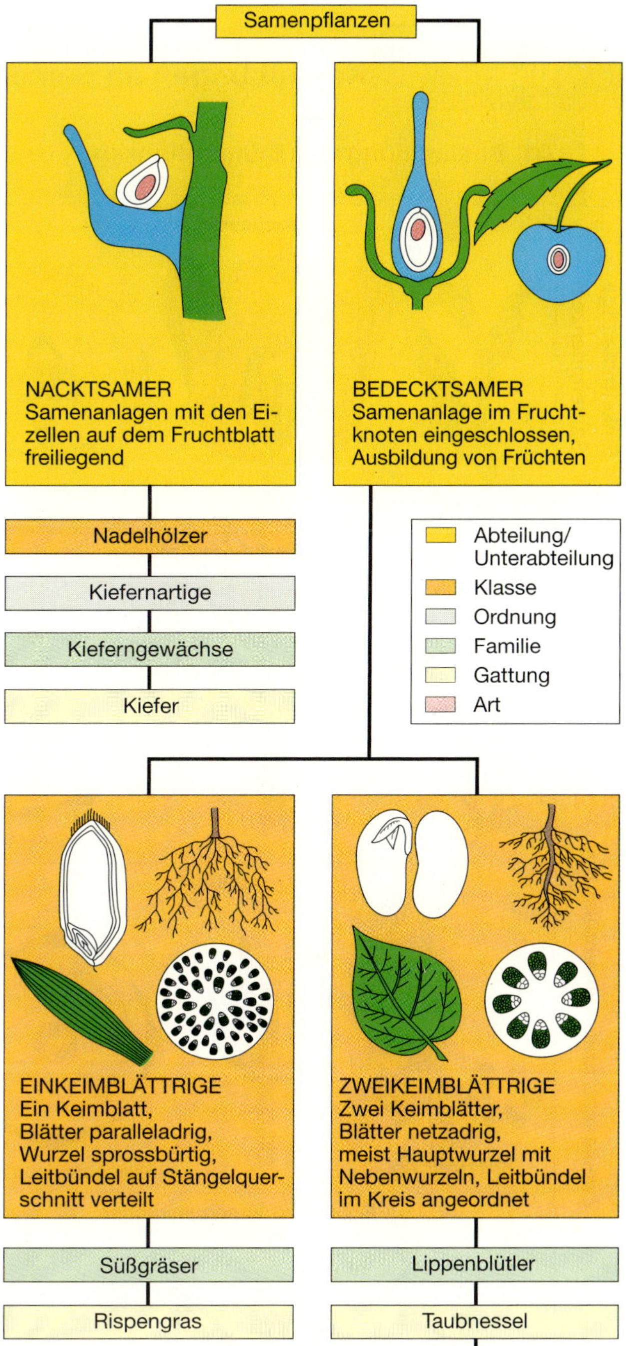

1	Kronblätter gelb	**Goldnessel**
1*	Kronblätter nicht gelb	**2**
2	Kronblätter weiß	**Weiße Taubnessel**
2*	Kronblätter rot oder rosa	**3**
3	Kronblätter länger als 2 cm	**Gefleckte Taubnessel**
3*	Kronblätter kürzer als 2 cm	**Purpurrote Taubnessel**

Eine Ziffer am Ende der Zeile bedeutet: Gehe zu dem Merkmalspaar im Schlüssel, vor dem diese Ziffer steht.

2 ***Bestimmungsschlüssel*** *(Ausschnitt)*

Übung

Kennübungen an Samenpflanzen

A1 Bestimmung von Blütenpflanzen

Finde heraus, nach welchen Merkmalen die abgebildeten Familien an Samenpflanzen in drei Gruppen (oben, Mitte, unten) eingeteilt sind.

Schwertliliengewächse

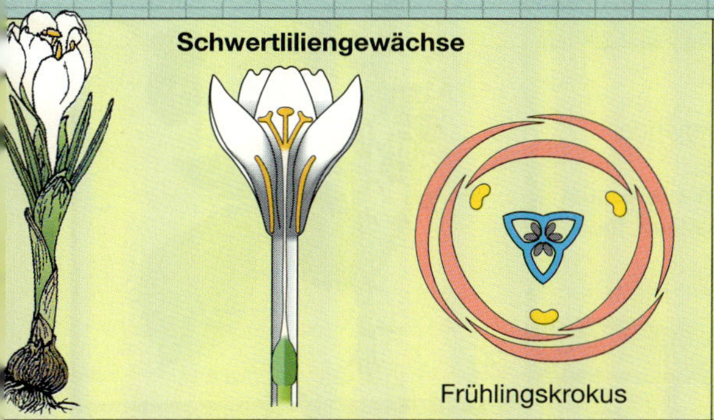

Frühlingskrokus

Süßgräser

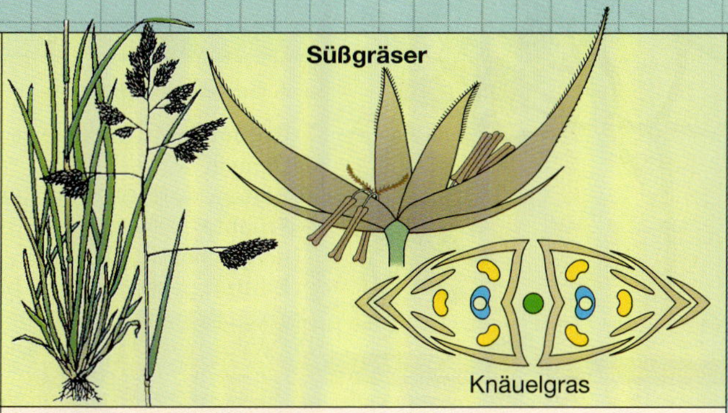

Knäuelgras

Nelkengewächse

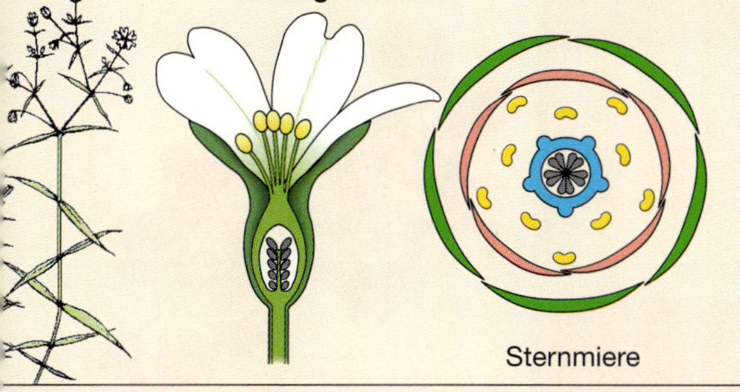

Sternmiere

Veilchengewächse

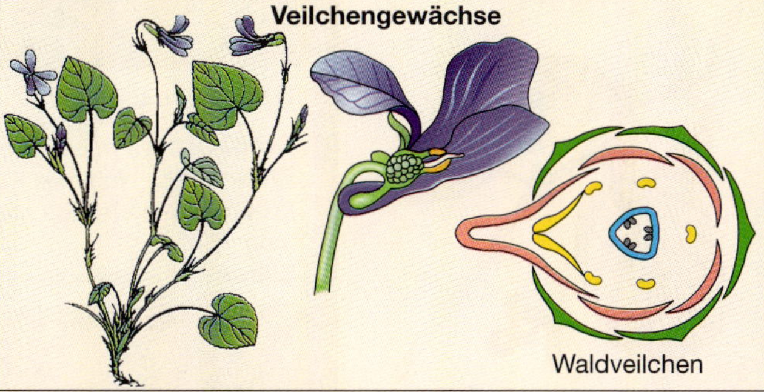

Waldveilchen

Schmetterlingsblütler

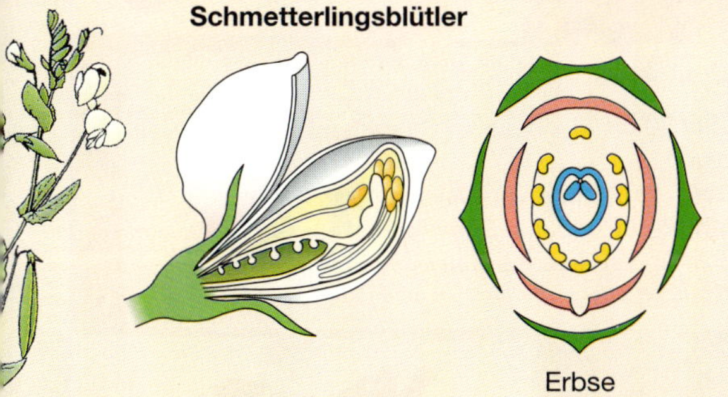

Erbse

Doldengewächse

Wilde Möhre

Nachtschattengewächse

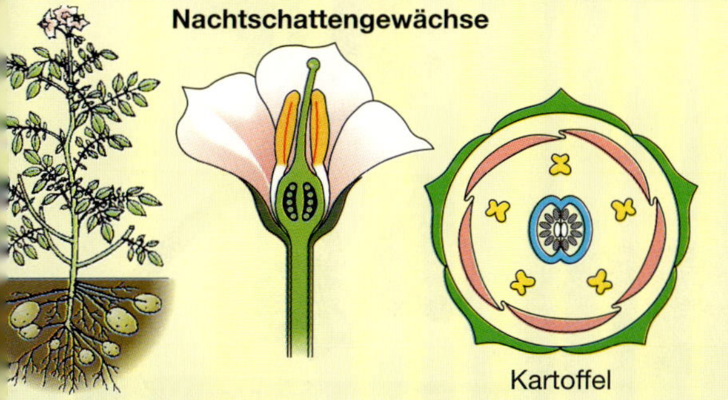

Kartoffel

Korbblütengewächse

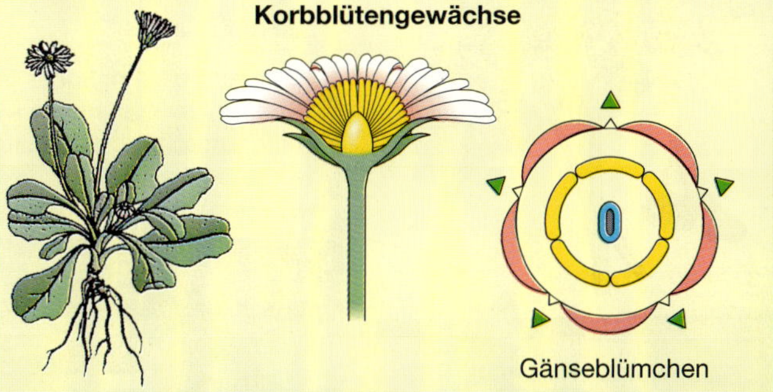

Gänseblümchen

Pinnwand

PFLANZEN DER STRAUCHSCHICHT

①

A Gemeine Waldrebe

Größe: bis 10 m hoher klimmender Strauch
Blüten: weiß; blüht von Juni bis August
Früchte: kleine braune Nüsschen, federartig behaart
Blätter: gefiedert, aus 3 bis 5 Blättchen

④

②

B Kornelkirsche

Größe: 2 bis 5 m hoher Strauch
Blüten: gelb; blüht von Februar bis März
Früchte: rote Steinfrüchte; Vogelverbreitung
Blätter: gegenständig, eiförmig

⑤

C Zweigriffliger Weißdorn

Größe: bis 8 m hoher Strauch mit bedornten Zweigen
Blüten: weiß; blüht im Mai
Früchte: rote Steinfrucht; Vogelverbreitung
Blätter: vielgestaltig, drei- bis fünflappig

D Brombeere

Größe: 30 bis 60 cm hoher Strauch mit bestachelten Zweigen
Blüten: weiß; blüht von Mai bis August
Früchte: dunkelblaue Sammelfrüchte; essbar
Blätter: meist aus drei Blättern zusammengesetzt; Blattrand gesägt

③

E Faulbaum

Größe: 1 bis 4 m hoher Strauch
Blüten: weiß; blüht von Mai bis Juli
Früchte: schwarze Steinfrüchte, schwach giftig
Blätter: verkehrt eiförmig, ganzrandig

⑥

F Schwarzer Holunder

Größe: 5 bis 10 m hoher Strauch
Blüten: weiß; blüht von Mai bis Juni
Früchte: schwarze essbare Beeren; Vogelverbreitung
Blätter: gegenständig, unpaarig gefiedert

8 Ordne den Pflanzenbeschreibungen A bis F die entsprechenden Abbildungen zu.

PFLANZEN DER KRAUTSCHICHT

Maiglöckchen

Größe: bis 25 cm hoch
Blütezeit: Mai bis Juni
Besonderheit: Giftpflanze

Springkraut

Größe: bis 80 cm hoch
Blütezeit: Juli bis September
Besonderheit: Reife Samen werden bei Berührung bis 2 m weit heraus geschleudert.

Wald-Sauerklee

Größe: bis 15 cm hoch
Blütezeit: April bis Juni
Besonderheit: Schattenpflanze; Blätter schmecken sauer; kann seine Blattstellung den Lichtverhältnissen anpassen

Wald-Schachtelhalm

Größe: bis 60 cm hoch
Besonderheit: Sporenpflanze; bildet keine Blüten aus; häufig; wächst in schattigen, feuchten Wäldern

9 Betrachte die Abbildungen vom Wald-Sauerklee. Erkläre die unterschiedlichen Blattstellungen.

Schattenblümchen

Größe: 5 bis 15 cm hoch
Blütezeit: Mai bis Juni
Besonderheit: nur 2 Stängelblätter, rote Beeren

Waldmeister

Größe: bis 30 cm hoch
Blütezeit: Mai bis Juni
Besonderheit: Nicht blühende Pflanzen werden für Waldmeisterbowle genutzt.

Türkenbund-Lilie

Größe: 30 bis 100 cm hoch
Blütezeit: Juni bis Juli
Besonderheit: geschützte Pflanze

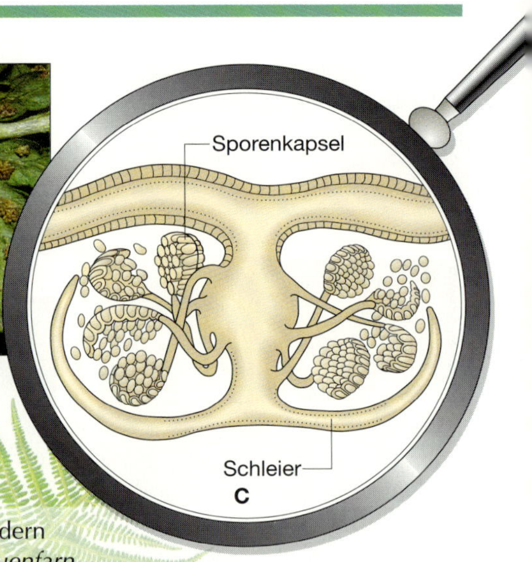

2.5 Farne

In feuchten schattigen Wäldern wächst im Sommer der *Frauenfarn.* Seine *Blätter,* die *Wedel,* stehen in einer Rosette. Die zarten Fiederblättchen eines Wedels sind dunkelgrün gefärbt. Untersucht man eine Farnpflanze genauer, entdeckt man eine unterirdische *Sprossachse.* Sie ist dick, steckt schräg im Boden und ist dicht mit den Stielresten abgestorbener Blätter bedeckt. An diesem **Erdspross** entspringen zahlreiche **Wurzeln.** Am Vorderende wächst der Erdspross in die Länge. Von hier bilden sich die Wedel aus. Die jungen Farnwedel sind wie eine Uhrfeder spiralig aufgerollt. Beim Wachstum entrollen sie sich.

Am Frauenfarn findet man keine Blüten wie bei den Samenpflanzen. Wie pflanzt sich der Farn ohne Blüten fort?

An älteren Wedeln entdeckt man auf der Blattunterseite zahlreiche hufeisenförmige Häutchen, die anfangs grün, später braun aussehen. Man nennt sie *Schleier.* Mit zunehmendem Alter schrumpfen die Schleier. Mit der Lupe kann man dann rundliche braune Kapseln erkennen. Jede Kapselwand enthält eine Reihe toter, mit Wasser gefüllter Ringzellen, deren Seitenwände stark verdickt sind. Bei trockener Witterung verdunstet das Wasser aus diesen Zellen. Die Kapsel reißt auf und es werden viele braune kleine Körnchen, die **Sporen,** ausgeschleudert. Sie bestehen aus einer einzigen Zelle und werden durch den Wind verbreitet. Fällt eine Spore auf den feuchten Waldboden, entwickelt sie sich zu einem pfenniggroßen, herzförmigen **Vorkeim.** Dieser enthält Chlorophyll und liegt flach dem Erdboden auf. An seiner Unterseite entstehen mikroskopisch kleine Fortpflanzungsorgane.

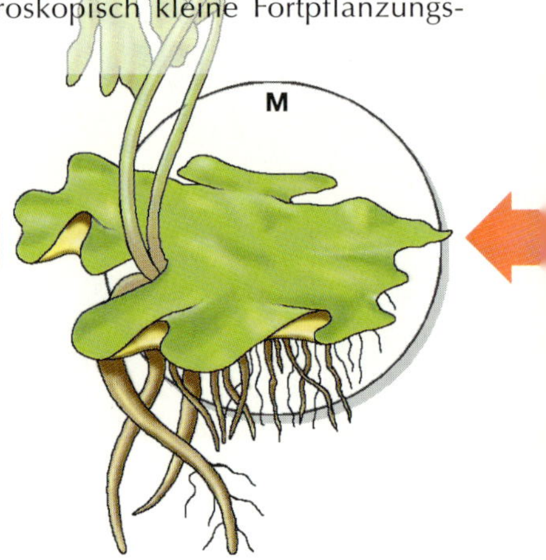

1 Entwicklung beim Frauenfarn.
***A** Farnpflanze; **B** Unterseiten von Farnwedeln; **C** Sporenkapselhäufchen; **D** Ausschleudern von Sporen aus einer Sporenkapsel; **E** Spore; **F** keimende Spore; **G** Vorkeim (Unterseite); **H** Antheridium; **J** Archegonium; **K** Schwärmer; **L** Befruchtung; **M** junge Farnpflanze auf Vorkeim*

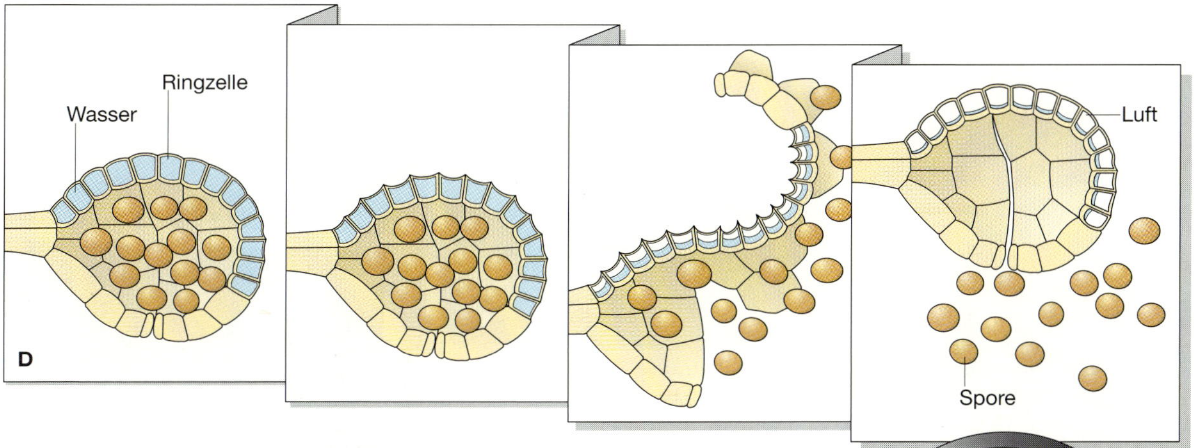

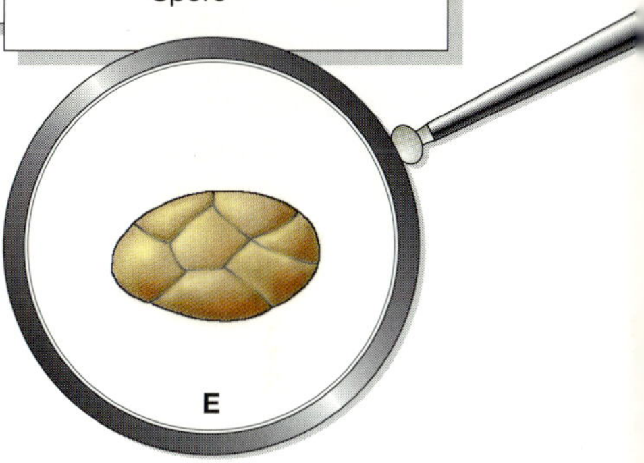

Im Bereich des zugespitzten Endes des Vorkeims liegen die kuppelförmigen **Antheridien.** In ihnen werden begeißelte männliche Geschlechtszellen, die *Schwärmer*, gebildet. Unterhalb des herzförmigen Einschnitts sitzen flaschenförmige weibliche Organe, die **Archegonien.** In jedem Archegonium liegt eine *Eizelle*. Bei nassem Erdboden wird Schleim aus dem Flaschenhals abgegeben. Die Schwärmer schwimmen dorthin, wo der Schleim am stärksten konzentriert ist. Auf diese Weise gelangen sie zur Eizelle und befruchten sie. Aus der befruchteten Eizelle entsteht dann eine junge Farnpflanze. Farne bilden also keine Samen aus, sie sind **Sporenpflanzen.**
In der Entwicklung des Frauenfarns folgt immer auf eine Sporen bildende Farnpflanze ein Vorkeim, der Geschlechtszellen bildet. Den Vorkeim bezeichnet man als die *Geschlechtszellen bildende Generation*, die Farnpflanze als die *Sporen bildende Generation*. Da die beiden Generationen miteinander abwechseln, spricht man von einem **Generationswechsel.**

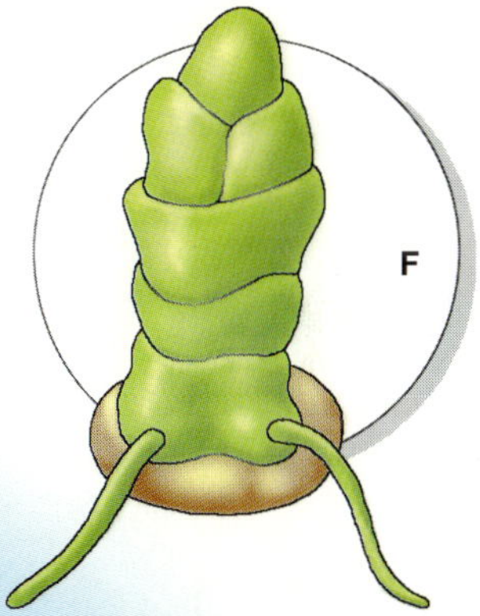

Farne sind Sporenpflanzen. Ihre Fortpflanzung erfolgt über einen Generationswechsel.

1 Beschreibe die Entwicklung beim Frauenfarn. Ordne die Abbildungen A bis M den beiden Generationen zu.
2 Beschreibe den Vorgang des Ausschleuderns von Sporen beim Farn anhand der Abbildung 1 D.
3 Welches Entwicklungsstadium des Wurmfarns ist auf der Pinnwand Seite 112 abgebildet?

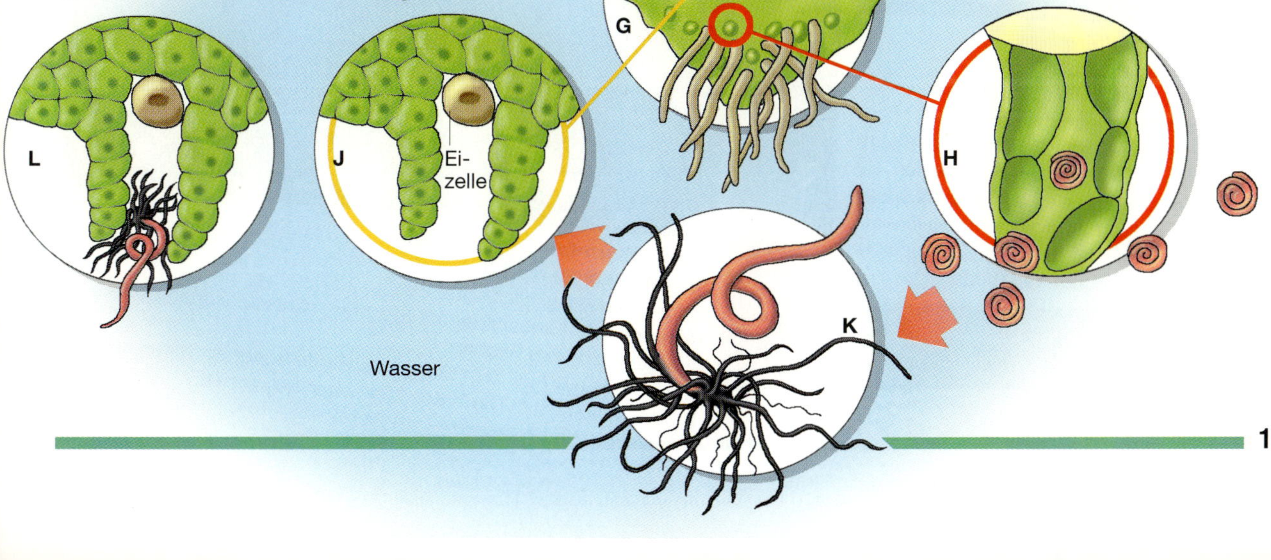

Pinnwand

FARNE

Name: ***Brauner Streifenfarn***
Wedellänge: 10 bis 30 cm
Sporenreife: Juli bis September
Vorkommen: Mauern und trockene Felsen
Besonderheit: Ausbildung von Wedeln mit Sporenkapselhäufchen und gleich aussehenden Wedeln ohne Sporenkapselhäufchen. Die Bezeichnung „Streifenfarn“ bezieht sich auf die länglichen Sporenkapselhäufchen auf der Unterseite der einfach gefiederten Blätter.

Name: ***Mauerraute***
Wedellänge: 5 bis 30 cm
Sporenreife: über das ganze Jahr
Vorkommen: kalkhaltige Standorte wie besonnte Mauern und Felsen
Besonderheit: Ausbildung von Wedeln mit Sporenkapselhäufchen und gleich aussehenden Wedeln ohne Sporenkapselhäufchen

Name: ***Rippenfarn***
Wedellänge: 15 bis 50 cm
Sporenreife: Juli bis August
Vorkommen: saure, feuchte bis nasse Wald- und Heideböden
Besonderheit: Ausbildung von Wedeln mit und ohne Sporenkapselhäufchen. Die Wedel ohne Sporenkapselhäufchen sind kleiner und immergrün. Die einfach gefiederten Blätter erinnern an die vom Brustbein abgehenden Rippen (Name!).

Name: ***Adlerfarn***
Wedellänge: 50 bis 200 cm
Sporenreife: Juli bis Oktober
Vorkommen: sandige, kalkfreie Standorte wie Waldlichtungen und Heiden
Besonderheit: Auf dem Querschnitt (A) durch den unteren Teil des Blattstiels erkennt man die Figur eines Adlers mit zwei Köpfen (Name!), die durch die Leitbündel gebildet wird.

Name: ***Tüpfelfarn***
Wedellänge: 10 bis 40 cm
Sporenreife: Juli bis September
Vorkommen: feuchtwarme, meist halbschattige Standorte an Felsen, auf Baumstümpfen und kalkfreien Waldböden
Besonderheit: Die runden Sporenkapselhäufchen (Name!) sind nicht von einem Schleier bedeckt. Die einfach gefiederten Blätter überdauern den Winter.

Name: ***Wurmfarn***
Wedellänge: 30 bis 120 cm
Sporenreife: Juli bis September
Vorkommen: Laubwälder mit feuchten, nährsalzreichen Böden; Ufergebüsch vom Bächen
Besonderheit: Aus dem Erdspross wurde früher ein Mittel gegen Würmer (Name!) im Darm des Menschen gewonnen.

Farne in der Urzeit

Streifzug durch die Erdkunde

***2 Steinkohlenwald. A** fossiler Abdruck von Farnblättern des Karbons; **B** Lebensbild*

„Fossiler Wald heizt die Wohnung." So lautete eine Überschrift eines Artikels über den Energieträger Steinkohle. Kaum jemand, der mit Steinkohle heizt, denkt daran, dass er dabei einen Teil eines fossilen Waldes verbrennt, der vor etwa 300 bis 350 Millionen Jahren existierte.
Zu dieser Zeit des **Karbons** herrschte in Mitteleuropa ein feuchtwarmes, subtropisches Klima. In ausgedehnten Sumpfwäldern bedeckten Farnpflanzen einen großen Teil der Erdoberfläche. Aber auch andere Sporenpflanzen wie z. B. die Bärlapp- und die Schachtelhalmgewächse erreichten den Höhepunkt ihrer Entwicklung in dieser Zeit. Die Farnpflanzen des Karbons waren Bäume, Sträucher oder Stauden. Auch die heute nur krautig vorkommenden Schachtelhalm- und Bärlappgewächse bildeten damals zum Teil riesige Bäume.
In den stehenden Sumpfgewässern konnten abgestorbene Pflanzen und Pflanzenteile unter den sauerstoffarmen Bedingungen nicht zerfallen. Es sammelten sich mächtige Torfschichten an. Diese wurden im Laufe der Zeit durch das Meer bedeckt.
Mitgeführter Sand und Schlamm überlagerten den Torf. Durch diese Massen kam es zum Absinken der Torfschichten in immer größere Tiefen. Dies führte zu einer Erhöhung von Druck und Temperatur, wodurch der Torf über Braunkohle zu Steinkohle umgewandelt wurde. Dabei blieben manchmal Strukturen der Pflanzen wie z. B. Blätter erhalten. Solche **Fossilien** kann man beim Abbau der Steinkohle finden. Hierdurch erhält man ein recht gutes Bild von den *Steinkohlenwäldern* des Karbons.

Baumfarne findet man auch heute noch in den Tropen. Diese bis zu 20 Meter hohen *lebenden Fossilien* könnte man von ihrem Aussehen her mit Palmen verwechseln. Das liegt an den sich palmenartig verzweigenden, bis zu drei Meter langen Wedeln, die der Spitze einer stammförmigen Sprossachse entspringen.

3 Baumfarne der Tropen

2.6 Moose

Moose findet man hauptsächlich in feuchten Lebensräumen wie z. B. in Wäldern und in Mooren. Aber auch an Mauern, an Felswänden des Hochgebirges, in der Arktis und der Antarktis wachsen verschiedene Moosarten. Auffallend bei allen Moospflanzen ist das Auftreten in Gruppen, die man Polster nennt.

Das *Frauenhaarmoos* bildet Polster auf schattigen, feuchten Waldböden. Jedes einzelne Moospflänzchen besteht aus einem *Stängel* mit spiralig angeordneten *Blättchen.* Am unteren Ende des Stängels entspringen wurzelähnliche Zellfäden, die *Rhizoide.* Allerdings unterscheiden sich diese Organe deutlich von denen einer Samenpflanze: Mikroskopiert man Stängel und Blättchen, findet man keine Gefäße für den Wasser- und Stofftransport. Die Rhizoide dienen nicht der Aufnahme von Wasser und Nährsalzen, sondern befestigen lediglich das Moospflänzchen im Erdboden. Wasser und Nährsalze werden über die Blättchen aufgenommen.

Im Frühsommer verändert sich das Aussehen einiger Moospflanzen. Die oberen Blättchen verbreitern sich und können sich rötlich färben. Untersucht man eine solche „Moosblüte" unter dem Mikroskop, entdeckt man eine Vielzahl keulenförmiger Säckchen. Dabei handelt es sich um die männlichen Fortpflanzungsorgane, die *Antheridien.*

Andere Moospflänzchen sehen an der Spitze anders aus. Hier umschließen Hüllblättchen die weiblichen Fortpflanzungsorgane, die winzigen, flaschenförmigen *Archegonien.* Jedes Archegonium enthält eine Eizelle.

Wird das Moospolster von Regenwasser durchtränkt, quillt aus den Archegonien ein zuckerhaltiger Schleim. Die Antheridien öffnen sich ebenfalls bei starkem Regen und entlassen fadenförmige, zweigeißelige *Schwärmer.* Durch umherspritzende Regentropfen können diese männlichen Geschlechtszellen auf weibliche Moospflänzchen übertragen werden. Hier werden die Schwärmer von dem Schleim angelockt,

1 Generationswechsel beim Frauenhaarmoos. *① Spore; ② keimende Spore; ③ Vorfaden; ④ Moosknospe; ⑤ männliches Moospflänzchen; ⑥ weibliches Moospflänzchen; ⑦ Antheridienstand; ⑧ Archegonienstand; ⑨ Archegonium mit Eizelle; ⑩ Schwärmer; ⑪ Archegonium mit jungem Sporenträger; ⑫ Sporenkapseln mit Stielen auf Moospflänzchen*

Geschlechtszellen bildende Generation

Sporen bildende Generation

schwimmen zu den Eizellen und befruchten sie. Aus einer befruchteten Eizelle wächst ein gelblicher Stiel hervor, der an seiner Spitze eine Kapsel trägt. Dies ist der *Sporenträger* mit der *Sporenkapsel*. Der Stiel ist fest mit dem Moospflänzchen verwachsen.
Der Sporenträger ist die *Sporen bildende Generation*. Eine Zeit lang trägt die Kapsel noch eine Haube aus den Resten des Archegoniums. Das Oberende der Sporenkapsel ist durch einen Deckel verschlossen. Sind die Sporen reif, wird der Deckel abgesprengt. Die Kapselöffnung ist aber noch durch einen Kranz von feinen Zähnchen verschlossen. Erst bei Trockenheit spreizen sich die Zähnchen nach außen und die Sporen werden ausgestreut. Durch den Wind können sie verbreitet werden.
Auf feuchtem Boden keimen die Sporen zu einem männlichen und zu einem weiblichen Fadengeflecht. Aus diesen *Vorfäden* entstehen männliche und weibliche Moospflänzchen. Sie bilden Geschlechtszellen aus. Die Moospflänzchen sind die *Geschlechtszellen bildende Generation* und der Sporenträger mit der Sporenkapsel die *Sporen bildende Generation*. Es liegt also beim Frauenhaarmoos wie bei den Farnen ein Generationswechsel vor.

Moose sind Sporenpflanzen. Die Fortpflanzung erfolgt über einen Generationswechsel und ist an Feuchtigkeit gebunden.

1 Worin unterscheiden sich die Generationswechsel von Frauenhaarmoos und von Frauenfarn?

2 An welchen Standorten wachsen die auf der Pinnwand Seite 116 abgebildeten Moose? Fertige eine Tabelle an.

Pinnwand

MOOSE

Name: ***Weißmoos***
Aussehen: große, weißgrüne Polster; Pflänzchen bis 20 cm hoch; Spitzen der Blättchen röhrenförmig; sehr kleine Kapsel (1 mm lang)
Sporenreife: Herbst (sehr selten)
Vorkommen: Eichen- und Buchenwälder; saure Böden; Fichtenwälder

Name: ***Großes Haarmützenmoos***
Aussehen: großes, kräftiges Laubmoos, lockere Rasen bildend; Pflanzen bis 40 cm lang; Kapselstiel bis 12 cm lang; Kapsel mit goldgelber Haube („Goldenes Frauenhaar")
Sporenreife: Frühling bis Sommer
Vorkommen: feuchte Wälder, Wiesen, Moore; saure Böden

Name: ***Haar-Birnmoos***
Aussehen: dichte, weiche, dunkelgrüne Polster, 1 bis 3 cm hoch; Blätter feucht abstehend, trocken spiralig gedreht, mit feiner Haarspitze; Sporenkapsel hängend, birnförmig bis zylindrisch, reif rötlich braun
Sporenreife: Frühling bis Sommer
Vorkommen: Erde, Mauern, Felsen, Dächer, Bäume, Holz

Name: ***Sparriges Torfmoos***
Aussehen: großes Moos in lockeren, schwammig-weichen Polstern; Stängel bis 20 cm lang; Blätter mit sparrig abstehenden Spitzen; Kapselstiel etwa 1 cm lang; kugelige Kapsel
Sporenreife: Frühling bis Sommer
Vorkommen: sumpfige Wiesen und Wälder; Flachmoore

Name: ***Brunnenlebermoos***
Aussehen: flächiger, nicht in Stängel und Blätter gegliederter Körper (= Lager oder Thallus); weibliche Pflanze mit Archegonien; aus der Zygote wächst der gestielte Sporenträger mit sternförmigem Schirm hervor; unter den Strahlen sitzen die Sporenkapseln; männliche Pflanzen mit gestielten Scheiben, in die Antheridien eingesenkt sind
Sporenreife: ganzjährig
Vorkommen: feuchte Standorte, auch in Gewächshäusern
Besonderheit: ungeschlechtliche Vermehrung durch Brutkörperchen in Brutbechern der Thallusoberseite

Name: ***Hornzahnmoos***
Aussehen: rötliche bis braungrüne Polster; Pflänzchen etwa 3 cm lang; Blättchen trocken anliegend und etwas gedreht; Kapselstiel bis 3 cm lang, rötlich; Kapsel geneigt mit kropfartiger Erweiterung am Grund
Sporenreife: Frühling bis Sommer
Vorkommen: Sand- und Humusböden in Wäldern, Wiesen und Heiden; Mauern, Felsen und Dächer

Moose

Übung

V1 Wasseraufnahme bei Laubmoosen

Material: Glasgefäß mit Abdeckscheibe; kleines Becherglas; Einmachfolie; Gummiring; Nagel; Wasserzerstäuber; Wasser; Frauenhaarmoos

Durchführung: Über die Öffnung eines mit Wasser gefüllten Becherglases wird ein Stück Einmachfolie mit einem Gummiring befestigt. Durch die Folie werden einige Löcher gestochen. Die Moospflanzen werden im abgedeckten Gefäß gehalten. Der Boden ist mit Wasser bedeckt. Einige feuchte Pflänzchen werden dann so durch die Löcher in das Becherglas gebracht, dass die Rhizoide ins Wasser reichen. Die Moose bleiben für etwa 30 Minuten im Becherglas. Dann werden sie mit Wasser aus dem Zerstäuber eingesprüht.

Aufgabe: Kontrolliere alle fünf Minuten das Aussehen der Pflänzchen. Schreibe deine Beobachtungen auf. Erkläre.

V2 Wasserspeicherkapazität von Moospolstern

Material: 2 große Bechergläser mit Wasser; 2 flache Glasschalen; Waage; Polster vom Frauenhaarmoos; Polster vom Weißmoos

Durchführung: Die trockenen Moospolster werden gewogen und das Gewicht notiert. Dann werden sie für 15 Minuten in Wasser gelegt und anschließend wieder gewogen.

Die Polster werden dann in offenen Schalen aufbewahrt und jeden Tag gewogen. Dies geschieht so lange, bis die Polster das Ausgangsgewicht (trockener Zustand) wieder erreicht haben.

Aufgaben: a) Berechne für die beiden Moospolster die Menge des aufgenommenen Wassers pro Gramm Trockengewicht.

b) Stelle Vermutungen an, worin die Unterschiede in dem Wasserhaltevermögen liegen können.

A3 Laubmoose speichern Wasser

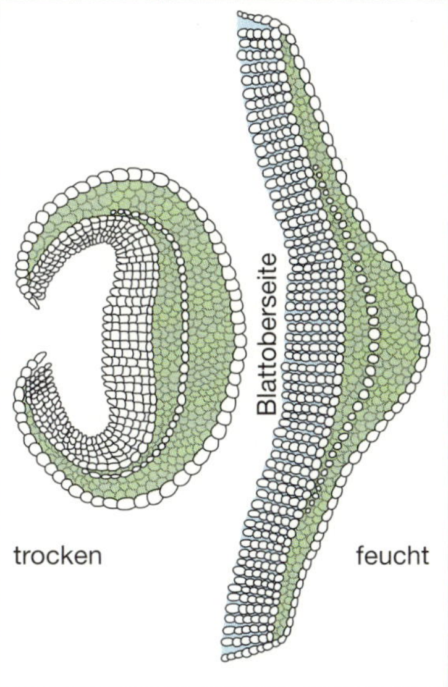

a) Das Schema zeigt einen Querschnitt durch ein Blättchen des Frauenhaarmooses. Auf der Oberfläche sind viele parallel ausgerichtete Leisten zu erkennen, die aus einzelnen Zellreihen bestehen. Beschreibe das Aussehen der Blätter bei verschiedener Witterung. Erläutere.

b) Vergleiche das Wasserspeichervermögen eines Laubmooses mit dem eines Torfmooses. Nimm hierzu auch die Abbildung in V4 zu Hilfe.

V4 Torfmoose als Wasserspeicher

Material: Torfmoospflänzchen; kleines Becherglas (hoch); Petrischale

Durchführung: Hänge eine Torfmoospflanze über den Rand eines mit Wasser gefüllten Becherglases; die Spitze der Pflanze muss tiefer hängen als der Wasserspiegel. Beobachte etwa zehn Minuten lang.

Aufgabe: Beschreibe deine Beobachtung. Erläutere sie, indem du das mikroskopische Bild des Blattgewebes eines Torfmooses zu Hilfe nimmst.

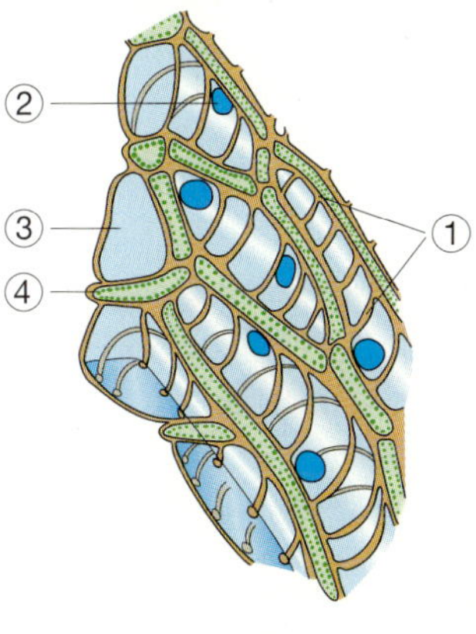

① Verdickungsleiste
② Zellwandöffnung
③ tote Wasserzelle
④ chlorophyllhaltige Zelle

1 *Fliegenpilze im Wald*

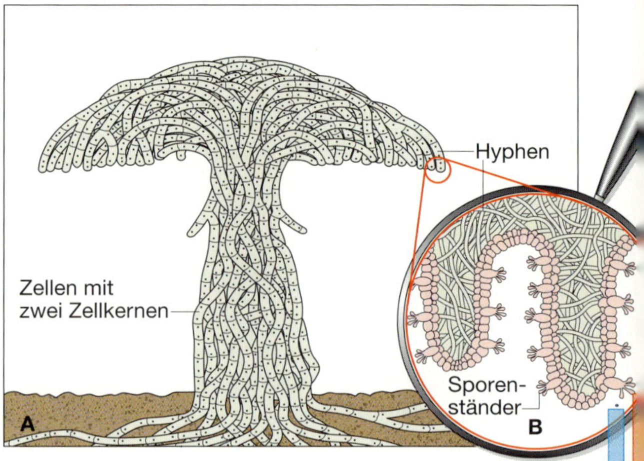

2 ***Schema. A*** *Fruchtkörper;* ***B*** *Lamellen mit Sporenständern*

2.7 Pilze

Bei einem Spaziergang im Spätsommer fallen im Wald die roten Hüte der Fliegenpilze auf.
Während bei jungen Pilzen fast der gesamte rote **Hut** noch von einer weißen Hautschicht bedeckt ist, zerreißt diese beim Wachstum immer mehr, sodass die weißen Hutflecken entstehen. Der anfangs kugelige Hut mit den weißen **Lamellen** an seiner Unterseite verbreitert sich, während unter ihm der **Stiel** länger wird. Zum Boden hin verdickt sich der Stiel zum knolligen **Fuß.** An ihm lassen sich feine weiße Fäden erkennen, die **Hyphen.** Ein Schnitt zeigt, dass der gesamte oberirdische Pilz aus Hyphen besteht. Im Erdboden verzweigen sie sich und bilden ein Fadengeflecht, das **Mycel.** Es stellt den eigentlichen Pilz dar. Mit den Hyphen durchzieht der Pilz den Boden und nimmt Nährstoffe auf.

Pilze sind keine Pflanzen. Sie enthalten kein Chlorophyll und können keine Fotosynthese durchführen. Sie ernähren sich heterotroph, indem sie Nährstoffe aufnehmen, die andere Lebewesen gebildet haben. Die Zellwand der Hyphen besteht nicht aus Zellulose, sondern größtenteils aus Chitin. Pilze bilden daher ein eigenes Reich der Lebewesen.
Der Fliegenpilz ist ein **Ständerpilz,** da sich in den Lamellen die äußeren Hyphen verdicken und zu Sporenständern werden: Aus jeder dieser Hyphenzellen entstehen bei der Reifung des Pilzes vier einzellige **Sporen,** die nach unten auf den Boden fallen und auskeimen können. Die Zahl der Sporen kann in die Billionen gehen. Treffen zwei verschiedene keimende Sporen aufeinander, verschmelzen sie miteinander; jede Zelle enthält dann zwei Zellkerne. Bei feucht-warmem Wetter im Spätsommer kann das unterirdische Mycel oberirdische **Fruchtkörper** bilden, die uns als „Pilze" bekannt sind. Fruchtkörper dienen mit ihren Sporen der Verbreitung der Pilze.
Fliegenpilze sind keine Speisepilze. Sie enthalten Giftstoffe, die für Menschen tödlich sind.

Pilze bilden ein eigenes Reich der Lebewesen. Typisches Merkmal ist ihre Zellwand aus Chitin. Sie ernähren sich von Nährstoffen fremder Lebewesen.

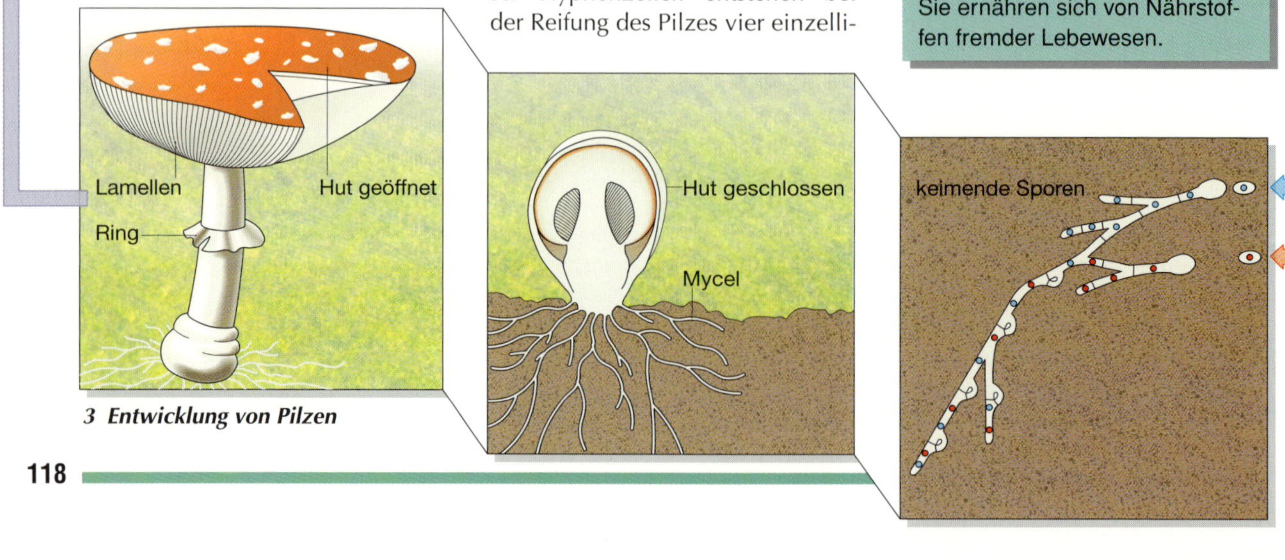

3 *Entwicklung von Pilzen*

2.8 Pilze zersetzen Holz

Ein Wald, der zwar bewirtschaftet, nicht aber „aufgeräumt" wird, ist ein „wahres Paradies" für Pilze. Sie nutzen die Baumstümpfe und anderes Totholz wie herabgefallene Äste und liegen gebliebene Stämme als Nahrungsgrundlage. Einige dieser **Holzpilze,** zum Beispiel *Hallimasch* und *Grünblättriger Schwefelkopf,* die büschelweise an totem Holz zu finden sind, oder auch der *Rehbraune Dachpilz* gehören zu den Lamellenpilzen. Andere Pilze besitzen einen harten, ledrigen oder holzartigen Fruchtkörper, der meist ohne Stiel an Baumstümpfen oder Stämmen sitzt und das ganze Jahr über zu finden ist. An der Unterseite des Hutes haben diese Pilze Poren. Daher heißen sie *Porlinge.* Zu dieser Pilzgruppe gehört die an totem Laubholz häufige *Schmetterlingstramete.*

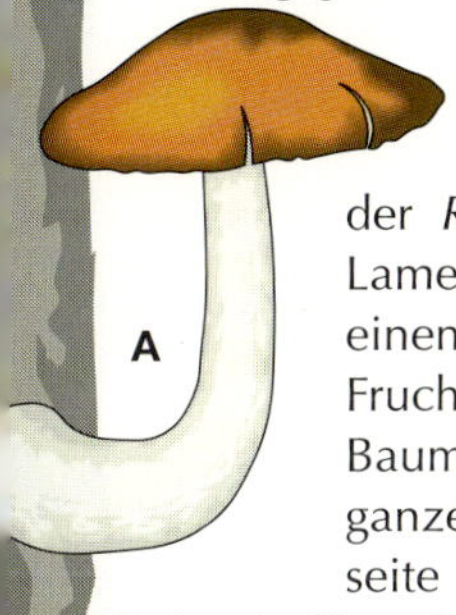

Mit ihrem verzweigten System von Hyphen können die Pilze tief in das Holz eindringen. Durch Enzyme, die von den Hyphen abgeschieden werden, zerlegen sie die Stoffe, aus denen das Holz besteht, in kleinere Bestandteile. Diese werden dann durch die Hyphenwand hindurch aufgenommen. Ein wesentlicher Bestandteil des Holzes ist Cellulose, ein Kohlenhydrat, das durch Enzyme bis zum Traubenzucker gespalten wird. Wenn die Pilze den Traubenzucker abbauen, um Energie für ihre Lebensvorgänge zur Verfügung zu haben, geben sie bei dieser Atmung Kohlenstoffdioxid ab. Dieses benötigen die grünen Pflanzen zur Fotosynthese. So spielen die Pilze eine wichtige Rolle im Kreislauf der Stoffe.

Ein anderer Bestandteil des Holzes ist das *Lignin.* Es verleiht dem Holz seine hohe Zug- und Druckfestigkeit. Lignin ist in den Zellwänden verholzter Pflanzenteile der Cellulose aufgelagert. Einige Holzpilze, wie der *Birkenporling,* zersetzen nur die Cellulose, nicht das Lignin. Das Holz wird brüchig und zerfällt würfelig. Es lässt sich zwischen den Fingern zu Pulver zerreiben. Da es braunrot gefärbt ist, wird dieser Zustand als **Braunfäule** bezeichnet. Zu den Verursachern von Braunfäule gehört auch der *Hausschwamm,* ein gefährlicher Zerstörer von Bauholz. Die meisten Holzpilze verfügen aber zusätzlich über Enzyme, die das Lignin abbauen. Dabei behält das Holz längere Zeit seine faserige Struktur. Es sieht jetzt weiß aus; daher nennt man diese Art der Holzzersetzung **Weißfäule.**

Einige der Holz zersetzenden Pilze leben nicht nur an Totholz. So befällt der Hallimasch auch lebende Bäume, wenn sie – etwa durch eine längere Trockenperiode – geschwächt sind. Der zu den Porlingen gehörende *Zunderschwamm* lebt sogar vorwiegend an lebenden Buchen oder Birken. Diese Pilze sind also, zumindest gelegentlich, keine Fäulnisbewohner, sondern **Schmarotzer.**

> Pilze können Holz zersetzen. Manche Arten zersetzen nur Cellulose, die meisten aber Cellulose und Lignin. Dadurch spielen die Pilze eine wichtige Rolle im Kreislauf der Stoffe.

1 Bei Holzpilzen gibt es fließende Übergänge zwischen Fäulnisbewohnern und Schmarotzern. Begründe.

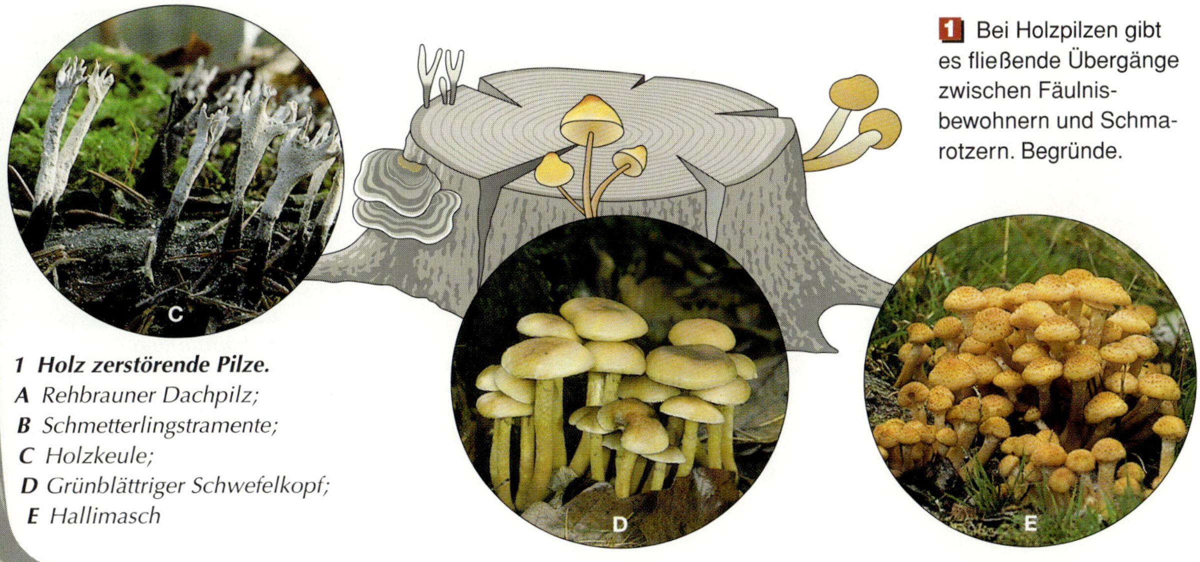

1 Holz zerstörende Pilze.
***A** Rehbrauner Dachpilz;*
***B** Schmetterlingstramente;*
***C** Holzkeule;*
***D** Grünblättriger Schwefelkopf;*
***E** Hallimasch*

Pinnwand

GIFT- UND SPEISEPILZE

Name: *Grüner Knollenblätterpilz*
Gruppe: Lamellenpilze
Zeit: Juli bis Oktober
Standort: Laubwald
Besonderheit: tödlich giftig

Name: *Weißer Knollenblätterpilz*
Gruppe: Lamellenpilze
Zeit: Juni bis September
Standort: Laubwald
Besonderheit: tödlich giftig

Einteilung der Ständerpilze
nach dem Ort der Sporenbildung

Stäublinge (oder Bauchpilze):
im Innern des Fruchtkörpers
Lamellenpilze:
auf der Außenseite von Lamellen, auf der Unterseite des Hutes
Röhrenpilze:
im Innern von Röhren auf der Hutunterseite
Leistenpilze:
auf Leisten, die auf der Unterseite des Hutes beginnen und am Stiel herunterlaufen

Regeln für den Pilzsammler

- Sammle nur Pilze, die du genau kennst.
- Drehe die Pilze vorsichtig mit dem ganzen Stiel aus dem Boden.
- Lege die Pilze in einen Spankorb, transportiere sie niemals in einer Plastiktüte.
- Lass alte und madige Pilze zur Sporenstreuung stehen.
- Zerstöre keine Giftpilze. Auch sie sind für den Wald wichtig.

Name: *Flaschenstäubling*
Gruppe: Stäublinge
Zeit: Juli bis November
Standort: Laub- und Nadelwald
Besonderheit: Speisepilz

Name: *Steinpilz*
Gruppe: Röhrenpilze
Zeit: Juli bis Oktober
Standort: Laub- und Mischwald
Besonderheit: Speisepilz

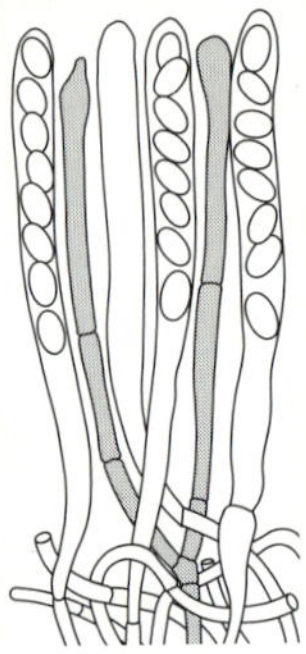

Name: *Speisemorchel*
(mit Ausschnitt aus der Fruchtschicht)
Gruppe: Morcheln
Zeit: April bis Mai
Standort: Laub- und Mischwald
Besonderheit: Speisepilz

Name: *Satansröhrling*
Gruppe: Röhrenpilze
Zeit: Juni bis Oktober
Standort: Laubwald
Besonderheit: giftig

Name: *Schopftintling*
Gruppe: Lamellenpilze
Zeit: Mai bis November
Standort: Wegränder, Wiesen, Felder
Besonderheit: jung Speisepilz; zerfließt im Alter, wobei sich der Hutrand violettschwarz verfärbt

Name: ***Maronenröhrling***
Gruppe: Röhrenpilze
Zeit: Juni bis November
Standort: vorwiegend Nadelwald
Besonderheit: Speisepilz

Name: ***Riesenschirmling***
Gruppe: Lamellenpilze
Zeit: Juli bis Oktober
Standort: Laubwaldlichtungen
Besonderheit: Speisepilz

Name: ***Fliegenpilz***
Gruppe: Lamellenpilze
Zeit: Juli bis November
Standort: Laub- und Nadelwald
Besonderheit: giftig

Name: ***Austernseitling***
Gruppe: Lamellenpilze
Zeit: Herbst bis Frühling
Standort: vorwiegend Laubwald
Besonderheit: Speisepilz

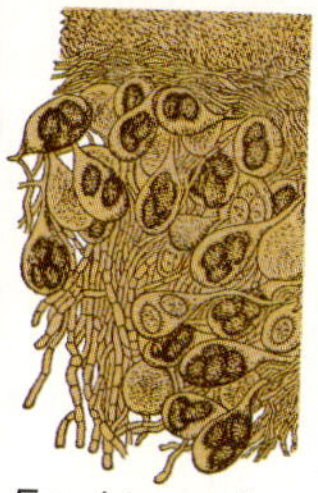

Fruchtgewebe

Trüffeln sind Pilze, die völlig unterirdisch leben. Die Sporen entwickeln sich nicht wie bei den meisten anderen Pilzen an der Außenseite des Fruchtkörpers, sondern in seinem Innern. Sie können nur dadurch verbreitet werden, dass Wildschweine die Fruchtkörper ausgraben und fressen. Anders als beim Wiesenchampignon werden die Sporen nicht in Ständerzellen gebildet, sondern in schlauchförmigen Zellen. Daher gehören die Trüffeln zu den Schlauchpilzen. Schon in der Antike wurden Trüffeln, die wie runzlige schwarze Knollen aussehen, wegen ihres Aromas als Speisepilze geschätzt. Heute wachsen die berühmtesten Trüffeln in den Eichenwäldern des Perigord, einer Landschaft im Südwesten Frankreichs. Man kann Trüffeln nicht wie Champignons züchten, sondern sammelt sie im Wald traditionell mithilfe von Schweinen oder neuerdings auch von Hunden. Die geringe Ausbeute erhöht den Wert, sodass Feinschmecker für ein Kilogramm Trüffeln bis zu 7000 DM bezahlen müssen.

Trüffelnsuche in Frankreich

Name: ***Pantherpilz***
Gruppe: Lamellenpilze
Zeit: Juli bis Oktober
Standort: Laub- und Nadelwald
Besonderheit: tödlich giftig

Name: ***Pfifferling***
Gruppe: Leistenpilze
Zeit: Juni bis Oktober
Standort: vor allem Nadelwald
Besonderheit: Speisepilz

2.9 Pilze bilden besondere Lebensgemeinschaften

Vor mehr als hundert Jahren untersuchte ein Biologe im Auftrag des preußischen Landwirtschaftsministers die Entwicklungsbedingungen der Trüffeln. Man hoffte, eine Methode zur Kultivierung dieser begehrten Pilze zu finden. Es war bekannt, dass Trüffeln nur unter bestimmten Bäumen wachsen, zum Beispiel unter Buchen und Eichen. Man nahm an, dass sie auf den Wurzeln dieser Bäume schmarotzen. Der Biologe stellte nun fest, dass zwischen Pilz und Baum eine enge partnerschaftliche Beziehung besteht. Diese nannte er **Mykorrhiza,** was „Pilzwurzeln" bedeutet.

In der Folgezeit wurde bei den meisten Waldbäumen eine solche Mykorrhiza gefunden. Dabei umschließt ein Mantel aus Pilzhyphen die Seitenwurzeln des Baumes. Pilzhyphen dringen auch in die Wurzelrinde ein und bilden dort zwischen den Zellen ein dichtes Geflecht. Diese enge Verzahnung ermöglicht einen lebhaften Stoffaustausch. Dabei beliefert der Pilz den Baum mit Wasser und mit Nährsalzen, die er aus der Zersetzung von Humus gewinnt. Der Pilz ist seinerseits darauf angewiesen, vom Baum Kohlenhydrate zu erhalten. Eine solche Beziehung zu gegenseitigem Nutzen heißt **Symbiose.** Besonders für die Bildung von Fruchtkörpern benötigen Pilze große Mengen von Kohlenhydraten. Daher geschieht dies bei den meisten Mykorrhiza-Pilzen erst dann, wenn die Bäume im Herbst beginnen, in den Wurzeln Nährstoffe zu speichern.

Auch bei den Orchideen findet man Beziehungen zwischen Pflanzen und Pilzen. Orchideen bilden winzige Samen, die kaum Reservestoffe enthalten. Sie benötigen zur Keimung und Entwicklung einen passenden „Ammen-Pilz", der sie mit Wasser, Nährsalzen und weiteren Stoffen versorgt. So können z. B. Nährstoffe von einem Baum über einen Mykorrhiza-Pilz an eine Orchidee weitergegeben werden. Auch bei den erwachsenen Pflanzen findet man in der Wurzelrinde Pilzhyphen. Im Unterschied zur Mykorrhiza der Waldbäume dringen die Pilzfäden in das Innere der Zellen vor. Im mikroskopischen Bild erkennt man hier schwarze Knäuel. Dies sind abgestorbene Pilzhyphen, die nun von den Zellen der Orchidee verdaut werden. Manche Orchideen, zum Beispiel die *Nestwurz*-Arten, bleiben auch als ausgewachsene Pflanzen von ihrem Pilz abhängig. Sie bilden keine grünen Blätter und können daher keine Fotosynthese durchführen. Sie ernähren sich lebenslang auf Kosten ihres Pilzes. Der Symbiont ist zum Schmarotzer geworden.

Graugrüne oder auch gelbliche Gebilde, die man auf Felsen und Mauern oder auf der Rinde von Bäumen findet, sind **Flechten.** Es sind „Doppelwesen" aus Pilzen und Algen, die in einer besonders engen Symbiose leben. Dabei liefert der Pilz der Alge Wasser und Nährsalze und erhält dafür Kohlenhydrate. Außerdem schützen die Pilzhyphen die Alge vor zu hoher Lichtintensität.

1 Bartflechte

Viele Pilze leben in Symbiose mit höheren Pflanzen. Wenn der Pilz die Wurzeln der höheren Pflanze umgibt, spricht man von Mykorrhiza. Flechten sind Doppelwesen aus Pilz und Alge.

2 Flechten an einem Stamm

1 Warum ist es nicht möglich, Trüffeln oder auch Steinpilze zu kultivieren? Erläutere.

2 Beschreibe mithilfe der Pinnwand Seite 123 den Aufbau einer Flechte.

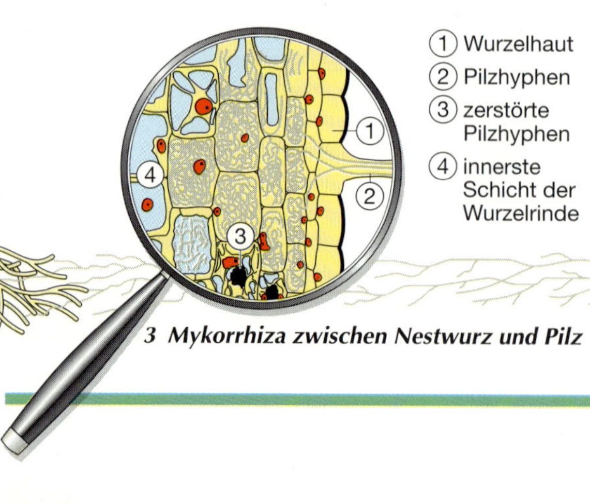

3 Mykorrhiza zwischen Nestwurz und Pilz

4 Mykorrhiza zwischen Kiefer und Maronenröhrling

Pinnwand

MYKORRHIZA UND FLECHTEN

Name: ***Wand-Gelbflechte***
Typ: Blattflechte
Vorkommen: auf Rinde, Holz, Mauern, Gestein

Mykorrhizapilze einiger Waldbäume

Buche:	Fliegenpilz, Steinpilz, Maronenröhrling, Grüner Knollenblätterpilz
Eiche:	Steinpilz, Grüner Knollenblätterpilz
Birke:	Fliegenpilz, Steinpilz, Grüner Knollenblätterpilz
Fichte:	Steinpilz, Maronenröhrling, Fliegenpilz, Grüner Knollenblätterpilz
Kiefer:	Maronenröhrling, Fliegenpilz, Steinpilz, Pfifferling

Name: ***Trompetenflechte***
Typ: Strauchflechte
Vorkommen: auf mageren, kalkhaltigen Böden

Name: ***Korallenflechte***
Typ: Strauchflechte
Vorkommen: in Geröll und alpinen Zwergstrauchheiden

Name: ***Lecanora***
Typ: Krustenflechte
Vorkommen: auf der Rinde von Laubbäumen, an Mauern

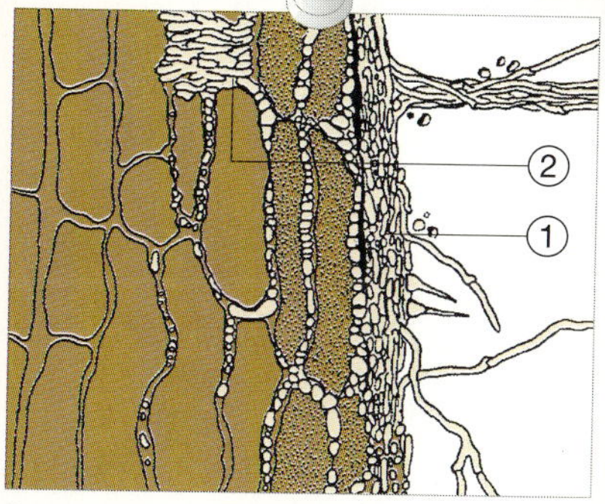

Baumwurzel mit Mykorrhiza (Längsschnitt)

1 äußerer Hyphenmantel
2 Pilzgeflecht zwischen den Rindenzellen

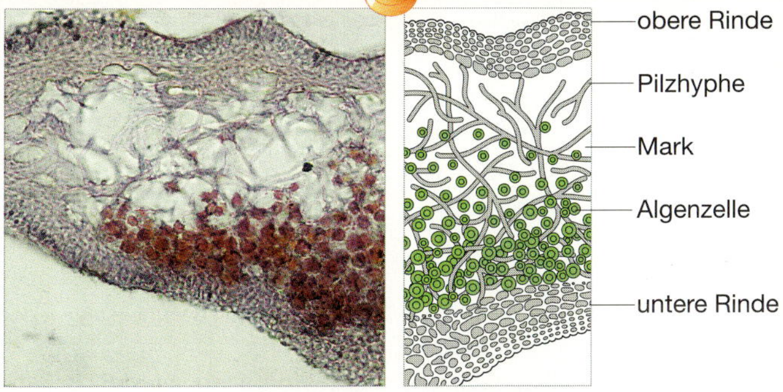

Schnitt durch eine Flechte

Flechten sind Pioniere

Flechten können aufgrund ihrer Widerstandsfähigkeit gegen Austrocknung und Kälte auch an extremen Standorten leben, wie z. B. oberhalb der Schneegrenze im Hochgebirge.

Streifzug durch die Geschichte

Vom Urwald zum Nutzwald

Vor etwa 10 000 Jahren, am Ende der letzten Eiszeit, gab es in Mitteleuropa keinen Wald, sondern eine nahezu baumlose Landschaft. Erst im Verlauf der allmählichen Erwärmung konnten wieder Baumarten wachsen, die durch die Kälteperioden in wärmere Gebiete verdrängt worden waren. Zuerst stellten sich die weniger kälteempfindlichen Birken und Kiefern ein. Danach folgten Ulmen, Eichen, Linden und Eschen. Schließlich setzten sich die Buchen durch, die vor 2000 Jahren fast ganz Mitteleuropa als **Urwald** bedeckten. Nur an wenigen Stellen in Deutschland gibt es heute noch einen sich weitgehend selbst überlassenen, urwaldähnlichen Wald.

Die Menschen zu jener Zeit nutzten den Wald in vielerlei Hinsicht: Sie brauchten das Holz zum Bau ihrer Häuser, zur Herstellung von Werkzeugen sowie anderen Geräten und als Brennstoff. Vom Frühjahr bis zum Herbst wurde Vieh im Wald gehalten, wo es sich von Knospen, Blättern und Früchten ernährte. An manchen Stellen des Waldes wurde aus Holz in Kohlenmeilern Holzkohle hergestellt. Durch diese unterschiedliche Nutzung veränderte sich das Aussehen des Waldes. Er wurde lichter. Nur die Eichen ließ man lange wachsen. Sie lieferten stabiles und haltbares Bauholz und nährstoffreiche Früchte für das Vieh. Manche dieser knorrigen, inzwischen einige hundert Jahre alten Eichen leben noch heute.

Als die Bevölkerung im Mittelalter, vor etwa 1000 Jahren, kräftig zunahm, wurde auch mehr Raum für Siedlungen, Felder und Viehweiden benötigt: Weitere Waldflächen verschwanden durch „Rodung".

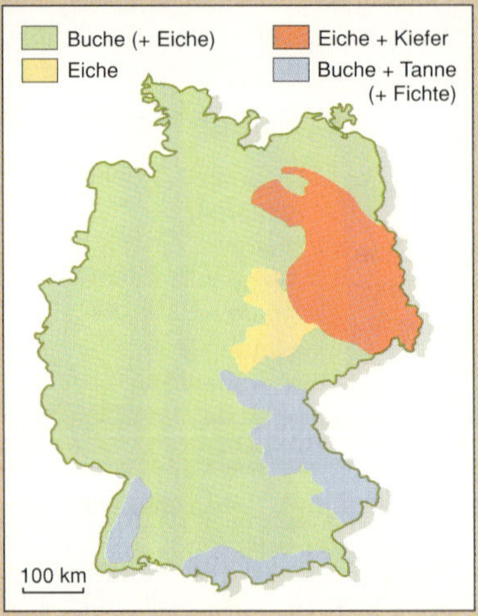

5 Waldflächen um Christi Geburt

6 Naturbelassener Laubwald

7 Entwaldete Landschaft am Anfang des 19. Jahrhunderts

Gegen Ende des Mittelalters waren weite Teile Deutschlands entwaldet. Erst im 18. Jahrhundert begann man mit einer planmäßigen Wiederaufforstung. Da möglichst rasch Holz produziert werden sollte, wurden vorwiegend Fichten gepflanzt, die in unserem Klima schneller wachsen als andere Bäume. So entstanden zahlreiche **Fichtenmonokulturen.** Dies sind dichte Bestände, in denen sich außer der Fichte keine andere Baumart befindet. Die Fichten dieser Bestände werden aber von Stürmen leichter umgeworfen als Bäume in Laub- oder Mischwäldern. Auch für Schadinsekten sind sie anfälliger. Daher begann man in den letzten Jahren die Fichtenmonokulturen in **Laubmischwälder** umzuwandeln, die den natürlichen Waldtypen ähnlicher sind. So dient der heutige **Nutzwald** nicht nur der Holzproduktion, sondern auch dem Schutz des Grundwassers, der Erhaltung der Natur und der Erholung der Menschen.

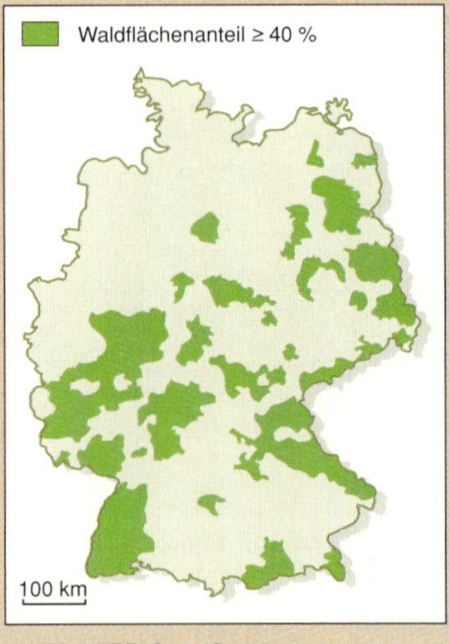

8 Waldflächen heute

Tropische Regenwälder

Streifzug durch die Erdkunde

9 ***Tropischer Regenwald. A*** *natürlicher Zustand;* ***B*** *nach Brandrodung*

Seit Jahren häufen sich Aktionen zum Schutz tropischer Regenwälder. Warum sind diese Wälder bedroht?

Tropische Regenwälder sind auf gleichmäßig hohe Temperaturen und hohe Niederschlagsmengen angewiesen. Daher kommen tropische Regenwälder nur in den Regionen zwischen dem nördlichen und dem südlichen Wendekreis vor. Ihre größte zusammenhängende Fläche befindet sich im Amazonasgebiet des nördlichen Südamerikas. Große Regenwaldgebiete liegen auch im westlichen Zentralafrika und in Südostasien.

Tropische Regenwälder werden von vielen verschiedenen Baumarten gebildet: Über hundert Baumarten können auf einem Hektar Waldfläche vorkommen. Die Bäume sind von Lianen und so genannten Aufsitzerpflanzen besiedelt. Diese Pflanzenfülle bietet Lebensraum für eine unübersehbar große Menge von Tierarten. Trotz der Vielzahl bereits bekannter Arten nimmt man an, dass eine große Artenzahl der tropischen Regenwälder noch unentdeckt ist. Tropische Regenwälder bilden den artenreichsten Lebensraum der Erde.

An vielen Orten werden Bäume der tropischen Regenwälder wegen ihres wertvollen Holzes im Übermaß gefällt. Darüber hinaus wird Wald abgebrannt, um landwirtschaftlich nutzbare Flächen zu gewinnen. Aber die Nährsalze, die bei dieser **Brandrodung** freigesetzt werden, sind durch Regenfälle schon bald ausgeschwemmt. Bei einer ständig zunehmenden Bevölkerungszahl werden weitere Waldflächen abgebrannt. Durch die Vernichtung des tropischen Regenwaldes werden viele Pflanzen- und Tierarten bedroht. Seine Erhaltung ist daher eine der wichtigsten Aufgaben des internationalen Umweltschutzes.

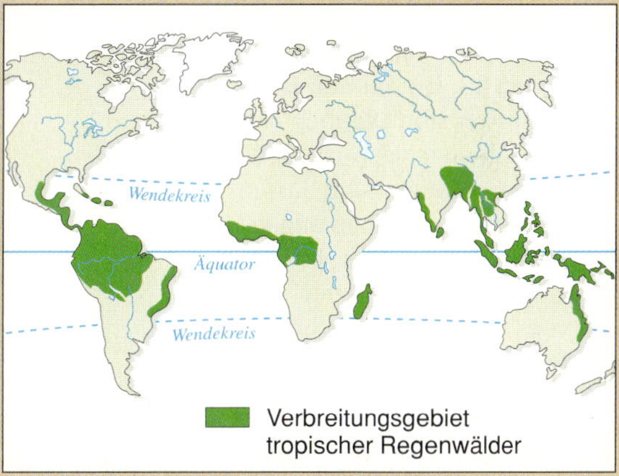

10 Ursprüngliche Vorkommen tropischer Regenwälder

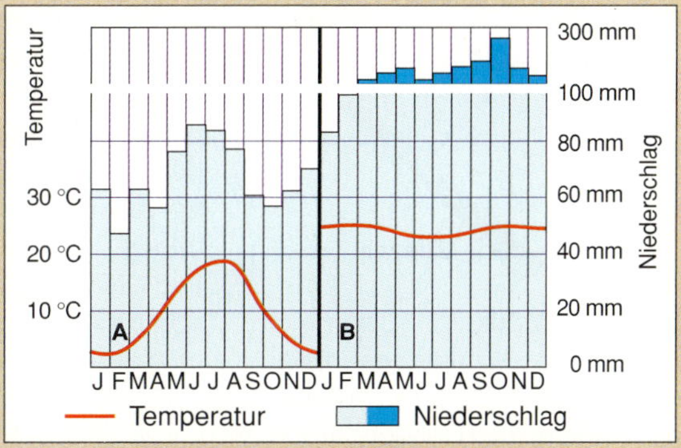

11 Klimadiagramme. A *Köln;* ***B*** *Yangambi (Kongo)*

3 Vergleiche die Klimadiagramme beider Orte in den Verläufen der monatlichen Durchschnittswerte von Temperatur und Niederschlag.

2.10 Lebensgemeinschaft Wald

Im Frühjahr kann man im Wald, wenn es ganz still ist, ein leises Rieseln hören. Schaut man nach oben, so sieht man, dass einige der vor kurzem erst ausgetriebenen Blätter schon fast bis auf den Blattstiel abgefressen sind. Raupen wie die des Eichenwicklers ernähren sich von den Blättern und lassen die Überreste ihrer Fraßtätigkeit auf den Waldboden fallen. Eichenwicklerraupen werden zum Beispiel von Kohlmeisen erbeutet, die wiederum von Waldkäuzen gefressen werden können. Die Nahrungsbeziehung Blatt–Raupe–

Kohlmeise–Waldkauz ist eine *Nahrungskette.* Kohlmeisen fressen aber nicht nur Eichenwicklerraupen, sondern auch andere Insekten, und sie dienen nicht nur dem Waldkauz, sondern auch anderen Raubvögeln wie Sperber oder Habicht als Beute. Ähnlich verschiedenartig sind die Nahrungsbeziehungen auch zwischen den anderen Lebewesen des Waldes: Die einzelnen Nahrungsketten sind wie die Fäden eines Netzes miteinander zu einem vielfältigen *Nahrungsnetz* verknüpft. Sämtliche Pflanzen und Tiere dieses Lebensraums bilden die *Lebensgemeinschaft Wald.* Diese Lebensgemeinschaft steht in enger Wechselwirkung mit dem *Lebensraum Wald.* Lebensgemeinschaft und Lebensraum bilden wiederum zusammen das *Ökosystem Wald.*

Wenn wir ein beliebiges Glied in diesem Nahrungsnetz zu seinem Anfangspunkt verfolgen, werden wir feststellen, dass hier immer eine Pflanze steht. Die Pflanzen

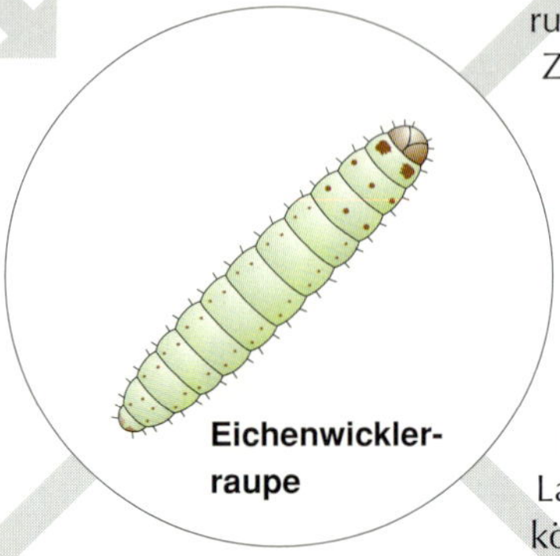

bauen über die Fotosynthese Nährstoffe auf. Sie sind daher die *Produzenten* in der Lebensgemeinschaft. Tiere, die sich unmittelbar von Pflanzen ernähren, heißen *Konsumenten erster Ordnung,* die wiederum von anderen Tieren, den *Konsumenten zweiter Ordnung,* erbeutet werden. Diese können von Raubtieren gefressen werden, die als *Endkonsumenten* häufig das Ende einer Nahrungskette bilden.

Die Nahrungsbeziehungen zwischen den verschiedenen Organismen des Waldes haben sich

während mehrerer tausend Jahre entwickelt und aufeinander eingespielt. Welche Bedeutung haben

nun diese vielfältigen Beziehungen zwischen den Lebewesen im Nahrungsnetz?

Zu der Gruppe der Borkenkäfer gehören verschiedene Käferarten, die die Stämme hauptsächlich von Nadelbäumen befallen. Die ausgewachsenen Käfer bohren sich durch die Borke und legen ihre Eier in der Rinde oder im Holz des Baumes ab. Dort schlüpfen die Larven. Durch ihre Fraßtätigkeit können sie den Baum schwer schädigen oder zumindest den Wert des Holzes stark beeinträchti-

gen. Der *Buntspecht* ernährt sich unter anderem von den Larven der Borkenkäfer. Sind in einem Jahr viele Borkenkäferlarven vorhanden, so werden auch viele Buntspechte angelockt. Diese fressen eine große Zahl von Borkenkäferlarven, sodass die Menge der Borkenkäfer wieder abnimmt. Die Buntspechte finden dann weniger Nahrung,

→ **bedeutet: wird gefressen von …**

und ihre Zahl wird wieder geringer. In ähnlicher Weise sind auch die Glieder anderer Nahrungsketten miteinander verbunden. Diese Wechselbeziehungen zwischen Beutegreifern, Pflanzenfressern und Pflanzen des Waldes führen jeweils zu einer angemessenen Bestandsgröße an Pflanzen und Tieren in einem Lebensraum. Man spricht von einem **biologischen Gleichgewicht.**
Buntspechte können die Zahl der Borkenkäfer jedoch nur in einem naturnahen Mischwald regulieren. In einer Fichtenmonokultur finden

Borkenkäfer wie zum Beispiel der *Buchdrucker* ideale Vermehrungsmöglichkeiten. Besonders in warmen und trockenen Jahren kommt es zu Massenvermehrungen. Die gewaltige Zahl der Buchdruckerlarven kann dann durch Spechte und andere natürliche Feinde nicht mehr wirksam verringert werden. Die Nahrungsbeziehungen und damit das biologische Gleichgewicht sind hier erheblich gestört. Wenn die Bedingungen für den Buchdrucker besonders günstig sind, kann er innerhalb kurzer Zeit ganze Waldbestände vernichten.

Um starke Waldschäden durch Borkenkäfer zu verhindern, muss der Mensch regulierend eingreifen.

Dies geschieht zum Beispiel durch das Aufstellen von Borkenkäferfallen. Von diesen Fallen werden Borkenkäfer angelockt und durch Insektengift getötet. Wirksamer als Fallen und Insektengift ist die Umwandlung von Monokulturen in naturnahe Mischwälder, in denen sich ein biologisches Gleichgewicht leichter einstellen kann.

Pflanzen und Tiere des Waldes bilden eine Lebensgemeinschaft, in der sie als Produzenten und Konsumenten in einem vielfältigen Nahrungsnetz miteinander verbunden sind.
In einem naturnahen Ökosystem herrscht zwischen den Arten ein biologisches Gleichgewicht.

1 Stelle anhand des hier abgebildeten Nahrungsnetzes einige Nahrungsketten zusammen und ordne den einzelnen Gliedern die Begriffe Produzent, Konsument erster, zweiter Ordnung oder Endkonsument zu.
2 Suche Glieder von Nahrungsketten, die sich gegenseitig regulieren. Nimm hierfür Abbildung 1 als Beispiel.
3 Nicht alle Nahrungsbeziehungen im hier abgebildeten Nahrungsnetz sind berücksichtigt worden. Nenne weitere.

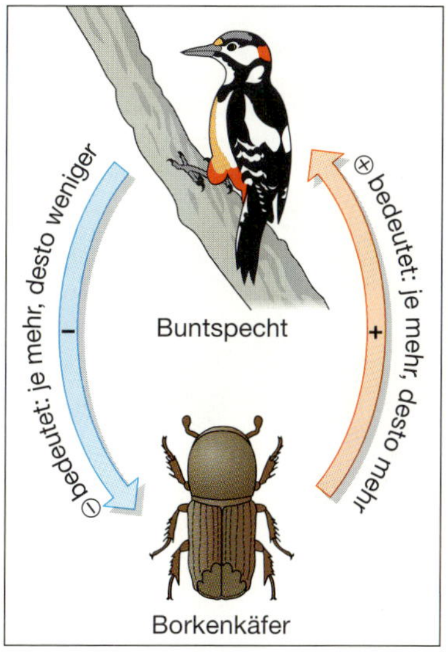

1 Nahrungsbeziehung zwischen Borkenkäfer und Buntspecht

2 Von Borkenkäfern vernichtete Fichtenmonokultur

3 Borkenkäferfalle

Pinnwand

1 *Wildschwein*
Vorkommen: in Laub- und Mischwäldern
Nahrung: Wurzeln, Knollen, Trüffel, Mäuse, Aas
Lebensweise: gesellig in Rotten

2 *Eichelhäher*
Vorkommen: in Wäldern
Nahrung: Eicheln, Bucheckern, Vogeleier, Käfer
Lebensweise: verschleppt Baumsamen und fördert dadurch die Verjüngung des Waldes

3 *Baummarder*
Vorkommen: in Laub- und Mischwäldern
Nahrung: Kleinsäuger, Vögel, Insekten, Beeren
Lebensweise: überwiegend nachtaktiv, sehr guter Kletterer

4 *Totengräber*
Vorkommen: am Waldboden
Nahrung: Kadaver kleinerer Tiere
Lebensweise: ein Pärchen gräbt eine Grube für den Kadaver; das Weibchen betreibt dort „Brutpflege"

5 *Zilpzalp*
Vorkommen: im Gebüsch von Laubmischwäldern
Nahrung: weichhäutige Insekten, Spinnen
Lebensweise: baut Nest bodennah in dichter Strauchschicht

6 *Buntspecht*
Vorkommen: in Wäldern
Nahrung: im Holz lebende Insekten
Lebensweise: baut jedes Jahr eine Höhle im Stamm kranker Bäume, schafft so Wohnraum für viele Höhlenbrüter

7 *Baldachinspinne*
Vorkommen: in der Krautschicht von Laubwäldern
Nahrung: Insekten
Lebensweise: baut deckenförmiges Netz („Baldachin") mit „Stolperfäden"; Spinne wartet unter dem Netz auf Beute

8 *Braune Wegschnecke*
Vorkommen: in der Krautschicht von Wäldern
Nahrung: Pflanzen, Pilze
Lebensweise: besonders nach Regenfällen aktiv

9 *Waldspitzmaus*
Vorkommen: in der Krautschicht feuchter Wälder
Nahrung: Insekten, Würmer, Spinnen, Schnecken
Lebensweise: tag- und nachtaktiv, sehr häufig auf Nahrungssuche; baut Nest in Krautschicht

10 *Eichenwickler*
Vorkommen: in Kronen von Eichen
Nahrung der Raupen: junge Eichenblätter
Lebensweise: in manchen Jahren treten die Raupen massenhaft auf und verursachen dann starke Schäden

11 *Rötelmaus*
Vorkommen: in Laub- und Mischwäldern
Nahrung: Früchte, Wurzeln, Rinde, Blätter, Insekten, Eier, Jungvögel
Lebensweise: tag- und nachtaktiv; legt Netzwerk von Gängen und Tunneln an

12 *Waldkauz*
Vorkommen: in lichten Laubmischwäldern
Nahrung: Kleinsäuger, Singvögel, Frösche, Insekten
Lebensweise: dämmerungs- und nachtaktiv; brütet in Baumhöhlen

13 *Rote Waldameise*
Vorkommen: in Nadelwäldern
Nahrung: Insekten, Blattlaushonig, Samen
Lebensweise: bildet Staaten in großen Nestern

14 *Steinläufer*
Vorkommen: in modrigen Baumstümpfen, Laubstreu und in Hohlräumen unter Steinen
Nahrung: Bodeninsekten
Lebensweise: nachtaktiv; ergreift Beute mit Kieferfüßen, die zu Giftklauen umgewandelt sind

4 Ordne jedem Tier seinen Namen zu.

Verschiedene Bodenlebewesen, die Destruenten, bauen die Streu ab und erzeugen den Humus. In ihm sind die für die Pflanzen notwendigen Nährsalze enthalten.

1 Ordne die auf dieser Seite dargestellten Tierarten ihren systematischen Gruppen zu. Nimm die Seite 135 und das entsprechende Kapitel im Abschnitt „Lebensgemeinschaften Tiere" zu Hilfe.

1 Abbau von Laubstreu

2.11 Wer düngt den Wald?

Um wachsen zu können, brauchen Pflanzen nicht nur Wasser und Kohlenstoffdioxid, sondern auch Nährsalze. Woher kommen die Nährsalze für die Pflanzen im Wald?

Besonders bei feuchter Witterung ist im Wald ein eigentümlicher, moderartiger Geruch wahrnehmbar. Er steigt vom Waldboden auf. Der Waldboden ist von einer Schicht unzersetzter Laubstreu bedeckt. Wenn man diese Schicht entfernt, erkennt man Lagen von bereits teilweise zersetztem Material, dessen Strukturen immer undeutlicher erkennbar sind, je tiefer sie liegen. Schließlich sind nur noch schwarze bis graue Teilchen zu finden, die nicht mehr erkennen lassen, woraus sie hervorgegangen sind.

Untersucht man den Boden, so entdeckt man verschiedene Bodenlebewesen. Regenwürmer durchmischen frisch gefallenes Laub gründlich mit darunter liegendem Boden. Springschwänze und Milben nagen Löcher in die Blätter. Insektenlarven, Tausendfüßer und Asseln zerkleinern das Blattmaterial. Das in kleine Stücke zerteilte Material wird, zusammen mit Bodenpartikeln, von Regenwürmern gefressen. Die Ausscheidungen der Regenwürmer enthalten immer noch unzersetzte Blattreste. Diese werden von Kleinstlebewesen weiter abgebaut. Durch die Tätigkeit dieser **Destruenten,** der Zersetzer, entsteht der **Humus.** In ihm sind die für die Pflanzen notwendigen Nährsalze enthalten.

2.12 Stoffkreisläufe im Wald

Jede Nahrungskette beginnt mit einem Produzenten. Eine Buche beispielsweise baut durch Fotosynthese große Mengen an Biomasse auf. Wenn die Blätter der Buche von einer Raupe als Erstkonsument gefressen werden, kann eine Nahrungskette ablaufen, wie in der Abbildung zu sehen ist. Die meisten Blätter werden aber im Normalfall nicht gefressen, sondern fallen im Herbst ab. Was geschieht mit dieser Biomasse? Sie bildet den größten Teil der Bodenstreu, die nun von den Destruenten abgebaut wird. Auch abgebrochene Äste oder abgestorbene Bäume werden auf diese Weise allmählich in Humus verwandelt. Entsprechendes gilt auch für Ausscheidungen von Tieren oder für tote Tiere. Bei der Humusbildung werden die Baustoffe der Biomasse chemisch zersetzt. Dabei entstehen verschiedene Nährsalze, die dem Boden zugeführt werden. Wenn im Frühjahr die Buche wieder austreibt und in wenigen Tagen das Laub bildet, benötigt der Baum für die neue Biomasse große Mengen an Nährsalzen. Diese nimmt er, gelöst im Wasser, mit den Wurzeln aus dem Boden auf. Damit hat sich der Kreislauf geschlossen. Man nennt dies einen **Stoffkreislauf.**

Ein besonders wichtiger Stoffkreislauf bezieht sich auf den Kohlenstoff. Die Buche nimmt ihn, eingebaut in das Gas Kohlenstoffdioxid, aus der Atmosphäre über die Blätter auf. Mithilfe von Licht bildet sie bei der Fotosynthese aus dem Kohlenstoffdioxid und Wasser große Mengen an Traubenzucker. Dieser ist Ausgangsstoff für weitere wichtige Stoffe. Nun ist der Kohlenstoff in die Biomasse eingebaut. Einen Teil der Biomasse benötigt die Buche für ihr Wachstum. In den verholzten Teilen des Baums ist sie dann für mehrere Jahre eingeschlossen. Ein anderer Teil der Biomasse wird als Energielieferant in Form von Traubenzucker wieder verbraucht. Dabei gibt die Buche Kohlenstoffdioxid wieder an die Atmosphäre ab. Die auf die Buche folgenden Konsumenten in der Nahrungskette benötigen die Nährstoffe des jeweils vorangegangenen Nahrungskettengliedes. Aus den aufgenommenen Nährstoffen gewinnen sie Energie, indem sie die Stoffe wieder zu Kohlenstoffdioxid und Wasser abbauen. Das Kohlenstoffdioxid wird dabei an die Atmosphäre abgegeben.

Auch Sauerstoff wird in einem Stoffkreislauf zwischen den Pflanzen, den Tieren und der Atmosphäre hin- und herbewegt. Die Tiere nehmen bei der Atmung Sauerstoff aus der Atmosphäre auf, während die Pflanzen bei der Fotosynthese Sauerstoff in die Atmosphäre abgeben. Noch weitere Elemente wie Stickstoff, Phosphor und Schwefel durchwandern ähnliche Kreisläufe.

*1 **Kohlenstoffkreislauf im Wald***
→ ist Nahrung von …
Atmung ▷ Fotosynthese
organische Stoffe

Produzenten, Konsumenten und Destruenten bewirken einen Kreislauf des Kohlenstoffs zwischen der Atmosphäre und dem Ökosystem Wald. Daneben gibt es weitere Stoffkreisläufe.

1 Erläutere die Bedeutung des Streuabbaus für den Kohlenstoffkreislauf.

Streifzug durch die Literatur

Wälder

Ein armer Holzhacker […] sprach zu seiner Frau: „[…] Wie können wir unsere Kinder ernähren, da wir für uns selbst nichts mehr haben?“ […] antwortete die Frau: „Wir wollen morgen in aller Frühe die Kinder […] in den Wald führen, wo er am dicksten ist, […] und lassen sie allein. Sie finden den Weg nicht wieder nach Haus und wir sind sie los.“ „Nein, Frau“, sagte der Mann, „[…] wie sollt ich's übers Herz bringen, meine Kinder im Walde allein zu lassen, die wilden Tiere würden bald kommen und sie zerreißen.“

2 Textausschnitt aus „Hänsel und Gretel“ (Brüder Grimm, 1812)

3 Illustration zu „Rotkäppchen“

O Täler weit, o Höhen,
O schöner, grüner Wald,
Du meiner Lust und Wehen
Andächtger Aufenthalt!
Da draußen, stets betrogen,
Saust die geschäftge Welt,
Schlag noch einmal die Bogen
Um mich, du grünes Zelt!

Wenn es beginnt zu tagen,
Die Erde dampft und blinkt,
Die Vögel lustig schlagen,
Dass dir dein Herz erklingt:
Da mag vergehn, verwehen
Das trübe Erdenleid,
Da sollst du auferstehen
In junger Herrlichkeit!
[…]

4 Textausschnitt aus „Abschied“ (Joseph von Eichendorff, 1810)

Die deutschen Kinder- und Hausmärchen wurden erst am Anfang des 19. Jahrhunderts von den Brüdern Grimm aufgeschrieben. Zuvor waren sie über Jahrhunderte von einer Generation zur nächsten weitererzählt worden. Daher kann man aus ihnen die Einstellung unserer Vorfahren zum Wald erkennen. Für sie ging vom Wald oft eine unheimliche und bedrohliche Wirkung aus. Er war das Hindernis, das beseitigt werden musste, um Siedlungen zu gründen, und das zu durchqueren war, um von einem Ort zum anderen zu gelangen.

In Märchen wird der Wald oft als groß, dunkel und geheimnisvoll geschildert. In ihm lauern viele Gefahren: „Hänsel und Gretel“ werden von einer Hexe gefangen, in „Brüderchen und Schwesterchen“ wird der Bruder durch verhextes Wasser in ein Reh verwandelt, und „Rotkäppchen“ wird von einem Wolf gefressen. Für gute und tapfere Menschen hält der Wald aber auch Belohnungen bereit: Nachdem sich „Hänsel und Gretel“ von der Hexe befreit haben, können sie deren Perlen und Edelsteine an sich nehmen, und „Schneeweißchen und Rosenrot“ werden zum Dank für ihre guten Taten mit einem im Wald versteckten Schatz belohnt.

In der Zeit, als die Brüder Grimm die Märchen aufschrieben, war der Wald in großen Teilen Deutschlands bereits weit zurückgedrängt und durch menschliche Nutzung stark aufgelichtet. Trotzdem wird der Wald in der damals entstehenden Literatur verklärt und zu einem Symbol für unberührte Natur. Der Wald steht für einen Ort, an dem man Ruhe findet, frei von den Sorgen des Alltags. So ist in dieser Literatur der unberührte und natürliche Wald auch ein Symbol für ein einfaches und anständiges Leben. Diese naturschwärmerische Darstellung des Waldes kennzeichnet den Zeitraum zwischen 1790 und 1830, den man in der Literaturgeschichte als Epoche der Romantik bezeichnet.

2 Gib die Inhalte der Textausschnitte mit eigenen Worten wieder.

3 Welche Bedeutung hat der Wald heute für die Menschen? Nimm auch die Seiten 182 bis 185 zu Hilfe.

4 Vergleiche deine Einstellung zum Wald mit der in der Romantik.

Übung

Lebensraum Wald

A1 Untersuchung von Temperatur und Luftfeuchte

Uhrzeit	Temperatur		relative Luftfeuchte	
	Wiese	Wald	Wiese	Wald
6 h	10 °C	12 °C	94 %	85 %
10 h	21 °C	18 °C	53 %	70 %
14 h	27 °C	24 °C	50 %	63 %
18 h	24 °C	22 °C	49 %	61 %
22 h	18 °C	19 °C	70 %	69 %

Lufttemperatur und relative Luftfeuchte über einer Wiese und im Wald im Verlauf eines Sommertags

Erläutere die in der Tabelle dargestellten Ergebnisse der Messungen von Temperatur und relativer Luftfeuchte in Wiese und Wald.

A2 Untersuchung der Lichtstärke

An einem sonnigen Mittag im März und im August werden mit einem Lichtmessgerät in 1,50 m Höhe über dem Boden die Lichtstärken in einer Wiese, einem Eichenwald, einem Buchenwald und einem Fichtenwald gemessen. Die auf der Wiese gemessenen Lichtstärken werden gleich 100 Prozent gesetzt und die an den anderen Standorten gemessenen Lichtstärken in prozentuale Anteile umgerechnet.

Jahreszeit	relative Lichtstärke			
	Wiese	Eiche	Buche	Fichte
März	100 %	20 %	20 %	2 %
August	100 %	10 %	5 %	2 %

Relative Lichtstärke in einer Wiese und in verschiedenen Wäldern im Frühjahr und im Sommer

Stelle das Ergebnis in einem Säulendiagramm dar. Erläutere.

V3 Vergleich der Krautschichten zweier verschiedener Waldtypen

Material: Maßband; Paketschnur; Holzpflöcke; Schreibwerkzeug

Durchführung: Suche in deiner Umgebung zwei verschiedene Waldtypen, zum Beispiel einen Buchenwald und einen Eichen-Hainbuchen-Wald. Gehe an einem Sommertag in einen der beiden Wälder und grenze mithilfe des Maßbandes, der Pflöcke und der Paketschnur eine quadratische Fläche mit 10 m Kantenlänge ab. Notiere die Namen der Pflanzenarten, die du in der Krautschicht findest. Führe die gleiche Untersuchung in dem anderen Waldtyp durch.

Aufgaben: a) Vergleiche die Zahl der Arten, die du in beiden Waldtypen gefunden hast.
b) Erläutere das Ergebnis.

A4 Untersuchung der Zwiebeln des Bärlauchs

Der Bärlauch ist eine krautige Pflanze, die an schattigen Stellen frischer, nährsalzreicher Laubwälder wächst. Bereits im März schieben sich die ersten grünen Blätter durch die Bodenoberfläche. Die Blütezeit ist im Mai. Die Blätter verströmen jetzt einen intensiven Duft, der an die Küchenzwiebel erinnert. Bald nach der Blüte beginnen die Blätter zu welken, und im Juni sind alle Blätter gelb. Im Spätsommer ist von den oberirdischen Pflanzenteilen nichts mehr zu sehen.

Betrachte die in der Abbildung dargestellten, unterschiedlich alten Bärlauch-Pflanzen. Welche Zusammenhänge bestehen zwischen dem Entwicklungszustand der Blätter und der Dicke der Zwiebeln?

Bärlauch

Unterschiedlich alte Bärlauch-Pflanzen mit Blättern und Zwiebeln

Übung

Lebensraum Wald

V5 Vegetationsaufnahme

Protokoll Vegetationsaufnahme Datum: 15.5.1998

Ort: Kottenforst (bei Bonn) Höhe über NN: 170 m

Flächengröße: 100 m² Waldtyp: Stieleichen-Hainbuchen-Wald

Schichtung	Baumschicht	Strauchschicht	Krautschicht	Moosschicht
Höhe	25 m	3,5 m	max. 0,9 m	max. 0,1 m
Deckung	70 %	15 %	55 %	1 %

Liste der gefundenen Pflanzenarten:		Deckungsgrad:
Baumschicht:	Stieleiche	3
	Hainbuche	3
	Rotbuche	2
Strauchschicht:	Schwarzer Holunder	2
	Faulbaum	1
Krautschicht:	Sternmiere	2
	Wald-Flattergras	2
	Buschwindröschen	1
	Efeu	1
	Goldnessel	1
	Maiglöckchen	1
	Sauerklee	1
	Wald-Frauenfarn	1
Moosschicht:	Frauenhaarmoos	+

Beispiel für ein vollständiges Protokoll einer Vegetationsaufnahme

Material: Maßband; Paketschnur; Holzpflöcke; Schreibwerkzeug

Durchführung: Für Vegetationsaufnahmen im Wald ist die Zeit von Ende April bis Ende Juni am besten geeignet. Gehe in einen Wald und grenze mit den Holzpflöcken und der Paketschnur, wie in Versuch 3 beschrieben, eine geeignete Aufnahmefläche in Form eines Quadrats mit 10 m Kantenlänge ab.

Aufgaben: a) Schätze die prozentualen Deckungsgrade der einzelnen Schichten. Nimm hierfür den Versuch 5 auf Seite 95 zu Hilfe.

b) Erstelle für jede Schicht getrennt eine vollständige Artenliste.

c) Ordne den einzelnen Arten Deckungsgrade zu. Orientiere dich hierbei an Versuch 5 der Seite 95.

d) Erstelle ein Protokoll der Vegetationsaufnahme des oben abgebildeten Beispiels.

e) Führe Vegetationsaufnahmen in verschiedenen Waldtypen durch und vergleiche die Ergebnisse.

V6 Untersuchung von Bodentieren

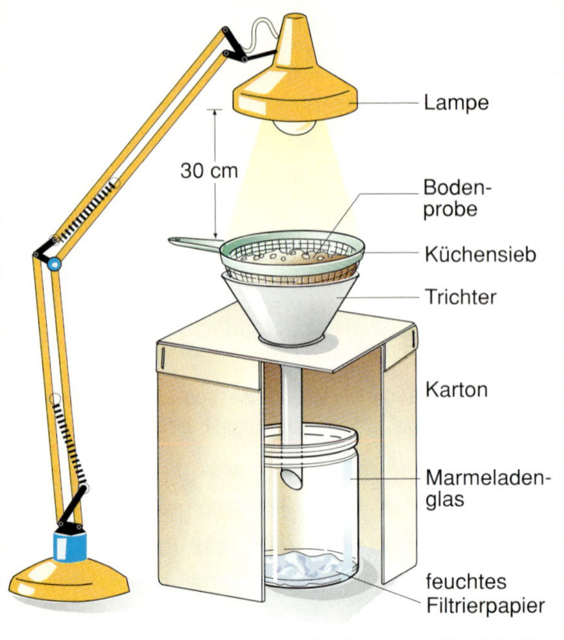

Material: Karton (von etwa 20 cm Höhe und 15 cm Kantenlänge); Küchensieb (Maschenweite etwa 2 bis 3 mm); Trichter (passend zum Küchensieb); Marmeladenglas; Schere; Filtrierpapier; Wasser; Schreibtischlampe (25 Watt); feuchte Bodenprobe aus dem Wald; Lupe

Durchführung: Schneide in den Boden des Kartons eine runde Öffnung, die etwas kleiner ist als der Durchmesser des Trichters. Bedecke den Boden des Marmeladenglases mit feuchtem Filtrierpapier. Stülpe den Karton mit dem Trichter so über das Glas, dass die Trichtermündung in das Glas ragt. Lege das Küchensieb auf die Trichteröffnung. Bedecke das Sieb 4 bis 5 cm hoch mit der Bodenprobe. Bestrahle die Probe mit der Lampe eine Stunde lang aus etwa 30 cm Höhe über dem Sieb. Achtung! Nach dem Versuch werden die Tiere wieder im Wald ausgesetzt.

Aufgaben: a) Kontrolliere das Glas eine Stunde nach Versuchsbeginn. Was stellst du fest?

b) Das Vorkommen der Bodentiere hängt von Feuchtigkeit, Temperatur und Dunkelheit ab. Beschreibe ihr Verhalten im Verlauf des Versuchs.

c) Unterscheide verschiedene Arten von Bodentieren im Fangglas. Nimm dazu die Lupe und die Abbildungen und Angaben auf den Seiten 130 und 135 zu Hilfe.

V7 Bestimmung von Tieren der Laubstreu und des Bodens

Mit dem Versuch 6 werden nur diejenigen Bodentiere erfasst, die klein genug sind, um durch die Siebmaschen zu schlüpfen, und die schnell genug abwärts wandern können, um in der Versuchszeit die auf dem Sieb angehäufte Bodenschicht zu durchqueren. Sowohl im Boden als auch in der Laubstreu finden sich aber auch noch größere und langsamere Tiere.

Material: Rahmen (aus Metall, Holz oder stabiler Pappe) mit etwa 30 cm Kantenlänge; Kunststofftüten; Kunststoffschalen; Lupe; Schreibwerkzeug

Durchführung: Lege den Rahmen auf die Laubschicht im Wald. Sammle die oberste, noch weitgehend unzersetzte Streuschicht innerhalb des Rahmens ab und fülle sie in eine der Plastiktüten. Verfahre in derselben Weise mit der mittleren, schon stärker zersetzten und mit der untersten, stark zersetzten Streuschicht. Wenn die gesamte Streuschicht abgesammelt ist, entferne die obersten 3 bis 4 cm des Erdbodens und fülle das Material in eine weitere Tüte. Breite das gesammelte Material, nach Schichten getrennt, in hellen Kunststoffschalen aus. Achtung! Nach dem Versuch werden die Tiere wieder im Wald ausgesetzt.

Aufgaben: a) Bestimme die gefundenen Bodentiere. Benutze dabei die auf dieser Seite sowie auf Seite 130 dargestellten Abbildungen und Angaben.

b) Ermittle mithilfe von Strichlisten die Häufigkeit der Tiere in den einzelnen Schichten.

c) Informiere dich über die Lebensweisen der Tiere.

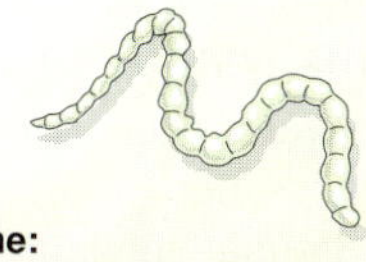

Name:
Enchyträe (Ringelwurm)
Körperbau:
bis etwa 3,5 cm lang, weißlich
Nahrung:
tote organische Substanz

Name:
Fadenwurm
Körperbau:
wenige mm lang, drehrund, fadenförmig, spitz zulaufend
Nahrung:
Pflanzenteile, Kleintiere

Name:
Schnirkelschnecke
Körperbau:
gelbes bis braunes Gehäuse, bis zu 2 cm Durchmesser
Nahrung:
Pflanzenteile

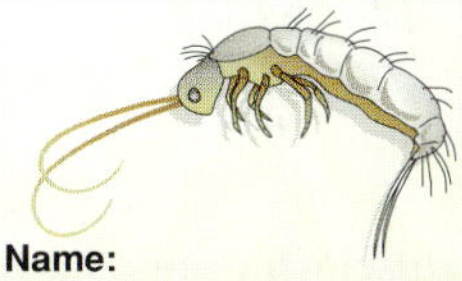

Name:
Springschwanz (Insekt)
Körperbau:
meist etwa 1 mm lang; meist mit Sprunggabel am Hinterleib
Nahrung:
Blattstreu

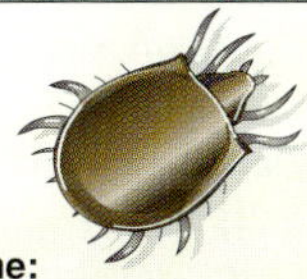

Name:
Hornmilbe (Spinnentier)
Körperbau:
meist kleiner als 2 mm, stark gepanzert, siehe auch Abbildung 2B auf Seite 64
Nahrung:
Blattstreu

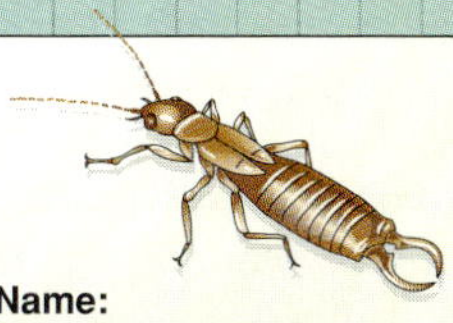

Name:
Ohrwurm (Insekt)
Körperbau:
ca. 1,5 cm lang, dunkel, flach, hinten mit Zangen
Nahrung:
Pflanzen, Insekten

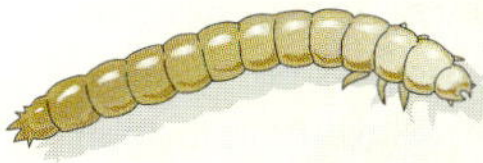

Name:
Drahtwurm (Schnellkäferlarve)
Körperbau:
bis etwa 3 cm lang, bräunlich, rund, sehr fester Chitinpanzer, siehe auch Pinnwand Seite 57
Nahrung:
Holz, Wurzeln, Insekten

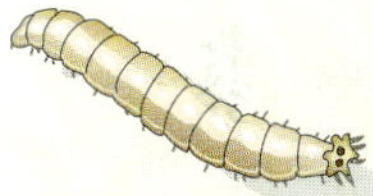

Name:
Schnakenlarve (Larve von Mücken)
Körperbau:
bis etwa 3 cm lang, weißlich
Nahrung:
Humus, Wurzeln

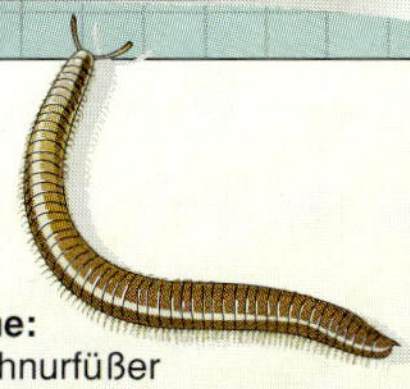

Name:
Schnurfüßer (Tausendfüßer)
Körperbau:
bis 5 cm lang, drehrund
Nahrung:
Laubstreu

Name:
Saftkugler (Tausendfüßer)
Körperbau:
dunkel, glänzend; bis etwa 1 cm lang; kann sich zusammenrollen
Nahrung:
Laubstreu, Humus

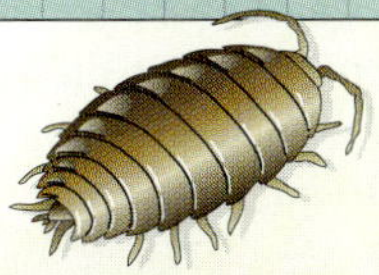

Name:
Assel (Krebs)
Körperbau:
bis etwa 1 cm lang, siehe auch Pinnwand Seite 69
Nahrung:
Laubstreu

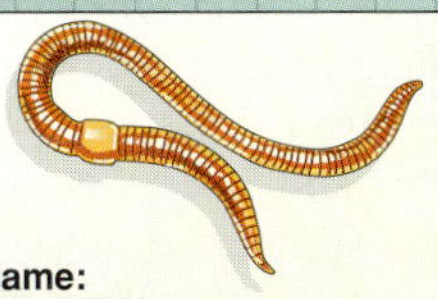

Name:
Regenwurm (Ringelwurm)
Körperbau:
bis 15 cm lang, mit verdicktem Drüsengürtel, siehe auch Seiten 54 bis 56
Nahrung:
Laubstreu, Humus

3 Lebensgemeinschaften in anderen Lebensräumen

3.1 Die Wiese

Blühende Gräser und Kräuter bedecken im Sommer den Berghang mit einem bunten Teppich. Erst bei genauerem Hinsehen entdeckt man, dass eine solche Wiese von zahlreichen Insekten und anderen wirbellosen Tieren bevölkert wird. Manche kommen der Blüten wegen und halten sich daher vorzugsweise im obersten Stockwerk der Wiese auf, der **Blütenschicht.** So fressen *Rosenkäfer* und *Bockkäfer* Pollen und Blütenteile, *Schwebfliegen* und *Schmetterlinge* saugen Nektar; *Bienen* und *Hummeln* sammeln Nektar und Pollen. Sie sind als Konsumenten 1. Ordnung auf pflanzliche Nahrung angewiesen, die ihnen Gräser und Kräuter als Produzenten bieten. Andere ernähren sich von den Pflanzenfressern. So lauern *Weichkäfer* und *Krabbenspinnen* als Konsumenten 2. Ordnung in den Blüten auf Beute.

Blattläuse, Wanzen und *Zikaden* saugen an Stängeln und Blättern Pflanzensäfte. *Heuschrecken* zernagen und fressen Blätter. Sie leben im mittleren Stockwerk, der **Krautschicht.** Auch hier finden wir Räuber. So vertilgen *Marienkäfer* und ihre Larven sowie die Larven der Schwebfliegen Blattläuse.

Im untersten Stockwerk, der **Bodenschicht,** ernähren sich *Schnecken* und *Asseln* vorwiegend von totem pflanzlichen Material. Als Abfallfresser helfen sie mit bei der Zersetzung. *Spinnen* jagen nach Insekten, *Laufkäfer* nach Insektenlarven, Würmern und Schnecken. *Wiesenameisen* erbeuten Milben und Asseln und sammeln Honigtau von Blattläusen und Bläulingsraupen.

Nur wenige Wirbeltiere bewohnen die Wiese. Die *Feldlerche* findet hier Sämereien und Insekten, von denen sie sich ernährt. Der *Wachtelkönig* ist fast ausgestorben, da die erste Mahd heute vielfach so früh im Jahr stattfindet, dass sie seine Brut vernichtet. Die charakteristischen Säuger der Wiesen leben im Boden. Der *Maulwurf* findet hier Würmer und Insektenlarven. Die *Schermaus* ernährt sich vorwiegend von Wurzeln.

Natürliche Wiesen sind in Mitteleuropa eher die Ausnahme. Man findet sie nur dort, wo das Klima für Wald zu kalt oder der Boden für Gehölze zu staunass, zu salzig, zu flachgründig oder zu sandig ist: Alpine Rasen oberhalb der Baumgrenze, Nasswiesen in Niedermooren, Salzwiesen an den Küsten, Trockenrasen an felsigen Berghängen oder auf Sandböden. Die meisten Wiesen verdanken ihre Entstehung und ihren Erhalt dem Menschen und seinen Weidetieren. Zwei- oder sogar dreimal im Jahr wird durch Abmähen der Gräser und Kräuter Futter gewonnen. Dies führt bei einer **zwei-** oder **dreischürigen Mähwiese** zu einem regelmäßigen jahreszeitlichen Wechsel im Aussehen.

Den Winter über prägen das fahle Grün des Grases und das Strohgelb trockener Halme das Aussehen der Wiese. Die oberirdischen Teile der Pflanzen sind weitgehend abgestorben. Blattrosetten vom *Löwenzahn* und vom *Gänseblümchen* drängen sich dicht an den Erdboden. Manche Pflanzen haben sich ganz unter die Erde zurückgezogen, wie die *Wiesen-Schlüsselblume,* die mithilfe eines Erdsprosses den Winter übersteht. Die Wiese ist im **Ersten Tiefstand.** Wenn dann die Frühlingssonne den Boden erwärmt, sorgen zunächst die *Gänse-*

1 ***Wiese im Ersten Hochstand mit Blütenbesuchern. A** Schachbr*

2 ***Entwicklung einer dreischürigen Wiese im Laufe eines Jahres.** ① Wiesen-Schlüsselblume; ② Löwenzahn;*

‹rabbenspinne; **C** *Schwebfliege;* **D** *Erdhummel*

blümchen, etwas später die *Schlüsselblumen* für erste Farbtupfer. Sie nutzen die Zeit, in der die Sonnenstrahlen unbehindert durch Gräser und Kräuter bis zum Boden durchdringen können. Erst im April ist es warm genug, dass auch die übrigen Wiesenpflanzen mit dem Austrieb beginnen. Die Wiese ergrünt von zahlreichen jungen Sprossen der Gräser. Bald darauf leuchtet sie im Goldgelb des *Löwenzahns.* Im Frühsommer mischt sich das Gelb des *Scharfen Hahnenfußes* und des *Wiesenbocksbarts* mit dem Blauviolett von *Wiesen-Glockenblumen* und *Wiesen-Salbei,* dem Weiß der *Margerite* und dem Rot von *Wiesen-Klee* und *Esparsette.* Zuletzt erheben die Gräser ihre Blütenstände über die blühenden Kräuter. Der **Erste Hochstand** ist erreicht.

Mitte Juni beginnt die Heuernte. Alle Pflanzen werden auf die gleiche Höhe zurückgeschnitten, dabei aber unterschiedlich stark geschädigt. Die *Schlüsselblume* hat zu dieser Zeit bereits ihre Entwicklung abgeschlossen und die reifen Samen ausgestreut. Auch beim *Löwenzahn* sind die Samen gereift; sie wurden vom Wind davongetragen. Bei beiden Arten, wie auch beim *Gänseblümchen,* bleiben viele Blätter unbeschädigt. Sie wachsen so dicht am Boden, dass Sense oder Mähmaschine sie nicht erreichen. Viele Wiesenpflanzen z. B. die Gräser, *Wiesen-Glockenblume* und *Wiesen-Salbei* verlieren nicht nur ihre Blüten, sondern auch den größten Teil ihrer Blätter. Sie könnten auf einer Mähwiese nicht überleben, wenn sie nicht aus den Stümpfen der abgeschnittenen Sprosse erneut austreiben würden. So aber wird der **Zweite Tiefstand** rasch überwunden. Dazu kommen zusätzlich solche Pflanzen, die erst jetzt zu blühen beginnen, wie *Wiesen-Bärenklau* und *Wilde Möhre.* Schon Anfang August wird ein **Zweiter Hochstand** erreicht, der aber in der Höhe der Pflanzen und in der Vielfalt an Farben hinter dem Ersten zurückbleibt. Auch dieser Hochstand wird abrupt beendet: Eine zweite Mahd führt zum **Dritten Tiefstand.**

In Gebieten mit mildem Klima treibt ein Teil der Pflanzen wieder aus; manche – wie die *Wiesen-Glockenblume* – blühen sogar ein drittes Mal. Die Wiese geht in einen schwachen **Dritten Hochstand** über, der Anfang Oktober eine weitere Mahd ermöglicht. Spätestens jetzt bleibt die Wiese im Wintertiefstand. Ein solcher jahreszeitlicher Wechsel im Aussehen heißt **Aspektwechsel.**

Wiesen sind Lebensräume mit Gräsern und Kräutern als Produzenten und einer Vielzahl wirbelloser Tiere als Konsumenten.
Wiesen sind zumeist „Natur aus zweiter Hand“, vom Menschen und seinen Weidetieren geprägt.

1 Stelle für die Wiesenblumen der Pinnwand Seite 138 einen „Blühkalender“ nach folgendem Muster zusammen.

	Jan.	Feb.	März	April	Mai	Juni	Juli
Wiesen-Schlüsselblume							

2 Erstelle für die auf der Pinnwand Seite 139 abgebildeten Tiere, Krabbenspinne und Goldlaufkäfer „Steckbriefe“.

3 Nenne Nahrungsketten der Wiese.

iesen-Glockenblume; ④ *Glatthafer. (Die rote Linie zeigt die durchschnittliche Höhe der Wiesenpflanzen im Jahreslauf.)*

Pinnwand

PFLANZEN DER WIESE

Wiesengräser

1 Knäuelgras
2 Wiesen-Lieschgras
3 Kammgras
4 Wohlriechendes Ruchgras
5 Rasenschmiele
6 Deutsches Weidelgras
7 Glatthafer
8 Wiesen-Fuchsschwanz

Name: ***Wiesen-Klee***
Blütezeit: Juni bis September
Vorkommen: Fettwiesen, Wegränder, Weiden
Besonderheit: eiweißreich, hervorragende Futterpflanze; zur Gründüngung geeignet

Name: ***Wiesen-Bärenklau***
Blütezeit: Juni bis September
Vorkommen: Fettwiesen, Gebüsche, Gräben
Besonderheit: wächst nur auf nährsalzreichem Boden; Kontakt kann empfindliche Haut reizen

Name: ***Wiesen-Kerbel***
Blütezeit: Mai bis August
Vorkommen: Fettwiesen, Weg- und Waldränder
Besonderheit: wächst auf stickstoffreichem Boden; Bestäubung durch Fliegen und Käfer

Name: ***Scharfer Hahnenfuß***
Blütezeit: Mai bis September
Vorkommen: auf Wiesen, Weiden, an Wegrändern
Besonderheit: in frischem Zustand giftig; wird vom Vieh gemieden

Name: ***Wiesen-Storchschnabel***
Blütezeit: Juni bis August
Vorkommen: Fettwiesen, Wegränder, auf kalkigem Boden
Besonderheit: wächst nur auf nährsalzreichem Boden; Samenverbreitung durch Schleudermechanismus

Name: ***Wiesen-Margerite***
Blütezeit: Juni bis Oktober
Vorkommen: hochstehende Wiesen, Wegränder
Besonderheit: Bestäubung vorwiegend durch Fliegen und Käfer; auch Selbstbestäubung möglich

Die Grasblüte

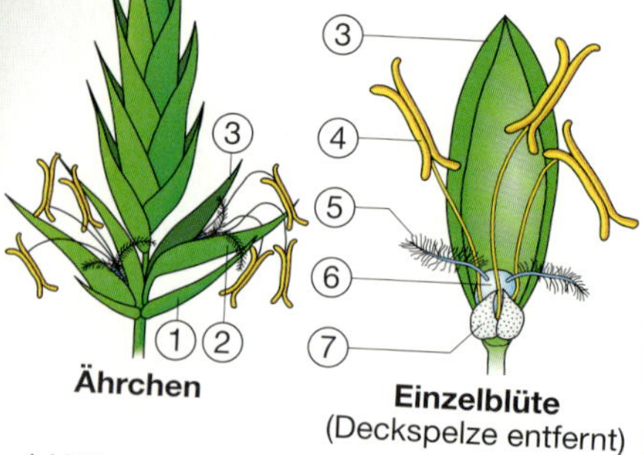

1 Hüllspelze; 2 Deckspelze; 3 Vorspelze; 4 Staubbeutel; 5 Narbe; 6 Fruchtknoten; 7 Schwellkörperchen

Pinnwand

TIERE DER WIESE

Blütenschicht

Krautschicht

Bodenschicht

Vögel unserer Wiesen

Feldlerche
Die Feldlerche ist auf Feldern und Wiesen anzutreffen. Sie ernährt sich von Sämereien, grünen Pflanzenteilen und Insekten. Sie baut ihr Nest am Boden.

Wachtelkönig
Der Wachtelkönig, eine Ralle, bewohnt Heuwiesen. Auch er brütet am Boden. Seine Nahrung besteht aus Pflanzenteilen und aus kleinen Wirbellosen - vor allem Insekten, die er am Boden oder auf Pflanzen sammelt.

Feldmaus

Maulwurf

1 Hummelschweber; **2** Rotgelber Weichkäfer; **3** Wiesenbläuling; **4** Kuhauge; **5** Honigbiene; **6** Krabbenspinne; **7** Feldheuschrecke; **8** Schaumzikade; **9** Dickkopffalter (Raupe); **10** Siebenpunkt; **11** Goldlaufkäfer; **12** Hain-Bänderschnecke; **13** Wiesen-Ameise

Streifzug durch die Geschichte

Geschichte des Getreides

Die Geschichte des Getreides beginnt vor mehr als 10 000 Jahren im so genannten „fruchtbaren Halbmond“, einem Gebiet im Vorderen Orient, das sich von Israel über Libanon, den Norden des Irak bis zum Iran erstreckt. Hier gedeihen noch heute an den Berghängen **Wildemmer** und **Einkorn,** zwei Gräser, deren große Körner den Menschen der Steinzeit Nahrung boten. Dies könnte dazu geführt haben, dass sich die Menschen dort niederließen und erste Dörfer gründeten. Nun haben diese Wildformen des Weizens eine Eigenart: Wenn die Körner reifen, wird die Ährenspindel brüchig, sodass die Körner nach und nach herabfallen. Für die Pflanzen ist dies vorteilhaft, denn so können die Körner vom Wind weggetragen werden. Den sammelnden Frauen aber erschwerte es die Ernte; sie brachten oft nur unvollständige Ähren heim.

3 Wildemmer

4 Emmer-Ernte im alten Ägypten

Nun gab es einzelne Pflanzen, deren Ähren nicht zerbrachen. Diese wurden bevorzugt geerntet. Die Weizenpflanzen, die in der Nähe der Dörfer aus durch Unachtsamkeit verstreuten Körnern auskeimten, waren mehr und mehr von diesem für den Menschen günstigen Typ, dem ersten Kulturweizen. Mit dem planmäßigen Anbau von Weizen begann vor etwa 9000 Jahren ein neues Kapitel der Menschheitsgeschichte: Aus nomadisierenden Jägern und Sammlern wurden sesshafte Ackerbauern. Wenn nun Menschen ihren Lebensraum verließen, nahmen sie Saatgut und die Kenntnis vom Getreideanbau in ihre neue Heimat mit. So kam der Weizen in das Gebiet eines anderen Wildgrases, und aus einer zufälligen Kreuzung mit diesem entstand eine neue Art, der **Brotweizen.**

5 Maiskolben aus Silber (Inka-Kultur in Südamerika)

Dieser hatte gegenüber dem Emmer einige Vorzüge: Zum einen sind bei ihm die Spelzen leichter von den Körnern zu entfernen, zum anderen macht der höhere Anteil von Eiweiß es möglich, aus seinem Mehl mithilfe von Hefe lockeres Brot zu backen.

6 Ernte im 12. Jahrhundert

Während sich der Ackerbau vom Nahen Osten allmählich über Ägypten und Nordafrika in Richtung Europa ausbreitete, entstand er unabhängig davon auch in anderen Erdteilen. So entwickelte sich in China vor etwa 7800 Jahren der Anbau von **Hirse,** vor etwa 11 500 Jahren der Anbau von **Reis.** Etwa zur gleichen Zeit begann man in Mexico **Mais** anzubauen. Als dort vor etwa 3500 Jahren durch zufällige Kreuzung eine ertragreichere Maisart entstand, war dies der Beginn der indianischen Hochkulturen in Süd- und Mittelamerika.

7 Getreideernte heute

Die Technik der Weizenernte blieb über Jahrtausende nahezu unverändert. Noch im Mittelalter wurden die Halme mit Sicheln geschnitten. Erst im 16. Jahrhundert entwickelte man Sensen zur Weizen-Mahd. Die Körner schlug man mit Dreschflegeln aus den Ähren und ließ den Wind die Spreu von den Körnern trennen. Heute erledigt ein Mähdrescher in einer Stunde die gleiche Erntearbeit, für die noch zu Beginn des Jahrhunderts 150 Arbeitsstunden notwendig waren.

Bestimmung von Gräsern

Übung

A 1 Bestimmungsschlüssel

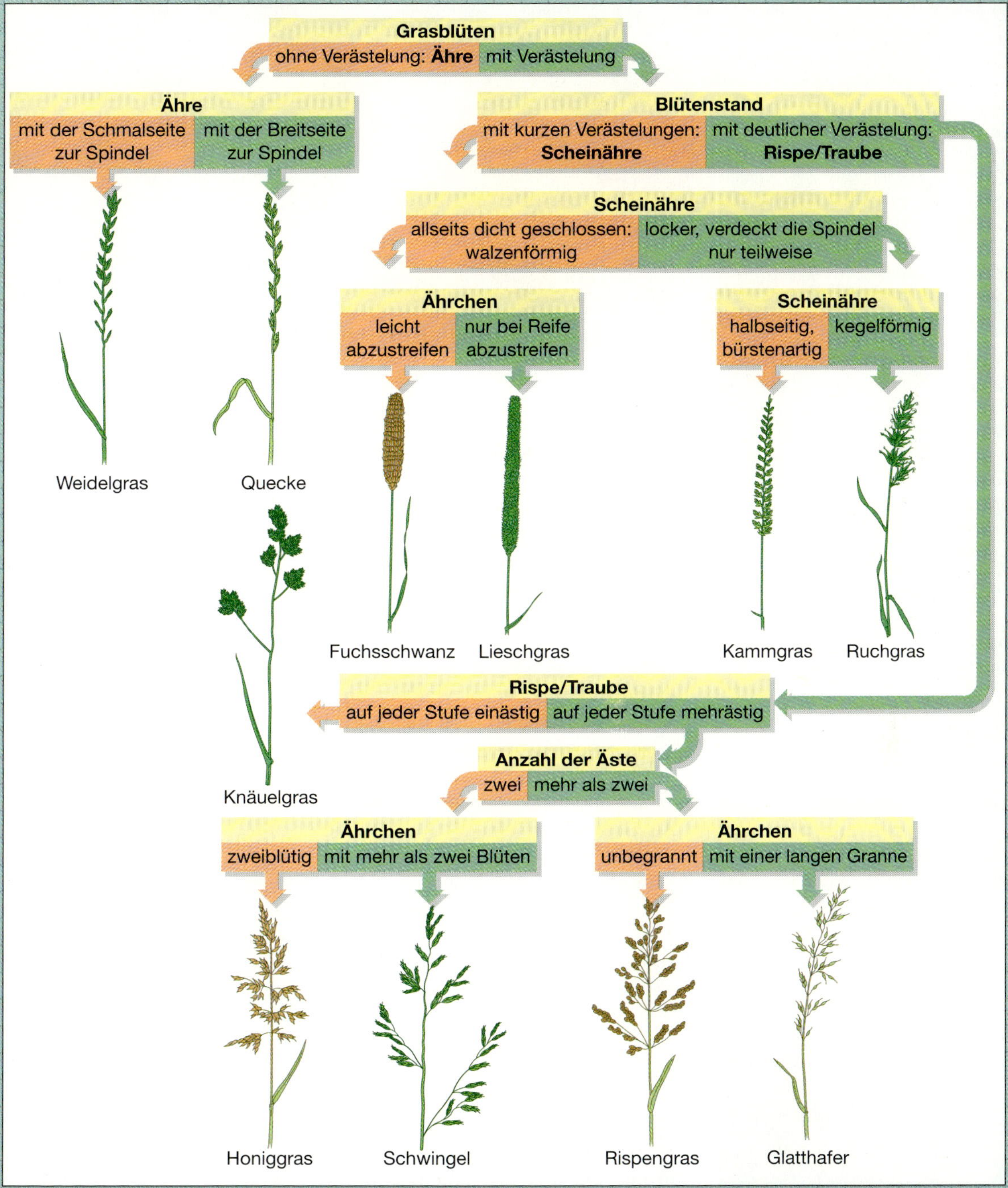

a) Sammle auf der Wiese einige Blütenstände von Gräsern.
b) Ordne die Gräser anhand des vorliegenden Schlüssels der entsprechenden Gattung zu.

1 Hecken – Lebensadern in der Landschaft

***2 Wallhecke aus dem 19. Jahrhundert. A** Foto; **B** Querschnitt*

3 Schnitthecke

3.2 Die Hecke

Ruhig schwebt der Heißluftballon über die naturnahe Kulturlandschaft. Man sieht Siedlungen, alte Bauernhöfe, Wälder, Wiesen, Äcker und Teiche. Vernetzt werden sie durch **Hecken,** geradlinigen, überwiegend aus Sträuchern bestehenden Gehölzstreifen von einigen Metern Breite.

Hecken werden seit vielen Jahrhunderten von Menschen angepflanzt. Früher dienten sie als natürliche Zäune. Dort wo heute Stacheldraht und Elektrozaun verwendet werden, um das Weidevieh aus Gärten und von Äckern fernzuhalten, hob man damals Gräben aus. Den Aushub warf der Bauer zu einem Wall auf, der anschließend mit überwiegend dornigen und dicht wachsenden Gehölzen bepflanzt wurde. So entstand eine für Kühe, Schafe und Schweine kaum zu überwindende **Wallhecke.**
Als Gestaltungselement, Grenzmarkierung und Sichtschutz unserer Gärten werden **Schnitthecken** angepflanzt. Sie bestehen aus dicht wachsenden Gehölzen, die in Reihen gepflanzt und regelmäßig geschnitten werden.
Zur Anlage einer **Feldhecke** kann man auf lockerem Boden Reisigholz etwa einen Meter hoch aufschichten. Hier keimen gut geschützt sowohl angepflanzte Gehölze als auch die von kotenden Vögeln zurückgelassenen Samen der Gehölze aus der Umgebung. Man nennt eine so angelegte Hecke **Benjes-Hecke.** Die meisten Feldhecken entstehen allerdings durch Anpflanzung der Gehölze hinter einem Wildschutzzaun. Sieht man sich das Profil einer älteren Hecke an, so findet man in der **Kernzone** überwiegend Bäume wie Feldahorn oder Stieleiche. Unter diesen Licht liebenden Bäumen wachsen schattenverträgliche Sträucher wie Schlehe und Schwarzer Holunder. Darunter ist es sehr licht- und windarm sowie feucht. In der angrenzenden **Mantelzone** wachsen lichtbedürftige Sträucher wie die Heckenrose oder der Weißdorn. Bei starker Sonneneinstrahlung steigt die Temperatur hier stark an. Die **Saumzone** bietet Kräutern und Gräsern Platz. Es kann hier sehr warm und trocken werden. Auf engstem Raum gibt es also sehr unterschiedliche Bedingungen bezüglich Licht, Temperatur,

4 Feldhecke im Frühling

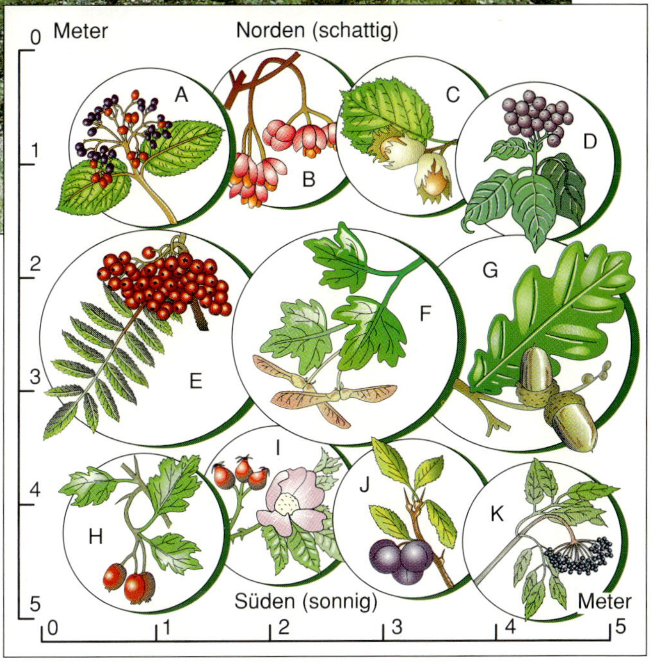

***5 Pflanzplan einer Feldhecke.** **A** Gemeiner Schneeball; **B** Pfaffenhütchen; **C** Hasel; **D** Hartriegel; **E** Eberesche; **F** Feldahorn; **G** Stieleiche; **H** Weißdorn; **I** Heckenrose; **J** Schlehe; **K** Schwarzer Holunder*

Windgeschwindigkeit sowie Luft- und Bodenfeuchtigkeit. Diese Vielfalt der Lebensbedingungen ist Ursache für eine Artenvielfalt, wie man sie auch aus dem Randbereich des Waldes kennt. In welcher Beziehung steht der Lebensraum Hecke zu benachbarten Lebensräumen?

Wurden Hecken in großem Umfang abgetragen, beobachtete man wiederholt Massenvermehrungen von Feldmäusen. Durch die Rodung der Hecken entzog man nämlich vielen Hauptfeinden der Feldmäuse die Lebensgrundlage. Iltisse, Mauswiesel, Füchse, Eulen und Greifvögel wurden seltener. Folglich wurden weniger Feldmäuse gefressen, ihre Zahl nahm explosionsartig zu. Solche Feldmausplagen treten in einer durch Hecken gegliederten Landschaft weitaus seltener auf.

Feldhecken bieten außerdem den angrenzenden Freiflächen **Windschutz.** Da der Wind zur Verdunstung des Wassers aus dem Boden und zur erhöhten Transpiration der Pflanzen beiträgt, bedeutet Windschutz durch Hecken auch **Verdunstungsschutz.** Hecken verhindern darüber hinaus, dass ausgetrocknete Bodenteilchen verweht werden. Sie bieten also **Bodenschutz.**

Hecken sind geradlinige Gehölzstreifen mit einer artenreichen Pflanzen- und Tierwelt.

1 Beschreibe unter Verwendung der Abbildung 6 und der Pinnwand Seite 145 die Bedeutung einer Hecke.

2 Erläutere, weshalb in einer Hecke eine besonders hohe Artenvielfalt herrscht.

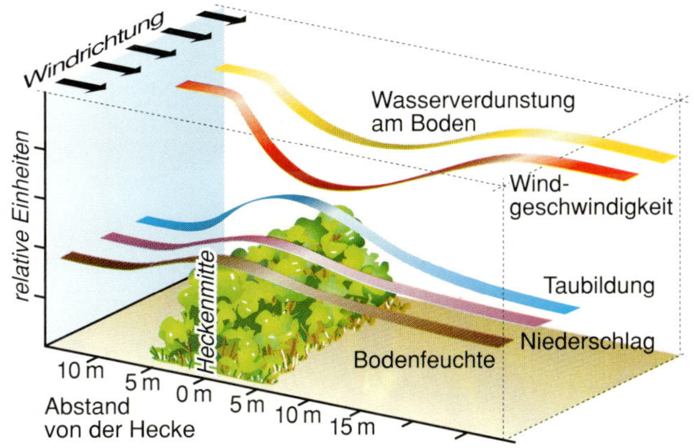

6 Windschutzwirkung der Hecke

Streifzug durch die Erdkunde

Hecken in der Kulturlandschaft

7 Veränderungen einer Kulturlandschaft

„Auf dem Hagen" heißt ein Acker in der abgebildeten Kulturlandschaft. Hagen kommt vom Altdeutschen „hag" und bedeutete damals Hecke. Sie gab diesem Acker ihren Namen. Wie die Karte zeigt, waren die in Parzellen eingeteilten Flächen einer Siedlung, die Flurstücke, noch bis ins 19. Jahrhundert von einer Wallhecke umgeben.

Bis vor etwa 200 Jahren ließen die Bauern ihr Vieh frei in den damals noch im Allgemeinbesitz befindlichen Grenzländereien zwischen den Siedlungen weiden. Nur die Äcker und Gärten im Privatbesitz schützten sie durch Wallhecken.

Als im 18. und 19. Jahrhundert die bis dahin gemeinschaftlich genutzten Grenzflächen ebenfalls in den Privatbesitz der Bauern übergingen, grenzten sie auch hier ihre Flächen durch Wallhecken gegeneinander ab. Das Flurstück „Rövekamp" wurde so für mehr als hundert Jahre zu einem besonders heckenreichen Gebiet. Mit der Industrialisierung der Landwirtschaft wurden immer größere Maschinen zur Bewirtschaftung der Felder eingesetzt. Die Hecken wurden hierbei zum Hindernis und man hat sie an vielen Stellen beseitigt. Oft geschah dies zusammen mit dem Ausbau der Fließgewässer, der Zusammenlegung landwirtschaftlicher Nutzflächen und der Umwandlung von Grünland in Acker. Diese *Flurbereinigungsmaßnahmen* verursachten Bodenerosion und Massenvermehrungen von Schädlingen. Deshalb pflanzte man zum Schutz und Erhalt der artenreichen Kulturlandschaft in den letzten Jahren vermehrt wieder Hecken an.

TIERE DER HECKE

Pinnwand

Landschaftsgestaltung und Artenvielfalt
Die Fotos zeigen zwei Ausschnitte aus der Kulturlandschaft. In einer heckenarmen Landschaft brüten nur etwa 10 Vogelarten, während man in einer gleich großen Heckenlandschaft etwa 20 Brutvogelarten antrifft. Ähnlich groß sind die Unterschiede bei anderen Tiergruppen. In einem einzigen Wallheckenabschnitt zählte man rund 1500 Tierarten, darunter 20 Säugetierarten.

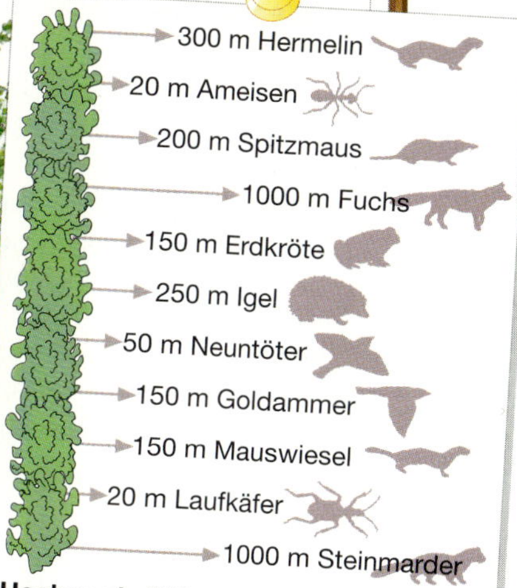

Hecken als Stützpunkt für Konsumenten 2. Ordnung
Hermelin, Ameise, Spitzmaus, Fuchs, Erdkröte, Igel und viele andere Bewohner der Hecke ernähren sich von Tieren. Diese erbeuten sie vielfach auf landwirtschaftlichen Nutzflächen im Umfeld der Hecke. Sie verhindern so eine Massenvermehrung der für die Landwirtschaft schädlichen Arten.

Bedeutung einer Hecke für Tiere mit Beispielen
1 Deckung und Nahrung für Niederwild (Hase)
2 Kinderstube für Kleinsäuger (Igel)
3 Winterquartier und Versteck für Lurche (Erdkröte)
4 Schlaf- und Nistplatz für Bodenbrüter (Rebhuhn)
5 Wohn- und Jagdplatz für Säugetiere (Hermelin)
6 Pollen und Nektar für Insekten (Perlmuttfalter)
7 Nahrung für Pflanzensauger (Blattlaus)
8 Nistplatz für Buschbrüter (Zaunkönig)
9 Früchte und Samen für Vögel (Blaumeise)
10 Sitzplatz und Nahrung für Lauerjäger (Neuntöter)
11 Schlafplatz für Tagaktive (Ringeltaube)
12 Lebensraum für räuberische Insekten (Marienkäfer)
13 Sitzplatz für Beutegreifer aus der Luft (Turmfalke)

Übung

Hecke

V1 Bestimmung von Heckenpflanzen

Material: Bestimmungsbücher; Handlupen; ggf. Stereolupen; Zollstock; Schnur; vier Holzpflöcke; Notizblock; Bleistift

Durchführung: Stecke in der Hecke mithilfe der Pflöcke und der Schnur eine Probefläche von 10 m Länge ab. Bestimme zunächst die Pflanzen dieses Heckenabschnitts.

Fertige dann eine Grundrisszeichnung des Heckenabschnitts an. Wähle für einen Abstand von einem Meter in der Hecke zwei Zentimeter in deiner Karte.

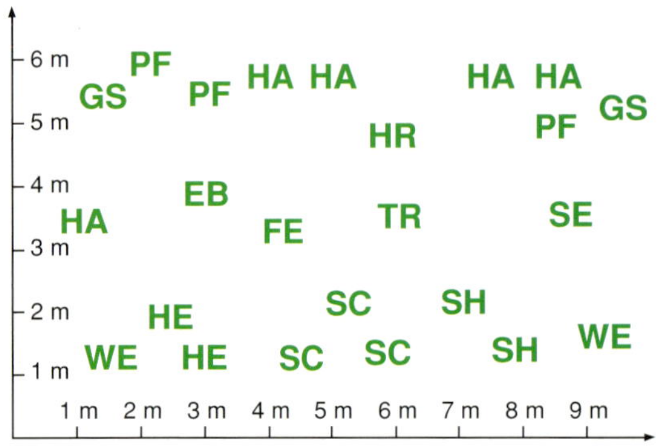

Legende

GS	Gemeiner Schneeball	SH	Schwarzer Holunder
PF	Pfaffenhütchen	SC	Schlehe
HA	Hasel	HE	Heckenrose
HR	Hartriegel	WE	Weißdorn
EB	Eberesche	SE	Stieleiche
FE	Feldahorn	HA	Hainbuche
TR	Traubenkirsche		

Realkartierung der Gehölze in einer Hecke

Aufgaben: a) Erstelle eine Übersicht der Heckengehölze entsprechend dem oben abgebildeten Muster. Man nennt dies Realkartierung. Schreibe zunächst in die Legende zur Realkartierung die Namen aller Heckengehölze. Kennzeichne dann, wie in der Abbildung zu sehen, jede Gehölzart durch zwei Großbuchstaben. Trage zum Schluss die Standorte der Gehölze in die Grundrisszeichnung ein.

b) Erstelle eine Vegetationsaufnahme in der Kernzone und eine weitere in der Mantelzone der Hecke (vergleiche Seite 134 Versuch 5).

c) Führe eine Realkartierung der Heckengehölze in einer Schnitthecke durch. Vergleiche die Ergebnisse und ziehe Schlussfolgerungen.

A2 Hecken im Jahresverlauf

Profile desselben Heckenabschnitts.
***A** Mai; **B** September*

a) Beschreibe die mit der Jahreszeit zusammenhängenden Veränderungen des abgebildeten Heckenprofils.

b) Erläutere die Bedeutung der Veränderungen für die Lebensgemeinschaft. Gehe dabei auf die in den Abbildungen hervorgehobenen Merkmale und Arten ein. Verwende bei deinen Erläuterungen zu Abbildung A die Begriffe Brutplatz, Nektarsauger, Pollensammler, Pflanzensauger und Blattfresser, bei den Erläuterungen zu Abbildung B die Merkmale Samen und Früchte, Winterstarre, abgefallene Blätter und Haselnüsse als Wintervorrat.

V3 Herstellung eines Blattherbariums

Material: alte Zeitungen; Bestimmungsbücher; durchsichtiges Klebeband
Durchführung: Sammle Blätter der von dir bestimmten Bäume und Sträucher einer Hecke. Schreibe ihre Namen auf kleine Zettel und lege diese zusammen mit den Blättern jeweils zwischen zwei Zeitungen. Beschwere den Papierstapel gleichmäßig mit Büchern und warte zwei Tage. Ersetze das Zeitungspapier so oft durch andere Zeitungen, bis die Blätter trocken sind. Klebe die getrockneten Blätter mit dem Klebeband auf weißes Papier.
Aufgabe: Beschrifte die Seiten mit dem Namen der Pflanze, dem Namen der Familie, dem Fundort und dem Funddatum. Erstelle eine nach Pflanzenfamilien geordnete Übersicht über dein Blattherbarium.

V4 Abiotische Faktoren in der Hecke

Material: Zollstock; Thermometer (Messgenauigkeit 0,1 °C); Luxmeter; Haarhygrometer; Schalenanemometer
Durchführung: Miss im Querprofil der Hecke sowie im nächsten Umfeld der Hecke im Abstand von jeweils zwei Metern wichtige abiotische Faktoren. Wähle hierzu einen sonnigen Tag.
Lufttemperatur: Das Thermometer wird etwa drei Minuten lang in einem Meter Höhe in den Schatten des eigenen Körpers gehalten und die Temperatur dann abgelesen.
Lichtstärke: Der Messfühler des Luxmeters wird absolut waagerecht auf den Boden gestellt und dann die Lichtstärke abgelesen. Dabei darf auf keinen Fall der Schatten eines Schülers auf den Messfühler fallen.
Luftfeuchtigkeit: Das Hygrometer wird etwa drei Minuten lang in einem Meter Höhe gehalten und die Luftfeuchtigkeit dann abgelesen.
Windgeschwindigkeit: Das Schalenanemometer wird in einem Meter Höhe gehalten und die Windgeschwindigkeit abgelesen.
Aufgaben: a) Erfasse die Messwerte tabellarisch und stelle sie grafisch dar. Orientiere dich an Abbildung 6 auf Seite 143. Erläutere die Grafiken.
b) Fertige eine zweispaltige Tabelle an. Liste in der linken Spalte Heckenpflanzen auf, die bevorzugt in Saum- und Mantelzone der Hecke wachsen. In die rechte Spalte schreibe die Namen von Pflanzen, die die Kernzone der Hecke bevorzugen.

V5 Kleintiere der Hecke

Material: Bestimmungsbücher; Insektenkäscher; Glasröhrchen mit Deckel; Lupen; Exhaustor entsprechend folgender Bauanleitung

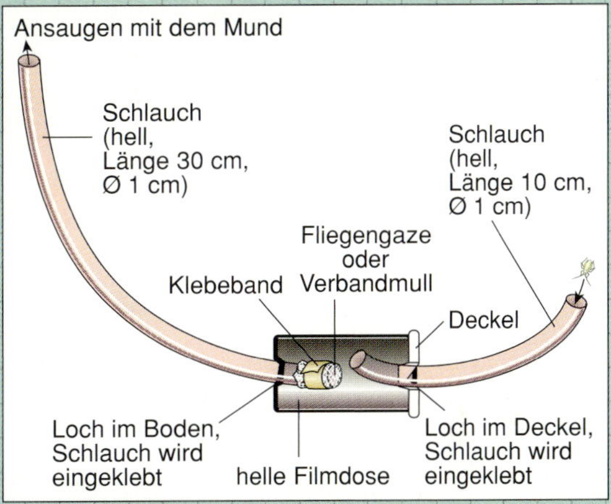

Bauanleitung für Exhaustor

Durchführung: Fange Kleintiere aus der Hecke und gib sie in Glasröhrchen. Bestimme die Namen der Tiere. Häufig findest du nur den Namen der Tiergruppe heraus. Beachte bei deinen Untersuchungen die jeweils gültige Naturschutzgesetzgebung.
Aufgaben: a) Fertige eine Tabelle mit Namen, Fundorten und Häufigkeit der Tiere an.
b) Informiere dich über die Lebensweise der gefundenen Arten. Fertige in deinem Heft Steckbriefe für fünf Arten an, in denen Name und Lebensweise festgehalten werden.

V6 Anlage einer Benjes-Hecke

Material: Spaten; Reisigholz von Laubgehölzen; standortgerechte und bodenständige Heckenpflanzen (Schlehe, Weißdorn, Wildrosen, Schwarzer Holunder und andere; Höhe ab 120 cm)
Durchführung: Nach der Wahl eines geeigneten Standortes wird der Boden der zukünftigen Hecke gelockert. Die Heckenpflanzen werden jetzt im Abstand von etwa zwei Metern gepflanzt und dann der gesamte Heckenbereich etwa einen Meter hoch mit Reisigholz überdeckt.

1 ***Ackerbau. A*** *Landwirt prüft den Blattlausbefall seines Weizens;* ***B*** *ausgeräumte Kulturlandschaft;* ***C*** *Grünbrache*

3.3 Der Acker

In dem wogenden Weizenfeld steht ein Landwirt und prüft den Zustand der Ähren. Die Ähren sind herangereift, und wenn das Wetter noch einige Tage günstig ist, kann eine gute Ernte eingebracht werden. Von den Erträgen des Getreidefeldes erhofft sich der Landwirt einen Gewinn. Unter günstigen Bedingungen erntet er 70 bis 100 Dezitonnen Weizen auf einem Hektar Ackerfläche. Voraussetzungen hierfür sind neben günstiger Witterung und sorgfältiger Bodenbearbeitung gute Wasser- und Nährsalzversorgung sowie ein Verhindern des Ausbreitens von Wildkräutern. Sie würden dem Boden zum Beispiel wertvolle Salze entziehen. Im Rahmen der *Flurbereinigung* wurden in den letzten Jahrzehnten große Ackerflächen geschaffen, die sich mit modernen Maschinen gut und schnell bearbeiten lassen. Durch Be- oder Entwässerung des Bodens, Düngung sowie die Verwendung von Pflanzenschutzmitteln schafft der Landwirt günstige Wachstumsbedingungen für die Nutzpflanzen.

Aber ein Acker ist nicht nur eine Anbaufläche. Früher waren Felder wichtige und komplexe Lebensräume für viele Wildkräuter und Tiere. Durch die modernen Bewirtschaftungsmaßnahmen sind diese selten geworden. Die Verluste will man heute, soweit es geht, rückgängig machen. Landwirte erhalten staatliche Ausgleichszahlungen, wenn sie Ackerränder nicht mit Giften behandeln oder ganze Ackerflächen brachliegen lassen, sodass sie sich mit den standorttypischen Wildkräutern natürlich begrünen. Durch diese **Ackerrandstreifenprogramme** und **Grünbracheprogramme** will man den endgültigen Verlust der Ackerwildkräuter verhindern. Mit den Wildpflanzen kehren auch die von ihnen abhängigen Tiere zurück.

Äcker sind Anbauflächen für Nutzpflanzen. Sie sind jedoch auch wichtige Lebensräume für Wildpflanzen und Wildtiere.

1 Ackerwildkräuter bezeichnete man früher als Unkräuter. Erläutere.

2 Stelle für die Arten der Pinnwand Seite 149 Nahrungsketten dar.

PFLANZEN UND TIERE DES FELDES

Pinnwand

Name: ***Ackerschachtelhalm***
Vorkommen: Äcker, Wiesen, Wälder sowie an Wegen und Gräben; auf offenen, nährsalzreichen, feuchten Böden
Besonderheit: Frühjahrsform: chlorophyllfreie, bald absterbende Sprosse; Sommerform: grüne, kieselsäurehaltige Sprosse; unterirdische Sprossachsen liegen bis zu 2 m tief im Boden; früher Verwendung zum Putzen von metallischem Geschirr (Zinnkraut!)

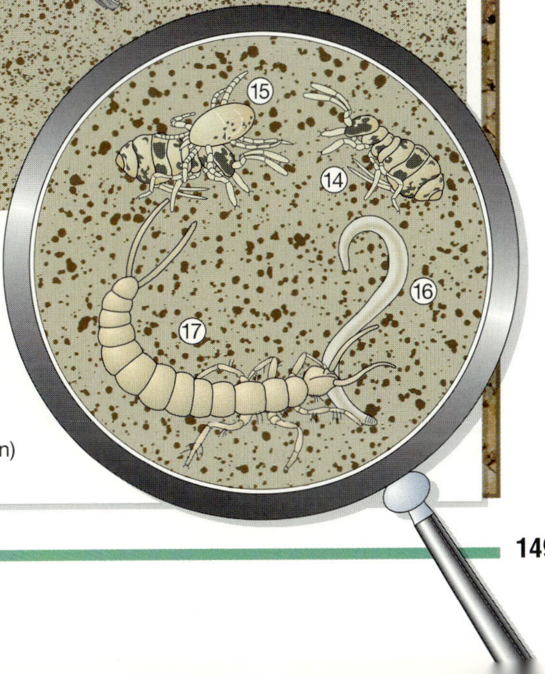

Getreidefeld

1 Klatschmohn
2 Ackerwinde
3 Kletten-Labkraut
4 Acker-Stiefmütterchen
5 Acker-Vergissmeinnicht
6 Acker-Ehrenpreis
7 Kornblume
8 Feldmaus (frisst Samen)
9 Mäusebussard (frisst Kleinsäuger)
10 Maulwurf (frisst Bodentiere)
11 Blattlaus (saugt an Pflanzen)
12 Engerling (frisst Wurzeln)
13 Regenwurm (frisst Pflanzenteile)
14 Springschwanz (frisst Pflanzenteile)
15 Raubmilbe (frisst Springschwänze)
16 Fadenwurm (saugt an Pflanzenwurzeln)
17 Doppelschwanz (frisst Fadenwürmer)

1 ***Entwicklung einer Halde.*** ***A*** *neue Halde;* ***B*** *junge Halde;* ***C*** *alte Halde*

3.4 Die Halde

Beim Abbau von Erzen oder Kohle in einem Bergwerk wird auch Gestein nach oben befördert, das vom Menschen nicht genutzt werden kann. Es wird deshalb auf einer **Halde** abgelagert. Das frisch aufgeschüttete Material ist meist nährsalzarm und grobporig. Niederschlagswasser versickert daher schnell und obere Haldenbereiche sind oft trocken. Wegen fehlender Beschattung kommt es am Tage zu starkem Lichteinfall und zu hohen Temperaturen.

Bald siedeln sich auf einer neuen Halde Pflanzen an, die diesen Bedingungen angepasst sind. Es sind Pflanzen heller und trockener Standorte wie zum Beispiel Mauerpfeffer oder Dachtrespe. Ihre Samen, die sie in großen Mengen produzieren, werden meist durch den Wind herangeweht. Gleichzeitig wandern Tiere ein, die normalerweise Felsen, Dünen und Kiesbänke bewohnen. Auch sie bringen Pflanzensamen auf die Halde.
Nach wenigen Jahren nimmt auf der jungen Halde der Anteil der Pflanzenarten zu. Auch Pflanzen, die sich durch Bildung von Wurzelausläufern ungeschlechtlich vermehren, gewinnen an Bedeutung. Die Böden werden durch Verwitterung und Einlagerung von abgestorbenen Pflanzen und Tieren fruchtbarer. Zunehmend besiedeln Tiere des Grünlandes, der Moore und der Heiden die Halde.
Auf einer älteren Halde bestimmen Gehölze das Bild. Die größere Beschattung verdrängt Licht liebende Arten aus der Krautschicht. Durch die Humusbildung gewinnen Pflanzen mit größerem Nährsalzbedürfnis an Bedeutung. Tiere von Hecken, Feldgehölzen und Wäldern besiedeln jetzt die Halde.

Auf diese Weise verändern sich auf der Halde im Laufe der Zeit sowohl die Standortfaktoren als auch die Lebensgemeinschaften von Pflanzen und Tieren. Eine solche Veränderung von Lebensgemeinschaften am selben Standort nennt man **Sukzession.**

Halden sind vom Menschen geschaffene Lebensräume, deren Lebensgemeinschaften sich im Laufe der Jahre verändern.

1 Ordne die Pflanzen der Pinnwand Seite 151 den Entwicklungsstadien der Halde zu.

2 Nenne jeweils vier weitere Pflanzenarten, die auf einer neuen Halde beziehungsweise auf einer alten Halde wachsen könnten. Benutze die Pinnwand Seite 149 und Abbildung 5 auf Seite 143.

PFLANZEN UND TIERE DER SCHUTTHALDE

Pinnwand

A Arten auf einer neuen Halde

Stein-
schmätzer

Huflattich

Weißer
Mauerpfeffer

Fluss-
regenpfeifer

Hauben-
lerche

B Arten auf einer jungen Halde

Kiebitz

Gemeine
Nachtkerze

Rainfarn

Nickende
Distel

Glatthafer

Feldlerche

Schafstelze

C Arten auf einer alten Halde

Vogelbeere

Brennnessel

Salweide

Sommer-
flieder

Gemeines
Rispengras

Fitis

Dorn-
grasmücke

Wacholder-
drossel

Name: ***Dachtrespe***
Blütezeit: Mai bis Juli
Vorkommen: Äcker, Wege, Bahnschotter, Trockenrasen, Mauern, alte Dächer (Name!)
Lebensweise: Erstbesiedler auf trockenen, sommerwarmen, mäßig nährsalzreichen Sand- und Schotterböden
Besonderheit: einjährig überwinternd

Name: ***Natternkopf***
Blütezeit: Mai bis Oktober
Vorkommen: Bahn- und Hafenanlagen, Industrieflächen, Trockenrasen, Weg- und Ackerränder
Lebensweise: auf warmen, mäßig trockenen, oft humusarmen Böden
Besonderheit: zweijährige Samenpflanze; Blütenfarbe wechselt von rosa nach blau

Name: ***Riesen-Goldrute***
Blütezeit: August bis Oktober
Vorkommen: Gärten, lichte Auwälder, Ufer, Wegränder, Schuttplätze
Lebensweise: frische, nährsalzreiche und lehmige Böden
Besonderheit: Vermehrung durch Samen und Wurzelausläufer; Heimat ist Nordamerika

Name: ***Schwarze Königskerze***
Blütezeit: Mai bis September
Vorkommen: Steinbrüche, Sandgruben, Böschungen, Ufer, Wegränder
Lebensweise: auf feuchten bis trockenen nährsalzreichen, lehmigen Böden
Besonderheit: zweijährige Samenpflanze

Name: ***Hängebirke***
Blütezeit: April bis Mai
Vorkommen: lichte Laub- und Nadelwälder, Moore, Heiden, Magerweiden
Lebensweise: vorwiegend auf nährsalzarmen Böden; häufig auf Sandböden
Besonderheit: Erstbesiedler unter den Gehölzen auf Kahlschlägen

4 Lebensraum Gewässer

4.1 Der See

Nähert man sich im Sommerhalbjahr einem See, stößt man zunächst meist auf den **Erlenbruchwald.** Nur wenig Licht fällt durch das dichte Blätterdach auf den nassen Boden. In der *Strauchschicht* wachsen Schwarze Johannisbeeren und Himbeeren. Lianenartige Pflanzen wie Hopfen und Bittersüßer Nachtschatten klettern an Bäumen und Sträuchern empor. Zusammen mit der aus Seggen, Wasserschwertlilien und weiteren Arten bestehenden *Krautschicht* bilden sie ein kaum zu durchdringendes Dickicht.

In diesem Bereich des Seeufers ist die Staunässe des Bodens für viele Pflanzen ein großes Problem. Nur angepasste Arten wie die Erle können hier überleben. Um Sauerstoff aus dem Wasser aufnehmen zu können, bildet die Erle besonders feine Wasserwurzeln. So kann sie auch längere Überflutungen des Wurzelbereichs während eines Hochwassers überdauern. Bei anderen Arten wie der Wasserschwertlilie durchziehen luftgefüllte Röhren die Pflanzen. Sie versorgen die Wurzeln mit Sauerstoff.

Zum Wasser hin schließt sich die **Röhrichtzone** dem Erlenbruchwald an. Das für das Röhricht charakteristische Schilfrohr dringt bis zu einer Wassertiefe von zwei Metern in den See vor. Ein weit verzweigter Wurzelstock verankert die Pflanze im weichen Grund und gibt ihr Standfestigkeit. Durch die Biegsamkeit der Halme bleiben auch bei starkem Wind oder Wellenschlag die Pflanzen unbeschädigt. Rohrkolben, Blutweiderich, Froschlöffel und andere Sumpfpflanzen begleiten das Schilfrohr in den flacheren Röhrichtbereichen. Zur Seefläche lockert sich das Röhricht auf und die peitschenartigen Halme der Gemeinen Teichsimse ragen aus dem Wasser.

Besonders auffällig sind die weißen Seerosen der sich anschließenden **Schwimmblattpflanzenzone.** Ihre Schwimmblätter liegen auf der Wasseroberfläche und sind über meterlange, elastische Stängel mit den im Boden verankerten Wurzeln verbunden. Auch diese Pflanzen besitzen ein ausgeprägtes Durchlüftungsgewebe, das über die auf der Blattoberfläche liegen-

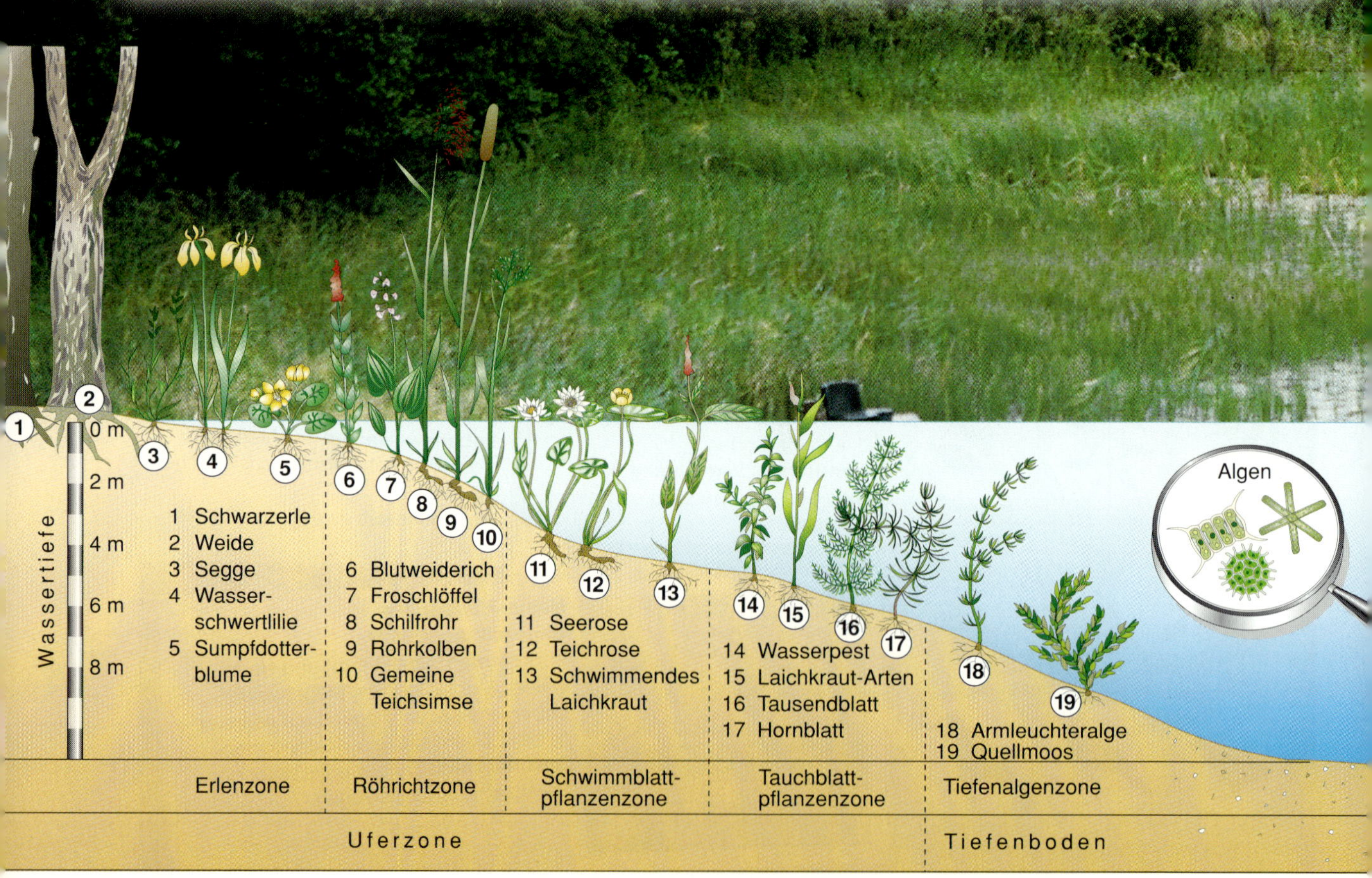

1 See im Sommer

den Spaltöffnungen mit der Außenluft verbunden ist. Schließlich folgen noch die **Tauchblattpflanzenzone** mit Wasserpest und Hornblatt sowie in lichtdurchfluteten, klaren Seen die **Tiefenalgenzone** mit Armleuchteralgen und Quellmoos. Diese Pflanzen nehmen Nährsalze und Kohlenstoffdioxid mit ihren Blättern aus dem Wasser auf. Spaltöffnungen und Wasserleitungsbahnen fehlen deshalb. Die wurzelähnlichen Gebilde dienen nur der Verankerung im Boden.

Wichtige Pflanzen in der Lebensgemeinschaft des Sees sind die im Oberflächenwasser schwebenden mikroskopisch kleinen **Algen.** Zusammen mit den Pflanzen der Uferzone erzeugen sie über Fotosynthese Nährstoffe. Diese dienen vielen Tieren als Nahrung.

Abgestorbene Pflanzen und tote Tiere sinken auf den Grund. Dort werden sie von Pilzen und Bakterien zersetzt. Lebende Planktonorganismen verhindern ein Absinken im Wasser durch verschiedene Einrichtungen. So besitzen viele Kleinstlebewesen Schwebeeinrichtungen wie zum Beispiel eingelagerte Öltröpfchen oder verzweigte Fortsätze, die wie ein Fallschirm das Absinken verlangsamen. Auch die verzweigten Antennen der Wasserflöhe erfüllen eine ähnliche Aufgabe. Sie werden ruckartig bewegt, sodass die Tiere wie Flöhe durch das Wasser hüpfen.

Der Lebensraum See ist gegliedert in Erlen-, Röhricht-, Schwimmblattpflanzen-, Tauchblattpflanzen- und Tiefenalgenzone.
Die in diesen Bereichen lebenden Arten sind dem Lebensraum in besonderer Weise angepasst.

1 Ordne den fünf Pflanzengürteln eines Sees die Pinnzettel Seite 154 zu.

2 Benenne auf dem großen Pinnzettel Seite 155 die Tierarten, deren Namen fehlen.

3 Viele Zimmerpflanzen sterben schnell ab, wenn man sie zu stark gießt und das Wasser im Topf stehen bleibt. Erläutere.

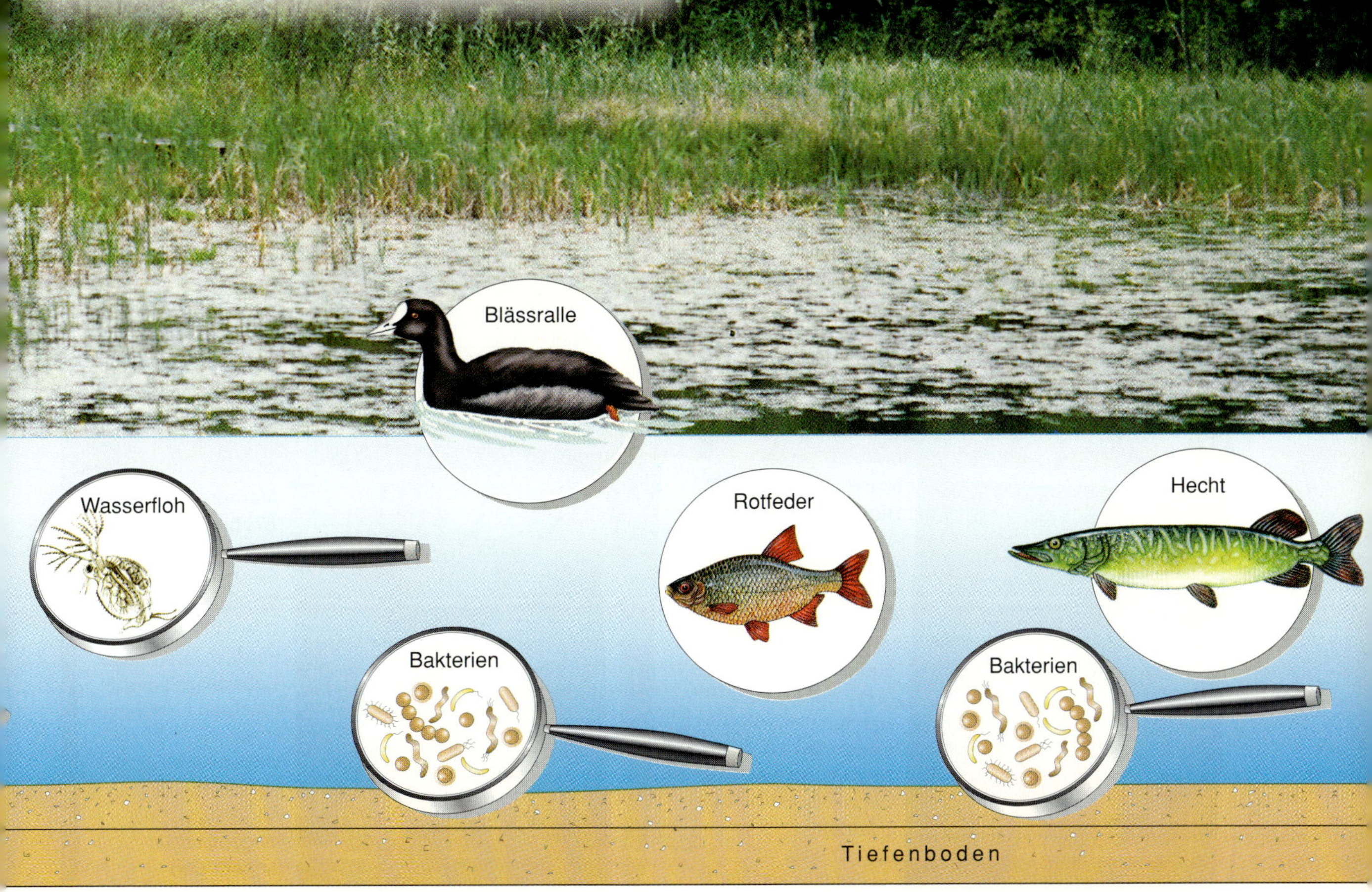

Pinnwand

PFLANZEN DES SEES

Name: ***Wasserhahnenfuß***
Blütezeit: Mai bis September
Vorkommen: stehende und langsam fließende Gewässer
Lebensweise: bevorzugt nährsalzreiche und schwach saure Gewässer
Besonderheit: mit drei- bis fünflappigen Schwimmblättern (A) und zerschlitzten Unterwasserblättern (B)

Name: ***Breitblättriger Rohrkolben***
Blütezeit: Juni bis August
Vorkommen: Uferröhricht stehender und langsam fließender Gewässer
Lebensweise: Schlammwurzler in nährsalzreichen Gewässern
Besonderheit: mit Durchlüftungsgewebe; Blätter 10 bis 20 mm breit; die Blätter des ähnlichen Schmalblättrigen Rohrkolbens sind 5 bis 10 mm breit

Name: ***Schilfrohr***
Blütezeit: Juli bis September
Vorkommen: im Röhricht stehender und langsam fließender Gewässer
Lebensweise: nährsalzreiche Standorte; verdrängt oft die übrige Vegetation
Besonderheit: nützlich als Dacheindeckung (Reetdach) und in Schilfkläranlagen; unterscheidet sich vom ähnlichen Rohrglanzgras durch den behaarten Blattgrund (A)

Name: ***Faulbaum***
Blütezeit: Mai bis Juni
Vorkommen: Bruchwälder, lichte Laub- und Mischwälder auf feuchten bis nassen, nährsalzarmen Böden
Lebensweise: winterkahler Strauch; vegetative Vermehrung durch Wurzelsprosse
Besonderheit: Borke mit fauligem Geruch (Name!); giftig in allen Teilen; Verwendung als Abführmittel

Name: ***Schwarzerle***
Blütezeit: Februar bis April
Vorkommen: Bruch- und Auenwälder, Bachbegleiter
Lebensweise: Laubbaum auf nährsalzreichen, zeitweise überschwemmten Böden
Besonderheit: Schwarzfärbung bei Borke und abgefallenen Blättern (Name!);
Kätzchen (♀ und ♂) schon im Vorjahr angelegt

Name: ***Blutweiderich***
Blütezeit: Juni bis September
Vorkommen: an Ufern und Gräben sowie in Nasswiesen
Lebensweise: auf feuchten bis nassen Böden
Besonderheit: drei verschiedene Blütentypen mit langem, mittellangem und kurzem Griffel

Pinnwand

TIERE DES SEES

1 ....?...............
2 ....?...............
3 Kolbenwasserkäfer
4 Posthornschnecke
5 Eigelege der Spitzschlammschnecke
6 Larve des Gelbrandkäfers
7 Kleinlibellenlarve
8 Großlibellenlarve
9 Blutegel
10 Köcherfliegenlarve
11 Rückenschwimmer in Ruhestellung
12 ....?...............
13 Binsenjungfer
14 Eigelege einer Kleinlibelle
15 Rädertier
16 Wasserassel
17 Wasserfloh
18 ....?...............
19 ....?...............

Name: ***Spitzschlammschnecke***

Vorkommen: Gewässer aller Art; häufig in stehenden und langsam fließenden, pflanzenreichen Gewässern
Nahrung: ernährt sich vielseitig von Algenaufwuchs, Pflanzen, Kleinlebewesen und Aas
Besonderheit: bewegt sich auf einem Schleimband vorwärts, das sie aus den Fußdrüsen absondert; Eiablage in bis zu 60 mm langen Laichballen auf Pflanzen, Holz oder Steinen; Entwicklungszeit 2 bis 4 Wochen

Name: ***Wasserspinne***
Vorkommen: in pflanzenreichen, stehenden Gewässern, besonders in Moorgewässern
Nahrung: lebt räuberisch
Besonderheit: einzige ganz unter Wasser lebende Spinne; Luft wird von der Wasseroberfläche geholt und in die Unterwasserglocke gefüllt; Eiablage und Entwicklung erfolgen in der Luftglocke

Name: ***Wasserläufer***
Vorkommen: auf der Oberfläche stehender und langsam fließender Gewässer
Nahrung: frisst tote und lebende Insekten, die auf die Wasseroberfläche gefallen sind
Besonderheit: bewegt sich ruckartig gleitend und wird durch die wasserabstoßenden Beine von der Oberflächenspannung des Wassers getragen; Entwicklung im Wasser; Überwinterung oft weit entfernt vom Gewässer

Name: ***Plötze***
Vorkommen: in stehenden und fließenden Gewässern; häufig
Nahrung: Plankton, Pflanzen, Schnecken, Insektenlarven und Kleinkrebse
Besonderheit: laicht in der Zeit von April bis Mai geräuschvoll in Schwärmen in der Uferregion

4.2 Lebensgemeinschaft See

Betrachtet man im Frühjahr oder Sommer die Wasserfläche eines Sees, erlebt man manchmal eine Überraschung. Die sonst blaue Färbung ist verschwunden und Gelb- oder Grüntöne bestimmen das Bild. Das Wasser riecht frisch und aromatisch. Wie kommt es zu diesen Veränderungen?
Entnimmt man mit dem Planktonnetz eine Probe und betrachtet sie unter dem Mikroskop, erkennt man Massen von grünen Algen. Mit höherer Wassertemperatur und durch die an längeren Tagen gesteigerte Lichteinstrahlung haben sich diese mikroskopisch kleinen Pflanzen im Oberflächenwasser des Sees so stark vermehrt, dass sie dessen Farbe bestimmen. Man spricht von einer **Algenblüte.** Durch Fotosynthese erzeugen diese Pflanzen einen hohen Anteil an Nährstoffen. Sie sind *Produzenten.*
Bereits wenige Wochen später ist das Grün des Seewassers wieder verschwunden. Manchmal verursachen die sich zersetzenden Algen eine Schaumbildung. Die erneute Planktonuntersuchung zeigt jetzt viele kleine Tiere wie Wasserflöhe, Hüpferlinge oder Rädertiere, die als *Konsumenten 1. Ordnung* die Algen fressen. Die Konsumenten 1. Ordnung sind Nahrung für *Konsumenten 2. Ordnung* wie Frösche oder die Larven von Libellen und Gelbrandkäfern. Diese dienen wiederum *Konsumenten 3. Ordnung* wie Hecht oder Graureiher als Nahrung. Ausscheidungen der Tiere und abgestorbene Lebewesen sinken im Gewässer zum Boden. Hier werden sie von *Destruenten* zerlegt.
Organismen sind also über Nahrungsbeziehungen wie Kettenglieder miteinander verbunden. Sie bilden eine *Nahrungskette* im See. Da eine Tierart, wie zum Beispiel der Hecht, sich immer von verschiedenen Gewässertieren ernährt, ist er ein Glied in mehreren Nahrungsketten. Aus einer solchen Verflechtung von Nahrungsketten entsteht ein *Nahrungsnetz.*
Im oberen Bereich des Sees reicht die Lichtstärke für Algen und Wasserpflanzen aus, um über Fotosynthese Nährstoffe aufzubauen. In dieser **Nährschicht** entziehen sie dem Wasser **Kohlenstoffdioxid** und erzeugen **Sauerstoff.** Die *Konsumenten* hingegen benötigen Sauerstoff zur Atmung und geben Kohlenstoffdioxid ab.
Destruenten findet man überwiegend in der Tiefe des Sees. Sie bauen die Nährstoffe ab und verbrauchen dabei Sauerstoff. Deshalb nimmt in den tieferen Bereichen des Sees die Sauerstoffmenge sehr schnell ab. Man nennt diesen Bereich die **Zehrschicht.** Fehlt Sauerstoff, entstehen bei der Zersetzung Methan und Schwefelwasserstoff. Das Wasser riecht faulig oder modrig.
Der Sauerstoffgehalt im Wasser der Zehrschicht ist jedoch nicht während des ganzen Jahres so gering. Im Frühjahr und Herbst liegen die Werte ähnlich hoch

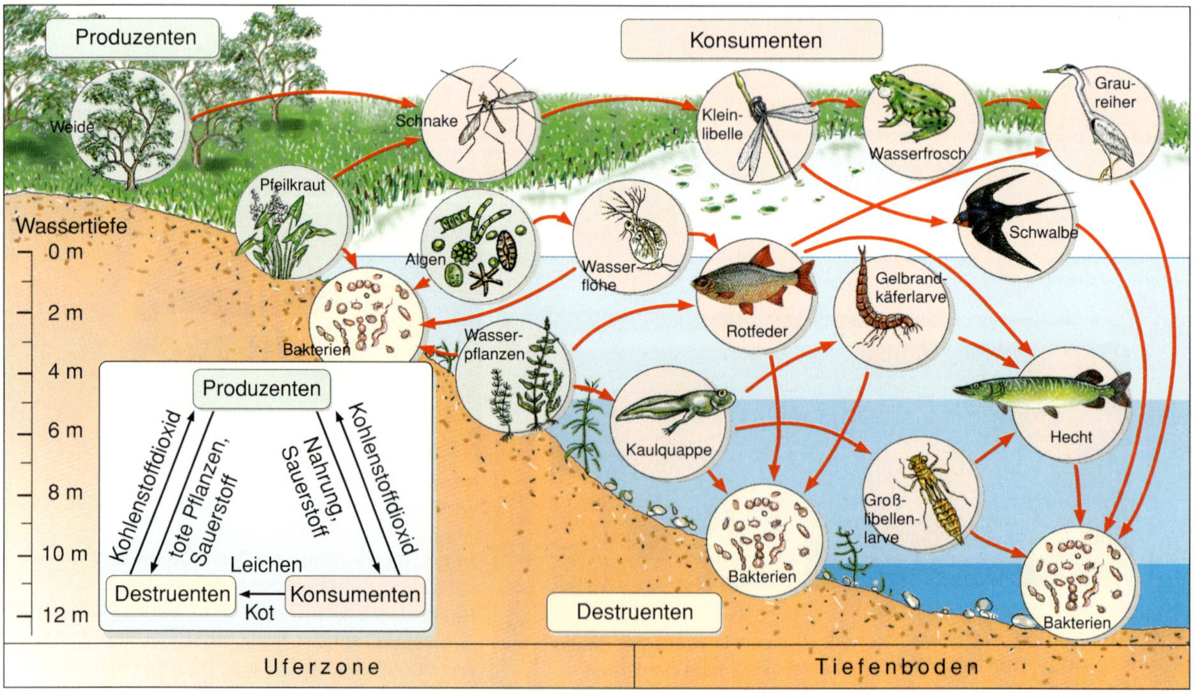

1 Ausschnitt aus dem Nahrungsnetz in einem See

wie in der Nährschicht. Ursache sind die Temperaturverhältnisse im See. Im Sommer ist das **Oberflächenwasser** ziemlich warm. Es wird durch den Wind ständig durchmischt und ist annähernd gleichwarm. In einigen Metern Tiefe wird es plötzlich kälter. Diese **Sprungschicht** kommt durch die Dichte des Wassers zustande. Mit zunehmender Tiefe nimmt die Temperatur ab. Das Wasser wird spezifisch schwerer und sinkt zu Boden. Wasser mit einer Temperatur von 4 °C hat die größte Dichte. Es bildet unten im See das **Tiefenwasser.** Aufgrund dieser Ausbildung von Schichten in einem See im Sommer spricht man von einer **Sommerschichtung.**

Im Herbst kühlt sich das Oberflächenwasser ab, es wird spezifisch schwerer und sinkt in die Tiefe. Dadurch wird der See auf 4 °C abgekühlt. Nun können Stürme den See bis zum Grund umwälzen. Man spricht von **Herbstzirkulation.**

Im Winter kühlt das Oberflächenwasser unter 4 °C ab und wird dadurch wieder spezifisch leichter. Es liegt in dieser **Winterschichtung** auf dem jetzt wärmeren und schwereren Tiefenwasser. Die geringste Dichte hat es an der Wasseroberfläche. Mit der Erwärmung des Wassers im Frühjahr kommt es erneut zur vollständigen Durchmischung und damit zur **Frühjahrszirkulation.**

Pflanzen, Tiere und Bakterien bilden im See eine Lebensgemeinschaft. Temperatur sowie Sauerstoff- und Kohlenstoffdioxidgehalt unterliegen räumlichen und zeitlichen Veränderungen.

1 Stelle anhand der Abbildung 1 Nahrungsketten zusammen, die beim Graureiher enden.

2 Erkläre Sauerstoff- und Kohlenstoffdioxidgehalt in den verschiedenen Schichten des Sees im Sommer.

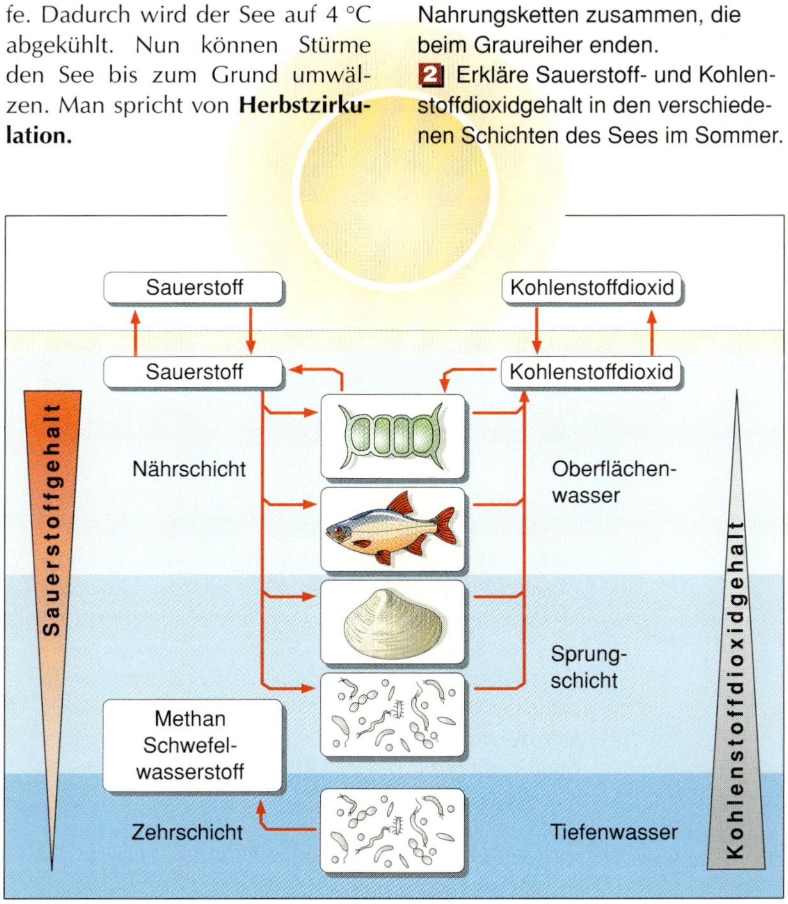

2 Schichtung und Gasaustausch im sommerlichen See

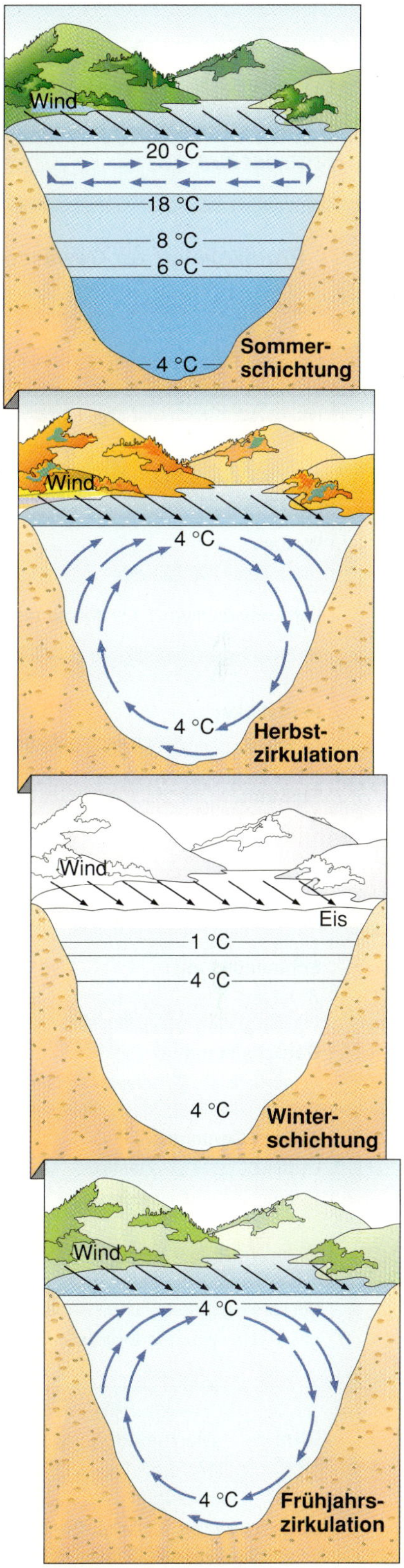

3 Die Jahreszeiten im See

Übung

Gewässer

V1 Beschreibung eines Gewässerlebensraumes

Protokollblatt zur Gewässeruntersuchung

Name des Gewässers: Kleine Hase

Lage der Probestelle: am Artland-Gymnasium

Name des Probenehmers: Naturkunde-Arbeitsgemeinschaft

Datum: 27.6.1997 Uhrzeit: 8.30 Uhr

Wetter:
☐ Regen ☒ bewölkt ☐ heiter-bewölkt ☐ sonnig

Lufttemperatur: 15,2 °C Wassertemperatur: 16,1 °C

Strömungsgeschwindigkeit bei Fließgewässern: 0,1 m/s

Farbstärke:
☐ farblos ☒ schwach gefärbt ☐ stark gefärbt

Farbton:
☒ gelblich ☐ grünlich ☐ bräunlich

Trübung:
☒ klar ☐ schwach getrübt ☐ stark getrübt

Schaumbildung:
☒ kaum ☐ schwach ☐ stark

Geruchsintensität:
☐ geruchlos ☒ schwacher Geruch ☐ starker Geruch

Art des Geruchs:
☐ frisch ☐ chemisch ☒ aromatisch
☐ jauchig ☐ modrig ☐ faulig

Einleitungen: keine

Verunreinigungen: etwas Rasenschnitt auf der Wasseroberfläche; einzelne Getränkedosen am Ufer

Material: Marmeladenglas; Wasserschöpfbecher; Thermometer; Zollstock; Uhr; Bestimmungsbücher; Lupen; Sammelgläser; Küchensieb oder Wasserkäscher; weiße Kunststoffschale; Tuschkastenpinsel; Protokollblätter; Bleistift

Durchführung: *Lufttemperatur:* Halte das Thermometer drei Minuten lang in einem Meter Höhe in den Körperschatten und lies die Temperatur ab.
Strömungsgeschwindigkeit: Bei Fließgewässern lege den Zollstock an das Ufer, wirf ein Holzstück auf das Wasser und bestimme die Zeit, die das Holz benötigt um eine Strecke von zwei Metern zurückzulegen. Berechne die Strömungsgeschwindigkeit in m/s.
Wasseruntersuchung: Entnimm eine Wasserprobe, gib sie in das Marmeladenglas und führe sofort die Untersuchungen durch. Halte zunächst das Thermometer drei Minuten lang in die Wasserprobe und lies die Temperatur ab. Beurteile Färbung und Trübung des Wassers. Schüttle das Wasser kräftig im verschlossenen Marmeladenglas und beurteile die Schaumbildung. Eine starke Schaumbildung weist darauf hin, dass in dem Wasser sehr viele Reste abgestorbener Kleinlebewesen enthalten sind. Schüttle das Wasser erneut kräftig im verschlossenen Glas, öffne dann den Deckel und beurteile den Geruch.
Erfassung von Kleintieren im Wasser: Sammle jeweils fünf bis zehn Minuten lang Wassertiere zwischen Wasserpflanzen, unter Steinen und im Bodensediment. Führe dabei den Käscher gegen die Strömung. Übertrage die Tiere mit dem Pinsel in die mit etwas Wasser gefüllte Schale. Halte sie stets kühl und setze die Tiere nach der Untersuchung umgehend an der Probestelle wieder aus. Sollen Tiere im Unterrichtsraum untersucht werden, so müssen sie ständig kühl gehalten und nach der Untersuchung sofort wieder am Entnahmeort ausgesetzt werden. Beachte die Naturschutzbestimmungen.

Aufgaben: a) Erstelle Protokollblätter zur Gewässeruntersuchung entsprechend dem nebenstehenden Muster.

b) Erstelle Gewässeruntersuchungsprotokolle unterschiedlicher Gewässer. Trage jeweils die Ergebnisse deiner Untersuchungen sowie Einleitungen, Verunreinigungen und sonstige Bemerkungen zum Gewässer in das Protokollblatt ein.

c) Bestimme ausgewählte Pflanzen sowie die gefangenen Kleintiere. Verwende auch den Bestimmungsschlüssel auf Seite 159. Schreibe Namen und Häufigkeit der Arten auf die Rückseite des Erfassungsbogens. Notiere die Häufigkeit durch folgende Symbole: 1 Einzelexemplar; 2 wenige Exemplare; 3 häufig; 4 massenhaft

d) Fertige auf Millimeterpapier eine Realkartierung im und am Gewässer an.

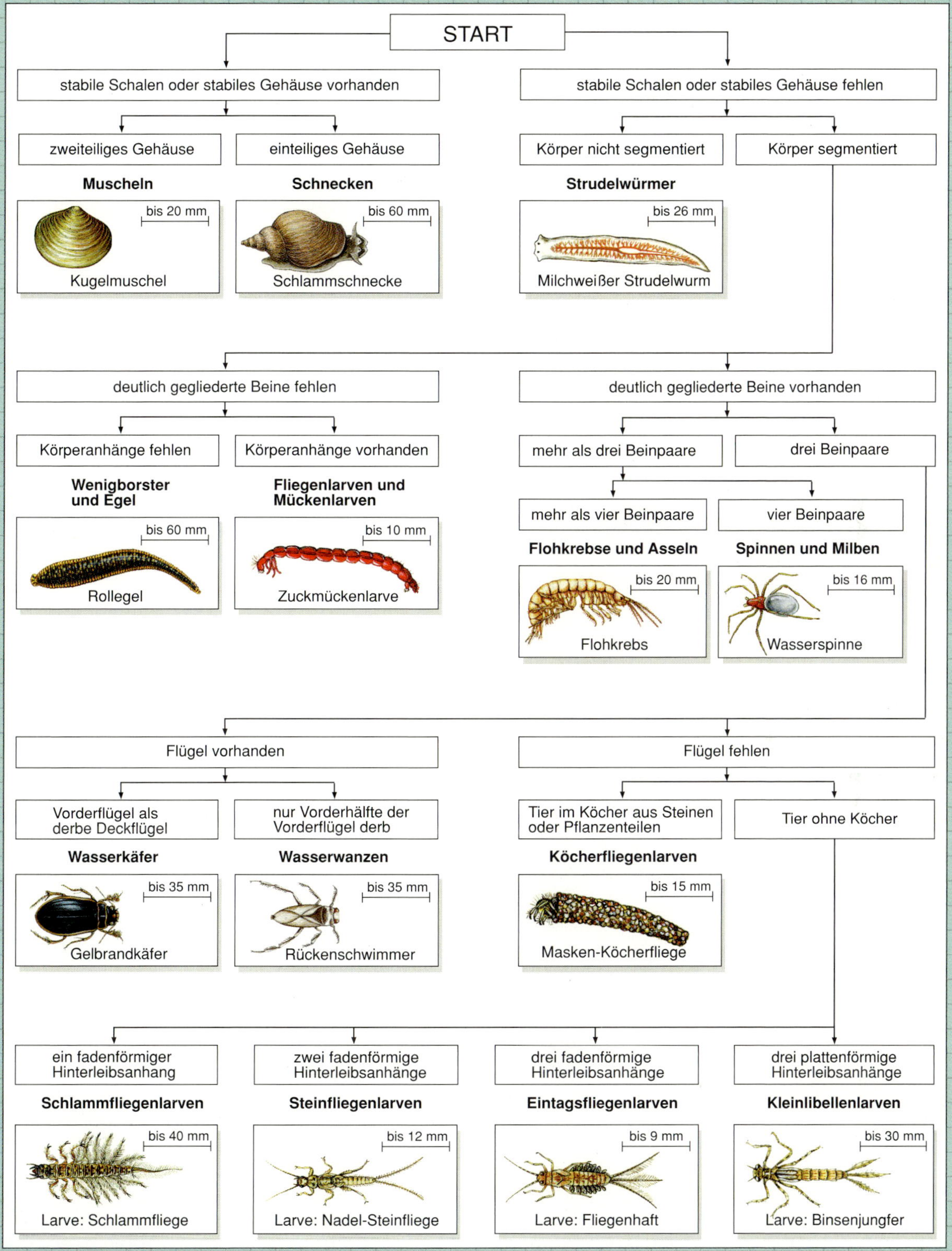

Bestimmungsschlüssel für häufige wirbellose Tiere des Süßwassers

Übung

Schulteich

V1 Anlage eines Schulteiches

Arbeitsschritte beim Bau eines Schulteiches.
A *Erstellung des Bau- und Pflanzplanes;* ***B*** *Ausheben der Teichgrube;* ***C*** *Abdichtung des Gewässerbodens mit Folie und ungebrannten Tonziegeln;* ***D*** *Flutung und Bepflanzung des Gewässers*

Material: Teichfolie von mindestens einem Millimeter Dicke; Spaten; Schaufeln; Sand; Ton; Wasserpflanzen; Sumpfpflanzen

Durchführung: a) Die Wahl eines geeigneten Standortes gehört zu den wichtigsten Vorbereitungen beim Teichbau. Der Teich muss so angelegt werden, dass das Gewässer viel Licht bekommt und langfristig nicht stört. Es sollte deshalb ein etwas abseits gelegener, sonniger Platz auf dem Schulgelände gewählt werden. Im Herbst dürfen möglichst keine Blätter in das Wasser fallen.

b) Die Teichgrube wird ausgehoben. Der Teich muss in der Mitte mindestens 120 cm tief sein, damit Wassertiere im Winter unter einer Eisdecke überleben können. Weiterhin sollte eine mindestens 100 cm breite und bis zu 30 cm tiefe Flachwasserzone vorhanden sein, in der sich das Wasser rasch erwärmt. Wechselwarme Tiere werden hier bei Sonnenschein schnell aktiv.

c) Die Innenwände der Teichgrube werden geglättet und von spitzen Gegenständen wie z. B. scharfkantigen Steinen und abgebrochenen Wurzeln befreit. Bei Bedarf bringt man etwas Feinsand auf den Untergrund. Anschließend legt man die Teichfolie in die Mulde. Falls möglich, sollte als zusätzliche Abdichtung und Schutz eine Schicht ungebrannter Tonziegel auf die Folie gelegt werden. Auf die Teichabdichtung bringt man eine mindestens 5 cm dicke Schicht aus nährsalzarmem Sand. Der Folienrand kann zusätzlich mit Steinen befestigt werden.

d) Jetzt füllt man Wasser in den Teich. Anschließend setzt man Sumpf- und Wasserpflanzen ein, die man aus anderen Garten- oder Schulteichen oder im Fachhandel besorgt. Man sollte bevorzugt empfindliche und langsam wachsende Pflanzen, zum Beispiel Fieberklee, Sumpfcalla, Sumpfblutauge, Krebsschere und Wasserschlauch in den neuen Teich einbringen. Sie können sich dann ohne Konkurrenz ausbreiten und werden nicht sofort von wuchsfreudigen Arten verdrängt. Im Herbst werden zusätzlich Samen von Sumpf- und Uferpflanzen gesammelt und ausgesät.

e) Zum Schluss legt man eine Protokollmappe an, in welcher regelmäßig Gewässeruntersuchungsprotokolle, Fotos und sonstige Unterlagen über den Schulteich gesammelt werden.

f) Einmal im Jahr, im Herbst oder im Frühjahr, entfernt man einen Teil der Pflanzen. Die Bestände der sich stark ausbreitenden Arten werden jetzt reduziert.

Umweltausschuss-Sitzung

Streifzug durch die Politik

Ausschussvorsitzender: „Sehr geehrte Damen und Herren, ich begrüße Sie zur Sitzung des Umweltausschusses. Wir haben uns heute mit der Gewässerunterhaltung am Kollerbach zu beschäftigen. Hier hat der zuständige Unterhaltungsverband eine Pflegemaßnahme durchgeführt, die nach Auffassung des örtlichen Naturschutzverbandes schwerwiegende Folgen für die Gewässerlebensgemeinschaft hat. Der Naturschutzbehörde liegen außerdem zahlreiche Protestschreiben aus der Bevölkerung vor. Die Positionen der verschiedenen Interessengruppen werden uns der Geschäftsführer des Unterhaltungsverbandes, der Vorsitzende des Landvolkes und der zuständige Naturschutzbeauftragte vorstellen. Ich erteile zunächst dem Geschäftsführer des Unterhaltungsverbandes das Wort."

Geschäftsführer: „Der Kollerbach wurde vor etwa 50 Jahren begradigt und ausgebaut. Leider hat man die Unterhaltung des Gewässers aus Kostengründen seit vielen Jahren vernachlässigt. Auf dem östlichen Ufer ist deshalb ein überwiegend aus Erlen bestehender Gehölzstreifen aufgewachsen. Außerdem hat sich durch Sandablagerungen die Gewässertiefe vermindert, so dass der ordnungsgemäße Abfluss des Wassers in den letzten Jahren nicht mehr gewährleistet werden konnte. Unser Verband ist per Gesetz verpflichtet, den Ausbauzustand zu erhalten und für einen geregelten Wasserabfluss zu sorgen. Wenn wir unserer Sorgfaltspflicht nicht nachkommen, können wir regresspflichtig gemacht werden."

*4 **Gewässerunterhaltung am Kollerbach. A** vorher; **B** während der Maßnahme; **C** nach der Maßnahme; **D** ein Jahr später*

3 Schreibe die Argumente der Fachleute in Stichpunkten auf.

4 Führe die Umweltausschusssitzung als Rollenspiel auf. Vier Schüler tragen zunächst die Argumente vor. Anschließend nehmen alle an der Diskussion teil.

Landvolkvorsitzender: „Die am Kollerbach liegenden landwirtschaftlichen Flächen sind heute weitgehend von Grünland in Acker umgewandelt. Überschwemmungen führen daher zu Ertragseinbußen und bereiten Probleme bei der Bewirtschaftung mit schwerem Ackergerät. Beim letzten Frühjahrshochwasser versoffen mindestens zehn Hektar Getreide und mussten erneut eingesät werden. Wir fordern deshalb als Vertreter der betroffenen Landwirte Schadensersatz."

Naturschutzbeauftragter: „Viele seltene und geschützte Arten hatten im Kollerbach einen Lebensraum. Durch die Beseitigung der Gehölze wurden insbesondere die für einige geschützte Kleinfische lebenswichtigen unterhöhlten Ufer beseitigt. Außerdem haben die Gehölze den Eintrag des Düngers von angrenzenden Äckern in das Gewässer behindert und das Bachwasser beschattet. In Zukunft werden wir im Kollerbach mehr Dünger, mehr Licht und eine durch die Besonnung höhere Wassertemperatur haben. Dies sind ideale Lebensbedingungen für Wasserpflanzen, die sich in Massen entwickeln werden. Man wird deshalb häufiger als bisher den Bach entkrauten müssen. Hierdurch entstehen zusätzliche Kosten und ständige Störungen für die Tierwelt. Da die Wasserpflanzen bei der Entkrautung auf dem Gewässerufer abgelegt werden, sind außerdem Schäden für einige Vorkommen seltener Uferpflanzen zu befürchten."

Ausschussvorsitzender: „Ich bedanke mich für die Ausführungen und eröffne die Diskussion."

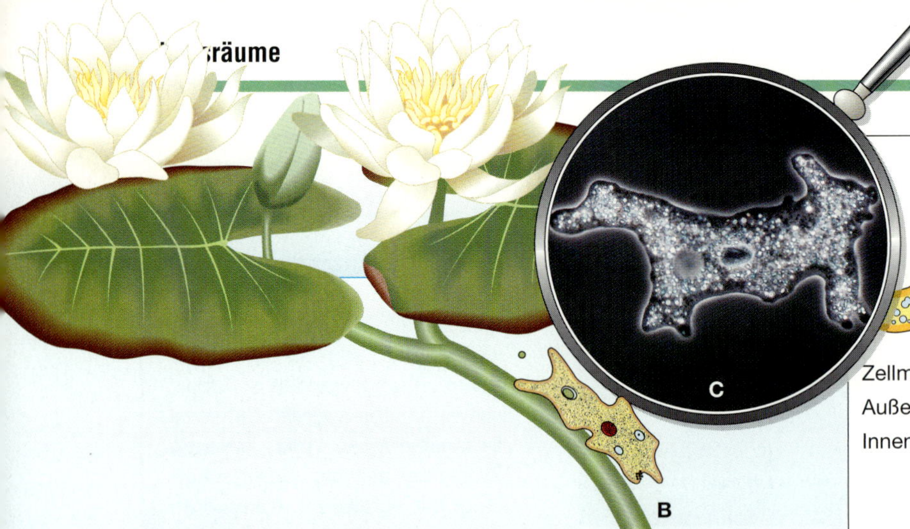

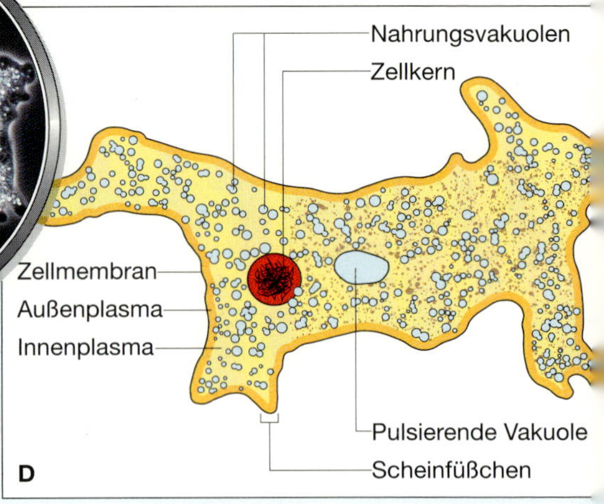

4.3 Amöben haben keine feste Gestalt

In Proben aus dem Schlamm eines Teichs oder von der Unterseite eines Wasserpflanzenblattes findet man manchmal unter dem Mikroskop farblose gallertartige Klumpen, die sich langsam fortbewegen. Es sind **Amöben.** Ihr Körper besteht aus nur einer Zelle: Amöben sind **Einzeller.** Mit im wahrsten Sinne des Wortes fließenden Bewegungen gleiten sie über den Untergrund. Dabei fließt das körnige **Innenplasma** in das von der **Zellmembran** umhüllte klare **Außenplasma.** So entstehen Ausstülpungen der Zellhülle, die **Scheinfüßchen,** auf denen der Amöbenkörper langsam „läuft“: etwa einen Zentimeter in zwei Stunden! Am hinteren Ende zieht sich das Zellplasma wieder zusammen, die Scheinfüßchen verschwinden. Wegen ihres ständigen Gestaltwechsels heißt die Amöbe auch **Wechseltierchen.**

Die Amöbe frisst mit ihrer ganzen Zelloberfläche: Trifft sie auf ein Nahrungsteilchen, das ein anderer Einzeller, eine Grünalge oder ein Bakterium sein kann, so umschließt sie seinen Körper mit ihrer Zellmembran. Die so entstandene Blase wandert als *Nahrungsvakuole* durch die Amöbe. Mithilfe von Verdauungssäften wird der Inhalt aufgelöst und in die Zelle aufgenommen. Die Vakuolenmembran verschmilzt dann mit der Zellmembran. Auf diese Weise werden unverdauliche Reste nach außen abgegeben. Über die Zellmembran dringt ständig Wasser in die Amöbe. Überschüssiges Wasser und gelöste Abfallstoffe werden in ein Bläschen, eine Vakuole, gefüllt. Diese wird dadurch allmählich größer, gelangt zur Zelloberfläche und entleert ihren Inhalt nach außen. Dieser Vorgang wiederholt sich regelmäßig. Man spricht daher von einer **Pulsierenden Vakuole.**

Im Zellplasma liegt der kugelige **Zellkern.** Ist die Amöbe unter günstigen Lebensbedingungen auf eine bestimmte Größe herangewachsen, teilt sich zunächst der Zellkern in zwei Tochterkerne, bevor sich der gesamte Zellkörper in zwei gleich große Zellen durchschnürt. Die Tochterzellen wachsen zur ursprünglichen Größe heran.
Verschlechtern sich die Lebensbedingungen, z. B. bei Eintreten von Trockenheit oder Kälte, kugelt sich die Amöbe ab und bildet eine Hülle aus zähem Schleim. In dieser **Zyste** ruht das Tier, bis sich seine Lebensbedingungen wieder verbessern.

Amöben sind Einzeller, die ihre Form verändern können. Man nennt sie Wechseltierchen. Ihre Nahrung nehmen sie auf, indem sie ihren Zellleib um die Beute stülpen. Ihren Wasserhaushalt regeln sie mit einer Pulsierenden Vakuole. Sie vermehren sich durch Teilung. Sie bilden Dauerformen, die Zysten.

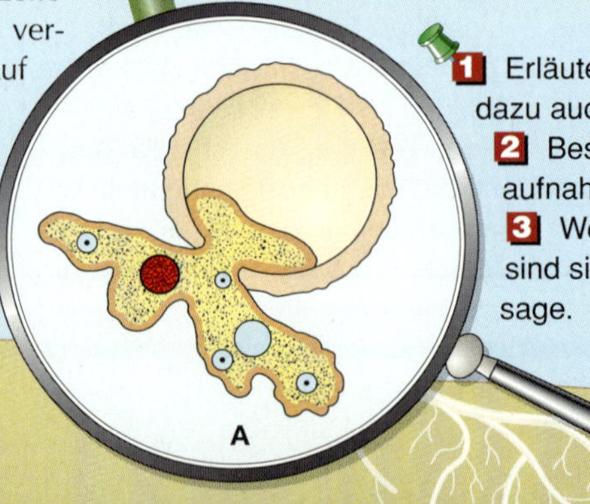

1 ***Amöbe. A*** *aus Zyste schlüpfend;* ***B*** *Bewegung und Nahrungsaufnahme;* ***C*** *mikroskopische Aufnahme;* ***D*** *Schema*

1 Erläutere den Begriff Einzeller. Nimm dazu auch die Pinnwand Seite 167 zu Hilfe.

2 Beschreibe den Ablauf der Nahrungsaufnahme anhand der Abbildung 1B.

3 Werden Amöben nicht gefressen, sind sie unsterblich. Erläutere diese Aussage.

4.4 Pantoffeltierchen sind kompliziert gebaut

In Pfützen und anderen Gewässern findet man Einzeller, deren Körperoberfläche von Wimpern bedeckt ist. Diese **Wimpertierchen** leben überwiegend von Bakterien, die Pflanzen zersetzen, aber auch von einzelligen Grünalgen.

Ein auffälliges Wimpertier ist das *Pantoffeltierchen.* Im Unterschied zur Amöbe zeigt es eine feste, pantoffelähnliche Gestalt. Das *Innenplasma* wird hier von einer verdichteten, elastischen Plasmaschicht und von der *Zellmembran* umschlossen.

Die gesamte Oberfläche des Einzellers ist mit *Wimpern* besetzt, die sich wie kleine Peitschen schnell nach unten bewegen, um sich dann langsam wieder zu heben. Da alle Wimpern aufeinander abgestimmt schlagen, entsteht eine Vorwärtsbewegung des Einzellers. Dabei dreht er sich um seine Längsachse. Im Vergleich zu Amöben bewegen sich Pantoffeltierchen sehr schnell.

Besonders dicht stehen die Wimpern in einer Einbuchtung des Zellkörpers, dem *Mundfeld.* Die Wimpern erzeugen hier durch ihr Schlagen einen gleichmäßigen Wasserstrom, der Nahrung in den trichterförmigen *Zellmund* transportiert. Dort stülpt sich die Zellmebran mit der Nahrung in die Zelle ein und schnürt eine *Nahrungsvakuole* ab. Auf einer festgelegten Bahn wird diese nun durch den Körper des Pantoffeltierchens transportiert. Dabei wird die Nahrung verdaut, indem Verdauungssäfte in das Innere der Vakuole abgeschieden und die freigesetzten Nährstoffe aus der Vakuole in den Zellleib aufgenommen werden. Unverdauliche Reste werden durch einen so genannten *Zellafter* ausgeschieden, indem die dann als Kotvakuole bezeichnete Blase wieder mit der Zellmembran verschmilzt und ihren Inhalt nach außen abgibt.

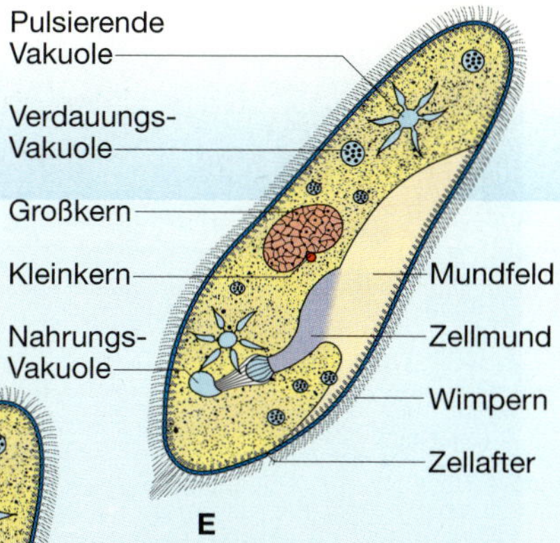

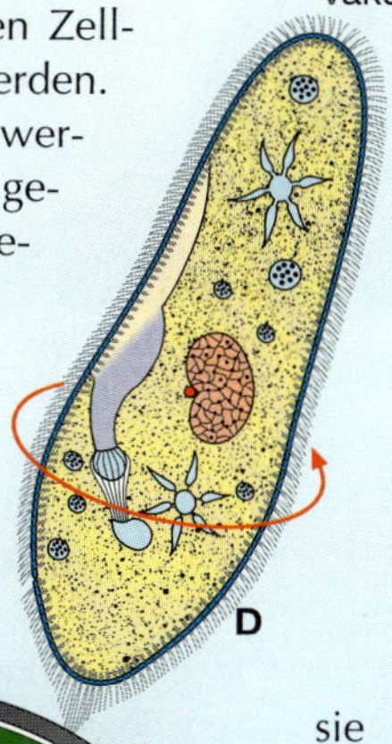

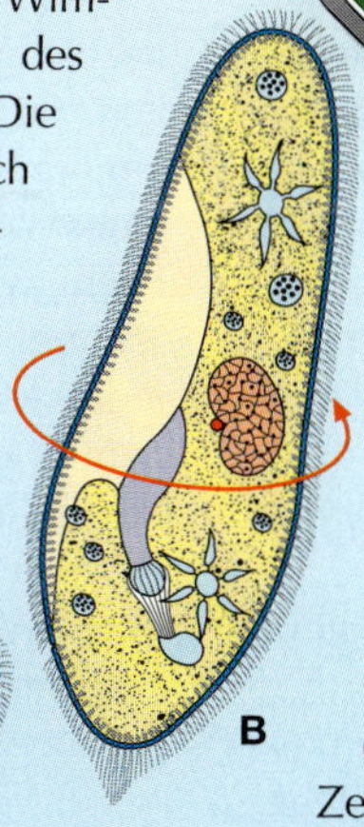

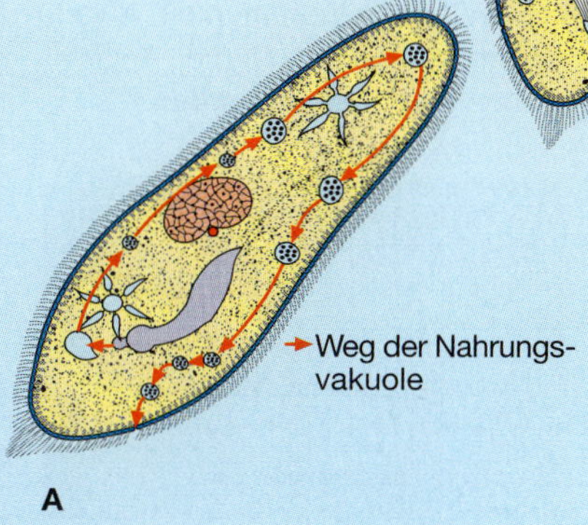

1 Pantoffeltierchen. A *bei der Verdauung;* **B** *in Bewegung;* **C** *Foto;* **D** *in Bewegung;* **E** *Bau (Schema)*

Im vorderen und hinteren Bereich des Zellleibes liegt je eine **Pulsierende Vakuole,** ein Bläschen, zu dem sternförmig angeordnete Kanäle überschüssiges Wasser und Abfallstoffe hinführen. Rhythmisch füllt sich die Vakuole und gibt dann ihren Inhalt durch die Zellmembran nach außen ab.

Das Pantoffeltierchen besitzt zwei **Zellkerne,** einen **Großkern** und einen **Kleinkern.** Bei der Fortpflanzung teilen sich zunächst beide Kerne, bevor sich die Zelle quer teilt.

Auch Pantoffeltierchen werden von Fressfeinden bedroht. Dabei sind sie aber nicht wehrlos: Unter der Zellmembran befinden sich Eiweißnadeln, die *Trichocysten,* die bei Gefahr ausgeschleudert werden und Feinde abwehren können. Sie bilden sich nach Verbrauch wieder neu.

> Pantoffeltierchen sind Einzeller, die zu den Wimpertierchen zählen. Sie bewegen sich mithilfe einer großen Zahl wellenförmig bewegter Wimpern fort. Sie besitzen neben einem Klein- auch einen Großkern. Mit zwei Pulsierenden Vakuolen regulieren sie ihren Wasserhaushalt.

1 Vergleiche den Bau von Pantoffeltierchen und Rädertier. Nimm die Pinnwand Seite 167 zu Hilfe.

2 Beschreibe die Fortpflanzung des Pantoffeltierchens mithilfe der Zeichnung am Rande dieser Seite.

3 Pantoffeltierchen teilen sich im Gegensatz zu vielen anderen Einzellern immer quer und nicht längs. Erläutere die Form der Teilung. Nimm die Abbildung 1E zu Hilfe.

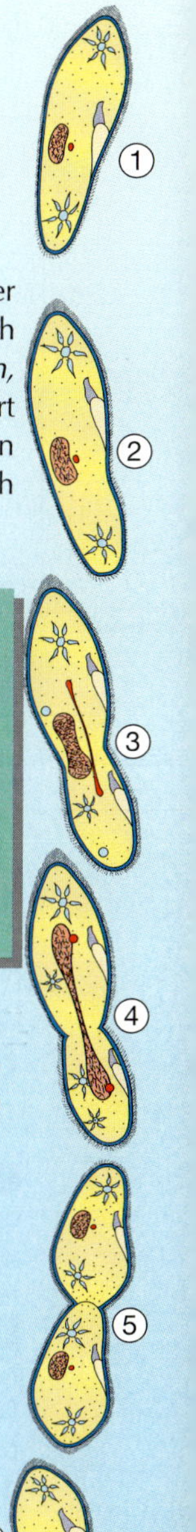

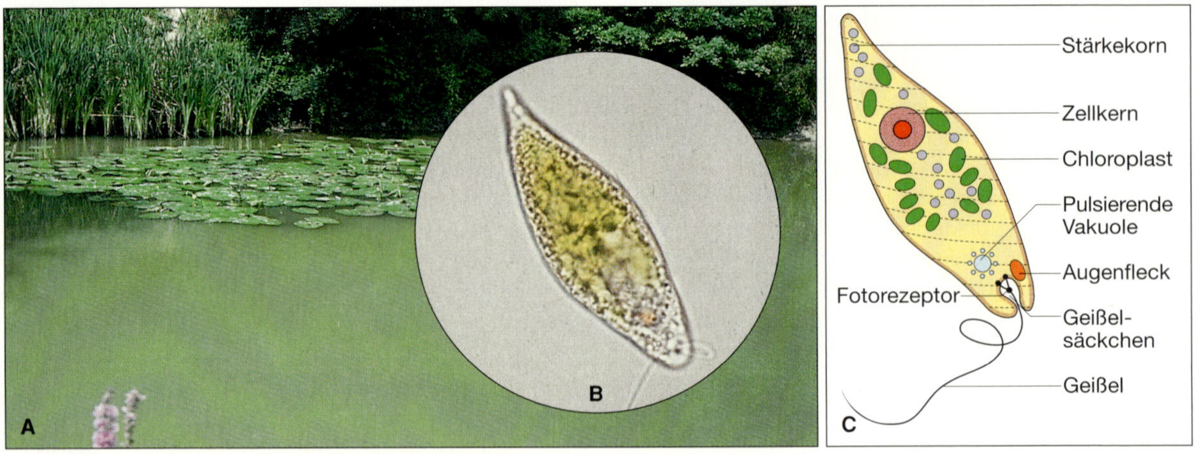

1 ***Augentierchen.*** ***A*** *im Lebensraum;* ***B*** *mikroskopische Aufnahme;* ***C*** *Schema*

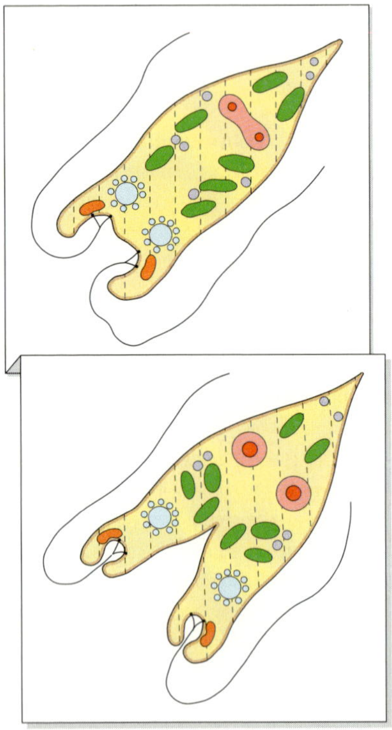

2 Längsteilung bei Augentierchen

1 Nenne Merkmale, die die Einordnung des Augentierchens entweder als Tier oder als Pflanze rechtfertigen.

2 Durch Längsteilung können sich Augentierchen ungeschlechtlich vermehren. Beschreibe diese Form der Vermehrung mithilfe der Abbildung 2.

4.5 Augentierchen färben Tümpel grün

In einen Tümpel ist Jauche geflossen. Tage später ist das Wasser intensiv grün gefärbt. Untersucht man das Wasser im Mikroskop, findet man neben anderen Einzellern vor allem das spindelförmige, grün gefärbte etwa 0,05 Millimeter große Augentierchen *Euglena.* Die grüne Färbung stammt vom Chlorophyll in den **Chloroplasten.** Mit ihnen kann Euglena über Fotosynthese den Nährstoff Stärke selbst herstellen. Augentierchen sind also *autotroph.* Leben Augentierchen lange im Dunkeln, verlieren sie ihr Chlorophyll. Die Nährstoffe werden dann von außen durch die Zellmembran aufgenommen. Man sagt, Euglena ernährt sich unter diesen Bedingungen *heterotroph.*

Zur Fortbewegung besitzt Euglena eine **Geißel.** Mit propellerartiger Bewegung zieht sie das Augentierchen durch das Wasser. Dabei dreht sich der ganze Körper um seine Längsachse. Einzeller mit Geißeln gehören zu den **Geißelträgern** oder *Flagellaten.*

Wenn man ein Becherglas, in dem sich Wasser mit Augentierchen befindet, von der Seite mit einer Lampe beleuchtet, sammeln sich die Einzeller im Lichtkegel. Sie können also in Richtung einer Lichtquelle schwimmen. Um die Lichtorientierung und die Fortbewegung des Augentierchens näher zu beschreiben, muss zunächst der Bau der Geißel und der Bau des unter dem Mikroskop sichtbaren orangenen „Augenflecks" betrachtet werden: Die Geißel entspringt dem *Geißelsäckchen* am Vorderende des Augentierchens. Eine zweite kurze Geißel ist hier mit der langen Zuggeißel verschmolzen. An dieser Stelle liegt ein lichtempfindlicher *Fotorezeptor.* Bei jeder Umdrehung des Augentierchens wird er vom Augenfleck beschattet. Euglena ändert daraufhin jedes Mal ihre Richtung zum Augenfleck hin und schwimmt so auf die Lichtquelle zu. Der Augenfleck ist also nicht wie früher fälschlicherweise angenommen ein Auge. Allerdings ist der Name Augentierchen beibehalten worden.

Das Augentierchen gehört zu den einzelligen Geißelträgern.
Es kann sich sowohl autotroph als auch heterotroph ernähren.
Es bewegt sich mit seiner Geißel fort und es kann sich zum Licht hin orientieren.

Übung

Einzeller

A1 Nahrungsaufnahme beim Pantoffeltierchen

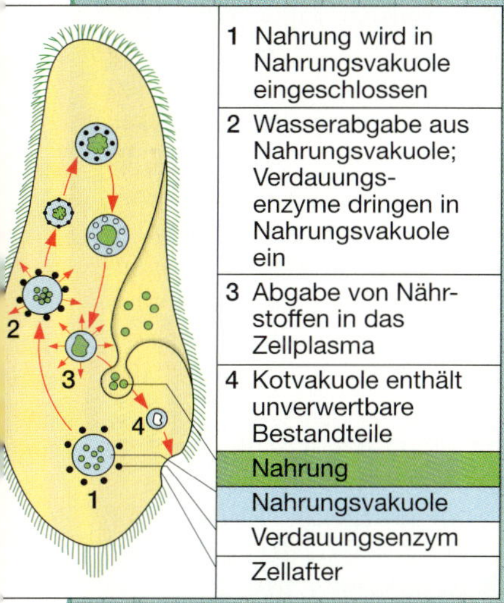

Beschreibe Nahrungsaufnahme und Verdauung beim Pantoffeltierchen. Nenne Unterschiede zur Nährstoffgewinnung beim Augentierchen.

A2 Pulsierende Vakuole beim Pantoffeltierchen

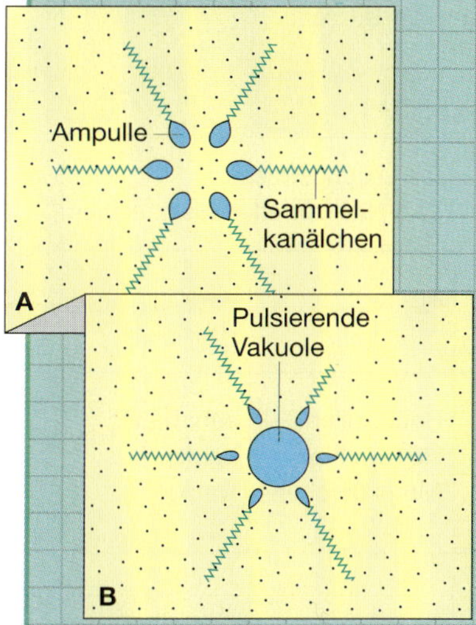

Aufsicht

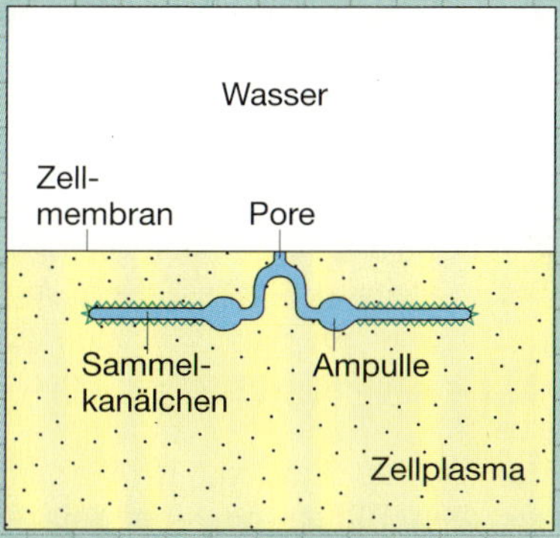

Querschnitt

a) Beschreibe den Aufbau und die Funktion der Pulsierenden Vakuole. Verwende auch die Abbildungen und den Text auf Seite 163.

b) Zeichne die in Abbildung B dargestellte Vakuole im Querschnitt. Zeichne mit Pfeilen den Weg des Wassers ein.

A3 Festsitzende Wimpertierchen

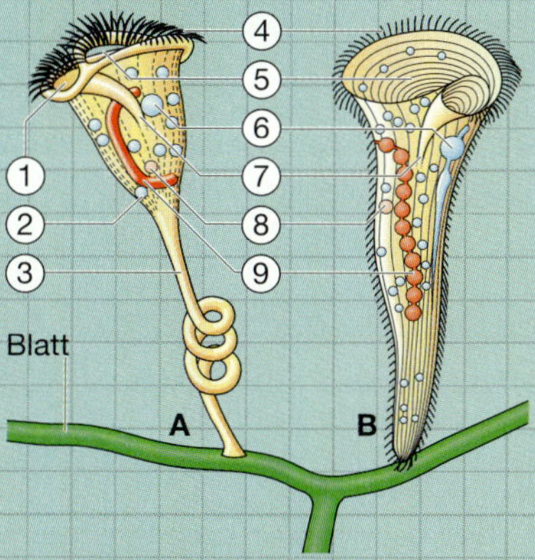

***Wimpertierchen. A** Glockentierchen; **B** Trompetentierchen*

a) Ordne den Ziffern in der Zeichnung die entsprechenden Begriffe zu.

b) Vergleiche Bau und Lebensweise von Glockentierchen, Trompetentierchen und Pantoffeltierchen.

A4 Dauerformen bei Amöben

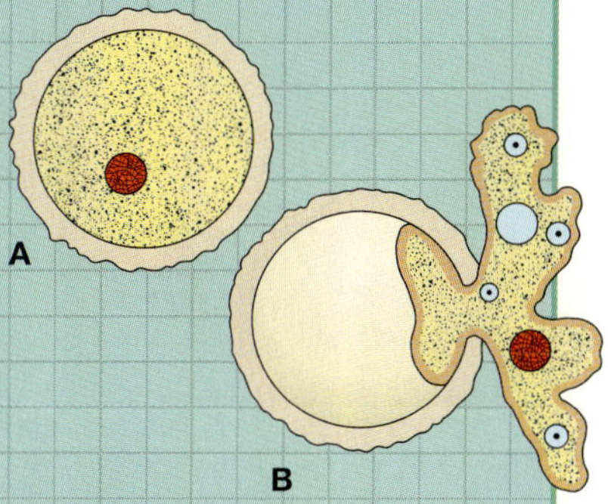

***Amöbe. A** Zyste; **B** schlüpfendes Tier*

Zysten sind Dauerformen von Amöben, mit denen sie Kälte oder Trockenheit überstehen und durch den Wind verbreitet werden können. Beschreibe die zellulären Veränderungen bei der Umwandlung zur Zyste und beim Schlüpfen.

A5 Nahrungsbeziehungen von Einzellern

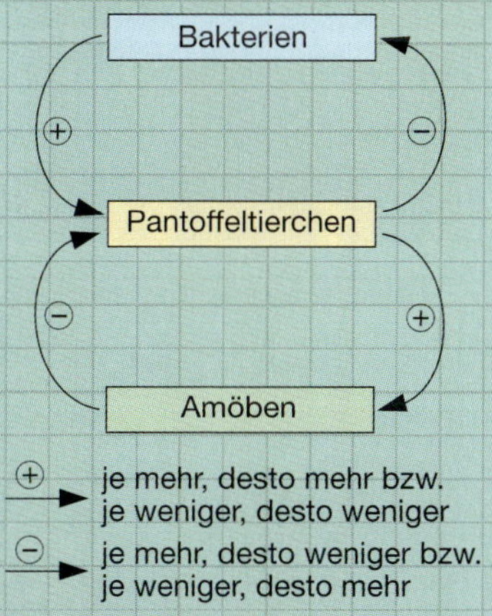

Beschreibe die zwischen Bakterien, Pantoffeltierchen und Amöben bestehenden Nahrungsbeziehungen.

Übung

Heuaufguss

Heuaufguss

V1 Herstellung eines Heuaufgusses

Material: Glasgefäß (ein oder zwei Liter); Heu; Tümpel- oder Pfützenwasser

Durchführung: Eine Hand voll Heu wird in kleinere Stücke zerteilt und in das Glas gegeben. Gibt man zu viel Heu in den Ansatz, so verfault er leicht!

Man füllt das Glasgefäß mit Wasser aus dem Tümpel oder der Pfütze auf.

Das Glasgefäß wird beschriftet mit Datum und Herkunft des Wassers und bei Raumtemperatur (20 °C bis 25 °C) an einen hellen Ort ohne direkte Sonneneinstrahlung gestellt.

Anmerkung: In wenigen Tagen entwickelt sich an der Oberfläche des Wassers eine milchig trübe, dünne Haut, die *Kahmhaut.* Sie besteht aus Bakterien, die die Nahrungsgrundlage für weitere Kleinstlebewesen sind, die sich im Heuaufguss entwickeln.

Die meisten anderen Lebewesen stammen aus dem Tümpel- oder Pfützenwasser.

Entsprechend ist die Artenvielfalt je nach Herkunft des Wassers sehr verschieden.

Die Häufigkeit der Lebewesen verschiedener Arten ändert sich im Heuaufguss sehr stark. Gibt es anfangs fast nur Bakterien, findet man nach einigen Tagen viele Wimpertierchen. Deren Zahl ist nach drei Wochen wieder kleiner, die anderer Lebewesen höher.

Aufgaben: a) Fertige Heuaufgüsse mit verschiedenen Wasserproben an, notiere jeweils die Herkunft des Wassers und das Datum des Ansatzes.

b) Beobachte und protokolliere Veränderungen im Heuaufguss.

c) Mikroskopiere Proben aus verschiedenen Bereichen des Heuaufgusses nach 10, 20, 30 Tagen und bestimme die Lebewesen mithilfe der Abbildungen der Pinnwand Seite 167.

Schätze die Häufigkeit der von dir bestimmten Lebewesen. Es genügt jeweils die Angabe sehr häufig, häufig, wenig.

d) Erkläre die Änderungen der Häufigkeit der verschiedenen Arten im Heuaufguss im Laufe der Zeit. Beachte die Informationen auf dieser Seite.

Heuaufguss aus Tümpelwasser / Pfützenwasser / Leitungswasser / destilliertem Wasser*) 	*) Nichtzutreffendes streichen

Datum	Herkunft der Probe	Alter und Aussehen	Arten	jeweilige Häufigkeit
13.8.98	Oberfläche (Kahmhaut)	sechs Tage; Farbe hell gelblich	Heubazillen Heutierchen Nierentierchen …	sehr häufig häufig wenige

Muster eines Protokolls

HEUAUFGUSS

Pinnwand

Lebewesen im Heuaufguss

Name: ***Rüssel-Rädertier***
Größe: 0,23 mm lang
Kennzeichen:
aus zwei Wimpernfeldern bestehendes Räderorgan am Vorderende; es dient dem Herbeistrudeln der Nahrung
Besonderheit:
Rädertiere bestehen aus ca. 1000 Zellen; geschlechtliche Fortpflanzung; regelmäßig in Heuaufgüssen zu finden

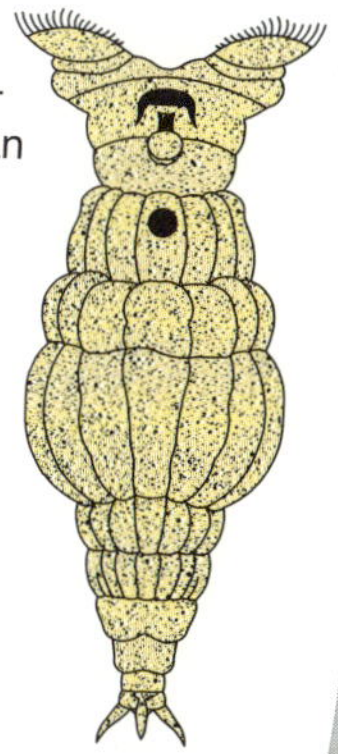

Dauerformen: Bei einer Verschlechterung der Lebensbedingungen können einzellige Lebewesen in Dauerformen übergehen. Sie scheiden Wasser aus und kugeln sich zu einer Zyste ab. Diese hat eine dicke, widerstandsfähige Wand, die Austrocknung und Erfrieren des Einzellers verhindert. Verbessern sich die Lebensbedingungen, entschlüpfen den Zysten wieder lebensfähige Einzeller. Darüber hinaus kann die Zyste zur Verbreitung dienen: Sie kann z. B. an Vogelgefieder haften.

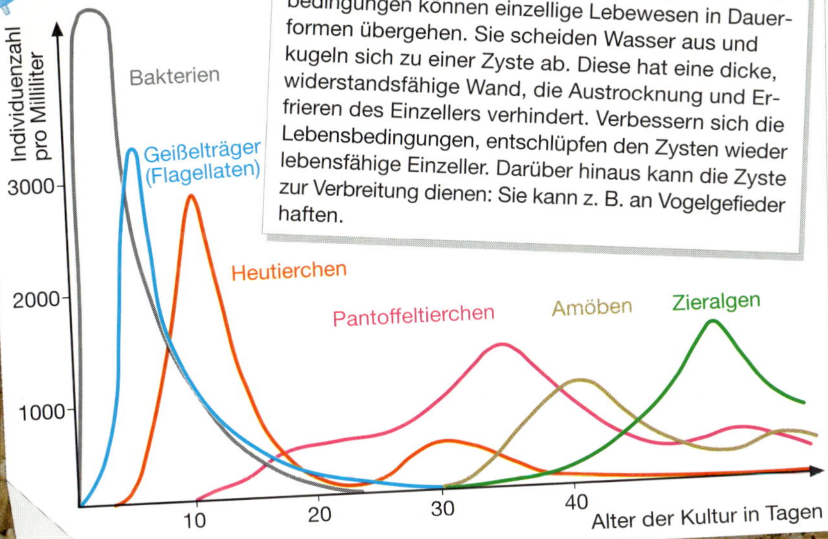

Einzellige Lebewesen im Heuaufguss

Nr.	deutscher Name	Größe in $\frac{1}{1000}$ mm
1	Heubakterien	5
2	Flügelflagellat	15
3	Linsenflagellat	17
4	Hüllenflagellat	18
5	Grünes Augentier (Euglena)	50
6	Zyste der Euglena	30
7	2-geißeliger Flussflagellat	19
8	Geblähter 8-Geißelflagellat	19
9	Nierentierchen	60
10	Ohrenpantoffeltierchen	150
11	Geschwänztes Pantoffeltierchen	240
12	Tonnentierchen	58
13	Kleines Zuckerrüsseltierchen	100
14	Großes Zuckerrüsseltierchen	150
15	Grüne Zahnwalze	140
16	Sumpfwurm	650
17	Glockentierchen	75
18	Blaues Trompetentier	1400
19	Schlangenamöbe	100
20	Schlammamöbe	400
21	Uhrglastier (Schalenamöbe)	125
22	Kleine Mondalge	270
23	Mosaikgrünalge	10
24	Geschwänzte Gürtelalge	13
25	Schiefe Gürtelalge	10
26	Zackenrädchen	10
27	Spitzige Gürtelalge	22

4.6 Der Bach

Sprudelnd und schäumend fließt der Bergbach zwischen Felsen und Geröll. Der Bach ist ein **Fließgewässer,** das sich aus dem sauberen, kühlen Wasser einer **Quelle** entwickelt. Verfolgen wir den Bachlauf von der Quelle an.

Im quellnahen **Oberlauf** fließt das Wasser sehr schnell und hat über das ganze Jahr eine Temperatur zwischen 5 °C und 10 °C. Der Sauerstoffgehalt des Wassers ist sehr hoch. Neben wenigen sandigen Nischen bilden vor allem Felsen und große Steine den Gewässerboden. Die Wassertiefe ist nicht groß. Der Boden des Flachwassers wird von tieferen Stellen unterbrochen. Außer Wassermoos sind kaum andere Arten an Wasserpflanzen zu sehen. An die reißende Strömung sind die hier lebenden Tiere durch besondere Merkmale angepasst. Auf den Steinen findet man Lidmückenlarven, die mit ihren Saugnäpfen fest auf der Unterlage verankert sind. Die Köcherfliegenlarven besitzen einen „Köcher" aus Steinchen, der sie schwerer macht und vor dem Abdriften schützt. Eintagsfliegenlarven sind durch ihre flachen Körper der Wasserströmung angepasst. Leitfisch im quellnahen Oberlauf ist die Bachforelle, weshalb man diesen Bachabschnitt auch **Forellenregion** nennt. Etwas weiter entfernt von der Quelle, aber immer noch im Oberlauf, folgt die **Äschenregion.**

Weiter abwärts wird der Bach tiefer und die Wassertemperatur zeigt höhere Schwankungen. Im Sommer steigt sie bis auf 15 °C an, während sie im Winter auf Tiefsttemperaturen von etwa 4 °C sinkt. Die Strömungsgeschwindigkeit liegt unter einem Meter pro Sekunde und der Gewässerboden besteht aus Kies und Sand. Viele Köcherfliegenlarven bauen hier ihre Gehäuse aus Sand. Wir befinden uns im **Mittellauf,** der nach seinem Leitfisch auch **Barbenregion** heißt.

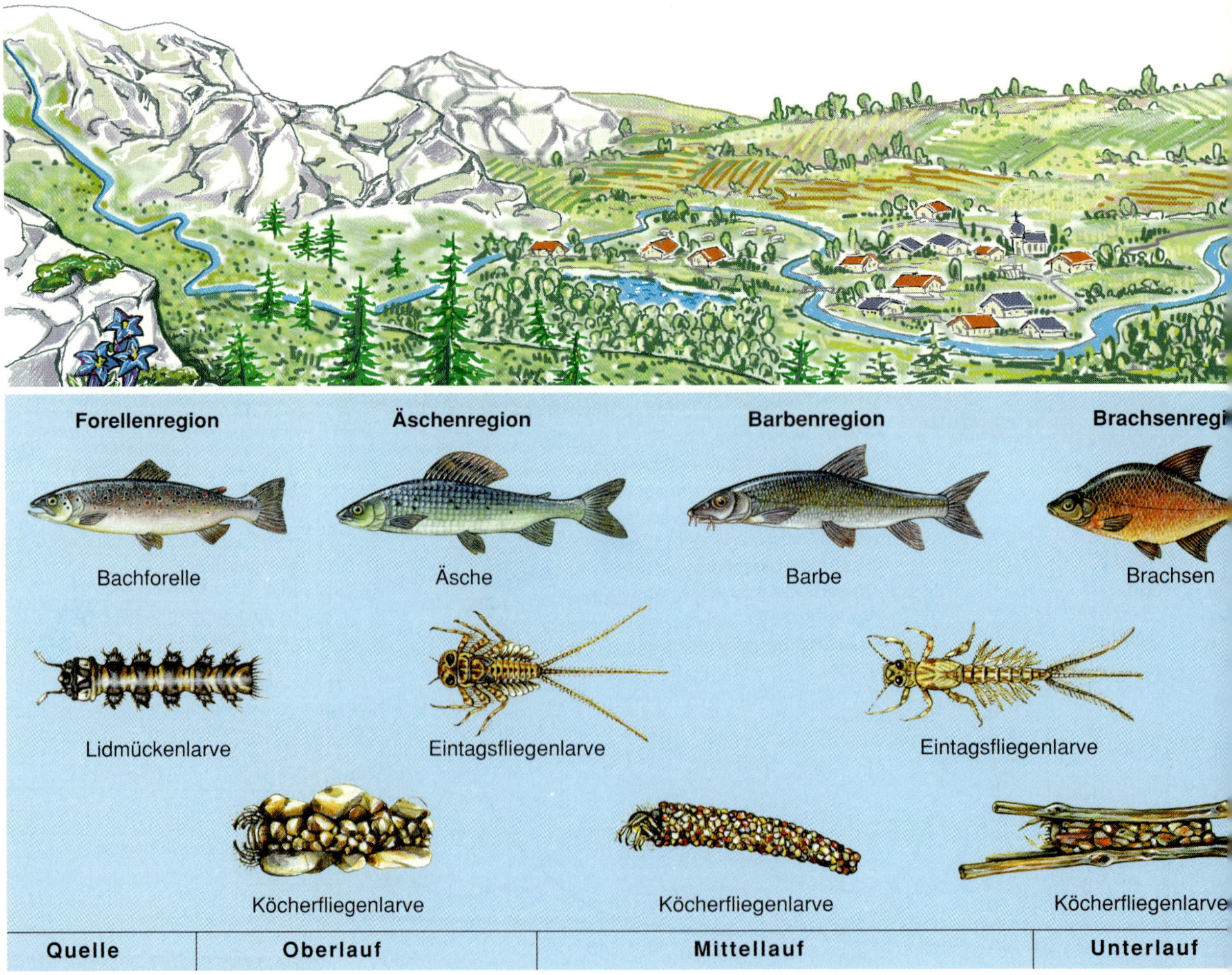

1 Der Bach im Überblick

Im **Unterlauf** des Baches erreicht das träge dahinströmende Wasser im Sommer Temperaturen bis etwa 20 °C, während es im Winter an der Oberfläche gefriert. Viele Wasserpflanzen leben hier. Die Köcherfliegenlarven bauen ihre Gehäuse deshalb meist aus Pflanzenteilen. Leitfisch im Unterlauf des Baches ist die Brachse, weshalb man diesen Abschnitt auch **Brachsenregion** nennt.

Das saubere und sauerstoffreiche Wasser eines Baches bietet somit optimale Lebensbedingungen für sehr viele Arten. Dieses natürliche Gewässer hat die **Güteklasse I.** Das Bild ändert sich, wenn zum Beispiel Abwasser aus einer unzureichend arbeitenden Kläranlage in großer Menge eingeleitet wird. Das Abwasser enthält sehr viele Nährstoffe und Abfallstoffe, die den Bach belasten. Das Wasser hat nun die **Güteklasse IV.** Wasserpflanzen gibt es kaum. Es findet eine starke Vermehrung der Destruenten statt. Unter Sauerstoffverbrauch zerlegen sie Stoffe von abgestorbenen Tieren in Nährsalze, was zum Absinken des Sauerstoffgehaltes im Wasser bis hin zur völligen Sauerstofffreiheit führen kann. Die meisten Tierarten sterben unter sauerstoffarmen Bedingungen und nur wenige Arten wie Schlammröhrenwürmer, Rattenschwanzlarven und Rote Zuckmückenlarven besiedeln massenhaft diesen Gewässerabschnitt. Durch den Abbau der Stoffe wird das Wasser klarer. Es treten wieder einige Wasserpflanzen auf. Wasserasseln, Rollegel und Quellenblasenschnecken gehören zu den typischen Tieren des stark verschmutzten Wassers der **Güteklasse III.** Erst im mäßig belasteten Wasser der **Güteklasse II** ist wieder eine große Artenvielfalt mit Köcherfliegenlarven, Flohkrebsen, Flussnapfschnecken und Eintagsfliegenlarven anzutreffen. Die Beseitigung der Gewässerverschmutzung durch die Lebensgemeinschaft des Baches nennt man **Selbstreinigung.** Arten, die für eine bestimmte Gewässergüte typisch sind, heißen **Zeigerorganismen.**

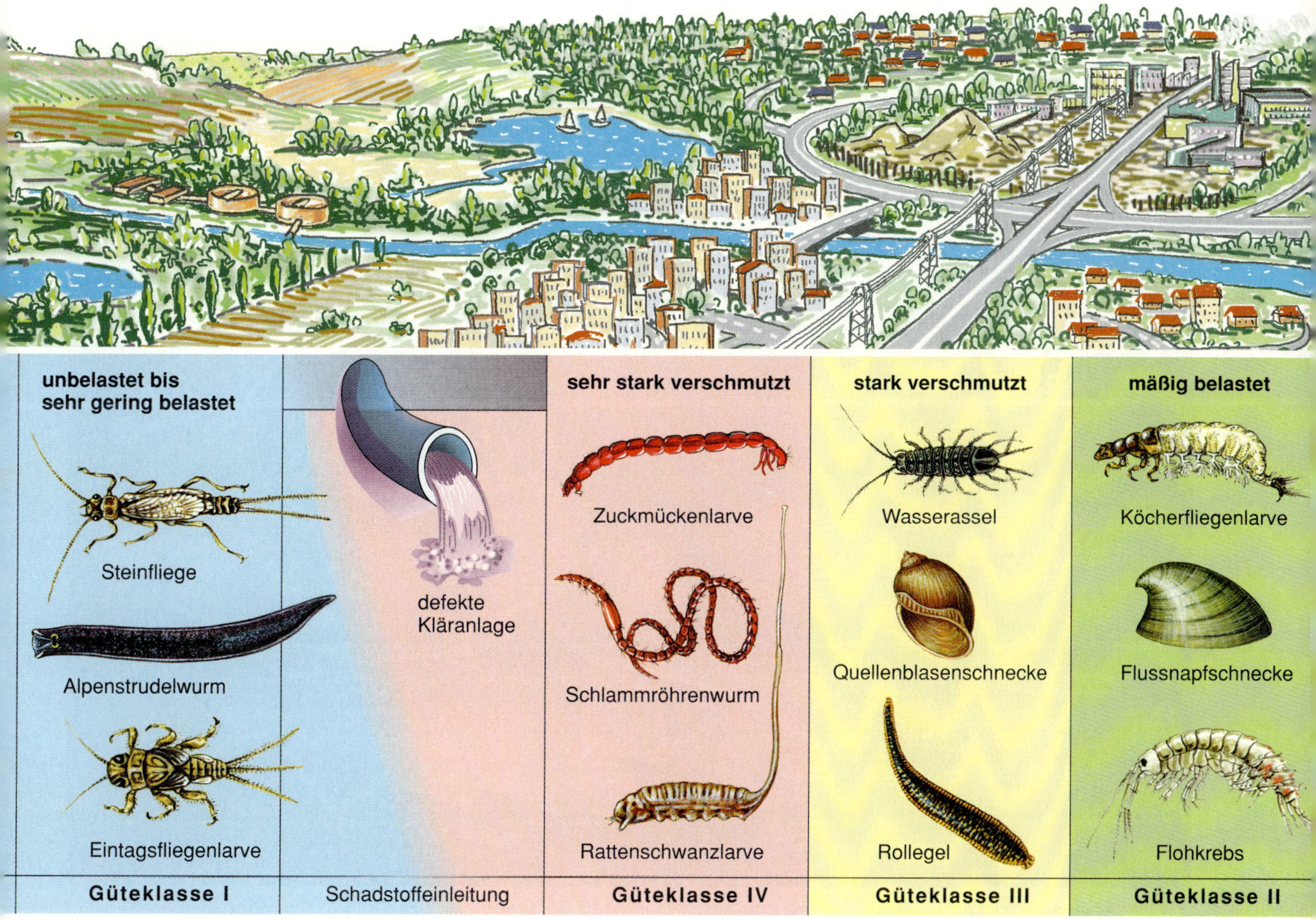

2 ***Lebensgemeinschaft im Bach.*** ***1*** *Eisvogel;* ***2*** *Feuersalamander;* ***3*** *Bachforelle;* ***4*** *Großlibelle;* ***5*** *Großlibellenlarve;* ***6*** *Kugelmuschel;* ***7*** *Bachflohkrebs;* ***8*** *Köcherfliegenlarve;* ***9*** *Steinfliegenlarve;* ***10*** *Eintagsfliegenlarve*

Unter den Angepasstheiten der Tiere an das Wasserleben spielt die **Atmung** eine wichtige Rolle. Im Vergleich zur Luft enthält Wasser viel weniger Sauerstoff. Außerdem schwankt der Sauerstoffgehalt in Abhängigkeit von der Wassertemperatur sowie der Fotosynthese und Atmung der Wasserbewohner.

Für Wassertiere gibt es zwei Möglichkeiten der Sauerstoffaufnahme: Entweder steigen sie an die Wasseroberfläche und nutzen den Sauerstoff der Luft oder sie entnehmen Sauerstoff aus dem Wasser.

Die Schlammschnecke atmet mit Lungen wie eine Landschnecke. Alle 10 bis 20 Minuten kommt sie an die Wasseroberfläche, nimmt frische Luft auf und taucht wieder ab. Der Wasserskorpion trägt ein Atemrohr am Hinterleibsende. Dieses ist mit einem Röhrensystem im Körper, den Tracheen, verbunden. Hier erfolgt der Gasaustausch. Zum Luftholen durchstoßen die Tiere mit der Atemöffnung die Wasseroberfläche. Rückenschwimmer sammeln ihre Atemluft auf der Unterseite des Hinterleibes in zwei mit dichten Haarreihen besetzten Luftrinnen. Über Körperöffnungen stehen sie mit den Tracheen in Verbindung. Die Lufthülle begünstigt auch das „Rückenschwimmen". Ruderwanzen speichern die Atemluft auf der Bauchseite in feinen Härchen und auf der Rückenseite unter den Deckflügeln. Um die Luft zu erneuern, können sie aus dem Wasser springen oder blitzschnell mit dem Vorderkörper den Wasserspiegel berühren.

Manche Arten können den Sauerstoff auch direkt aus dem Wasser über die Haut aufnehmen. Eine solche Hautatmung kommt bei Fröschen, Kaulquappen und Molchen sowie bei vielen Kleintieren wie Schlammröhrenwürmern vor. Fische atmen über Kiemen. Kleinlibellenlarven und Eintagsfliegenlarven besitzen blattförmige Hautausstülpungen am Hinterleib, die von Luft führenden Röhren durchzogen sind. Diese Hautausstülpungen bezeichnet man als Tracheenkiemen, weil sie mit den Tracheen im Körperinneren verbunden sind.

Auch in ihrer **Fortbewegung** sind Wassertiere gut angepasst. Fische besitzen einen stromlinienförmigen Körper, ein glattes Schuppenkleid und eine Schleimschicht auf ihrer Körperoberfläche. Hierdurch wird der Reibungswiderstand des Wassers beim Schwimmen herabgesetzt.

Der Gelbrandkäfer hat ebenfalls einen stromlinienförmigen Körper. Kopf, Brust und Deckflügel gehen fast nahtlos ineinander über. Vorder- und Mittelbeine können vergleichbar dem Fahrgestell eines Flugzeuges in passende Vertiefungen auf der Bauchseite gezogen werden. Der Antrieb erfolgt mit den weit ausladenden, zu Rudern umgebildeten und mit Haaren besetzten Hinterbeinen. Ansonsten ist der Körperbau anderer Wasserinsekten weniger gut an die Fortbewegung im Wasser angepasst. Sie schwimmen zumeist nur auf der Flucht vor Feinden. Kleinlibellenlarven rudern hierzu mit den Tracheenkiemen am Hinterleib. Großlibellenlarven pressen ruckartig Wasser aus dem Enddarm und bewegen sich damit nach dem Rückstoßprinzip ein Stück voran.

Auch für das Überleben in der kalten Jahreszeit ist der Lebensraum Wasser gut geeignet. Unter einer Eisschicht liegen die Temperaturen immer über 0 °C. Neben den ausschließlich im Wasser lebenden Wasserinsekten gibt es viele Insekten, die die Wintermonate als Ei oder Larve im Wasser verbringen. Diese amphibische Lebensweise findet man bei Eintagsfliegen, Libellen und Steinfliegen. Zum Schlüpfen verlassen die Tiere dann im Frühjahr das Wasser und verbringen ihr kurzes, der Fortpflanzung und Eiablage dienendes Erwachsenenstadium an Land. Die Eiablage erfolgt wieder im oder am Wasser. Viele Arten legen ihre Eier mithilfe eines Legebohrers in Wasser- oder Uferpflanzen ab. Manche Lurcharten überdauern die kalte Jahreszeit ebenfalls in Gewässern. In der Winterstarre verbringen sie mehrere Monate am Gewässerboden.

Der Lebensraum Bach wird in die Regionen Ober-, Mittel- und Unterlauf unterteilt, die von unterschiedlichen Lebensgemeinschaften besiedelt werden. Die Gewässerqualität des Baches wird durch die Gewässergüte gekennzeichnet. Kleintiere, die bevorzugt bei einer bestimmten Gewässergüte anzutreffen sind, heißen Zeigerorganismen. In Atmung, Fortbewegung und Entwicklung sind die Wassertiere besonders an das Leben im Wasser angepasst.

1 Bei einer Gewässeruntersuchung im Juli wurden eine Wassertemperatur von 7 °C und ein niedriger Sauerstoffgehalt gemessen. An Kleintieren wurden viele Wasserasseln und Rollegel gefangen. Benenne den Bachabschnitt und gib die Gewässergüte der Probestelle an.

2 Nenne verschiedene Möglichkeiten für Bachbewohner sich mit Sauerstoff zu versorgen. Ordne jeder Möglichkeit drei Arten zu.

3 Im Winterhalbjahr sollten abgestorbene und sich stark ausbreitende Pflanzen aus Gartenteichen entfernt werden. Aus Gründen des Insekten- und Amphibienschutzes empfehlen Naturschützer, diese Pflegemaßnahmen vor Beginn der Frostperiode durchzuführen und dabei lediglich einen Teil der Wasser- und Uferpflanzen zu entfernen. Gib eine Erklärung.

Prüfe dein Wissen

Lebensräume

A 1 Du willst eine ökologische Exkursion an einen Bach vorbereiten.

a) Nenne Geräte, Materialien und Kleidungsstücke, die du bei dieser Exkursion mitführen solltest.

b) Erstelle einen schriftlichen Exkursionsplan. Nenne die Tätigkeiten, die vor, während und nach der Exkursion durchgeführt werden sollten.

c) Erläutere, welche Naturschutzbestimmungen beim Arbeiten im Gelände beachtet werden müssen.

A 2

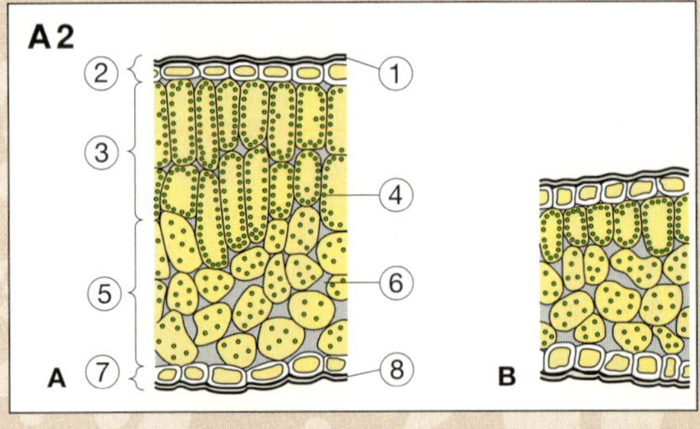

Die Abbildung A zeigt einen Querschnitt durch ein Laubblatt, das der Südseite der Baumkrone einer Buche entstammt. Die Südseite ist dem Sonnenlicht besonders ausgesetzt. Man spricht hier auch von einem „Sonnenblatt". Der Querschnitt in Abbildung B gehört zu einem „Schattenblatt". Man findet es im Innern der Baumkrone und auf der sonnenabgewandten Seite einer Buche.

a) Ordne den Ziffern in der Abbildung A die richtigen Begriffe zu.

b) Nenne die Unterschiede zwischen den beiden Blattformen. Erläutere, inwiefern die „Sonnenblätter" an ihre Lage im südlichen Bereich der Baumkrone gut angepasst sind.

c) Bei dem Mauerpfeffer ist die Struktur 1 wesentlich dicker als beispielsweise bei der Sumpfdotterblume. Erkläre diesen Unterschied.

A 3 In der modernen Landwirtschaft werden die Felder vor und nach der Aussaat gedüngt. In einem modernen Wirtschaftswald dagegen unterbleiben Düngemaßnahmen durch den Menschen.

a) Warum müssen die Felder in der modernen Landwirtschaft regelmäßig gedüngt werden?

b) Erläutere die Aussage: „Der Wald düngt sich selbst."

A 4

a) Ordne den Tieren ihren Namen zu.

b) In welchem Teil des Lebensraumes Wald leben sie?

c) Beschreibe, wie man diese Tiere „fängt".

d) Welche Rolle spielen diese Tiere im Kreislauf der Stoffe eines Waldes?

A 5

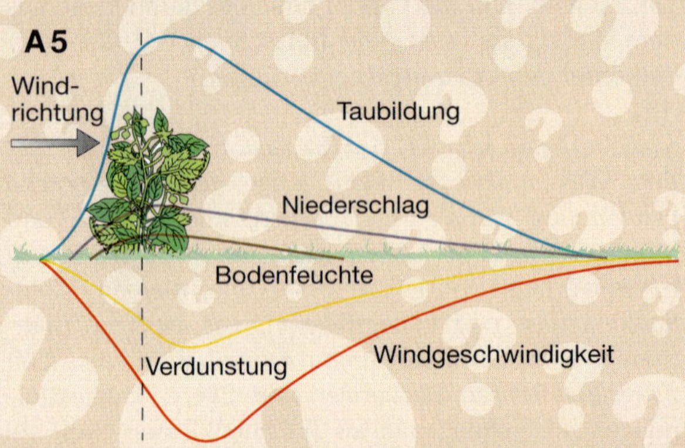

a) Nenne die Faktoren, die kennzeichnend sind für den Lebensraum Hecke.

b) Erläutere anhand des Lebensraums Hecke die Begriffe Biotop, Biozönose, Population und Ökosystem.

A 6 Ein Laubwald kann aufgrund der Wuchshöhe der Pflanzenarten in verschiedene Stockwerke gegliedert werden.

a) Nenne die Stockwerke.

b) Lege eine Tabelle an, in der du den Stockwerken jeweils drei typische Pflanzenarten zuordnest.

c) Worin unterscheidet sich der Aufbau eines Laubwaldes von dem eines Nadelwaldes? Erläutere.

A 7

a) Begründe, weshalb es sich bei den dargestellten Nahrungsbeziehungen um einen Ausschnitt aus einem Nahrungsnetz handelt.

b) Ordne den Ziffern in der Abbildung die Symbole ⊕ und ⊖ zu. Erläutere.

A 8

Ein Flaschengarten besteht aus einem fest verschlossenen Glasballon, der etwas feuchte Erde und grüne Pflanzen enthält.
Erläutere, warum die Pflanzen auch ohne Wasser- und Luftzufuhr von außen gedeihen können.

A 9 Durch die Heuernte Mitte Juni werden Wiesen-Glockenblume und Löwenzahn in unterschiedlicher Weise betroffen. Erläutere.

A 10

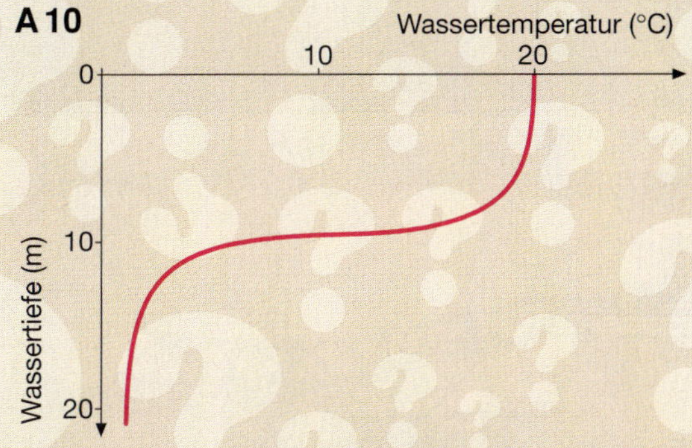

Mit einem speziellen Thermometer wird in einem See die Wassertemperatur in unterschiedlicher Wassertiefe gemessen. Das Messergebnis ist in der Grafik dargestellt.

a) In welcher Jahreszeit wurden die Messungen durchgeführt? Begründe.

b) Erläutere die Ursachen für die unterschiedlichen Wassertemperaturen.

c) Beschreibe die im Jahresgang auftretenden Veränderungen des Sauerstoffgehalts im Tiefenwasser und begründe.

A 11

a) Ordne die abgebildeten Tier- und Pflanzenarten in einen Stoffkreislauf des Kohlenstoffs.

b) Begründe, weshalb im Kohlenstoffkreislauf keine Destruenten eingebaut sind.

c) Welchem Lebensraum ist dieser Stoffkreislauf zuzuordnen? Erläutere.

Natur- und Umweltschutz

1 Braunkohlentagebau im Rheinischen Braunkohlenrevier

1 Der Mensch verändert Lebensräume

Jahrhundertelang hatte ein Laubmischwald das Landschaftsbild geprägt. Er war Lebensraum für viele Pflanzen- und Tierarten gewesen. Eines Tages fällte man die Bäume und begann, mit riesigen Baggern den Boden Schicht um Schicht abzutragen. Schließlich klaffte ein gewaltiges Loch in der Erde, einige Kilometer breit und etwa zweihundert Meter tief, auf dessen Grund **Braunkohle** freigelegt war. Sie war das Ziel der gigantischen Erdbewegungen gewesen. Ihre Verbrennung in Kraftwerken trägt dazu bei, unseren Bedarf an elektrischem Strom zu decken.

Kaum ein anderer Eingriff des Menschen in die Natur ist derart einschneidend wie ein Tagebau: Alle Lebewesen und mit ihnen die gesamten Ökosysteme werden restlos zerstört. Deshalb versucht man solche Gebiete zu *rekultivieren,* wenn sie ausgekohlt sind. Dazu wird zunächst aus anderen, noch produzierenden Tagebauen *Abraum* in die Grube verfüllt. Anschließend wandelt man das Gebiet in eine geplante Landschaft um. Dazu gehört die Anlage neuen Ackerlandes sowie das Anpflanzen von Wäldern.

Darüber hinaus schafft man gezielt Flächen für den Biotop- und Artenschutz. So werden Feuchtbiotope angelegt, die bedrohten Tierarten wie *Gelbbauchunke* und *Springfrosch* neuen Lebensraum bieten und als Rast- und Nahrungsbiotop für Durchzügler wie nordische *Enten* oder auch *Fischadler* dienen. An anderer Stelle bilden Kies- und Sandflächen wertvolle Trockenbiotope. Sie bieten Wärme liebenden Insekten wie *Wildbienen* und *Grabwespen* Nistmöglichkeiten, sind aber auch Lebensraum für *Eidechsen* und Insekten fressende Vögel wie *Wendehals* und *Steinschmätzer.*

Problematisch sind in dieser rekultivierten Landschaft die Böden: Zwar wird die oberste Schicht zweckentsprechend aufgetragen – für Ackerflächen Löss, für Wälder so genannter Forstkies, ein Gemisch aus Kies, Sand und Löss –, darunter aber finden sich statt der in Tausenden von Jahren gewachsenen Schichtung in

2 Auwald. A *im ursprünglichen Zustand (mit Sumpf-Sternmiere);*

3 ***Rekultivierung. A*** *Trockenbiotop mit Steinschmätzer;* ***B*** *Baggersee mit Fischadler*

wahllosem Durcheinander aufgeschüttete Bodenbestandteile. So fehlt der Wechsel von wasserhaltigen und wasserundurchlässigen Schichten, durch den vorher das Wasser in Grundwasserstockwerken festgehalten wurde. Dies führt dazu, dass in rekultivierten Gebieten Quellen und Bäche fehlen. Manche der neu angelegten Seen können nur durch Oberflächenwasser gespeist werden, das in Gräben aus landwirtschaftlichen Flächen oder aus Wäldern herangeführt wird. Da Wasser aus landwirtschaftlich genutzten Gebieten im Übermaß Nährsalze enthält, die aus verwendeten Düngemitteln stammen, muss es vor der Einleitung in die Seen in Klärteichen aufbereitet werden.

B *nach Grundwasserabsenkung*

Der Braunkohlentagebau verändert auch Lebensräume in größerer Entfernung vom eigentlichen Abbaugebiet. Um zu verhindern, dass unter dem Druck des Wassers die Böschungen des Tagebaus zusammenbrechen, muss das Grundwasser bis unter die tiefste Sohle, das heißt teilweise mehr als zweihundert Meter tief, abgesenkt werden. Diese so genannte *Sümpfung* geschieht durch Brunnen, die auf dem Grund des Baggerloches, aber auch ringsherum angelegt werden. Diese Grundwasserabsenkung wirkt sich in einem Gebiet von mehreren hundert Quadratkilometern rund um den Tagebau aus. Sie bedroht vor allem Lebensräume, in denen vorher der Grundwasserspiegel dicht unter der Erdoberfläche lag, also Fließgewässer und ihre Randbereiche: Quellen versiegen, Bäche werden zu feuchten Gräben und Auwälder fallen trocken. Die Bergbauunternehmen versuchen solche Schäden zu mindern, indem sie Sümpfungswasser in die betroffenen Bäche einleiten oder in der Nähe bedrohter Feuchtgebiete durch *Sickerschlitze* in den Boden einbringen. Solche Sickerschlitze sind bis zu sechs Meter tiefe, ein Meter breite und hundert Meter lange Gräben. Da das Sümpfungswasser Eisenverbindungen enthält, muss es vor der Einleitung oder Versickerung aufbereitet werden. Aber selbst nach Aufbereitung hat dieses Wasser nicht die Qualität des ursprünglichen Grundwassers. Welche Zukunft haben solche „Lebensräume am Tropf"?

1 Gib auf die am Ende des Textes gestellte Frage eine Antwort. Erläutere.

4 Kiesgrube als Lebensraum. A *Uferschwalbe mit Niströhren;* ***B*** *Flussregenpfeifer mit Gelege;* ***C*** *Kiesgrube mit Gebänderter Heidelibelle;* ***D*** *Geburtshelferkröte mit Laich*

Bevor in unserer Industrielandschaft die Flüsse begradigt und kanalisiert wurden, boten ihre Ufer einer Reihe von Spezialisten Lebensraum. So bauten in den Steilufern ganze Kolonien von *Uferschwalben* ihre Niströhren. Auf den Geröllfeldern und Schotterbänken flacher Uferbereiche legten *Flussregenpfeifer* ihre Eier in eine kleine Mulde offen zwischen die Steine. Heute sind beide Vogelarten vom Aussterben bedroht. Sie wären wohl schon verschwunden, hätte ihnen nicht der Mensch unbeabsichtigt Ersatzlebensräume geschaffen. In nicht mehr genutzten **Kiesgruben** finden wir nämlich die Strukturen naturbelassener Flusstäler wieder: steile sandige Böschungen, unbewachsene Kiesflächen, Pfützen und Tümpel unterschiedlicher Größe und Tiefe. Da der nackte und kieselreiche Boden sich bei Sonneneinstrahlung rasch aufheizt und windgeschützt in einer Senke liegt, staut sich die Wärme. So sind Kiesgruben selbst im Norden Deutschlands Lebensraum für südliche Insektenarten wie den *Sandlaufkäfer* oder die *Gebänderte Heidelibelle.* Auch seltene, Wärme liebende Amphibien wie die *Gelbbauchunke* finden in Kiesgruben neuen Lebensraum. Die *Wechselkröte* sucht nachts auf den noch warmen Böden nach Nahrung. In den Lücken und Spalten der besonnten Steilwände leben *Geburtshelferkröten.*
Einen Nachteil hat der Ersatzlebensraum Kiesgrube gegenüber dem ursprünglichen Lebensraum Flussufer: Als „Natur aus zweiter Hand" ist er auf Dauer vom Menschen abhängig. Während nämlich der Fluss jedes Jahr neues Geröll heranträgt und so frische vegetationslose Kiesflächen schafft, bedeckt sich der Boden der Kiesgrube früher oder später an feuchten Stellen mit Schilf und Rohrkolben und an trockenen Stellen mit Gräsern und Büschen. Will man den Lebensraum der Wärme liebenden Arten erhalten, so muss von Zeit zu Zeit die oberste Bodenschicht abgetragen werden.

Auch der Lebensraum **Heide** verdankt seine Entstehung dem Menschen, ist also „Natur aus zweiter Hand". Wo sich heute Heideflächen ausbreiten – zum Beispiel in der Lüneburger Heide – bedeckte noch in der Bronzezeit Laubmischwald den sandigen Boden. Doch schon vor etwa 5 000 Jahren begannen die Bauern, mit Steinbeilen und Feuer Wald zu roden, um Ackerflächen zu gewinnen. Waren nach einigen Jahren die Böden erschöpft, rodeten die Bauern neues Land. Die alten Felder ließen sie brachliegen. So entstand für die *Besenheide,* eine lichtbedürftige, aber an karge Böden angepasste Pflanzenart, neuer Lebensraum. Das „Heidekraut" breitete sich auf den ständig wachsenden Brachflächen rasch aus. Die Wurzeln der Besenheide scheiden Humussäuren ab, die zusammen mit Regenwasser die Nährsalze aus den oberen Bodenschichten auswaschen. Übrig bleibt Bleichsand. Die ausgewaschenen

Salze setzen sich dann in etwa vierzig Zentimeter Tiefe als betonharte Schicht wieder ab.
Auf diesem Boden ist kein Ackerbau mehr möglich. Nur zwei Arten von Nutztieren bietet eine solche Heidefläche noch ausreichenden Lebensraum: *Honigbienen* und *Heidschnucken*, einer besonders widerstandsfähigen und anspruchslosen Schafrasse, die auch mit Besenheide als Hauptnahrung auskommt. Das Heidekraut profitiert vom Verbiss durch die Schafe: Es treibt kräftig neu aus und blüht besonders reichlich. Eine Wiederbewaldung wird durch die Heidschnucken verhindert, da sie auch die Triebe von Bäumen und Sträuchern verbeißen. Nur die spitznadeligen Triebe vom *Wacholder* werden von den Schafen gemieden, sodass diese Sträucher neben der Besenheide zu Charakterpflanzen der Heide werden.

5 Heidebauer beim Plaggenhieb (historische Aufnahme)

6 Heide als Lebensraum. A *balzender Birkhahn;* ***B*** *blühende Besenheide*

Die Bauern selbst trugen früher zur Verjüngung der Heide bei. Jedes Frühjahr brannten sie das Heidekraut ab. Außerdem „plaggten" sie die Heide: Mit einer gebogenen Hacke schlugen sie die Besenheide los und zogen sie streifenweise vom Boden. Die „Plaggen" wurden im Stall als Streu verwendet und anschließend mit Dung angereichert auf die Felder gebracht. Der nackte Boden, der durch das Plaggen entstand, bot neuen Lebensraum für Sämlinge des Heidekrautes. Diese keimten nach dem Abbrennen besonders reichlich aus.

In der Mitte des 19. Jahrhunderts wäre der Lebensraum Heide fast verschwunden. Billige Importwolle machte das Halten von Schnucken unrentabel. Außerdem wurde durch den Einsatz von Mineraldünger das Plaggen überflüssig. Wird die Besenheide aber nicht mehr verjüngt, so verholzt sie und stirbt ab. Die frei werdende Fläche bewaldet sich rasch mit Kiefern. Nur durch aktiven Naturschutz bleiben Heideflächen bewahrt. Maschinell wird heute das Heidekraut abgefräst und Heidschnucken dienen als vierbeinige Landschaftspfleger.

7 Heidschnucke

Der Mensch vernichtet durch Landwirtschaft und Industrie ursprüngliche Lebensräume. Er schafft aber auch – teilweise unbeabsichtigt – „Natur aus zweiter Hand", vom Menschen abhängige Lebensräume.

2 Suche in der Umgebung deiner Schule nach Beispielen für Lebensräume „aus zweiter Hand".

1 Feuchtwiese

2 Gefährdung von Pflanzen und Tieren

Unternimmt man an einem Frühlingstag eine Exkursion zu einer *Feuchtwiese*, leuchten schon von weitem die gelben Blüten des *Scharfen Hahnenfußes*. Auch das weiß bis rosa blühende *Wiesenschaumkraut* gehört in dieser Zeit zu den häufigen Pflanzen. Man braucht aber viel Glück, um das seltene *Breitblättrige Knabenkraut* oder sogar die vom Aussterben bedrohte *Schachblume* zu finden. Auch manche Libellenarten wie die *Mosaikjungfer* entdeckt man kaum noch. Nach *Weißstörchen*, die hier noch vor wenigen Jahrzehnten ihrer Nahrungssuche nachgingen, hält man meist vergeblich Ausschau. Warum sind so viele der auf der Feuchtwiese vorkommenden Arten selten geworden?

Feuchtwiesen sind an einen hohen Grundwasserstand gebunden. An vielen Orten wurde dieser durch Entwässerung abgesenkt, um eine intensivere Bewirtschaftung oder um Baumaßnahmen zu ermöglichen. Arten, die an feuchte Lebensräume gebunden sind, können dann nicht überleben. Bei Beweidung werden empfindliche Pflanzen durch Fraß oder Viehtritt geschädigt. Düngung fördert nur wenige, schnell wachsende Pflanzenarten, die andere Arten verdrängen. Wenn die Zahl der Pflanzenarten abnimmt, wird auch vielen Tierarten die Lebensgrundlage entzogen. So wird mit dem Verschwinden der Feuchtwiesen den an deren Bedingungen angepassten Pflanzen- und Tierarten der Lebensraum genommen.

Am Beispiel des *Weißstorchs* kann diese Entwicklung deutlich gemacht werden. Seit einigen Jahrzehnten nimmt die Zahl der Störche bei uns ständig ab. Durch das Verschwinden der Feuchtwiesen können die Störche nicht mehr genügend Nahrung finden. Viele Tiere sterben in den Drähten von Hochspannungsleitungen. Daher besteht die Gefahr, dass der Weißstorch bei uns ausstirbt.

Gefährdete Pflanzen und Tiere werden in der **Roten Liste** aufgeführt und durch Naturschutzgesetze geschützt.

In Deutschland und angrenzenden Regionen sind viele Lebensräume bereits zerstört. Ursachen sind intensive Land- und Forstwirtschaft, dichte Wohnbesiedlung und die Industrie. *Auen-* und *Bruchwälder* sind durch Flussregulierung und Grundwasserabsenkung stark zurückgegangen. *Artenreiche Laubwälder* wurden in der Vergangenheit in artenarme *Fichtenmonokulturen* umgewandelt. *Halbtrockenrasen* und *Bergwiesen* wurden durch intensive Landwirtschaft verändert.

Durch verschiedene Arten der Landnutzung werden Lebensräume verändert. Hierdurch werden in ihnen lebende Pflanzen- und Tierarten gefährdet. Zur Erhaltung der Arten müssen ihre Lebensräume geschützt werden.

1 Durch welche menschlichen Aktivitäten sind die auf den Pinnwänden der Seiten 180 und 181 abgebildeten Pflanzen- und Tierarten gefährdet? Erläutere die Zusammenhänge.

2 Rückgang der Weißstorchpaare in Westdeutschland

Massentourismus

Streifzug durch die Politik

3 Urlaubszentrum an der Ostseeküste.
A *Hotelanlage;*
B *Autoverkehr*

Freizeit wird von vielen Menschen ersehnt. Im Urlaub zu entspannen, fremde Länder kennen zu lernen, anderen Menschen zu begegnen – dies sind die häufigsten Wünsche für die Freizeit. Oft wird vergessen, dass Hunderttausende von Menschen die gleichen Vorstellungen haben. Deshalb staut sich an Ferienterminen oder schönen Wochenenden der Verkehr auf den Autobahnen, sind Eisenbahnzüge überfüllt und Flugzeuge bis auf den letzten Platz besetzt. An die Umweltbelastung, zum Beispiel durch die Autoabgase, denkt niemand.

Aber der **Massentourismus** bringt noch weitere Probleme mit sich. In den Urlaubsgebieten werden ständig neue Hotelanlagen, Campingplätze und Freizeiteinrichtungen gebaut. Dazu werden oft Wälder abgeholzt oder wertvolle Biotope zerstört. Durch den Bau von Straßen und Flugplätzen werden diese Gegenden für die Urlauber noch attraktiver und der Ansturm erhöht sich. In Deutschland sind vor allem die Küsten von Nord- und Ostsee und die Alpen beliebte Urlaubsgebiete. Besonders die Alpen sind hochgradig gefährdet: Im Sommer sind Wanderer und Bergsteiger unterwegs und im Winter steigert sich der Besucherstrom noch durch die Skifahrer. Die Pistenraupen zerstören durch ihr Gewicht den unter der Schneedecke liegenden Boden. Pflanzen und Tiere haben hier kaum eine Überlebenschance. Auch auf ganz andere Weise gefährdet der Massentourismus die Natur in den Urlaubsgebieten. Die Abfälle der Touristen erzeugen Müllberge. Harn und Kot belasten die Abwasserentsorgung.

Geschäftsleute und Politiker in diesen Gebieten sehen oft nur den Vorteil, den der Tourismus mit sich bringt: das Geld, das in den Hotels, Gaststätten, Geschäften und bei Dienstleistungen verdient wird. Die Nachteile übersieht man gerne und die entstehenden Probleme überlässt man zukünftigen Generationen.
Um Überlastungen zu vermeiden, müssen in vielen Urlaubsgebieten Auflagen für die Bautätigkeit erlassen und Verkehr und Freizeitaktivitäten eingeschränkt werden. Eine dauerhafte Entlastung der Umwelt kann aber nur erreicht werden, wenn jeder Einzelne die Notwendigkeit dieser Maßnahmen einsieht und sich umweltgerecht verhält.

2 Überlege, welche Probleme auf einem überfüllten Campingplatz auftreten können. Stelle Ansätze zu ihrer Lösung oder Vermeidung dar.

4 Skihang in einem Wintersportgebiet

Pinnwand

GEFÄHRDETE PFLANZEN

Name: ***Gewöhnliche Küchenschelle***
Vorkommen: Trockenrasen, Kiefernwälder
Blütezeit: März bis Mai
Gefährdung durch: Zerstörung von Trockenrasen

Name: ***Gefranster Enzian***
Vorkommen: Kalkmagerrasen, Waldränder
Blütezeit: Juni bis September
Gefährdung durch: Zerstörung von Kalkmagerrasen

Name: ***Sommer-Adonisröschen***
Vorkommen: Getreidefelder auf Kalkgestein
Blütezeit: Mai bis Juli
Gefährdung durch: intensive Landwirtschaft

Name: ***Langblättriger Sonnentau***
Vorkommen: Hoch- und Übergangsmoore
Blütezeit: Juni bis August
Gefährdung durch: Zerstörung der Moore

Name: ***Schachblume***
Vorkommen: Auenwiesen, Feuchtwiesen
Blütezeit: April bis Mai
Gefährdung durch: Zerstörung von Auen- und Feuchtwiesen

Name: ***Frauenschuh***
Vorkommen: lichte Laub- und Nadelwälder
Blütezeit: Mai bis Juli
Gefährdung durch: Ausgraben durch Sammler

Name: ***Hirschzunge***
Vorkommen: schattige Laubwälder
Sporenreife: Juli bis September
Gefährdung durch: forstliche Monokulturen

Pinnwand

GEFÄHRDETE TIERE

Name: ***Kreuzotter***
Vorkommen: Waldlichtungen und -ränder, Heiden, Moore
Nahrung: Frösche, Eidechsen, Kleinsäuger
Gefährdung durch: intensive Landwirtschaft, Zerstörung von Heiden und Mooren

Name: ***Feuersalamander***
Vorkommen: in der Nähe von Quellen und Bächen feuchter, schattiger Wälder
Nahrung: Würmer, Nacktschnecken, Insekten
Gefährdung durch: Gewässerverschmutzung

Name: ***Hirschkäfer***
Vorkommen: alte Eichenwälder
Nahrung: Larven: Holz absterbender oder toter Eichen; Vollinsekten: ausfließende Baumsäfte
Gefährdung durch: forstliche Monokulturen

Name: ***Eisvogel***
Vorkommen: klare Bäche und Flüsse mit Steilufern
Nahrung: kleine Fische
Gefährdung durch: Flussverbauung, Gewässerverschmutzung

Name: ***Große Hufeisennase***
Vorkommen: Sommerquartier: in alten Gebäuden und Ruinen; Winterquartier: in Höhlen
Nahrung: Insekten
Gefährdung durch: Freizeitaktivitäten

Name: ***Großer Schillerfalter***
Vorkommen: lichte Auwälder, feuchte Laubwälder
Nahrung: Raupen: Blätter der Salweide; Vollinsekten: Stoffe aus Pfützen und Kot
Gefährdung durch: forstliche Monokulturen, Zerstörung der Auwälder

Name: ***Biber***
Vorkommen: Fluss- und Seenlandschaften mit Auwäldern
Nahrung: Baumrinde, Kräuter, Gras, Wurzeln
Gefährdung durch: Fluss-Begradigungen, Zerstörung der Auwälder

3 Gefährdung und Bedeutung des Lebensraums Wald

1 ***Gesunder Wald.*** ***A*** *Mykorrhiza im Boden;* ***B*** *Fichte;* ***C*** *Stamm;* ***D*** *Nadelzweig*

In vielen Wäldern findet man Nadelbäume, z.B. Fichten oder Tannen, die „krank" aussehen. Bei gesunden Nadelbäumen ist die Baumkrone sehr dicht und die Zweige sind bis in Stammnähe benadelt. Geschädigte Bäume weisen eine Krone mit entnadelten Ästen auf. Man spricht von **Kronenverlichtung.** Die älteren Nadeljahrgänge fehlen bereits, die jüngeren Nadeln verfärben sich gelb oder fallen ab.

Stamm und Wurzeln sind ebenfalls geschädigt. Bei einer gesunden Fichte findet man ein Geflecht von Pilzen, das die Wurzelspitzen umhüllt. Dieses Wurzel-Pilz-Geflecht nennt man **Mykorrhiza.** Untersucht man eine kranke Fichte genauer, so sieht man geschädigte Wurzeln, die viel kürzer und kleiner als gesunde Wurzeln sind. Darüber hinaus sind die Symbiosepilze abgestorben, sodass auch die Mykorrhiza geschädigt ist.

An frisch gefällten Fichten- oder Tannenstämmen erkennt man am Holzteil, ob der Baum krank war. Bei einem gesunden Baum liegen die Jahresringe weit auseinander; bei einem kranken Baum liegen die äußeren Jahresringe eng beieinander, d.h., der Baum ist in den letzten Jahren kaum mehr gewachsen.

Wie bei Nadelbäumen kommt es auch bei Laubbäumen, z.B. der Rotbuche, zur Auslichtung der Krone. Die Blätter werden bereits im Sommer gelb, rollen sich an den Rändern ein und fallen ab.

Die Ursachen des „Waldsterbens" sind zwar noch nicht in allen Einzelheiten geklärt. Doch gilt es als sicher, dass der Mensch ein Verursacher der Waldschäden ist.

Verbrennt man Heizöl und Kohle, so entsteht aus den in ihnen enthaltenen Schwefelverbindungen Schwefeldioxid. Mit den Abgasen aus den Schornsteinen der Wohnhäuser und der Kraftwerke gelangt es in die Luft. Mit Wasserdampf

und Sauerstoff entsteht schließlich Schwefelsäure. Aus den Verbrennungsmotoren von Fahrzeugen, Schiffen und Flugzeugen werden giftige Stickstoffoxide abgegeben. Dabei entsteht auch unter der Einwirkung des Sonnenlichtes das giftige Ozon. Stickstoffoxide bilden mit Wasserdampf Salpetersäure.
Salpetersäure und Schwefelsäure gelangen zusammen mit dem Regen auf die Erde. Deshalb spricht man vom *sauren Regen.*

Der saure Regen schädigt die Nadeln bzw. Blätter und die Rinde. Im Boden führt er zu einer Versauerung. Hierdurch werden Bodenlebewesen geschädigt. Nährsalze werden gelöst, ausgewaschen und stehen den Bäumen nicht mehr zur Verfügung. Andere, giftig wirkende Stoffe wie z. B. Schwermetalle werden ebenfalls gelöst und schädigen nun die Wurzeln und die Mykorrhiza. Dadurch wird die Aufnahme von Wasser und Nährsalzen beeinträchtigt.

Schwefeldioxid, Stickstoffoxide und Ozon schädigen auch Nadeln

***2 Geschädigter Wald. A** Mykorrhiza im Boden; **B** Fichte; **C** Stamm; **D** Nadelzweig*

und Blätter. Dadurch wird die Fotosynthese gestört und die Blätter welken.
Um unsere Wälder zu schützen, muss der Ausstoß von Schwefeldioxid, Stickstoffoxiden und Ozon erheblich verringert werden. Man kann bei Kraftfahrzeugen durch den Einbau von Katalysatoren dafür sorgen, dass die schädlichen Stickstoffoxide in ungiftigen Stickstoff umgewandelt werden. Außerdem werden die gebildeten Mengen an Ozon verringert. Eine chemische Umwandlung durch einen Katalysator wie bei Stickstoffoxiden ist bei Schwefeldioxid nicht möglich. Hier kann man allerdings Filteranlagen in die Schornsteine von z. B. Kohlekraftwerken einbauen, mit deren Hilfe der Schwefeldioxidausstoß vermindert wird.
Von 1980 bis 1990 wurde der Ausstoß von Schwefeldioxid aufgrund der durchgeführten Maßnahmen mehr als halbiert; die Menge der Stickstoffverbindungen in der Luft nimmt aber trotz aller Maßnahmen zu, weil das Verkehrsaufkommen ständig steigt.

3 Waldvernichtung und ihre Folgen. A Campingplatz im Wald; ***B*** Erosion; ***C*** Autobahn

Ein neuer Campingplatz oder eine Autobahn auf Kosten des Waldes: Viele Menschen begrüßen dies als Erweiterung der Freizeitmöglichkeiten oder Verbesserung der Verkehrsverbindungen. Jedoch warnen Umweltschützer vor der zunehmenden Vernichtung unserer Wälder. Den meisten Menschen ist die Bedeutung des Waldes für unsere Umwelt offenbar nicht klar: Der Wald spielt eine wichtige Rolle im Wasserhaushalt. Bei sehr starken Regenfällen gelangt der Niederschlag nicht direkt auf den Erdboden, sondern wird von den Blättern in feinste Tröpfchen zerteilt. Über die Blätter verdunstet im Sommer mehr als die Hälfte des Regenwassers. Durch Verdunstung bilden sich Wolken, die auch entfernteren Landstrichen Regen bringen. Das Wasser, das auf den Waldboden gelangt, wird von der Erde aufgenommen und gespeichert. Ein Teil dieses Wassers wird von den Pflanzen aufgesaugt. Ein anderer Teil sickert durch den Boden bis zum Grundwasser. Auf diesem Weg wird es gereinigt.

Werden Wälder in großem Umfang abgeholzt, fällt der Regen ungebremst auf den Boden. So fließt nun ein Großteil des Wassers oberirdisch ab. Besonders an Hängen wird dann der fruchtbare Boden abgetragen. Dies nennt man **Erosion.** Ein geringer Teil des Niederschlages versickert und wäscht dabei wichtige Nährsalze aus. Da das Wasser nur noch vom Boden verdunsten kann, ist die Wolkenbildung geringer.

Der Wald hat aber nicht nur für den Wasserhaushalt eine wichtige Bedeutung. Er ist auch eine bedeutende Produktionsstätte des lebensnotwendigen Sauerstoffs. Wälder sind als „grüne Lungen" in dicht besiedelten Gebieten wichtig. Bereits einem einzelnen Baum sagt man einen Beitrag zur Verbesserung der Luft nach. Auf welche Weise werden diese Leistungen erbracht?

Für die Fotosynthese benötigt ein Baum große Mengen Kohlenstoffdioxid, die er der Luft entnimmt. Dafür produziert er Sauerstoff, den er an die Luft abgibt. Auf diese Weise trägt der Baum zur Reinigung der Luft bei. Außerdem produziert er große Mengen an Nähr-

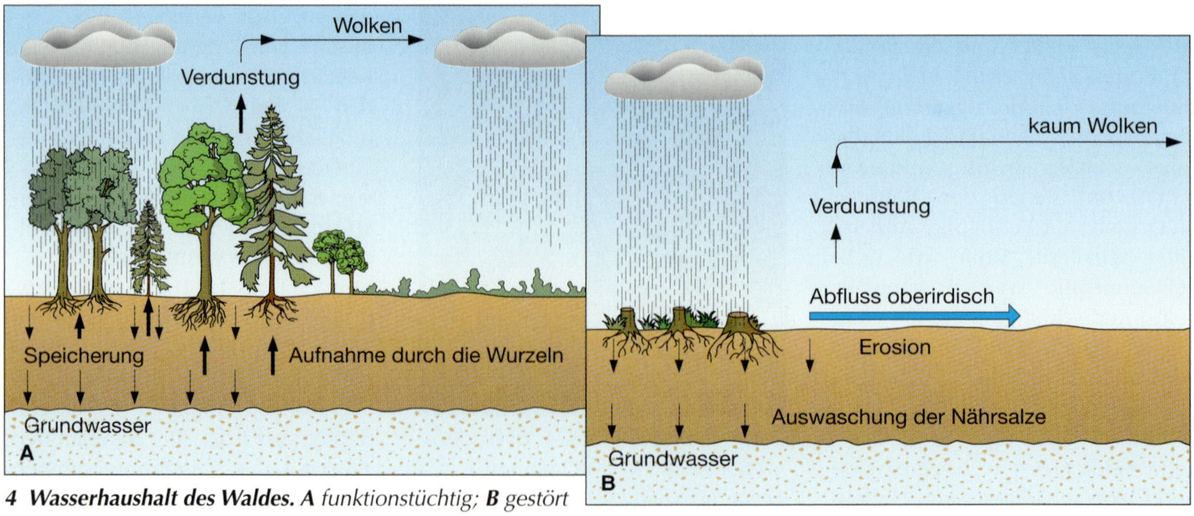

4 Wasserhaushalt des Waldes. A funktionstüchtig; ***B*** gestört

5 ***Buche.*** *Durchschnittliche Leistungen an einem Sommertag*

stoffen, die er zum Beispiel zum Wachsen und zur Bildung von Holz benötigt. Der Baum entzieht dem Boden Wasser, das z.T. wieder von den Blättern verdunstet. Dadurch wird die Luft befeuchtet und die Umgebungstemperatur herabgesetzt. Geht man zum Beispiel an einem heißen Sommertag in den Wald, dann ist es dort merklich kühler als in der Umgebung. Ein Baum wirkt auch als Staubfilter. Er hält feinste Staubpartikel fest, die sich in der Luft befinden, und reinigt sie auf diese Weise. Viele Menschen suchen diese frische, saubere Luft und finden im Wald Ruhe und Erholung. Hier können sie sich entspannen und an der Natur erfreuen. All diese Leistungen werden eingeschränkt oder entfallen, wenn der Wald geschädigt oder vernichtet wird.

In den letzten Jahren ist viel getan worden, um unsere Wälder zu schützen, wie z.B. der Einbau von Katalysatoren in Autos zur Verringerung der Schadstoffabgabe. Am wirkungsvollsten ist allerdings, den Schadstoffausstoß von vornherein zu verhindern, z.B. durch Energiesparmaßnahmen.

Ein großer Teil unserer Wälder ist geschädigt. Diese Schäden werden unter anderem durch die Verschmutzung der Luft mit Schwefeldioxid, Stickstoffoxiden und Ozon verursacht.

1 Nenne Möglichkeiten, wie man zur Verringerung des Ausstoßes an Schwefeldioxid und Stickstoffoxiden beitragen könnte.

2 Nenne die Bedeutungen des Waldes für den Menschen.

3 Nenne einige Folgen der Abholzung von Wäldern.

1 *See im natürlichen Zustand*

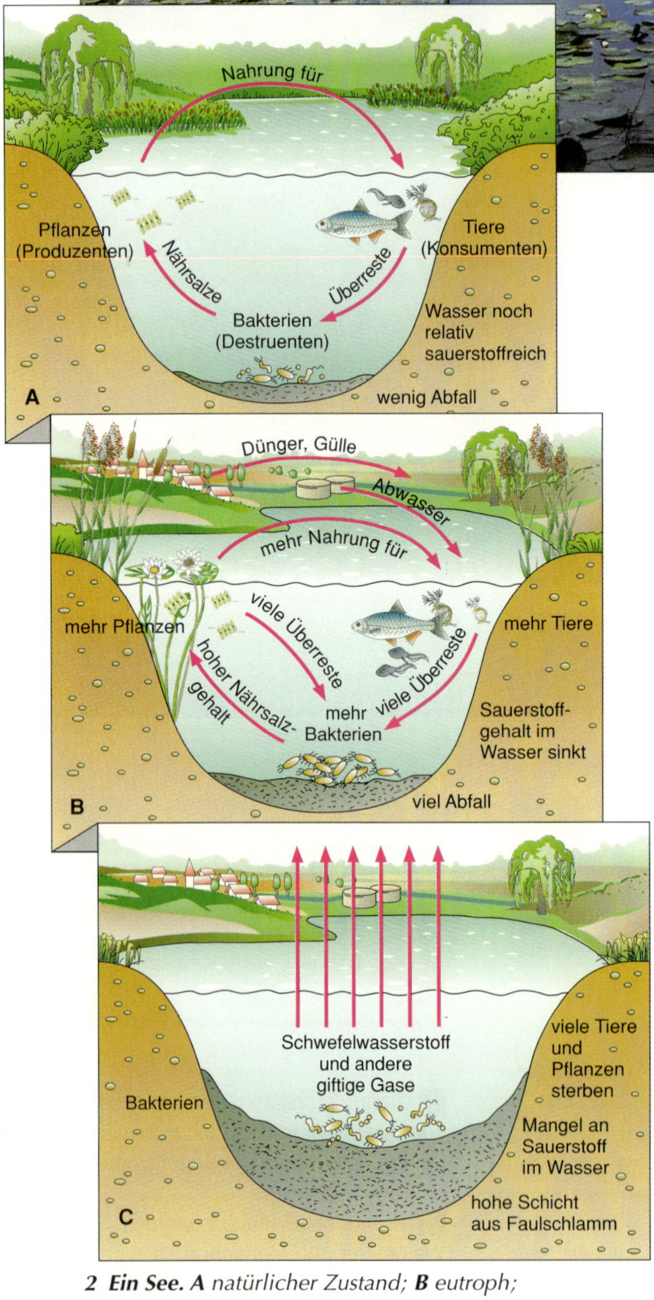

2 ***Ein See. A** natürlicher Zustand; **B** eutroph;*
***C** „umgekippt"*

4 Gefährdung des Lebensraums See und Bildung von Mooren

„Beliebter Badesee droht umzukippen". So liest man immer wieder mal in Tageszeitungen. Ursprünglich lebten verschiedene Fische und seltene Wasserpflanzen im biologischen Gleichgewicht. Was ist passiert?
Der Bach, der den See durchfließt, führt Dünger und Gülle von den umliegenden Feldern mit. Waschmittelrückstände werden aus dem Kanalsystem der Stadt in den Bach eingeleitet. Auf diese Weise werden dem See viele Nährsalze zugeführt. Man nennt ein solches Gewässer nährsalzreich oder **eutroph.** Zunächst vermehren sich durch die Erhöhung des Nährsalzgehaltes Wasserpflanzen wie z. B. Algen massenhaft. Sie dienen den Wasserflöhen und anderem tierischen Plankton als Nahrung. Durch diese Erhöhung des Nahrungsangebotes vermehrt sich auch das tierische Plankton sehr stark. Auch die weiteren Konsumenten im Nahrungsnetz des Sees profitieren von der größeren Nahrungsmenge und vermehren sich ebenfalls stark. Diese Tiere erzeugen große Mengen an Ausscheidungen, die nun von Bakterien und anderen Zersetzern unter Sauerstoffverbrauch abgebaut werden. Auch abgestorbene Algen und Tiere werden von den Zersetzern abgebaut. Dadurch sinkt der Sauerstoffgehalt im Wasser.
Während an der Oberfläche des Sees Sauerstoff ständig neu durch Fotosynthese der Algen gebildet wird, ist im Tiefenwasser die Sauerstoffzehrung so stark, dass ein Sauerstoffmangel eintreten kann. Nun werden Zersetzer aktiv, die ohne Sauerstoff leben. Sie bilden aus den abgestorbenen Organismen Faulschlamm und Faulgase wie Schwefelwasserstoff. Durch den Sauerstoffmangel und die Faulgase sterben weitere Pflanzen

und Tiere ab. Das biologische Gleichgewicht im See ist gestört. Man sagt, der See ist „umgekippt".

Ein sehr flacher See kann nicht „umkippen", weil er keine Tiefenzone hat, in der sich Faulschlamm bilden kann. Aber auch dieser See kann sich verändern. Im Schilfgürtel und durch das pflanzliche Plankton wird sehr viel pflanzliche Substanz gebildet. Die Zersetzer können diese große Menge an Biomasse nicht vollständig abbauen, sodass sich der entstehende Schlamm auf dem Seeboden absetzt. Dadurch wird der See im Uferbereich ständig flacher. Der Schilfgürtel wächst immer mehr zur Gewässermitte, und die freie Wasserfläche wird kleiner. Ist der See völlig zugewachsen, spricht man von einem **Flachmoor.**
Das abgestorbene Pflanzenmaterial wandelt sich im Laufe der Zeit um. Es entsteht Torf, eine schwarzbraune Masse, in der pflanzliche Strukturen deutlich erkennbar bleiben. Auf der Oberfläche siedeln sich Seggen, später Weiden und Erlen an. Es ist ein **Bruchwald** entstanden. Der See ist **verlandet.** In niederschlagsreichen Gebieten siedeln sich Torfmoose an. Sie brauchen nur wenig Nährsalze und saugen das Regenwasser wie ein Schwamm auf. Während die unteren Teile der Moospflänzchen wegen Licht- und Luftmangel absterben und langsam Torf bilden, wachsen die Spitzen immer weiter nach oben. So werden die Flachmoorpflanzen von den Torfmoosen erstickt, und selbst die Pflanzen des Bruchwaldes verkümmern und sterben ab. So entsteht im Laufe von Jahrhunderten ein **Hochmoor.**

Durch Einbringen von Nährsalzen kann ein See „umkippen". Faulgase bringen alles pflanzliche und tierische Leben zum Erliegen. In einem flachen See führt die Schlammbildung zur Verlandung, und es entsteht zunächst ein Flachmoor und dann ein Hochmoor.

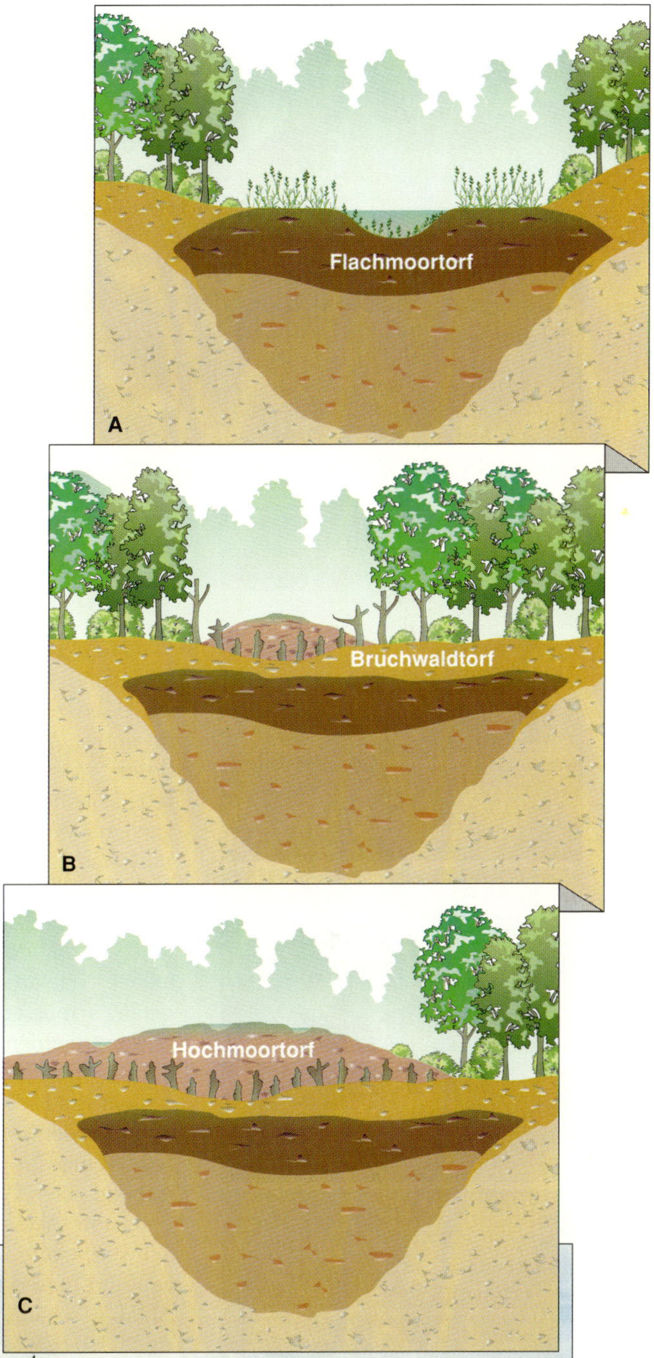

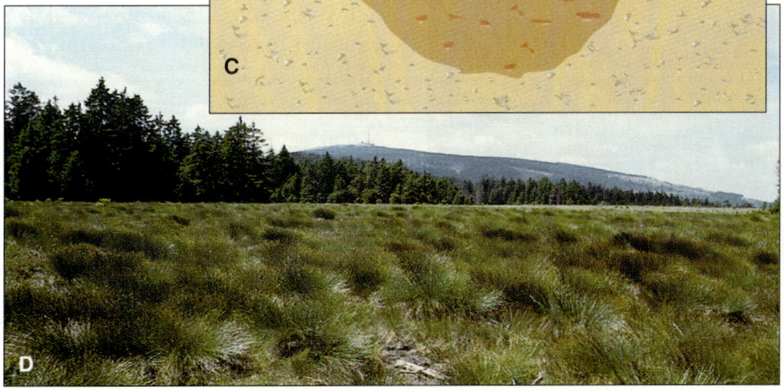

1 Erläutere den Begriff „eutroph".
2 Um einige Seen sind Gräben oder Gewässerrandstreifen angelegt, die nicht landwirtschaftlich genutzt werden. Erkläre die Auswirkung dieser Maßnahmen.
3 Erläutere, warum ein Hochmoor seine Umgebung um einige Meter überragen kann.

3 ***Moor. A*** *Flachmoor;* ***B*** *Bruchwald;* ***C*** *Hochmoor;* ***D*** *Hochmoor*

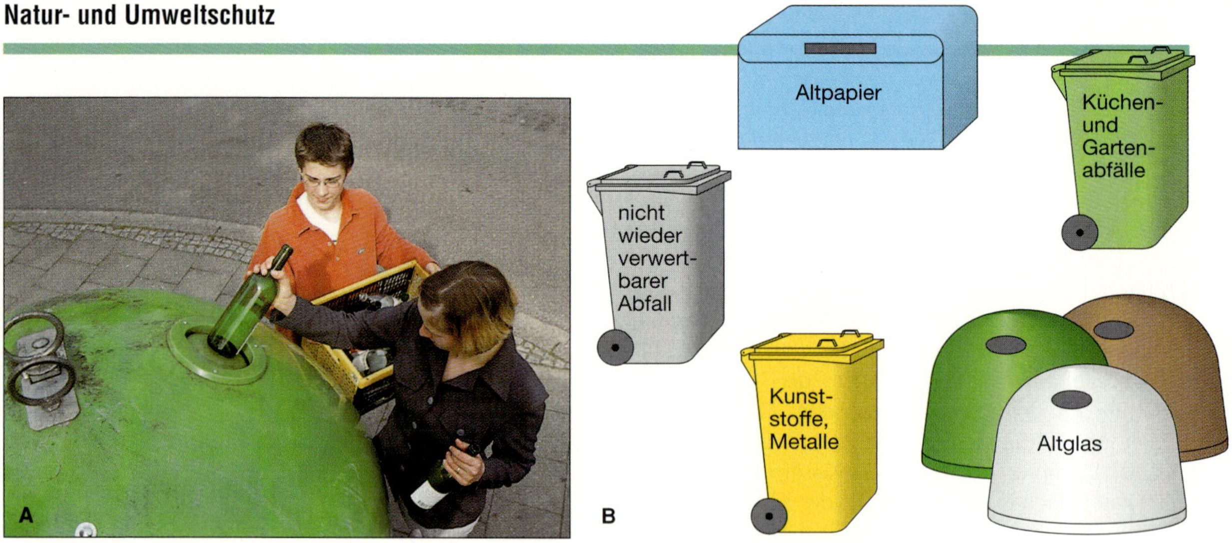

1 ***Haushaltsabfall.*** ***A*** *Sortieren von Altglas;* ***B*** *Container für verschiedene Abfallarten*

2 Umweltgefährdung durch Abfall.
A *Ausbringen von Gülle auf ein Feld;*
B *Abwassereinleitung in einen Fluss;*
C *Fischsterben*

5 Abfall schafft Probleme

In einem Haushalt entstehen verschiedene Arten von **Abfall.** Bei der Essenszubereitung bleiben Reste übrig. Auch leere Konservendosen, Verpackungen und Flaschen bleiben zurück. Alte Zeitungen und Werbebroschüren sammeln sich an. Verbrauchte Batterien und defekte Elektrogeräte müssen entsorgt werden. Und was geschieht mit Farb- und Ölresten?

Nur wenige Tropfen Altöl vergiften tausend Liter Wasser. Viele Batterien und Akkus enthalten giftige Schwermetalle. So können Pflanzen und Tiere durch Schadstoffe im Abfall geschädigt werden.

Auch in der Intensiv-Landwirtschaft entsteht viel Abfall. In der Massentierhaltung fallen große Mengen von **Gülle** an. Die Gülle ist reich an stickstoffhaltigen Nährsalzen und wird deshalb als Dünger auf Wiesen und Felder ausgebracht. Heute wird aber viel mehr Gülle produziert, als zur Düngung benötigt wird. Aus im Übermaß ausgebrachter Gülle können stickstoffhaltige Verbindungen in großen Mengen in Gasform entweichen und die Atmosphäre belasten. Auch stickstoffhaltige Salze gelangen mit dem Sickerwasser in das Grundwasser. So kann die Qualität des Trinkwassers, das aus dem Grundwasser gewonnen wird, beeinträchtigt werden. Deshalb ist das Ausbringen von Gülle in Wassergewinnungsgebieten verboten.

Stichwort

Gülle

Die Gülle ist ein mit Wasser versetztes Gemisch aus Kot und Harn, das in großen Mengen bei der Massentierhaltung von Rindern, Schweinen und Geflügel entsteht.

Giftige Abfälle entstehen auch in der Industrie. Werden Industrie-Abwässer ungereinigt in Gewässer eingeleitet, kann es zu Umweltkatastrophen, zum Beispiel zu massenhaftem Fischsterben, kommen.

Sämtliche Abfallarten müssen daher sachgerecht entsorgt werden. Manche können aufbereitet und danach, unter Umständen in anderer Form, wieder verwendet werden. Man nennt dies **Recycling.** Eine wichtige Voraussetzung dafür ist, dass der Abfall schon dort, wo

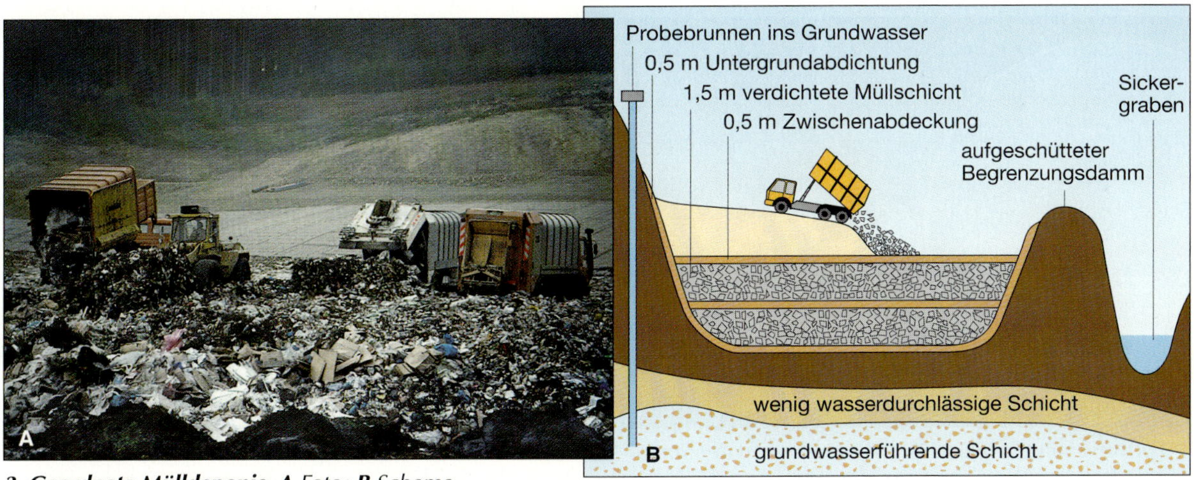

3 ***Geordnete Mülldeponie. A*** *Foto;* ***B*** *Schema*

er entsteht, nach Stoffgruppen getrennt wird. Küchen- und Gartenabfälle werden kompostiert, in Humus umgewandelt und als Blumen- und Gartenerde verkauft. Aus eingeschmolzenem Glas werden neue Glasartikel hergestellt. Altpapier lässt sich zu verschiedenen Papierprodukten verarbeiten.
Auch in der Industrie werden in zunehmendem Maße wieder verwertbare Materialien verwendet. Zur Autoherstellung beispielsweise werden Bauteile benutzt, die sich vor der Verschrottung leicht wieder trennen und zum großen Teil weiterverarbeiten lassen. Immer häufiger werden Materialien eingesetzt, die keine umweltschädlichen Stoffe wie zum Beispiel giftige Schwermetalle enthalten.
Nicht wieder verwertbarer Abfall muss sachgerecht in einer geordneten **Mülldeponie** gelagert werden. So ist gewährleistet, dass keine giftigen Stoffe in das Grundwasser gelangen. Wenn das Fassungsvermögen der Deponie erschöpft ist, wird sie mit Erde bedeckt und bepflanzt. Man nennt dies **Rekultivierung.** Da die Aufnahmefähigkeit der Deponien begrenzt ist, wird ein Teil des Abfalls in **Müllverbrennungsanlagen** verbrannt. Die entstehende Wärme kann zur Heizung von Haushalten benutzt werden. Die Abgase müssen gereinigt werden, um Umweltbelastungen zu vermeiden. Giftiger Abfall, der nicht verbrannt werden kann, wird in **Sondermülldeponien** gelagert.
Jeder Einzelne kann mithelfen, dass die anfallenden Abfallmengen verringert werden. Beim Einkaufen kann man eigene Behälter, zum Beispiel für Wurst oder Käse, mitbringen und Waren mit geringem Anteil an Verpackungsmaterial oder biologisch abbaubaren Verpackungen wählen. In vielen Geschäften kann man Verpackungsmaterial zurückgeben, damit es ordnungsgemäß recycelt werden kann. Viele Produkte lassen sich mehrmals verwenden, bevor man sie wegwerfen muss, wie z.B. Mehrwegflaschen für Milch oder Erfrischungsgetränke.

In Haushalten, Landwirtschaft und Industrie entsteht unterschiedlicher Abfall. Abfallstoffe können die Umwelt schädigen. Deshalb ist eine sachgerechte Abfallentsorgung nötig.

1 Erläutere, weshalb in einer Mülldeponie eine Abdichtung des Untergrundes notwendig ist.
2 Was kannst du tun, um Abfall zu vermeiden? Nenne Beispiele.

4 Durch Recycling entstehen aus Abfall neue Produkte

umweltfreundlich

5 Mehrwegflaschen – ein Beispiel für Müllvermeidung

1 Luftverschmutzung und ihre Vermeidung in der Stadt.
A *Autoverkehr;* ***B*** *Fahrradverkehr*

2 Verschmutzung des Bodens und ihre Beseitigung.
A *Abfall an einem Wanderweg;* ***B*** *Schüler sammeln Müll*

3 Gewässerverschmutzung und ihre Beseitigung.
A *durch Abfall verschmutzter Bach;* ***B*** *Schüler säubern einen Bach im Rahmen einer Bachpatenschaft*

6 Umweltschutz muss alle angehen

In vielen Städten wird das Radfahren gefördert: Radwege werden angelegt, der Autoverkehr wird eingeschränkt, die Möglichkeiten zum Parken werden verringert. So zwingen manche Kommunen ihre Bürger, auf das die Umwelt schädigende Autofahren zu verzichten. Jeder Einzelne kann dazu beitragen, die Umwelt zu schützen. Bereits das Umsteigen auf Fahrrad, Bus oder U-Bahn ist ein erster Schritt in diese Richtung. Ein weiterer Schritt kann sich auf den Energieverbrauch beziehen. Man kann viel Strom sparen, wenn man elektrisches Licht und Elektrogeräte nicht unnötig angeschaltet lässt. Energie wird auch gespart, wenn man die Wohnung nicht überheizt. Wird weniger Energie verbraucht, fallen auch weniger Abgase bei der Energieerzeugung an.
Bei Spaziergängen in Parks und Wäldern trifft man leider oft auf gedankenlos fortgeworfenen Abfall. Getränkedosen und Kunststoff-Verpackungen verrotten nicht und verschmutzen Landschaften, die auch für die Erholung der Menschen wichtig sind. Manche Schwermetalle, die zum Beispiel aus auslaufenden Batterien und Akkus freigesetzt werden, sind besonders schädlich für den Boden und die in ihm vorkommenden Lebewesen. In Absprache mit der zuständigen Behörde lassen sich Säuberungsaktionen organisieren, bei denen Schulklassen Freizeitanlagen und Wanderwege von Abfall befreien können.
Auch Gewässer werden durch Abfall geschädigt. Vor allem Ölrückstände, die zum Beispiel aus alten Kanistern sickern können, sind giftig. Durch Haushaltsabwässer und Rückstände aus Dünge- und Schädlingsbekämpfungsmitteln, die in der Landwirtschaft Verwendung finden, werden Gewässer ebenfalls belastet. In einer Bachpatenschaft können sich Schüler zusammen mit Naturschutzgruppen und den Behörden dafür einsetzen, dass ein Bach seinen natürlichen Zustand wiedererhält. Hierzu muss zuerst Müll beseitigt und eine weitere Verschmutzung verhindert werden. Durch eine naturnahe Gestaltung des Ufers, die durch das Anpflanzen heimischer Gehölze unterstützt wird, können sich auch selten gewordene Tier- und Pflanzenarten wieder ansiedeln.

Durch Abfallvermeidung, Energiesparen und Beteiligung an Schutzmaßnahmen kann jeder einen Beitrag zum Umweltschutz leisten.

1 Was kannst du zum Schutz der Umwelt beitragen? Nenne Beispiele.

Natur- und Landschaftsschutz

Streifzug durch die Politik

„Ein 7600 Hektar großes Gebiet in der Region des Hainich im Thüringer Becken bei Bad Langensalza ist als **Nationalpark** ausgewiesen worden. Hier finden sich ausgedehnte Laubmischwälder, die Lebensräume für seltene und gefährdete Arten wie die *Wildkatze* bieten. In Deutschland gibt es nun dreizehn Nationalparks." Dies war im Dezember 1997 in den Tageszeitungen zu lesen. Was ist ein Nationalpark und wozu dient er?
Der erste Nationalpark der Welt wurde 1872 im Westen der USA gegründet. Dort sollte die landschaftliche Schönheit des Yellowstone-Gebiets geschützt werden. Die Nationalparkidee wurde bald von anderen Staaten aufgegriffen. In dicht besiedelten Ländern wie Deutschland sind naturnahe Lebensräume besonders stark zurückgegangen. Dort sind viele Pflanzen- und Tierarten gefährdet. Um sie zu schützen, reichen kleine Flächen nicht aus. Deshalb wurden die deutschen Nationalparks eingerichtet. Ein Nationalpark umfasst in Deutschland eine Fläche von mindestens 1000 Hektar. Der größte Teil eines Nationalparks darf von Menschen nur wenig beeinflusst sein. Land- und Forstwirtschaft, Fischerei und Tourismus müssen sich im gesamten Nationalpark dem Naturschutz unterordnen. Der erste deutsche Nationalpark wurde 1970 im Bayerischen Wald gegründet. Hier konnte der zuvor fast ausgerottete Luchs wieder ausgewildert werden. Aber auch reizvolle Landschaften wie die Sächsische Schweiz sind als Nationalpark ausgewiesen. Für viele Wasservögel wie den *Kranich* sind die Wattenmeer-Nationalparks der Nordseeküste und der Nationalpark Vorpommersche Boddenlandschaft an der Ostseeküste von besonderer Bedeutung. Leider kommt es in allen Nationalparks immer wieder zu Interessenkonflikten zwischen dem Naturschutz, dem Tourismus und der ansässigen Bevölkerung, die Einschränkungen in ihrer wirtschaftlichen Entfaltung hinnehmen muss.

4 Luchs

A
B
C

***5 Nationalparks als Briefmarkenmotive. A** Bayerischer Wald;*
***B** Sächsische Schweiz;*
***C** Vorpommersche Boddenlandschaft*

6 Kraniche

Will man kleinere Gebiete wegen dort lebender, seltener Tier- oder Pflanzenarten oder wegen ihrer Schönheit schützen, so kann man sie als **Naturschutzgebiete** ausweisen. Außer ordnungsgemäßer Land- und Forstwirtschaft und angeordneten Pflegemaßnahmen sind hier alle Eingriffe verboten, die zu einer Veränderung oder Störung des Gebiets führen. Pflanzen und Tiere dürfen nicht entfernt, beschädigt oder gestört werden. Diese Maßnahmen alleine können aber das Überleben der Arten nicht garantieren, denn nur etwa 2% der Fläche Deutschlands stehen unter Naturschutz.

Weniger strenge Regelungen gelten für **Landschaftsschutzgebiete**. Hier sollen Naturhaushalt und landschaftliche Schönheit erhalten werden – auch für die Erholung der Menschen.

2 Suche die im Text genannten Nationalparks auf einer Atlaskarte. Welche Landschaften umfassen sie jeweils?
3 Informiere dich über die Natur- und Landschaftsschutzgebiete in deiner Gemeinde.

Übung

Umwelt

V1 Herstellung einer biologisch abbaubaren Folie

Material: 1 große Kartoffel; Messer; Kartoffelreibe; Schüssel; Tasse; Wasser; Teelöffel; kleiner Kochtopf; Geschirrtuch; Kartoffelmehl; Glycerin; Kochplatte; Glasscheibe (ungefähr 20 cm Kantenlänge); Kunststofffolie; 4 Drahtnetze (Maschenweite ungefähr 1 cm, Kantenlänge 20 cm); Gartenerde; Komposttonne

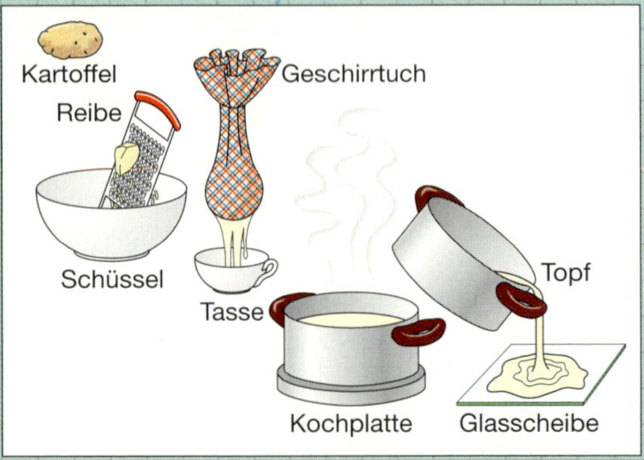

Herstellung einer Folie aus Kartoffelstärke

Durchführung: Schäle die Kartoffel und reibe sie. Versetze den Brei in einer Schüssel unter Rühren mit einer Tasse Wasser. Presse den Brei durch das Geschirrtuch in die Tasse. Gieße das Wasser ab, wenn sich die Stärke abgesetzt hat. Mische in einem kleinen Topf einen halben Teelöffel Stärke mit einem Teelöffel Kartoffelmehl, zwei Teelöffeln Glycerin und einer halben Tasse Wasser. Erhitze das Gemisch auf einer Kochplatte unter Rühren bis zum Kochen und halte es einige Minuten lang am Köcheln. Gieße das heiße Gemisch auf die Glasscheibe. Ziehe die fertige Folie nach drei Tagen vorsichtig vom Rand her von der Scheibe ab. Spanne Stücke der Stärkefolie und gleich große Stücke der Kunststofffolie zwischen je zwei Drahtnetze. Lege die Netze vorsichtig in die Komposttonne und bedecke sie mit feuchter Gartenerde.

Aufgaben: a) Vergleiche die Folien alle ein bis zwei Tage miteinander und protokolliere deine Beobachtungen. Erläutere das Ergebnis.

b) Für welche Zwecke lassen sich Stärkefolien verwenden? Nenne Beispiele.

c) Gibt es andere Materialien aus biologisch abbaubaren Stoffen, die Kunststoffprodukte ersetzen könnten? Nenne Beispiele.

V2 Übernahme einer Bachpatenschaft

Material: topographische Karten der Gemeinde (Maßstab 1 : 25 000); Protokollbögen; Schreibmaterial; Müllsäcke; Gartengeräte (Spaten, Hacke, Baumschere); Weiden- und Erlensetzlinge

Naturnaher Bach

Durchführung: Bildet eine Bachpatenschaftsgruppe. Informiert euch anhand einer topographischen Karte über Bäche in eurer Umgebung. Führt Bachbegehungen durch und protokolliert den Zustand der Bäche mit dem auf Seite 158 dargestellten Protokollbogen. Notiert zusätzlich folgende Eigenschaften: Bachverlauf (in natürlichen Windungen oder begradigt), Ufervegetation (mit Gehölzen oder nur mit Gräsern oder Kräutern), Fluss des Wassers (ungestörtes Fließen oder Störung des Flusses durch Hindernisse). Findet ihr einen Bach, der einem naturnahen Erscheinungsbild nicht mehr entspricht, so erkundigt euch bei der Gemeindeverwaltung über die zuständige Behörde. Wendet euch dorthin, um zusammen mit einer örtlichen Naturschutzgruppe die Patenschaft für diesen Bach zu übernehmen. Erstellt einen Plan zur Wiederherstellung seines natürlichen Zustands. Hierzu gehören zum Beispiel: Beseitigung von Abfall; Einflussnahme auf Eigentümer landwirtschaftlicher Flächen im Einzugsgebiet des Baches mit dem Ziel, die Gewässerbelastung durch Dünge- oder Pflanzenschutzmittel zu verringern; Anpflanzungen natürlicherweise am Ufer vorkommender Gehölze (z. B. Weiden und Erlen); Pflegemaßnahmen für die Gehölze (Zurückschneiden der Weiden).

Aufgaben: a) Protokolliere die Veränderungen des Baches im Verlauf der Maßnahmen.

b) Vergleiche das Aussehen des Baches vor und nach den Pflegemaßnahmen.

Natur- und Umweltschutz

Prüfe dein Wissen

A1

a) Ein Bahndamm kann als „Lebensraum aus zweiter Hand“ bezeichnet werden. Erläutere diesen Begriff und nenne weitere Beispiele.

b) Erläutere die abiotischen Faktoren, die den Lebensraum „Bahndamm“ kennzeichnen.

c) Überlege, wie sich nach einer Stilllegung der Bahnstrecke der Bahndamm im Lauf der Zeit verändern würde, und begründe.

A2 Der Zürichsee in der Schweiz wird seit mehr als hundert Jahren von Biologen sorgfältig untersucht. Bis etwa 1900 war der See sehr klar, dann wurde das Wasser immer trüber. Gleichzeitig verminderte sich der Sauerstoffgehalt in der Tiefenzone. Der Seeboden wies vor 1900 keine Schlammablagerungen auf, später entwickelte sich Faulschlamm. Auffällig war die Ausbreitung von Algen. Bei windstillem Wetter bildete sich oft auf dem See eine dicke, zähe, gelbgrüne Algendecke, die sogar das Röhricht am Ufer erstickte. Die absterbenden Algenmassen faulten am Ufer; ihr Gestank verpestete im Sommer die ganze Gegend. Etwa 1960 war die Belästigung so stark und der wirtschaftliche Verlust z. B. im Tourismus so hoch, dass Gegenmaßnahmen unvermeidlich waren.

a) Erläutere die im Text beschriebenen Veränderungen des Sees. Gehe auf mögliche Ursachen dieser Veränderungen ein.

b) Welche bautechnischen Maßnahmen waren in den folgenden Jahren unbedingt notwendig, um den See zu sanieren? Begründe.

c) Unter anderem wurde vorgeschlagen, Rohre mit durchlöcherten Wänden auf dem Seeboden zu verlegen. Dann sollte monatelang Pressluft durch diese Rohre gepumpt werden. Erläutere den Sinn dieser Maßnahme.

A3

a) Beurteile das Erscheinungsbild der abgebildeten Fichte und erläutere.

b) Beschreibe die Veränderungen, die in anderen Pflanzenteilen dieses Baumes zu erwarten sind, und erläutere ihre Ursachen.

c) Nenne einige Maßnahmen, mit denen die Luftverschmutzung verringert werden kann.

A4

a) Erläutere, warum der Eimer mit den Lackresten nicht in den Gully entleert werden darf.

b) Überlege, wie diese Lackreste ordnungsgemäß entsorgt werden müssen.

c) Nenne weitere Arten von Abfall im Haushalt. Gib jeweils die richtige Form der Entsorgung an.

Bau und Leistungen des menschlichen Körpers

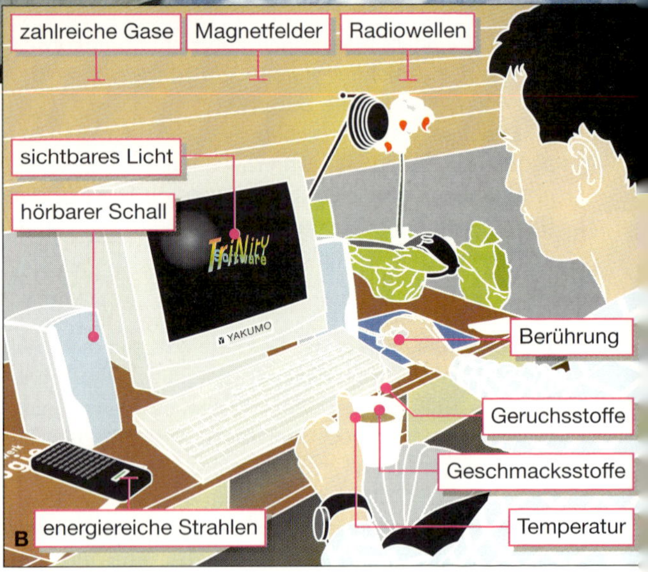

1 Viele Reize wirken gleichzeitig auf unsere Sinnesorgane.
A *Schüler am Computer;* ***B*** *Schema*
(⊣ nicht wahrnehmbar, •→ wahrnehmbar)

1 Reizaufnahme durch Sinnesorgane

1.1 Der Körper reagiert auf viele Reize

Am Computer können die Informationen, die auf dem Monitor erscheinen, durch Bedienung der Tastatur und der Maus bearbeitet werden. Dazu muss der Mensch das Bild auf dem Monitor betrachten. Dieses Bild ist ein **Reiz,** der von den Augen wahrgenommen wird. Organe, die wie die Augen für bestimmte Reize aus der Umwelt empfindlich sind, werden **Sinnesorgane** genannt. Die Augen können die Bildinformation auf dem Monitor lediglich aufnehmen. Die Verarbeitung der Informationen erfolgt im Gehirn, von dem auch die *Reaktion* gesteuert wird. So wird hier zum Beispiel der Befehl an die Muskeln erzeugt, einen bestimmten Finger zu senken und dadurch eine Taste niederzudrücken. Man spricht vom **Reiz-Reaktions-Zusammenhang.** Während der Arbeit am Computer wirken viele weitere Reize aus der Umgebung auf den Körper ein. Der Tastsinn in der Haut informiert darüber, ob die Taste bis zum Anschlag niedergedrückt ist. Aus den Lautsprechern gelangen Schallwellen zu den Ohren und liefern ergänzende Informationen zu den Bildern auf dem Monitor. Die Temperatur, der Geschmack und der Geruch des Kakaos, den man bei der Arbeit trinkt, werden dem Gehirn über Sinneszellen in Haut, Mund und Nase mitgeteilt.

Aus der Vielzahl von Umwelteinflüssen filtern die Sinne immer nur die wichtigsten heraus. Sie bestimmen das Bild, das wir uns von unserer Umwelt machen. Für einige Umwelteinflüsse besitzt der Mensch keine Sinnesorgane. Dies gilt beispielsweise für energiereiche Strahlen, Radiowellen und Magnetfelder. Sie sind deshalb keine Reize.

Der Mensch nimmt Reize über Sinnesorgane auf. Nach der Verknüpfung und Verarbeitung im Gehirn können sie zu Reaktionen führen.

1 Ein Blinder kann den Wert von Geldscheinen anhand von aufgedruckten Strichen und Punkten unterscheiden. Beschreibe an diesem Beispiel den Reiz-Reaktions-Zusammenhang.

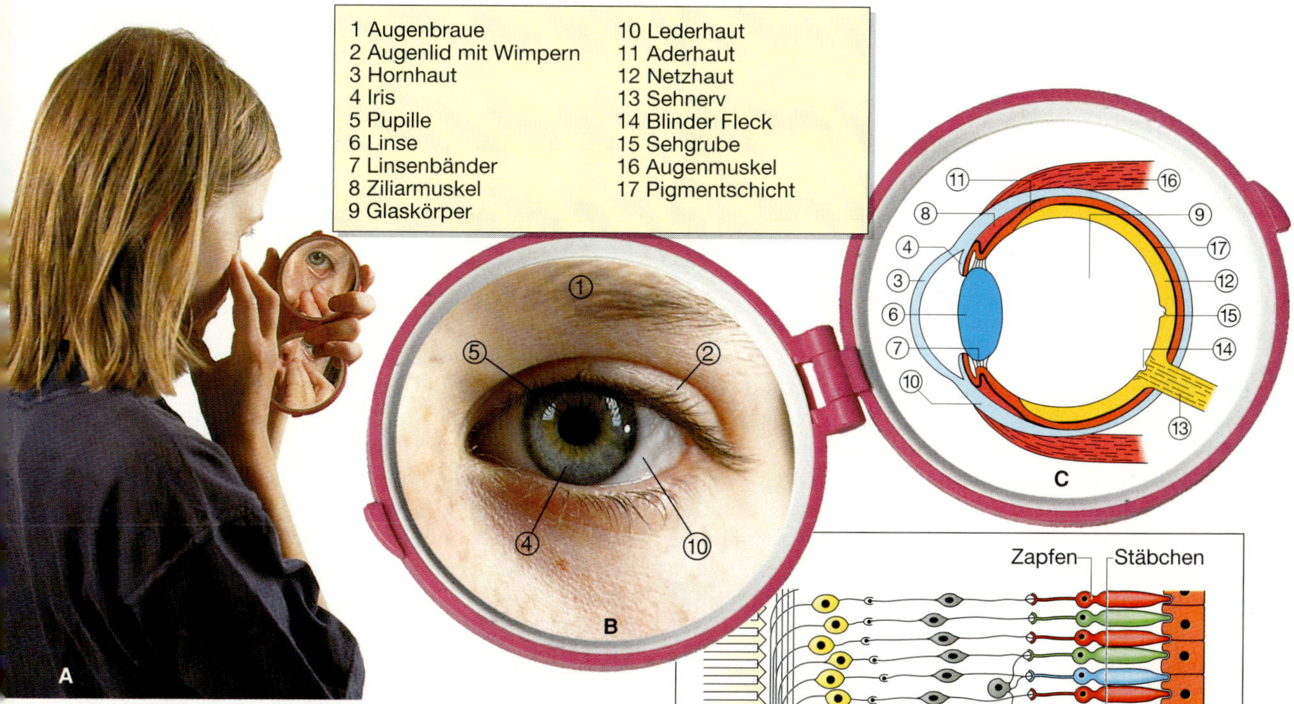

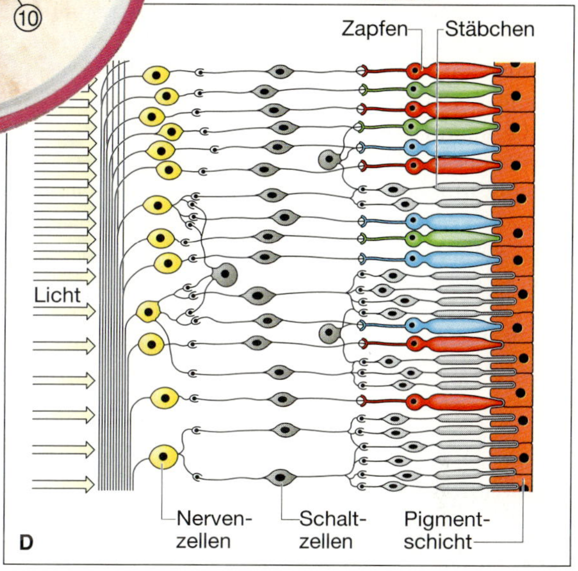

***1 Bau des Auges. A** Betrachtung im Spiegel; **B** Foto; **C** Schema; **D** Schnitt durch die Netzhaut*

1.2 Das Auge nimmt Lichtreize auf

Betrachtet man ein Auge im Spiegel, so kann man einige Bauteile erkennen. Die **Augenbraue** und das **Augenlid** mit den Wimpern schützen das Auge im vorderen Bereich. Im Zentrum liegt ein kleines Loch, die **Pupille,** durch die Licht in das Augeninnere fällt. Umgeben wird sie von einem farbigen Ring, der **Iris.** In der Dunkelheit ist die Pupille weit geöffnet. Das Auge nutzt das einfallende Licht voll aus. Bei grellem Licht verengt sich die Pupille, sodass das Auge vor Überlastung geschützt wird. Man nennt die Anpassung des Auges an die Lichtverhältnisse **Adaptation.** Die weiter außen sichtbare weiße **Lederhaut** umgibt das gesamte Auge als derbe Schutzschicht. Im vorderen Bereich ist sie durchsichtig und heißt **Hornhaut.** Die außen an der Lederhaut ansetzenden **Augenmuskeln** ermöglichen seine Bewegung. Auf der Rückseite verlässt der **Sehnerv** das Auge.

Ein Querschnitt zeigt weitere Bauteile. Geht man von der Rückseite des Auges wieder nach vorn, so folgt auf Sehnerv und Lederhaut die von Blutgefäßen durchzogene **Aderhaut.** Sie versorgt die umliegenden Schichten mit Nährstoffen und Sauerstoff. Eine lichtundurchlässige **Pigmentschicht** bildet die Grenze zur sich anschließenden **Netzhaut.** Diese enthält die lichtempfindlichen **Sehzellen,** wobei man die für das Farbensehen zuständigen **Zapfen** und die für das Hell-Dunkel-Sehen zuständigen **Stäbchen** unterscheiden kann. Im Zentrum der Netzhaut, der **Sehgrube,** liegen nur Zapfen. Weiter außen werden sie von Stäbchen abgelöst. Wo der Sehnerv das Auge verlässt, liegen keine Sehzellen. Man nennt diese Stelle den **Blinden Fleck.** Die von den Sehzellen durch das Licht verursachten Impulse werden von den *Schaltzellen* an die *ableitenden Nervenzellen* weitergeleitet. Von hier wandern sie über die Nervenfasern im Sehnerv zum Gehirn.

Geht man von der Netzhaut weiter nach vorn, folgen der **Glaskörper,** eine lichtdurchlässige gallertartige Masse, und die **Augenlinse.** Durch diese Augenteile gelangt das Licht von der Hornhaut bis zur Netzhaut. Die Augenlinse ist durch **Linsenbänder** mit einem Ringmuskel, dem **Ziliarmuskel,** verbunden.

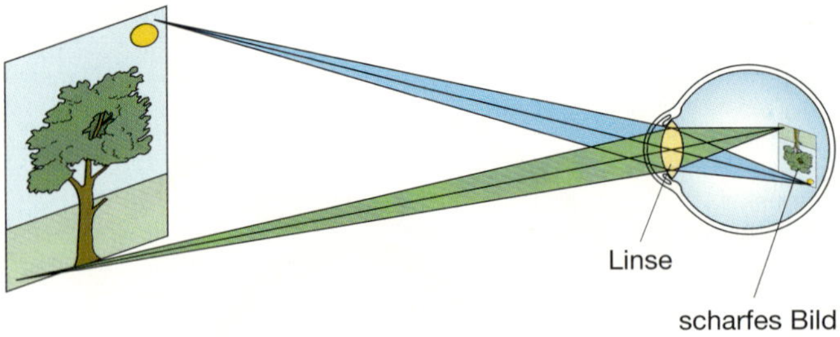

2 Bildentstehung in der Netzhaut

Durch Hornhaut und Linse werden die von außen in das Auge eintretenden Lichtstrahlen gebrochen. Die Umwelt wird auf der Netzhaut seitenverkehrt und auf dem Kopf stehend abgebildet. Erst durch Auswertung der Information im Gehirn entsteht ein unseren Erfahrungen entsprechendes, aufrechtes Bild. Gegenstände, die wir genau betrachten, also fixieren, werden in der Sehgrube abgebildet. Die Sehzellen der Sehgrube sind ausschließlich für das Farbensehen geeignete Zapfen. Da die Information jedes Zapfens auf einer eigenen Nervenfaser zum Gehirn übermittelt wird, besitzt das farbige Bild eine hohe Auflösung. Die Informationen mehrerer Stäbchen werden zu einem gemeinsamen Signal zusammengefügt. Die Wahrnehmung ist daher nicht so scharf, aber in der Helligkeit empfindlicher. Wenn man mit einem Auge eine dicht vor dem Auge befindliche Blüte fixiert, erscheint diese scharf, der entfernte Hintergrund jedoch unscharf. Blickt man dagegen an der Blüte vorbei in die Ferne, wird die Blüte unscharf und die Gegenstände in der Ferne werden scharf. Das Auge kann sich also auf unterschiedliche Entfernungen von Gegenständen, die betrachtet werden sollen, einstellen. Man spricht von **Nah-** und **Fernakkommodation.** Wie funktioniert diese?

Spannt sich der Ziliarmuskel an, wird der Durchmesser des Muskelrings kleiner. Die Linsenbänder, an denen die Linse aufgehängt ist, lockern sich und die elastische Linse nimmt eine stärkere Krümmung an. Die Lichtstrahlen werden stärker gebrochen. Ein entspannter Ziliarmuskel zieht dagegen die Linse in eine flachere Form, sodass die Lichtstrahlen weniger stark gebrochen werden. Entfernte Gegenstände werden so auf der Netzhaut scharf abgebildet. Da der Ziliarmuskel bei der Fernakkommodation weniger stark beansprucht wird, ist das Sehen in die Ferne weniger anstrengend als zum Beispiel das Betrachten eines Textes auf dem Computerbildschirm.

Im Auge entsteht auf der Netzhaut ein Bild der Umwelt. Die Lichtreize werden von den Sehzellen aufgenommen und als Nervenimpulse an das Gehirn weitergeleitet.

1 Schreibe die Augenteile, die von einem Lichtstrahl nacheinander durchdrungen werden, untereinander. Schreibe ihre Aufgabe in einer zweiten Spalte jeweils rechts daneben.

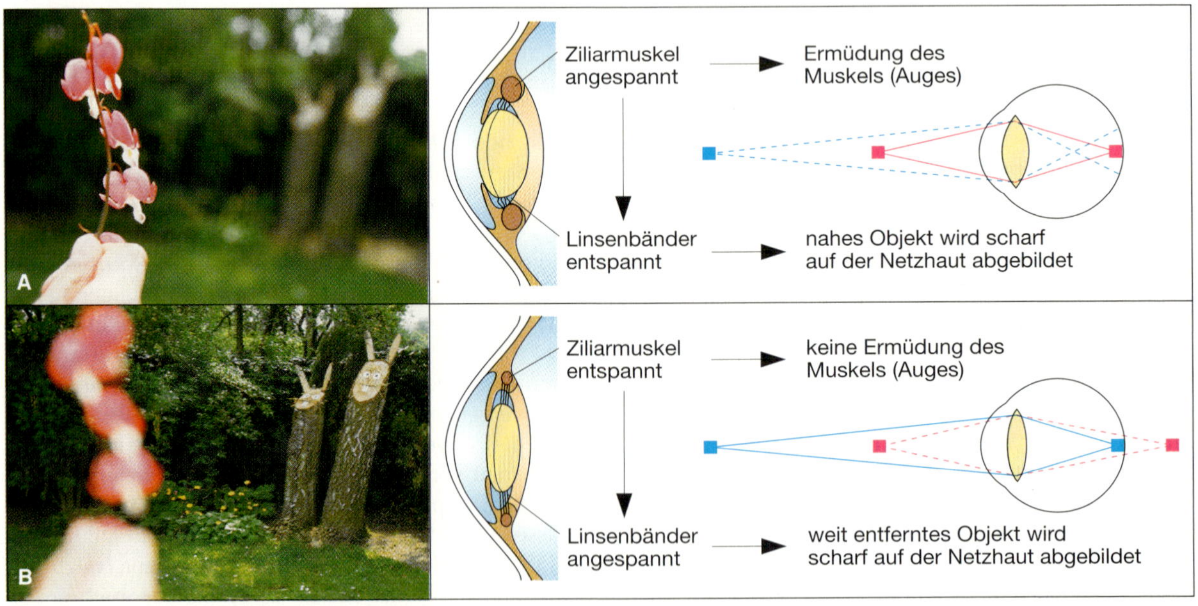

3 ***Akkommodation des Auges. A*** *Nahakkommodation;* ***B*** *Fernakkommodation*

Strahlengänge

Streifzug durch die Physik

Unser Auge besitzt in Bau und Funktion große Ähnlichkeiten mit einer Kamera. Auf der Mattscheibe einer einfachen **Lochkamera** ist ein seitenverkehrtes, auf dem Kopf stehendes und lichtschwaches Bild zu sehen. Woran liegt das? Von jedem Punkt eines leuchtenden oder beleuchteten Gegenstandes breiten sich Lichtstrahlen geradlinig aus. Nur wenige Strahlen fallen durch die kleine Öffnung einer Lochkamera ins Innere. Sie liefern deshalb ein lichtschwaches Bild. Die Strahlen überschneiden sich genau in dem kleinen Loch der Lochkamera, sodass das Bild gedreht erscheint. Vergrößert man dieses Loch, so fällt mehr Licht auf die Mattscheibe. Die Strahlen überschneiden sich allerdings nicht mehr in einem Punkt, sondern auf einer größeren Fläche. Das entstehende Bild ist jetzt heller, aber unscharf.

Durch Glaslinsen kann man den Strahlengang verändern. Eine **Sammellinse** ist in der Mitte dicker als am Rand. Sie sammelt alle parallel einfallenden Lichtstrahlen, zum Beispiel Sonnenstrahlen, in einem Punkt. Man nennt diesen Punkt Brennpunkt (F). Hält man die Sammellinse in einem bestimmten Abstand über Papier, so kann man es durch die gebündelten Sonnenstrahlen entzünden. Diesen Abstand zwischen Linse und Brennpunkt nennt man Brennweite (f). Je stärker die Sammellinse gewölbt ist, desto größer ist ihre Brechkraft (D) und desto kleiner ist ihre Brennweite. Die Brechkraft ist der Kehrwert der Brennweite, also $D = 1/f$. Sie wird in der Maßeinheit Dioptrie (dpt = 1/m) angegeben. Eine **Zerstreuungslinse** ist in der Mitte dünner als am Rand. Parallel einfallende Strahlen werden von einer Zerstreuungslinse nach außen abgelenkt.

Setzt man in das Loch einer Lochkamera eine Sammellinse ein, wird das Bild heller, ist jedoch meist unscharf. Ein Gegenstand wird nur dann scharf abgebildet, wenn zwischen dem Abstand des Gegenstandes bis zur Linse, also der Gegenstandsweite (g), und dem Abstand der Linse bis zur Mattscheibe, also der Bildweite (b), folgende Beziehung gilt:
$1/f = 1/b + 1/g$.
Diese Gleichung heißt Linsengleichung. Kennt man die Brennweite einer Linse, kann man mit der Linsengleichung berechnen, wie weit die Mattscheibe von der Linse entfernt sein muss, um einen Gegenstand scharf abzubilden.

Da sich die Bildweite im Auge nicht verändern lässt, man jedoch unterschiedlich weit vom Auge entfernte Gegenstände scharf auf der Netzhaut abbilden möchte, muss die Brechkraft der Augenlinse verändert werden. Sie liegt zwischen 18 und 32 Dioptrien. Zusammen mit der Brechkraft der Hornhaut, die etwa 40 Dioptrien beträgt, können Gegenstände mit einer Gegenstandsweite von mindestens zehn Zentimetern scharf auf der Netzhaut abgebildet werden.

2 Vergleiche das Auge mit der Lochkamera. Beschreibe Gemeinsamkeiten und Unterschiede.

3 Die Brennweite (f) einer Linse beträgt 0,1 m. Eine Kerze wird 0,23 m vor der Linse aufgestellt. Berechne die Brechkraft der Linse sowie die Bildweite (b), bei der ein scharfes Bild der Kerze auf einer Mattscheibe entsteht.

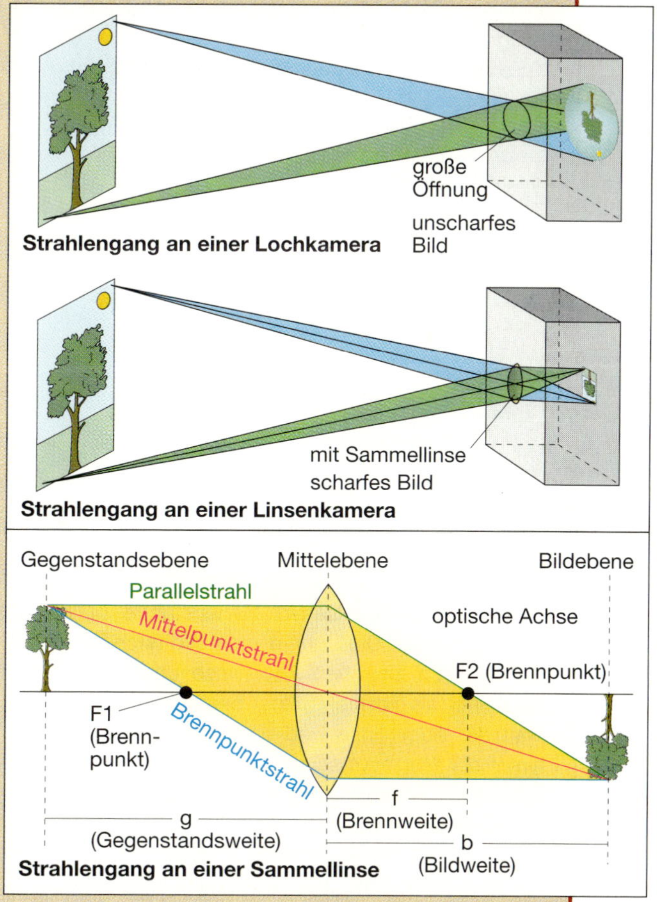

4 Strahlengänge

Streifzug durch die Medizin

Sehfehler und ihre Korrektur

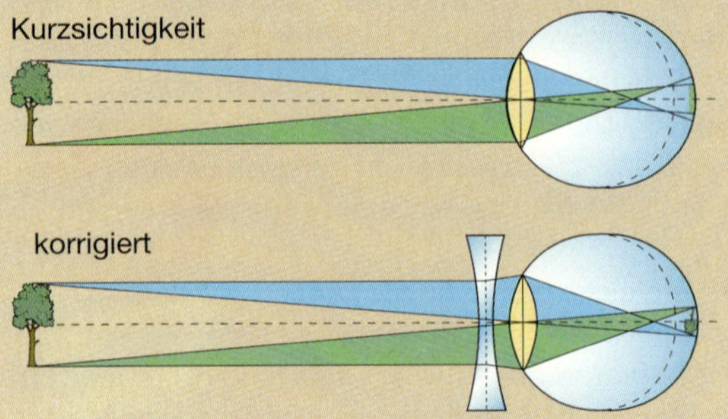

Manche Menschen können entfernte Gegenstände nicht scharf sehen. Sie sind **kurzsichtig.** Ursache ist ein zu langer Augapfel und dadurch ein zu großer Abstand zwischen Augenlinse und Netzhaut. Bei Fernakkommodation entsteht daher ein scharfes Bild des Gegenstandes bereits vor der Netzhaut. Durch eine Brille mit Zerstreuungslinsen lässt sich dieser Fehler ausgleichen.

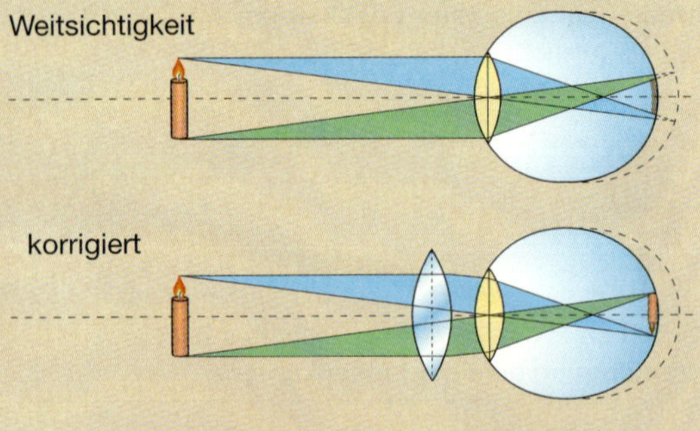

Andere Menschen sehen Gegenstände in der Nähe unscharf. Dies nennt man **Weitsichtigkeit.** Der Abstand zwischen Augenlinse und Netzhaut ist kleiner als normal. Selbst bei stärkster Brechkraft der Augenlinse wird ein naher Gegenstand hinter der Netzhaut scharf abgebildet. Durch eine Brille mit Sammellinsen lässt sich die Brechkraft um das erforderliche Maß erhöhen. Bei abnehmender Elastizität der Augenlinse im Alter spricht man von **Altersweitsichtigkeit.** Durch eine Lesebrille mit Sammellinsen wird dieser Mangel ausgeglichen.

1 Zwei Augen – zwei verschiedene Bilder

1.3 Sehen mit Auge und Gehirn

Hält man ein Buch wie in Abbildung 1 nah vor die Augen und betrachtet es abwechselnd nur mit dem rechten Auge beziehungsweise mit dem linken Auge, so sieht man zwei etwas unterschiedliche Bilder. Beim normalen Sehen fällt dies nicht auf. Das Gehirn errechnet aus den beiden etwas unterschiedlichen Seheindrücken ein gemeinsames, räumlich erscheinendes Bild. Welchen Vorteil dieser aus zwei Bildern errechnete Seheindruck hat, erkennt man, wenn man eine Nähnadel etwa 30 Zentimeter vor ein Auge hält und versucht, von der Seite einen Faden durch das Nadelöhr zu schieben. Es gelingt oft erst nach mehreren Versuchen. Mit einem Auge kann man den Abstand der Nähnadel nur schwer einschätzen. Derselbe Versuch gelingt bei Betrachtung mit beiden Augen problemlos.

Auch aus zwei im Augenabstand aufgenommenen Fotos desselben Gegenstandes errechnet unser Gehirn ein räumliches Bild. Hierzu muss man das linke Bild über das linke Auge und das rechte Bild über das rechte Auge ansehen. Problemlos gelingt dies bei Betrachtung von zwei geeigneten Dias mit zwei Diabetrachtern oder mit einem Stereoskop. Viele Menschen erhalten mit etwas Übung auch bei Abbildung 2 einen räumlichen Seheindruck.

Menschen, die nur mit einem Auge sehen können, sind ebenfalls in der Lage Entfernungen zu schätzen. Hierzu werden Erfahrungen eingesetzt wie zum Beispiel, dass entfernte Gegenstände kleiner erscheinen als nahe.

2 Stereoaufnahmen einer Orchidee

Menschen können eine sehr große Zahl verschiedener Farben und Farbtöne unterscheiden. Welche Eigenschaften des Auges ermöglichen diese erstaunliche Leistung?

In der Netzhaut liegen verschiedene Zapfentypen. Sie sind durch blaues, grünes oder rotes Licht erregbar und unterscheiden sich nur im Aufbau ihres lichtempfindlichen Stoffes, dem Sehpurpur. Wird ein Zapfen von dem Licht getroffen, für das er empfindlich ist, verändert sich der Sehpurpur und erzeugt einen Nervenimpuls, der zum Gehirn gesendet wird. Werden nun ein rotempfindlicher und ein direkt daneben liegender grünempfindlicher Zapfen gleich stark gereizt, so errechnet unser Gehirn daraus die Farbe Gelb. Werden alle drei Zapfentypen in einem eng umgrenzten Netzhautgebiet gereizt, so erscheint der Gegenstand weiß. Aus der unterschiedlich starken Erregung aller drei Zapfentypen kann das Gehirn tausende von Farbabstufungen ermitteln.

Sind die beiden Zapfentypen für die Farben Rot und Grün in ihrer Funktionstüchtigkeit beeinträchtigt, können Betroffene diese Farben nur noch unzureichend unterscheiden. Man spricht von einer *Rotgrünsehschwäche*. Stäbchen werden normalerweise auch noch von sehr schwachem Licht gereizt, sodass sie besonders für das Sehen in der Dämmerung von Bedeutung sind. Bei einer Schwäche der Stäbchenempfindlichkeit spricht man von *Nachtblindheit*.

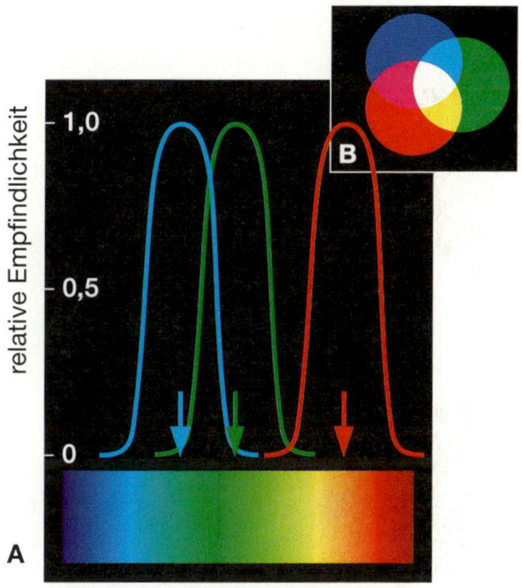

3 Farbensehen. A *Farbempfindlichkeit der drei Zapfentypen;* ***B*** *Farbmischung*

Bilder unserer Umwelt entstehen im Gehirn, nachdem Zapfen und Stäbchen in den Augen gereizt wurden.

1 Halte zur Betrachtung von Abbildung 2 eine 15 Zentimeter hohe weiße Pappe zwischen die Fotos und beuge dich mit der Nasenspitze auf die Oberkante der Pappe. Betrachte mit dem linken Auge das linke Foto und mit dem rechten Auge das rechte Bild. Mit Geduld gelingt es dir, die Bilder zu einem Bild zu verschmelzen. Erläutere deine Wahrnehmung.

2 Menschen mit einer Rotgrünschwäche sehen in der Abbildung 4 keine Ziffer. Erläutere.

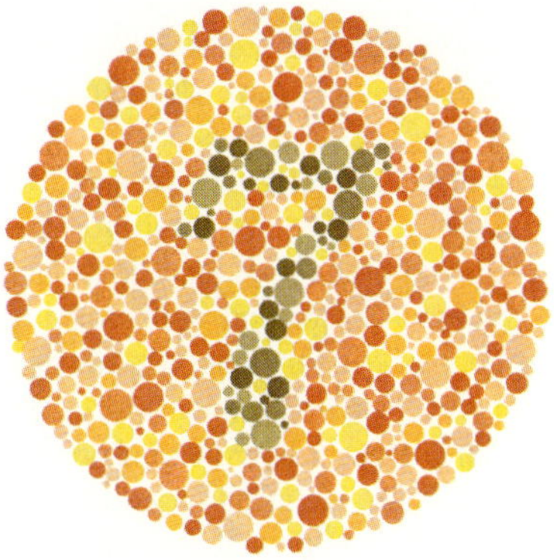

4 Farbtestbild

Übung

Auge

V1 Bau einer Lochkamera

Material: leerer Schuh- oder Waschmittelkarton; dünne Pappe; Pergamentpapier; Schere; Klebstoff; Sammellinse mit 15 cm Brennweite

Durchführung: Schneide aus dünner Pappe einen 3 cm breiten und 30 cm langen Streifen aus. In diesen Streifen schneide in Längsrichtung in der Mitte vier untereinander liegende Löcher mit 2, 4, 6 und 10 mm Durchmesser. Schneide in die Vorderwand des Kartons in der Mitte ein Loch mit 20 mm Durchmesser. Klebe rechts und links neben das Loch zwei Pappschlaufen, durch die du den vorbereiteten Pappstreifen schieben kannst. Mit 15 cm Abstand von der Vorderwand wird mitten in den Karton eine Wand aus Pergamentpapier geklebt, die als Mattscheibe dient. In die dem runden Loch gegenüberliegende Rückwand des Kartons wird in die Mitte ein Guckloch mit 3 cm Kantenlänge geschnitten.

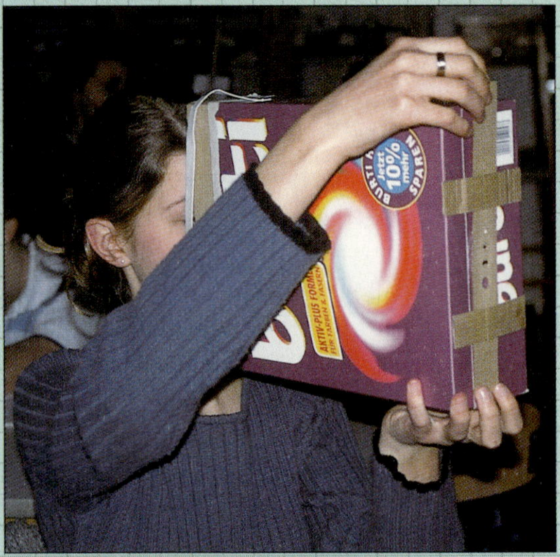

Waschmittelkarton als Lochkamera

Aufgaben: a) Schiebe das kleinste Loch (kleinste Blende) im Pappstreifen vor die Öffnung in der Vorderwand des Kartons. Richte die Lochkamera auf ein helles Fenster und beschreibe das Bild auf der Mattscheibe. Verfahre ebenso mit den größeren Blenden.

b) Halte die Sammellinse in die größte Blendenöffnung. Beschreibe die Veränderungen des Bildes.

c) Erkläre die in der Versuchsreihe beobachteten Veränderungen des Bildes auf der Mattscheibe.

V2 Messung des Nahpunktes

Material: Lineal mit Millimetereinteilung; Bleistift

Durchführung: Halte das Lineal mit der Nullmarke an ein Auge und schaue daran entlang. Halte den Bleistift mit der Spitze nach oben an das Ende des Lineals und bewege ihn langsam auf das Auge zu. Notiere den Abstand des Bleistifts vom Auge, bei dem die Bleistiftspitze gerade noch scharf zu sehen ist. Wiederhole den Versuch mit anderen Personen, beispielsweise mit deinen Eltern und Großeltern. Notiere auch hier jeweils den Messwert sowie das Alter der Versuchsperson.

Aufgaben: a) Erkläre, warum die Bleistiftspitze unterhalb einer bestimmten Entfernung verschwimmt.

b) Stelle die Messwerte grafisch dar, indem du das Alter der Versuchspersonen auf der x-Achse und die gemessenen Entfernungen des Nahpunktes auf der y-Achse abträgst. Erläutere die Grafik.

V3 Pupillenreaktion

Durchführung: Schaue im weitgehend abgedunkelten Raum deinem Nachbarn in die Augen und beobachte seine gerade noch sichtbaren Pupillen.
Beobachte die Veränderung, während das Licht im Raum eingeschaltet wird. Schalte nach 15 Sekunden das Licht wieder aus und beobachte erneut die Veränderung der Pupillen.

Aufgabe: Beschreibe und erkläre die Beobachtungen.

V4 Lichtempfindlichkeit von Zapfen und Stäbchen

Material: schwarzer Karton; weißes Blatt Papier; Locher; Schere; Klebstoff

Durchführung: Schneide ein schwarzes Pappquadrat von 20 cm Kantenlänge aus. Stanze mit dem Locher Papierpunkte aus dem weißen Papier und klebe sie im Abstand von 1 cm auf die schwarze Pappe. Verdunkle jetzt den Raum so weit, dass du die weißen Punkte gerade noch erkennen kannst. Lege das Pappquadrat auf den Tisch und fixiere im Abstand von etwa 20 cm mit einem Auge und ohne den Kopf zu bewegen einen in der Bildmitte liegenden weißen Punkt.
Hinweis: Zapfen und Stäbchen haben unterschiedliche Lichtempfindlichkeit.

Aufgabe: Beschreibe und erkläre die Beobachtung.

V5 Blinder Fleck

Material: weißes Blatt Papier; schwarzer Filzstift; Lineal
Durchführung: Male auf ein Stück Papier ein schwarzes Dreieck von 0,5 cm Kantenlänge und im Abstand von 10 cm rechts daneben einen Kreis von 1 cm Durchmesser. Halte nun das Papier in Armlänge vor die Augen, schließe das rechte Auge und fixiere die Kreisfläche mit dem linken. Bewege das Papier, während du den Kreis ständig fixierst, langsam auf das Auge zu und entferne es wieder.

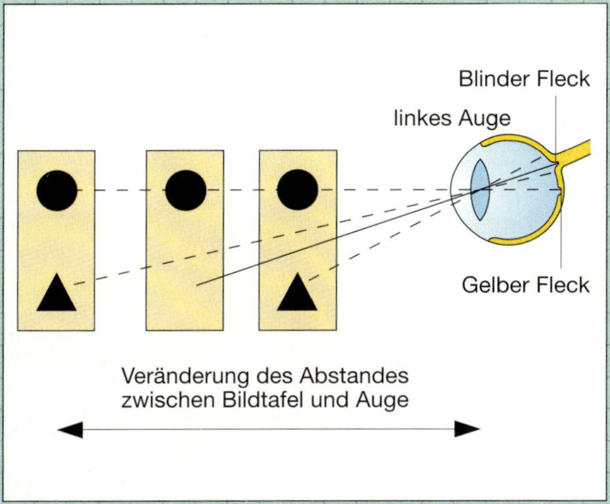

Aufgabe: Beschreibe und erkläre deine Beobachtung unter Verwendung der Abbildung.

V6 Bestimmung des Gesichtskreises

Material: Pappe 1 (80 cm lang, 40 cm breit); Pappe 2 (125 cm lang, 30 cm breit); kleine Pappscheiben mit 3 cm Durchmesser; Reagenzglashalter; Lineal 30 cm; Winkelmesser; Filzstifte; Bleistift; Klebeband; Schere
Durchführung: Schneide aus der Pappe 1 einen Halbkreis von 40 cm Radius aus. Markiere darauf mit dem Winkelmesser von der Mitte aus jeweils in Zehnerschritten 90° nach rechts und 90° nach links. Stelle Pappe 2 senkrecht um den Halbkreis herum auf, befestige sie mit Klebeband und übertrage die Gradmarken auf die Außenseite dieser Pappe. Beschrifte sie dann so, wie es die Abbildung zeigt. Bringe auf der Seite, die der 0°-Markierung gegenüber liegt, einen Punkt an. Bemale die Pappscheiben in den Farben rot, blau, grün und schwarz.

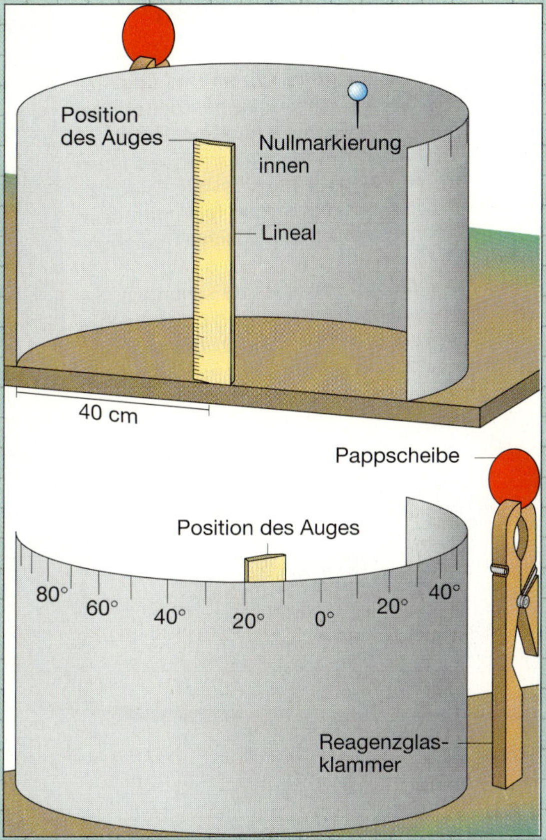

Versuchsaufbau zur Bestimmung des Gesichtskreises

Aufgaben: Die Versuche werden von zwei Schülern durchgeführt.

a) Stelle die Versuchsanordnung so auf den Tisch, dass die halbkreisförmige Pappe mit der Tischkante abschließt. Setze dich vor die Versuchsanordnung und halte das Lineal senkrecht in die Mitte des Halbkreises. Bringe ein Auge an die Oberkante des Lineals und fixiere während des gesamten Versuchs die Nullmarkierung. Das zweite Auge wird geschlossen. Die zweite Person spannt nun jeweils eine Pappscheibe in den Reagenzglashalter und führt ihn außen am Halbkreis entlang vom Rand zur Mitte. Die Versuchsperson meldet, wenn sie die Pappscheibe sieht. Die zweite Person notiert in einer Tabelle jeweils Kartenfarbe und Winkel, bei dem die Karte sichtbar wurde. Der Versuch wird mit dem zweiten Auge wiederholt. Anschließend wechseln beide Personen ihre Rollen.

b) Beschreibe und erkläre die Versuchsergebnisse.

Pinnwand

OPTISCHE TÄUSCHUNGEN

Optische Täuschungen

Im Gehirn werden Bildern angeborene oder erlernte Bedeutungen zugeordnet. Ist ein Bild ungenau oder unvollständig, so wird es bearbeitet oder ergänzt. Oft wird das Gehirn auch zu Deutungen veranlasst. Unter Einbeziehung der gespeicherten Informationen versucht es, sinnvolle Bilder zu erkennen. Diese können jedoch fehlerhaft sein. Man bezeichnet sie dann als **optische Täuschungen.**

Es gibt eine Vielzahl optischer Täuschungen, die auf ganz verschiedenen Ursachen beruhen. Besonders bekannt sind *Umspringbilder* und verschiedene Arten *geometrisch-optischer Täuschungen.*

3 Die Überschrift zur Pinnwand ist unvollständig gedruckt. Begründe, warum man den Sinn trotzdem verstehen kann.

4 Welches Tier sieht man in Abbildung 1? Erläutere.

5 Welche der Gitarren in Abbildung 2 ist länger? Überprüfe mit dem Lineal und erläutere.

6 Zähle die Würfel in Abbildung 3. Drehe das Buch auf den Kopf und zähle die Würfel erneut. Erläutere.

7 Betrachte die Wüstenlandschaft. Befindet sich der im Foto markierte Punkt auf einem Berg oder im Tal? Drehe das Bild auf den Kopf und beschreibe die Lage des Punktes erneut. Erläutere.

8 Nimm eine Schere und ein quadratisches Stück Papier. Baue durch Schneiden und Falten die Figur 5. Erläutere.

9 Erläutere Abbildung 6. Beschreibe und erläutere Abbildung 7.

1.

4.

2.

3.

Das Gehirn geht bei der Deutung eines Bildes davon aus, dass das Licht von oben kommt. Zeigt eine zweidimensionale Abbildung eine dreidimensionale Szene, so werden unter anderem die Schatten zur Bildauswertung herangezogen. Dies hat zur Folge, dass eine andere Szenenbeschreibung erfolgt, wenn man ein solches Bild umdreht.

5.

6.

7.
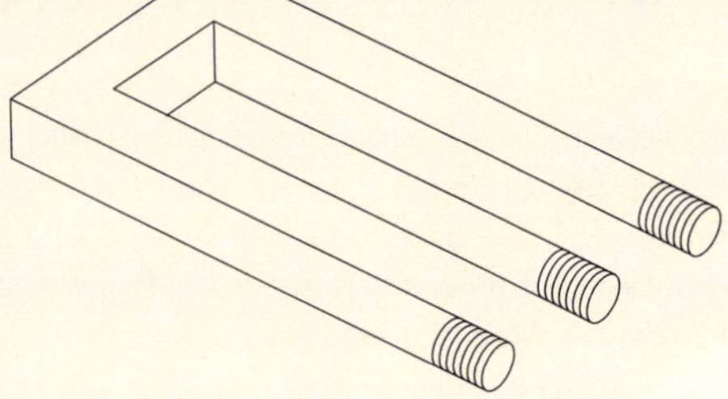

1 Bau des Ohres. ***A*** *Längsschnitt: ① Ohrmuschel; ② Gehörgang; ③ Trommelfell; ④ Hammer; ⑤ Amboss; ⑥ Steigbügel; ⑦ Paukenhöhle; ⑧ Ohrtrompete; ⑨ Schnecke; ⑩ Bogengänge; ⑪ Hörnerv;*
B *Schnecke: ① Steigbügel; ② ovales Fenster; ③ rundes Fenster; ④ Schneckentor; ⑤ Vorhofgang; ⑥ Paukengang; ⑦ Grundmembran; ⑧ Schneckengang; ⑨ Deckmembran; ⑩ Hörsinneszelle; ⑪ Hörnerv*

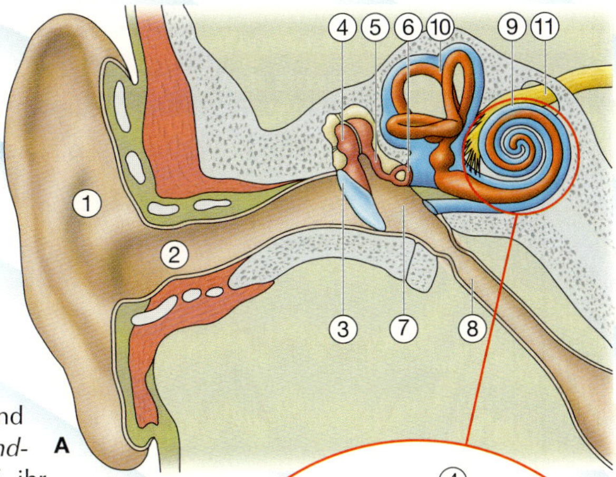

A

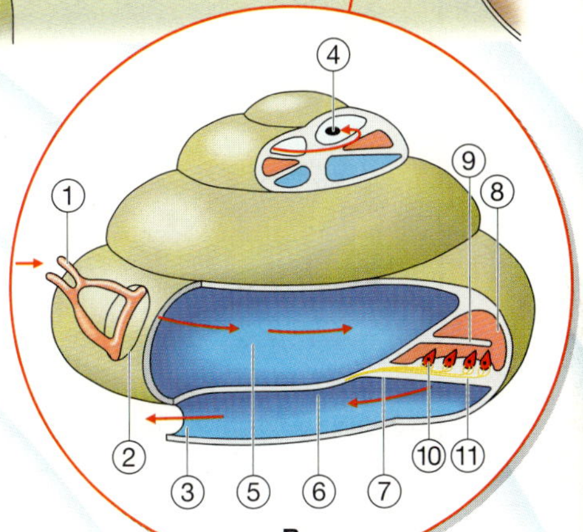

B

1.4 Das Ohr nimmt akustische Reize auf

Beim Sprechen, beim Spielen eines Musikinstruments oder beim Betrieb eines Lautsprechers hört man Töne. Was geschieht beim Hörvorgang?
Von einer Schallquelle werden Luftteilchen in schwingende Bewegungen versetzt. Diese Schwingungen breiten sich als *Schallwellen* aus und erreichen so die Ohren. Über die *Ohrmuscheln, die* wie Schalltrichter wirken, gelangen die Schallwellen in den *Gehörgang.* Hier treffen sie auf eine dünne Haut, das *Trommelfell.* Das Trommelfell ist die Grenze zwischen **Außenohr** und **Mittelohr.** Das Mittelohr wird von einem erbsengroßen, luftgefüllten Raum, der *Paukenhöhle,* gebildet. Darin liegen drei gelenkig miteinander verbundene Gehörknöchelchen, die aufgrund ihres Aussehens als *Hammer, Amboss* und *Steigbügel* bezeichnet werden. Der Hammer ist mit dem Trommelfell und der Steigbügel mit einer anderen Membran, dem *ovalen Fenster,* verwachsen. Das ovale Fenster begrenzt die *Schnecke* des **Innenohres.** Sie wird durch dünne Häute in drei Längsgänge unterteilt. Oben liegt der *Vorhofgang,* in der Mitte der *Schneckengang* und unten der *Paukengang.* Am Ende des Paukenganges befindet sich das ebenfalls von einer Membran gebildete *runde Fenster.* Vorhofgang und Paukengang sind an der Spitze der Schnecke durch eine kleine Öffnung, das *Schneckentor,* miteinander verbunden. Die Membran zwischen Schneckengang und Paukengang wird *Grundmembran* genannt. Auf ihr sind über die ganze Länge der Schnecke verteilt vier Reihen von *Hörsinneszellen* aufgereiht. Sie bilden zusammen mit einer auf ihre Oberseite drückenden *Deckmembran* das eigentliche Hörorgan. Es heißt nach seinem Entdecker CORTI auch *CORTIsches Organ.*
Treffen Schallwellen auf das Trommelfell, üben sie einen Druck aus. Das Trommelfell beginnt zu schwingen. Durch diese Schwingungen werden auch die Gehörknöchelchen in Bewegung versetzt. Sie sind so miteinander verbunden, dass sie wie ein Hebelsystem wirken. Hierdurch wird der Schalldruck verstärkt und auf das ovale Fenster übertragen. Die Flüssigkeit in der Schnecke gerät in Schwingungen und damit auch die Grundmembran. Hohe Töne setzen Bereiche in der Nähe des ovalen Fensters in Bewegung, während tiefe Töne im Bereich des Schneckentores wirksam werden. Durch die Schwingungen der Grundmembran stoßen die Hörsinneszellen gegen die Deckmembran und werden gereizt. Es entstehen Nervenimpulse, die über den *Hörnerv* zum Gehirn wandern.
Bei einem lauten Knall zum Beispiel müssen die starken Luftdruckunterschiede zwischen Außenohr und Mittelohr ausgeglichen werden. Dies geschieht über die *Ohrtrompete,* die die Paukenhöhle mit dem Rachenraum verbindet.

Durch das Hören mit zwei Ohren kann man die Richtung einer Schallquelle auch bei geschlossenen Augen bestimmen. Liegt die Schallquelle zum Beispiel links vom Kopf, erreicht der Schall das linke Ohr etwas eher als das rechte. Aus dem Zeitunterschied berechnet das Gehirn die Position der Schallquelle.

Das Ohr nimmt Schallwellen auf und leitet sie als Nervenimpulse an das Gehirn weiter, wo sie als Töne wahrgenommen werden.

1 Fährt man mit einem Auto in ein Tal, spürt man einen Druck auf den Ohren. Öffnet man den Mund und schluckt, ist der Druck verschwunden. Erkläre.

Streifzug durch die Physik

Schall

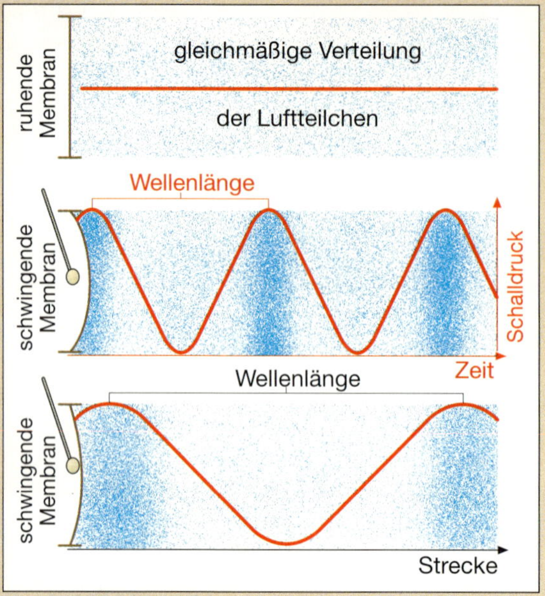

2 Die Entstehung des Schalls

In einem ruhigen Raum sind die Luftteilchen gleichmäßig verteilt. Wenn sich zum Beispiel die Membran eines Tamburins nach vorne bewegt, werden die Luftteilchen zusammengedrückt. Schwingt die Membran zurück, werden die Luftteilchen auseinander gezogen. Es entstehen Bereiche erhöhten und erniedrigten Drucks. Kann man sie mit den Ohren wahrnehmen, heißen sie **Schall.** Den Schalldruck von Tönen kann man als Welle darstellen. Der Abstand zweier Punkte mit maximalem Druck heißt *Wellenlänge.* Die Höhe des Tons ist von der Zahl der Druckänderungen pro Zeiteinheit, der *Frequenz,* abhängig. Ein Ton von 1000 Schwingungen pro Sekunde hat eine Frequenz von 1000 Hertz. Menschen können Frequenzen zwischen etwa 20 Hertz (sehr tiefe Töne) und 18000 Hertz (sehr hohe Töne) wahrnehmen. Die Stärke des Schalldrucks bestimmt die Lautstärke. Ein lauter Ton wird durch einen größeren Schalldruck bewirkt. Maßeinheit der Lautstärke ist das Dezibel (dB). Jede Zunahme um 10 dB bedeutet eine Verzehnfachung der Lautstärke.

Streifzug durch die Medizin

Erkrankungen durch Lärm

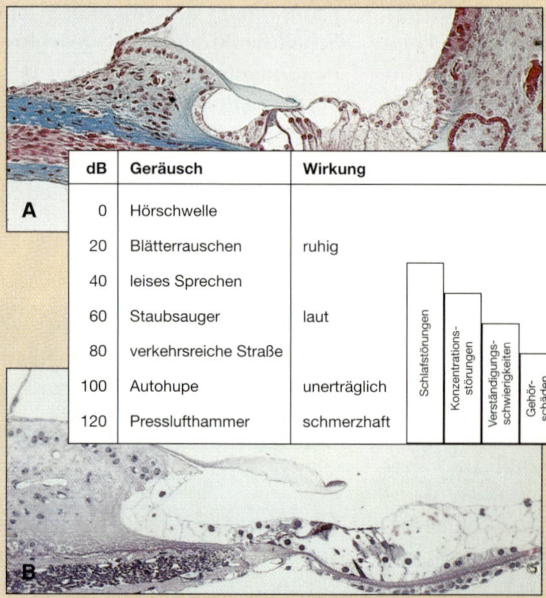

dB	Geräusch	Wirkung
0	Hörschwelle	
20	Blätterrauschen	ruhig
40	leises Sprechen	
60	Staubsauger	laut
80	verkehrsreiche Straße	
100	Autohupe	unerträglich
120	Presslufthammer	schmerzhaft

Schlafstörungen
Konzentrationsstörungen
Verständigungsschwierigkeiten
Gehörschäden

***3 CORTIsches Organ. A** gesund; **B** krank*

Vorschriften zum Gehörschutz am Arbeitsplatz oder Lärmschutzwände an Straßen zeigen, dass der Schutz vor **Lärm** einen hohen Stellenwert hat. Unter Lärm versteht man alle Geräusche, die von Menschen als störend empfunden werden. Sehr hohe Schalldrücke wie zum Beispiel bei Explosionen schädigen das Trommelfell oder die Grundmembran im Hörorgan. Auch Dauerbelastungen des Gehörorgans durch geringere Lautstärken können zu Schäden führen. Häufige Überbeanspruchung der Hörsinneszellen durch laute Musik oder Lärm am Arbeitsplatz schädigen diese Zellen und führen zu Schwerhörigkeit oder sogar völliger Taubheit. Aber auch geringere Schalldrücke können als Lärm empfunden werden. So kann sogar das Flüstern eines Kinobesuchers, das Rascheln eines Bonbonpapiers im Theater oder das Flügelgeräusch einer Stechmücke während des Einschlafens äußerst störend wirken. Im Extremfall führt dieser Lärm zu Stress mit Auswirkungen wie Konzentrationsschwäche, Nervosität oder Kopfschmerzen.

1 Freizeitpark

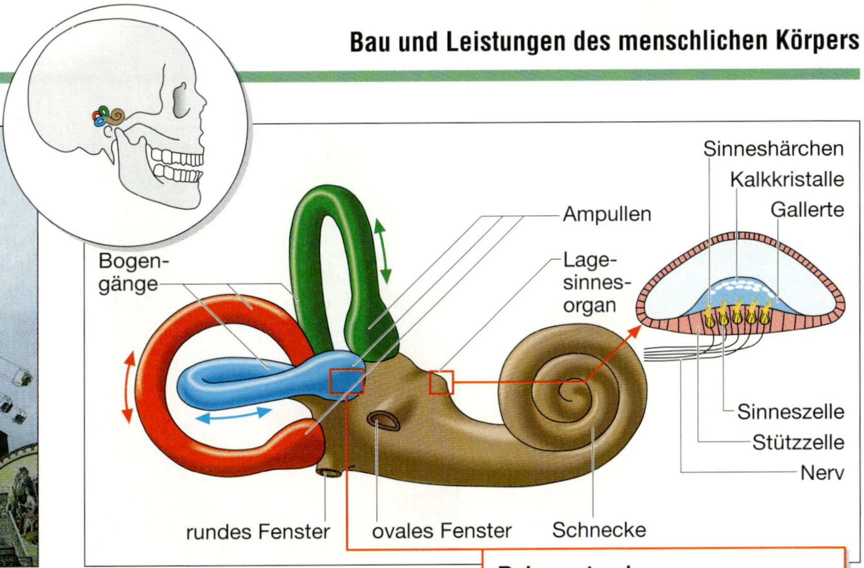

2 Bau des Innenohres

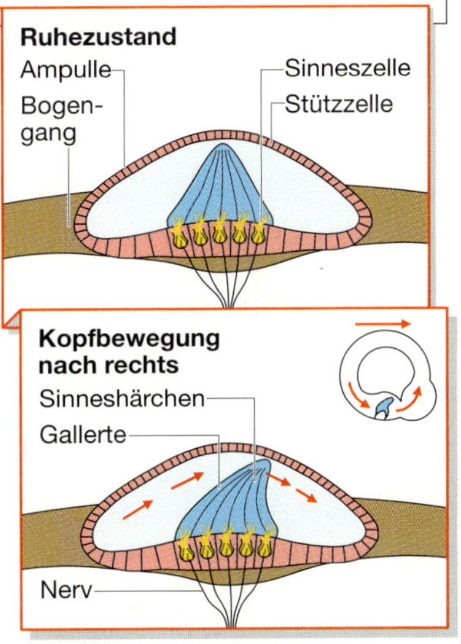

3 Drehsinn

1.5 Im Ohr liegt das Dreh- und Lagesinnesorgan

Ein Freizeitpark mit Attraktionen wie Looping- oder Wildwasserbahn übt eine große Anziehung auf viele Menschen aus. Faszinierend sind die ungewöhnlichen Körperlagen und Bewegungen, denen man in den Fahrzeugen ausgesetzt ist. Hierdurch werden zwei Sinnesorgane im Innenohr gereizt: das **Lagesinnesorgan** und das **Drehsinnesorgan.**

Am Vorderende der Gehörschnecke liegt das Lagesinnesorgan in zwei bläschenförmigen Erweiterungen. Es besteht aus Sinneszellen, deren härchenartige Fortsätze in Gallerte eingebettet sind. In diesen Gallertkappen sind oberhalb der Härchen Kalkkristalle eingeschlossen. Durch die Schwerkraft drücken sie auf die Härchen. Neigt man den Kopf nach rechts, so rutschen die Kalkkristalle ebenfalls nach rechts. Dadurch verbiegen sich die unter ihnen liegenden Härchen der Sinneszellen in die gleiche Richtung. Es kommt zu einer Erregung, die zum Gehirn gelangt. Hier kann unter Einbeziehung der vom zweiten Lagesinnesorgan kommenden Erregung jede Lage des Kopfes ermittelt werden.
Oberhalb des Lagesinnesorgans liegt das Drehsinnesorgan. Es besteht aus drei mit Flüssigkeit gefüllten *Bogengängen.* Einer der Bogengänge liegt waagerecht, die beiden anderen stehen senkrecht in einem Winkel von 90° zueinander. Jeder von ihnen enthält eine blasenförmige Erweiterung, die *Ampulle.* Auch in den Ampullen befinden sich Gallertkappen, in die die Härchen von Sinneszellen hineinragen. Dreht man nun den Kopf nach rechts, so bleibt die Flüssigkeit des waagerechten Bogengangs aufgrund ihrer Trägheit hinter der Drehung zurück. Sie strömt somit entgegen der Drehrichtung durch den Bogengang. Hierdurch wird die Gallertkappe mit den Sinneshärchen abgebogen und in den Sinneszellen entstehen Nervenimpulse, die zum Gehirn geleitet werden. Bei anhaltender Drehung um die eigene Achse wird nach und nach auch die Flüssigkeit in Bewegung versetzt. Schließlich dreht sie sich genauso schnell wie der Kopf. Die Gallertkappe steht jetzt wieder aufrecht in der Ampulle, sodass dem Gehirn keine Kreisbewegung mehr gemeldet wird. Beim Abstoppen strömt die Flüssigkeit zunächst noch weiter durch den Bogengang. Dies führt zum Abbiegen der Sinneshärchen in die Gegenrichtung. Hierbei kann ein Schwindelgefühl entstehen. Die drei Bogengänge ermöglichen die Orientierung im Raum. Mit dem waagerechten Gang werden Drehungen um die Längsachse wahrgenommen, mit den beiden anderen Bewegungen zur Seite, nach vorn oder nach hinten. So werden also die drei Dimensionen des Raumes erfasst.

Lage- und Drehsinnesorgan melden dem Gehirn Lage und Bewegungen unseres Körpers.

1 In Abbildung 2 ist das Lagesinnesorgan bei waagerechter Kopfhaltung dargestellt. Zeichne es bei nach rechts geneigtem Kopf und beschrifte die Zeichnung.

1.6 Mit der Haut nehmen wir vielfältige Reize auf

In einem Bilderbuch für Kinder erwartet man viele bunte, ansprechende Bilder. Es gibt jedoch einige Kinderbücher, die ganz anders aussehen: Statt mit farbigen Zeichnungen sind die Seiten mit Erhebungen bedeckt, die mit den Fingern zu tasten sind. Es sind Bilderbücher für blinde Kinder.
Später werden diese Kinder auch lesen können. Lesebücher für Blinde enthalten keine Buchstaben, sondern punktförmige Erhebungen, die zu ertasten sind.

In der Haut liegen verschiedene Strukturen zur Aufnahme von Umweltreizen. Diese Strukturen nennt man Rezeptoren. So gibt es verschiedene **Druckrezeptoren.** Direkt unter der Oberhaut der Fingerspitzen liegen in besonders großer Zahl die für Berührungsreize sehr empfindlichen *Tastkörperchen.* Wird die Haut an einer Stelle etwas eingedrückt, fließt eine kurze Erregung zum Gehirn. Blinde entwickeln durch Übung eine besondere Empfindlichkeit des Tastsinnes. Tastkörperchen und die ähnlich arbeitenden *Haarbalgnerven* befinden sich in der gesamten Körperoberfläche in unterschiedlicher Dichte. Weil sich in den Fingerkuppen besonders viel Tastkörperchen befinden, kann man mit ihnen wesentlich besser tasten als zum Beispiel mit der Haut auf der Handoberseite. Auch in den Lippen liegen viele Tastkörperchen.

Neben den Tastkörperchen liegen in der Haut die *Tastscheiben.* Von diesen werden so lange Erregungen an das Gehirn übertragen, wie ein Druck auf sie ausgeübt wird. Ein zu enger Schuh wird also zum Beispiel dauerhaft wahrgenommen. Hautverschiebungen werden durch die Lamellenkörperchen dem Gehirn gemeldet.

1 Ertasten von Bildern

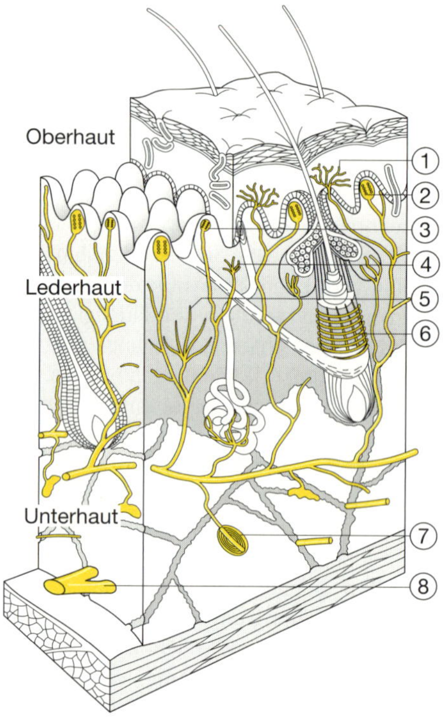

2 Nerven und Sinneskörperchen der Haut. *① freie Nervenendigung; ② Tastkörperchen; ③ Tastscheibe; ④ Kälterezeptor; ⑤ Wärmerezeptor; ⑥ Haarbalgnerv; ⑦ Lamellenkörperchen; ⑧ Nerv*

Über die Haut nimmt man Reize wie Druck und Temperatur wahr. Besonders starke Reizungen werden als Schmerz empfunden.

Kälte- und Wärmeeinwirkungen der Umgebung werden von **Temperaturrezeptoren** in der Haut registriert. Eine Abkühlung wird durch *Kälterezeptoren,* die auf Abkühlung unter 36 °C reagieren, wahrgenommen. Sie liegen als *freie Nervenendigungen* in und dicht unter der Oberhaut. Erwärmungen über 36 °C registrieren die in der Lederhaut liegenden *Wärmerezeptoren.* Dass beispielsweise die Kälte oder Wärme des Badewassers beim Eintauchen des Körpers nur kurz empfunden wird, hat folgenden Grund: Im Temperaturbereich von 20 °C bis 40 °C führen Erwärmung und Abkühlung nur vorübergehend zur Warm- oder Kaltempfindung. Gefahren für den Körper bestehen hier kurzfristig nicht. Erst bei stärkeren oder lange anhaltenden Abweichungen von der normalen Körpertemperatur spürt man die Kälte oder Wärme dauerhaft und beginnt zu frieren oder zu schwitzen.

Besonders starke Reizungen der Haut werden von **Schmerzrezeptoren** wahrgenommen. Dies sind freie Nervenendigungen, die auf für den Körper schädliche mechanische Reize, Temperaturen oder chemische Stoffe reagieren. Man findet sie in der Oberhaut und in der Lederhaut. Die von ihnen kommenden Erregungen werden im Gehirn als Schmerz empfunden. Nach Beendigung der Reizeinwirkung klingt der Schmerz bald wieder ab.

1 Blindenschrift ertastet man mit den Fingerkuppen und nicht mit den Handflächen. Erkläre.

2 Geht man in einem See baden, so spürt man zunächst nur kurz die Kälte. Bald erscheint das Wasser angenehm warm. Nach einiger Zeit kehrt die Kälteempfindung jedoch dauerhaft zurück. Erkläre.

Reize und ihre Wahrnehmung

Übung

V1 Versuch zum Richtungshören

Material: Aquarienschlauch mit 1 cm Durchmesser und 1,5 m Länge; Folienstift permanent; Lineal
Durchführung: Markiere den Schlauch genau in der Mitte. Ein Mitschüler setzt sich mit dem Rücken an einen Tisch und hält beide Enden des Schlauches an seine Ohren. Der Schlauch liegt hinter ihm flach auf dem Tisch. Klopfe mit dem Stift auf den Schlauch. Die Versuchsperson gibt an, ob rechts oder links von der Mitte geklopft wird. Wiederhole den Versuch einige Male, wobei du den Abstand von der Mitte immer wieder veränderst.

Aufgabe: Erstelle eine Tabelle nach folgendem Muster und trage die Versuchsbeobachtungen ein.

Lage der Klopfstelle (rechts oder links)	Abstand der Klopfstelle von der Mitte (cm)	mitgeteilte Hörrichtung (rechts oder links)
___	___	___
___	___	___

Stelle den geringsten Abstand von der Mitte fest, bei dem die Hörrichtung „links“ oder „rechts“ sicher angegeben werden kann. Erkläre.

V2 Untersuchungen zum Drehsinn

Material: Drehstuhl; runde Glasschale; Wollfäden, Knetgummi; Schere; Wasser
Durchführung: Setze dich so auf den Drehstuhl, dass die Füße nicht den Boden berühren. Lege die Hände auf die Knie, halte den Kopf senkrecht und schließe die Augen. Der Stuhl wird jetzt von einem Mitschüler langsam nach links gedreht und wieder abgestoppt. Stelle anschließend die Glasschale auf den Drehstuhl. Schneide etwa 20 Wollfäden mit 2 cm Länge ab und klebe sie in der Nähe des Glasschalenrandes mit Knetgummi auf den Boden. Fülle die Schale etwa bis zur Hälfte mit Wasser, sodass die Fäden senkrecht stehen. Drehe den Stuhl mit der Schale nach links und stoppe dann wieder.
Aufgaben: a) Protokolliere die Versuchsbeobachtungen. Erkläre mithilfe des Modellversuchs deine eigenen Empfindungen beim Drehen und Abstoppen des Stuhls.
b) Ordne den Teilen des Drehsinnesorgans die entsprechenden Bauteile des Modellversuchs zu. Was wird im Modellversuch nicht dargestellt?

V3 Geruch und Geschmack

Material: verschiedene Obst- und Gemüsesäfte; mehrere Teelöffel; Augenbinde; Glas mit Wasser
Durchführung: Verschließe einer Versuchsperson die Augen, reiche ihr nacheinander die verschiedenen Säfte und lasse sie beurteilen, um welchen Saft es sich handelt. Nach jedem Geschmackstest wird der Mund mit Wasser gespült. Wiederhole die Versuchsreihe, während sich die Versuchsperson zusätzlich ihre Nase zuhält.

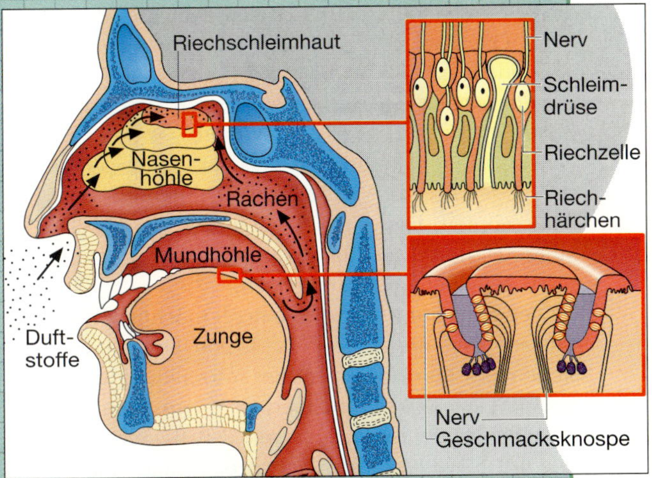

Aufgabe: Protokolliere die Versuchsbeobachtungen. Erkläre unter Verwendung der Abbildung, mit welchen Sinnesorganen man Speisen und Getränke erkennt.

1.7 Sinneswelten

Ein Hund läuft über den Feldweg. Die Nase eng am Boden verfolgt er die Spur einer Katze. Die Katze hat Geruchsstoffe in der Luft und auf dem Boden zurückgelassen. Kommen nur wenige Teilchen davon mit der Nasenschleimhaut des Hundes in Berührung, werden sie wahrgenommen. Seine Geruchsschleimhaut ist etwa 30-mal so groß wie die des Menschen und somit wesentlich leistungsfähiger. So weist ihm die sehr empfindliche Nase den Weg der Katze. Da viele Tiere und Gegenstände einen charakteristischen Geruch besitzen, vermittelt die Hundenase dem Tier einen detaillierten Eindruck seiner Umwelt.

Auch die Zecke, die auf einem Strauch am Rande des Weges sitzt, hat ein empfindliches Geruchsorgan. Es befindet sich am letzten Segment des ersten Beinpaares. Sie streckt dieses Beinpaar wie Fühler in die Luft. In dem Moment, in dem sich der Hund unter dem Zweig befindet, lässt sie sich fallen. Die Zecke hat die vom Hund abgegebenen Duftstoffe wahrgenommen. Im Fell bleibt sie hängen und klammert sich fest. Bald wird sie ihren Kopf in seine warme Haut bohren, um sich mit Blut vollzusaugen.

Der Geruchssinn hat für Hund und Zecke eine besondere Bedeutung. Beide Arten leben in einer **Riechwelt.**

***1 Riechwelt. A** Hund (→ Weg des Hundes); **B** Zecke (→ Weg der Zecke)*

Am Rand des Weizenfeldes greift der Mäusebussard eine Feldmaus. Er hat das kleine Tier hoch aus der Luft entdeckt und sich im Sturzflug herabfallen lassen. Die Bussardaugen sind so groß wie die des Menschen. Die große Sehschärfe erklärt sich aus dem Bau der Netzhaut. Die Zahl der Sehzellen pro Flächeneinheit ist wesentlich größer als beim Menschen. Auch in den Randbereichen der Netzhaut befinden sich Zapfen in hoher Dichte, sodass ein überall farbiges und scharfes Panoramabild der Umwelt entsteht. Außerdem kann der Vogel bis zu 150 Bilder pro Sekunde getrennt wahrnehmen. Hierdurch ist er in der Lage, selbst im Sturzflug noch die kleinsten Bewegungen der Feldmaus zeitlupenartig zu erkennen.

Im Vergleich zur Körpergröße noch mächtiger als beim Bussard sind die aus bis zu 30 000 Einzelaugen bestehenden Komplexaugen der Mosaikjungfer. Diese Großlibelle zieht ihre Bahnen an einem Bach. Erblickt sie eine Mücke, wird diese mit den Beinen gefangen und im Flug verspeist. Die kugelförmige Anordnung der Einzelaugen liefert eine fast lückenlose Rundumsicht. Viele Insekten können auch Ultraviolettlicht erkennen.

Bussard und Libelle leben in einer **Sehwelt,** in der die Augen eine noch größere Bedeutung haben als beim Menschen.

***2 Sehwelt. A** Mäusebussard (→ Weg des Mäusebussards); **B** Großlibelle (→ Weg der Libelle)*

3 ***Hörwelt. A*** *Fledermaus (→ Weg der Fledermaus);*
B *Schleiereule (→ Weg der Eule)*

Mit Beginn der Dämmerung verlassen Fledermäuse ihr Tagesversteck in der Hohlwand eines Einfamilienhauses. Während ihres Fluges zwischen den Häusern stoßen sie in regelmäßigen Abständen kurze Ultraschallrufe aus, die für den Menschen kaum hörbar sind. Treffen die Schallwellen auf ein Hindernis, beispielsweise auf einen Nachtfalter oder eine Hochspannungsleitung, so kehren sie von dort als Echo zurück. Mit ihren großen Ohren und ihrem feinen Gehör kann die Fledermaus dieses Echo wahrnehmen. Stärke und Art des Echos liefern Informationen über relative Geschwindigkeit und Größe des angepeilten Objekts. Aus dem zeitlichen Unterschied zwischen Ruf und Rückkehr des Schalls zu den Ohren errechnet sie Entfernung und Richtung des Gegenstandes. So kann sich die Fledermaus in der Dunkelheit hervorragend orientieren.
Das Gehör der Schleiereule, die auf dem Scheunenboden nach Mäusen jagt, ist extrem empfindlich. Beutetiere kann sie selbst bei völliger Dunkelheit mithilfe des Gehörs orten. Die Ohren liegen seitlich neben den Augen in dem für Eulen typischen Gesichtsschleier. Dieser wird von zwei die Augen umgebenden Federtrichtern gebildet. Sie wirken wie Hörrohre und leiten die Geräusche in das empfindliche Ohr hinein.
Fledermaus und Schleiereule sind nachtaktive Tiere, die in einer **Hörwelt** leben.

4 ***Tastwelt. A*** *Maulwurf (→ Weg des Maulwurfs);*
B *Kreuzspinne (• Standort der Spinne)*

Der Maulwurf muss bei der Jagd in seinem unterirdischen Lebensraum ohne Licht auskommen. Neben dem Gehör- und Geruchssinn benutzt er den Tastsinn. Die Rüsselspitze der unbehaarten Nase weist etwa 150 000 freie Nervenendigungen und 25 000 Tastrezeptoren auf. An der Nase und um den Mund herum sowie an den Handwurzeln befinden sich zusätzliche Tasthaare, die ihn bei der Orientierung im Boden unterstützen.
Die in ihrem Schlupfwinkel lauernde Kreuzspinne erkennt ihre Beute ebenso über den Tastsinn. Der im Netz zappelnde Nachtfalter überträgt Vibrationen über einen Signalfaden zur Spinne. Tastsinnesorgane in ihren Beinen nehmen diese Reize auf und veranlassen die Spinne, sich blitzschnell auf die Beute zu stürzen und sie zu töten.
Maulwurf und Kreuzspinne orientieren sich in einer **Tastwelt.**

Verschiedene Tiere haben unterschiedlich leistungsfähige Sinnesorgane. Je nach Art der Reize, die für sie von besonderer Bedeutung sind, leben sie in einer Riech-, Seh-, Hör- oder Tastwelt.

1 Welcher der dargestellten Sinne hat die größte Reichweite, welcher die geringste? Erläutere.

2 Nerven sorgen für die Informationsverarbeitung

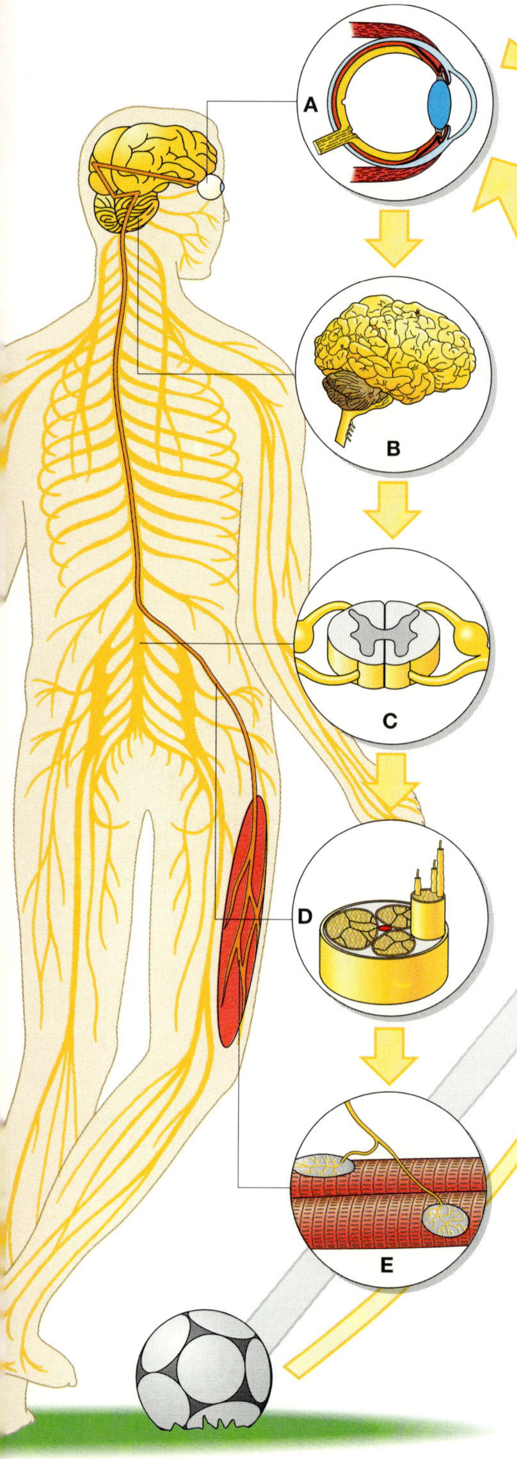

*1 **Nerven und Muskeln.***
***A** Auge; **B** Gehirn; **C** Rückenmark; **D** Nerv; **E** Muskel*

2.1 Nervensysteme

Der Fußballspieler hat sich den Ball zurechtgelegt. Er schaut auf das Loch in der Torwand. Ein Schuss – und der Ball landet im „Tor". Solche zielgerichteten Bewegungen zeigen die Fähigkeit des Körpers, Reize aufzunehmen, Informationen weiterzuleiten und zu verarbeiten. Das *Auge* empfängt Reize von Ball sowie Tor und gibt Informationen darüber über den Sehnerv an das *Gehirn* weiter. Da der Sportler das Toreschießen häufig trainiert hat, verfügt das Gehirn über eine Vielzahl gespeicherter Erfahrungen. Diese werden nun genutzt, um Muskeln gezielt zu bewegen. Die entsprechenden Befehle werden vom Gehirn zunächst über das *Rückenmark* und schließlich über *Nerven* an die *Muskeln* im Bein übermittelt. Diese ziehen sich zusammen und die Fußspitze befördert den Ball in Richtung Ziel.

Die Weiterleitung und Verarbeitung von Informationen erfolgt im Nervensystem. Dieses besteht aus *Nervenzellen.* Besonders viele sind in Gehirn und Rückenmark zusammengefasst. Ausgehend von diesem **Zentralnervensystem,** dem **ZNS,** durchziehen Nerven den ganzen Körper. Nerven sind Bündel von *Nervenfasern,* den Informationsleitungen. Es gibt *sensorische Fasern,* die Informationen von den Sinnesorganen des Rumpfes und der Gliedmaßen an das ZNS liefern, und *motorische Fasern,* über die das ZNS die Bewegung von Muskeln bewirkt. In den meisten Nerven liegen sowohl sensorische als auch motorische Nervenfasern.

Nachdem Reize von Ball und Tor im Gehirn verarbeitet wurden, bewirkt es über motorische Nervenzellen das Anspannen, die *Kontraktion,* bestimmter Muskeln. Die dadurch hervorgerufenen Veränderungen in der Muskulatur werden durch *Rezeptoren* gemessen und über sensorische Nervenzellen an das Gehirn gemeldet. Hier wird nun verglichen, ob die beabsichtigten Bewegungsabläufe mit den tatsächlich stattfindenden übereinstimmen. Falls sich Abweichungen zeigen, kann das Gehirn Korrekturen anbringen, die dann wiederum kontrolliert werden. Eine solche Steuerung wird *Regelung* genannt. Weil die Information auf dem Weg Gehirn – Muskel – Gehirn sozusagen „im Kreis" fließt, spricht man von einem *Regelkreis.*

Nicht nur die Tätigkeit der Muskeln wird geregelt, sondern auch die der inneren Organe. Man kann zwar absichtlich schneller oder langsamer atmen, die Atmung verläuft aber auch ganz ohne unser Zutun, also *unwillkürlich.* Atmung, Herzschlag und auch die Aktivität von Magen und Darm werden von entsprechenden Teilen des ZNS über die Nerven des **vegetativen Nervensystems** so reguliert, dass sie den jeweiligen Bedürfnissen des Körpers angepasst sind.

Das Nervensystem des Menschen umfasst das Zentralnervensystem mit Gehirn und Rückenmark sowie das vegetative Nervensystem.

1 Beschreibe anhand von Abbildung 1 das Zusammenspiel der beim Schuss auf die Torwand beteiligten Organe.

2 Warum gilt das Nervensystem eines Hohltieres als weniger hoch entwickelt als das eines Säugetieres? Beantworte die Frage mithilfe der Pinnwand Seite 211.

Pinnwand

NERVENSYSTEME

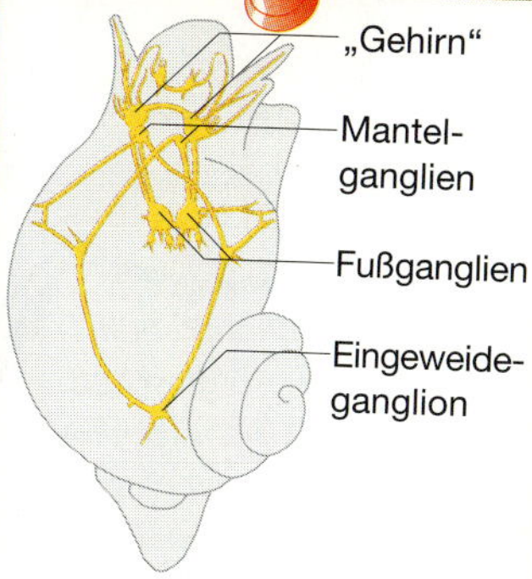

Schnecke
Besonderheit: Zentralnervensystem mit Ganglien in allen wichtigen Körperteilen

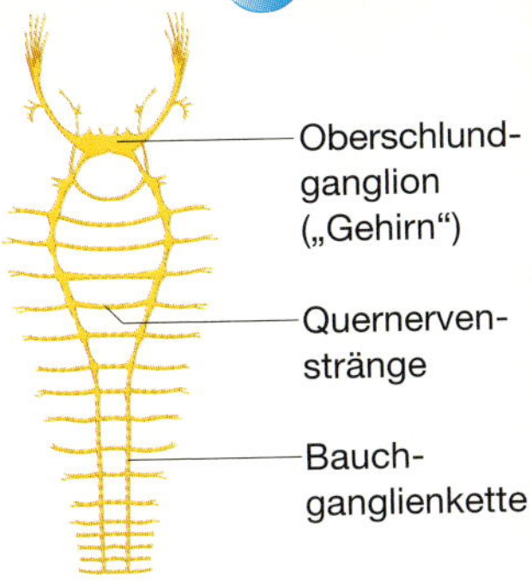

Seeringelwurm
Besonderheit: Strickleiternervensystem mit langen Quernervensträngen

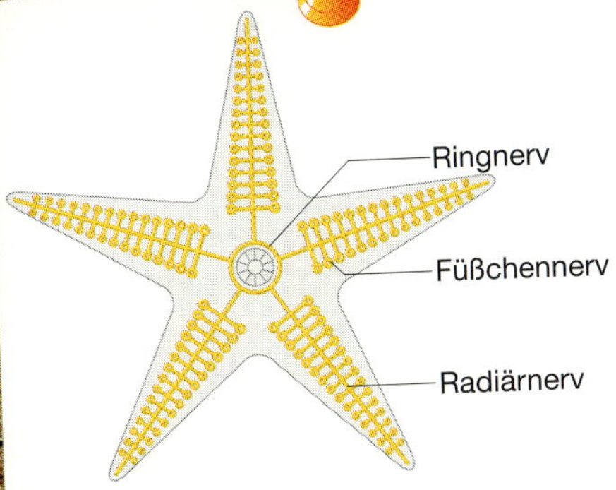

Seestern
Besonderheit: Nervensystem ohne Zentren, strahlig gegliedert

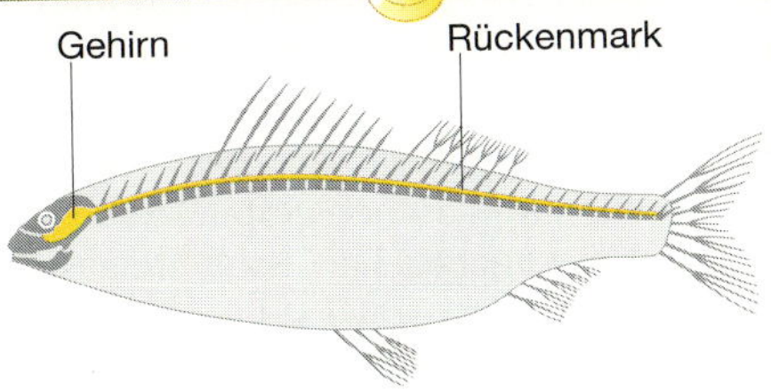

Fisch
Besonderheit: Zentralnervensystem, gegliedert in Gehirn und Rückenmark

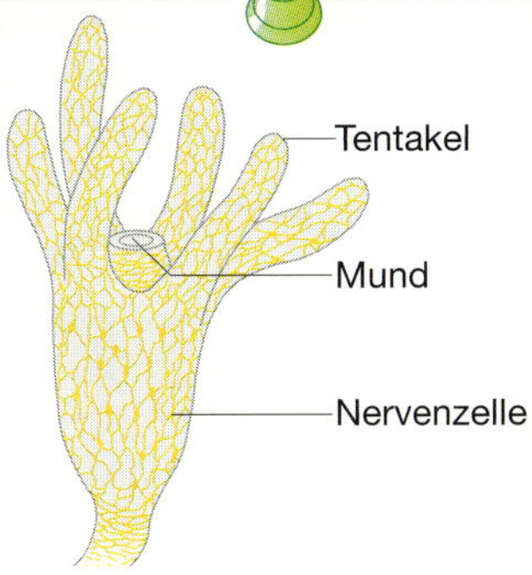

Hohltier
Besonderheit: Nervenzellen-Netz

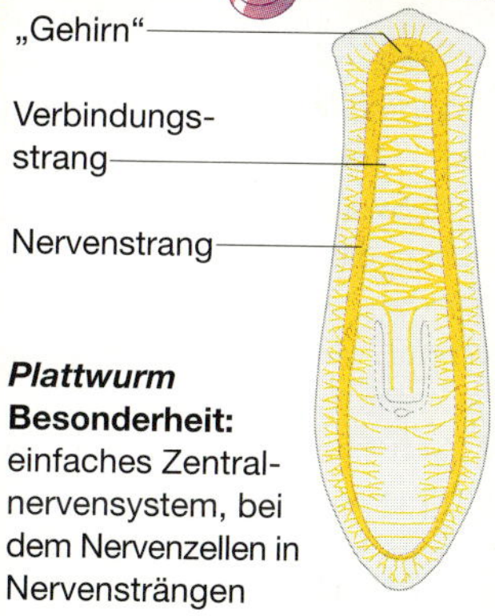

Plattwurm
Besonderheit: einfaches Zentralnervensystem, bei dem Nervenzellen in Nervensträngen vereinigt sind

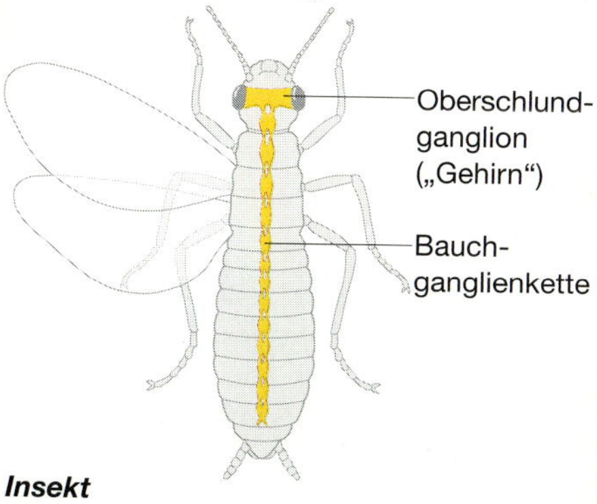

Insekt
Besonderheit: Strickleiternervensystem mit eng benachbarten Bauchganglienpaaren

Sinnpflanze (Mimose)
Besonderheit: Reizt man die Blätter z. B. durch Berührung oder Erschütterung, so klappen zunächst die Fiederblättchen paarweise nach oben. Dann nähern sich die Fiederstrahlen einander und schließlich klappt der Blattstiel nach unten. Bei starker Reizung greift die Reaktion auf benachbarte Blätter über.

Sinnpflanze – eine Pflanze mit Nervensystem?
Experiment: Durchtrennt man den Stängel einer Sinnpflanze und verbindet beide Teile durch ein wassergefülltes Glasröhrchen, so senken sich bei starker Reizung von Blättern oberhalb des Röhrchens auch Blattstiele ab, die unterhalb der Trennungsstelle liegen.

3 Gib aufgrund des Experiments eine Erklärung für das „Verhalten“ der Sinnpflanze.

2.2 Bau und Funktion von Nervenzellen

Bausteine eines Nervensystems sind die **Nervenzellen,** die auch **Neurone** genannt werden. Im mikroskopischen Bild erkennt man sie daran, dass vom *Zellkörper*, der den Zellkern enthält, Fortsätze ausgehen. Bei einer motorischen Nervenzelle, einem *Motoneuron*, gehen vom Zellkörper viele verzweigte Fortsätze aus, die höchstens einen Millimeter lang sind. Da sie in ihrer Gesamtheit an eine Baumkrone erinnern, werden sie nach dem griechischen Wort für Baum (dendron) *Dendriten* genannt. Auf der Zellmembran von Zellkörper und Dendriten sitzen verdickte Enden von Fortsätzen anderer Nervenzellen, so genannte *Endknöpfchen.* Diese Kontaktstellen zwischen Nervenzellen heißen **Synapsen.** Bemerkenswert ist dabei, dass die Zellmembranen der beiden Nervenzellen sich nicht berühren. Zwischen ihnen liegt ein schmaler *synaptischer Spalt*, in dem sich Flüssigkeit befindet. Am Zellkörper des Motoneurons gibt es zusätzlich zu den Dendriten einen Fortsatz, der mehr als einen Meter lang werden kann und sich meist erst am Ende verzweigt. Er heißt *Axon* und entspringt am *Axonhügel.* Das Axon ist von einer *Markscheide* umgeben. Diese wird von *SCHWANNschen Zellen* gebildet, die um das Axon gewickelt sind. Zwischen zwei benachbarten SCHWANNschen Zellen bleibt ein schmaler Spalt frei, sodass die Markscheide an dieser Stelle eingeschnürt erscheint. Die in regelmäßigen Abständen von ein bis zwei Millimetern auftretenden Einschnürungen heißen *RANVIERsche Schnürringe.* Axon und Markscheide bilden zusammen eine *Nervenfaser.* Am Ende ist das Axon verzweigt. Jede Abzweigung endet bei Motoneuronen mit einer Verbreiterung auf einer Muskelfaser.

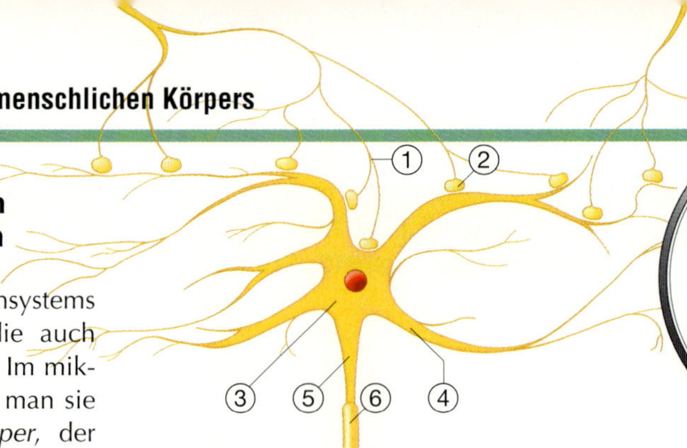

1 Bau der Nervenzelle. *① Axonendverzweigungen; ② Synapse; ③ Zellkörper mit Zellkern; ④ Dendrit; ⑤ Axonhügel; ⑥ Nervenfaser*

2 Synapse. *① Endknöpfchen der „Senderzelle"; ② Bläschen mit Teilchen des Überträgerstoffes; ③ Zellmembran der „Empfängerzelle"; ④ synaptischer Spalt*

Diese Verbreiterungen stellen eine besondere Form einer Synapse dar, die *motorische Endplatte.*

Wenn eine Nervenzelle über ihre Synapsen von anderen Nervenzellen oder von Sinneszellen Informationen empfangen hat, ist sie *erregt.* Ist die Erregung stark genug, so entsteht am Axonhügel ein elektrischer Impuls. Dieser Impuls löst am nächsten Schnürring einen neuen Impuls aus und so fort: Die Erregung „springt" von Schnürring zu Schnürring das Axon entlang. Die Information wird dabei mit einer Geschwindigkeit von bis zu 130 m/s weitergeleitet. Wenn der Impuls am Ende des Axons angelangt ist, trifft er auf eine Synapse, in der die Übertragung der Information auf eine andere Nervenzelle oder auf eine Muskelfaser erfolgt. Der zwischen dem Endknöpfchen der „Senderzelle" und der Zellmembran der „Empfängerzelle" liegende synaptische Spalt kann von dem elektrischen Impuls nicht übersprungen werden. Der Impuls bewirkt vielmehr, dass ein *Überträgerstoff*, der im Endknöpfchen in Bläschen gespeichert ist, in den synaptischen Spalt freigesetzt wird. Gelangt der Überträgerstoff an die Membran der Empfängerzelle, so bewirkt er dort eine Spannungsänderung: Die Empfängerzelle wird erregt. Handelt es sich um eine Nervenzelle, so entsteht bei hinreichend starker Erregung am Axonhügel wieder ein Impuls, der entlang der Nervenfaser fortgeleitet wird. Ist die Empfängerzelle eine Muskelfaser, so löst die Erregung eine Kontraktion aus.

3 Bau der Markscheide. *① RANVIERscher Schnürring; ② SCHWANNsche Zellen; ③ Axon*

Nervenfasern leiten Informationen in Form elektrischer Impulse. In Synapsen erfolgt die Weitergabe der Information durch Überträgerstoffe.

4 Nerv und Muskel. *① Endverzweigung; ② motorische Endplatte; ③ Muskelfaser*

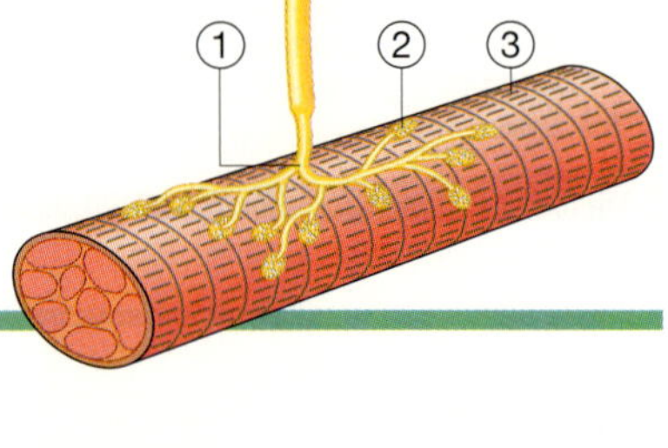

Drogensucht

Streifzug durch die Medizin

Drogen sind im ursprünglichen Wortsinn getrocknete Arzneipflanzen oder daraus gewonnene Wirkstoffe. Heute meint man mit „Droge“ nur noch Rausch- oder Suchtdrogen. Dies sind nach einer Definition der Weltgesundheitsorganisation WHO *„Stoffe, die eine direkte Einwirkung auf das zentrale Nervensystem besitzen und bei Zuführung einen als mangelhaft empfundenen Zustand mindern oder zum Verschwinden bringen oder die einen subjektiv als angenehm empfundenen Zustand herbeiführen“*. Viele Drogen führen zu einer **Sucht,** das heißt zu einem unbezwingbaren Verlangen nach einer ständig erneuten Einnahme der Droge. Dabei spricht man von **physischer Abhängigkeit,** wenn sich der Körper in seinem Stoffwechsel auf die Droge einstellt. Fehlt sie, so kommt es zu *Entzugserscheinungen* wie Schweißausbrüchen, Fieber, Muskelschmerzen oder Erbrechen. Auch bei **psychischer Abhängigkeit** hat der Betroffene ein unkontrollierbares Verlangen, durch Drogenkonsum ein bestimmtes Lustgefühl zu erreichen oder Unlustgefühle zu vermeiden. Beim Absetzen der Droge treten psychische Störungen wie Niedergeschlagenheit, Missmut und Entscheidungsunfähigkeit auf.

Warum wird ein Mensch süchtig? Vielleicht, weil er nicht gelernt hat, schwierige Situationen zu bewältigen, weil er mit Gefühlen wie Angst, Wut oder Langeweile nicht angemessen umgehen kann. Vielleicht weil er für sich keine Zukunftschancen sieht, aus Geldnot oder wegen Schulproblemen oder auch weil er eine geliebte Person verloren hat. Der Griff zur Droge löst keines der Probleme, sondern verdrängt sie nur. Lässt der Rausch nach, so kehrt die Realität umso brutaler ins Bewusstsein zurück, sodass wiederum die Droge als einziger Ausweg erscheint.

Einige so genannte *legale Drogen* werden von unserer Gesellschaft aus kultureller Tradition akzeptiert. So denkt bei **Alkohol** und **Nikotin** kaum jemand daran, dass diese Stoffe süchtig machen und letztlich zu schweren gesundheitlichen Schäden führen können.

Noch weniger wird **Coffein** als Droge gesehen, ein Stoff, der nicht nur im Kaffee, sondern auch in vielen Erfrischungsgetränken sowie in rezeptfreien Schmerzmitteln zu finden ist.

Die bekannteste *illegale Droge* ist **Heroin.** Es wird durch chemische Umsetzung von *Morphin* gewonnen, einem aus dem Saft des *Schlafmohns* hergestellten Schmerzmittel. Heroin wird meist in eine Vene gespritzt. Schon wenige Injektionen können zur physischen Abhängigkeit führen. Heroin beeinflusst die Bereiche des Gehirns, in denen Gefühlsregungen entstehen. Es kann daher ein kurzzeitiges Glücksgefühl auslösen. Sobald aber der Heroinspiegel im Blut sinkt, wird der Süchtige reizbar und lustlos. Das Verlangen nach der nächsten Spritze wird übermächtig, sodass dem Süchtigen jedes Mittel zur Beschaffung seiner Droge recht ist.

Kokain wird aus den Blättern des *Kokastrauches* gewonnen. Es wird meist geschnupft. Kokain beeinflusst im Gehirn und in den Gefäßen Überträgerstoffe des Nervensystems und kann daher Hochgefühle auslösen und zu einer Steigerung der Aktivität führen. Bei hoher Dosierung oder Langzeitkonsum treten Bewusstseinstrübungen bis hin zu Halluzinationen auf. Kokain macht in hohem Maße psychisch abhängig.

Haschisch und **Marihuana** sind Produkte aus dem Indischen Hanf, die geraucht werden. Der in ihnen enthaltene Wirkstoff beeinflusst im Gehirn Überträgerstoffe, sodass traumhafte Bewusstseinsveränderungen hervorgerufen werden. Eine Abhängigkeit entsteht nicht.

Zunehmende Verbreitung findet **Ecstasy,** eine im Labor hergestellte *Designerdroge.* Auch sie wirkt auf Überträgerstoffe im Gehirn und beeinflusst dadurch Wahrnehmung und Gefühlswelt. Der Konsument fühlt sich wach, angeregt und weniger gehemmt. Warnsignale des Körpers werden in diesem Zustand unterdrückt. Stundenlanges Tanzen unter Ecstasy kann dann zum tödlichen Kreislaufkollaps führen.

2.3 Das Rückenmark – Hauptnervenstrang und Schaltzentrale

Alle Nervenverbindungen zwischen dem Gehirn und den Organen in Rumpf und Gliedmaßen verlaufen durch das *Rückenmark*. Dieses liegt innerhalb der Wirbelsäule im *Wirbelkanal*. Im Querschnitt erkennt man einen grauen, schmetterlingsförmigen Innenbereich, der von einem weißen Außenbereich umgeben ist. Der graue Bereich, *Graue Substanz* genannt, besteht hauptsächlich aus Zellkörpern von Nervenzellen. Der weiße Bereich, die *Weiße Substanz*, wird von Nervenbahnen gebildet, die zum Gehirn laufen oder vom Gehirn kommen. Jeweils zwischen den Wirbeln verlässt ein Paar von *Rückenmarks-* oder *Spinalnerven* den Wirbelkanal. Diese versorgen bestimmte Körperbereiche. Die *Vorderwurzel* jedes Spinalnervs enthält motorische Nervenfasern. In der *Hinterwurzel* verlaufen sensorische Nervenfasern. Die Zellkörper der motorischen Neurone liegen in der Grauen Substanz, die der sensorischen in Nervenknoten außerhalb des Rückenmarks, den *Spinalganglien*. Wird bei einem Unfall das Rückenmark durchtrennt, so stehen alle Körperteile, die von Spinalnerven unterhalb der Verletzung versorgt werden, nicht mehr mit dem Gehirn in Verbindung. Sie sind dann gelähmt und gefühllos. Man spricht von *Querschnittslähmung*.

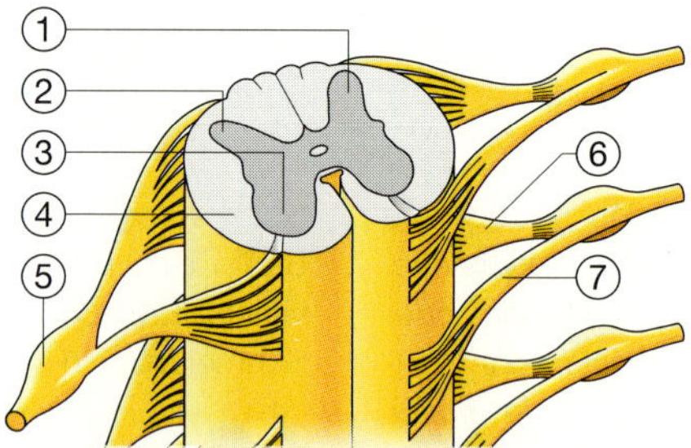

1 ***Aufbau des Rückenmarks.*** *① Graue Substanz; ② Hinterhorn; ③ Vorderhorn; ④ Weiße Substanz; ⑤ Spinalganglion; ⑥ Hinterwurzel; ⑦ Vorderwurzel*

Ein Experiment zeigt eine weitere Funktion des Rückenmarks: Eine Versuchsperson sitzt so auf dem Tisch, dass die Unterschenkel locker herabhängen. Wird jetzt bei einem Bein leicht auf die Sehne unterhalb der Kniescheibe geklopft, so schnellt der Unterschenkel nach vorn, bevor noch die Versuchsperson den Schlag verspürt. Eine solche unwillkürliche Reaktion auf einen Reiz heißt **Reflex.** Bei diesem *Kniescheibensehnenreflex* wird durch den Schlag der Beinstrecker im Oberschenkel ruckhaft gedehnt. Durch Rezeptoren in diesem Muskel, die *Muskelspindeln*, wird die Dehnung als Reiz aufgenommen und in Erregung umgewandelt. Über sensorische Neurone wird die Erregung ins Rückenmark geleitet. Dort wird sie auf Motoneurone übertragen, die ihrerseits Muskelfasern des Beinstreckers erregen. Daraufhin zieht sich dieser zusammen und der Unterschenkel schnellt vor. Die Nervenbahn, die die Erregung bei einem Reflex durchläuft, heißt *Reflexbogen*. Dieser enthält beim Kniescheibensehnenreflex nur eine Synapse. Bei einem solchen Reflex ist die Reaktionszeit extrem kurz, etwa 0,02 s. Zum Vergleich: Eine willkürliche Reaktion auf einen Berührungsreiz benötigt 0,1 bis 0,2 s.

Der *Lidschlussreflex* wird ausgelöst, wenn ein Fremdkörper die Hornhaut des Auges reizt. Hier wird die Erregung im ZNS von den sensorischen Nervenzellen über *Zwischenneurone* auf die Motoneurone umgeschaltet. Der Reflexbogen enthält also mehrere Synapsen. Dies macht sich in der Reaktionszeit bemerkbar: Sie beträgt mindestens 0,07 s.

Über das Rückenmark laufen alle Informationen zwischen Rumpf und Gliedmaßen und dem Gehirn. Reflexe sind selbstständige Leistungen des Rückenmarks.

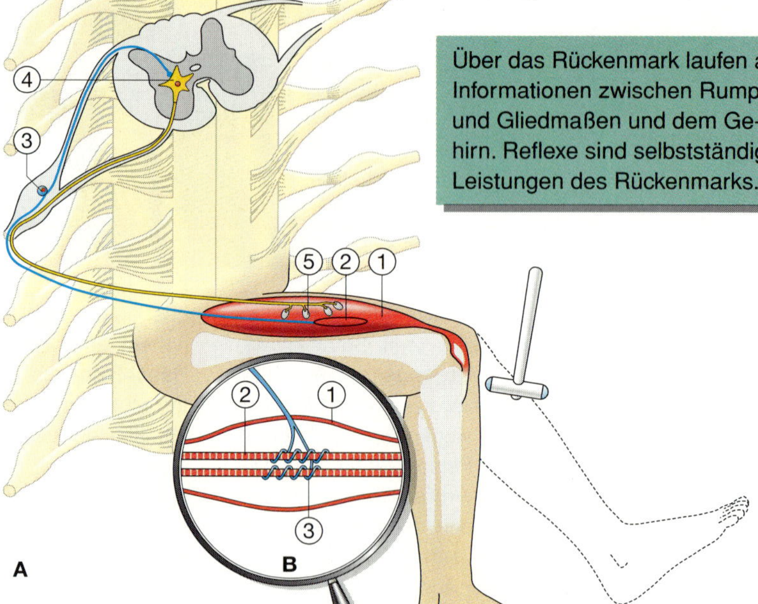

2 ***Kniescheibensehnenreflex.*** ***A Reflexbogen.*** *① Beinstrecker; ② Muskelspindel; ③ sensorische Nervenzelle; ④ Motoneuron; ⑤ motorische Endplatte.* ***B Muskelspindel.*** *① Hülle; ② Muskelfaser; ③ Reize aufnehmende Nervenfaser*

1 Erläutere, warum der Kniescheibensehnenreflex geeignet ist, beim Stolpern einen Sturz zu verhindern.

Reflexe

Übung

V1 Achillessehnenreflex

Material: Reflexhammer; Hocker oder Stuhl

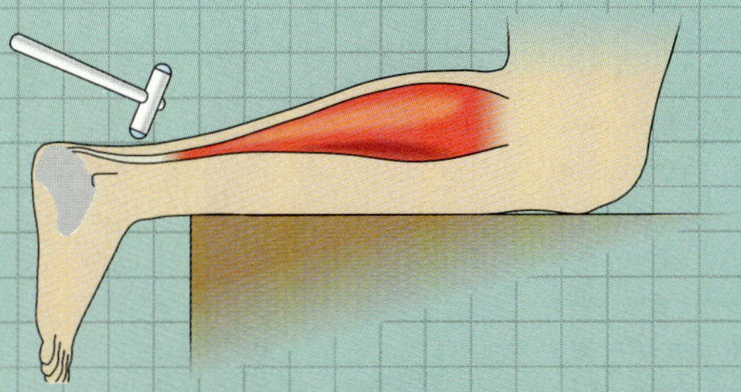

Durchführung: Ein Mitschüler kniet so auf dem Hocker oder Stuhl, dass die Füße überstehen. Klopfe leicht mit dem Reflexhammer auf die Achillessehne. Falls kein Reflexhammer zur Verfügung steht, kann der leichte Schlag auch mit der Außenkante der Hand ausgeführt werden.
Aufgaben: a) Beschreibe deine Beobachtungen.
b) Welche Bedeutung hat der Achillessehnenreflex beim Aufprall nach einem Sprung? Erläutere.

V2 Lidschlussreflex

Material: dünner Gummischlauch
Durchführung: Bitte einen Mitschüler, dir sein Gesicht zuzuwenden und die Augen weit geöffnet zu halten. Puste dann durch den Schlauch aus etwa 5 cm Entfernung auf den Innenwinkel eines seiner Augen. Du kannst den Versuch auch als Selbstversuch vor einem Spiegel durchführen.
Aufgabe: Beschreibe deine Beobachtung. Nenne die Bedeutung dieser Reaktion.

V3 Reaktion der Armmuskulatur auf Belastung

Bitte einen Mitschüler, sich vor dich hinzustellen und einen Arm so zu beugen, dass die Hand mit der Handfläche nach oben zeigt. Fordere ihn auf, die Armstellung unverändert beizubehalten. Schlage dann mit der Faust in die offene Hand. Beobachte genau.
Aufgabe: Erkläre die beobachteten Bewegungen des Arms. Beachte dabei Reaktionen von Beuger und Strecker.

A4 Reaktion bei Verbrennung

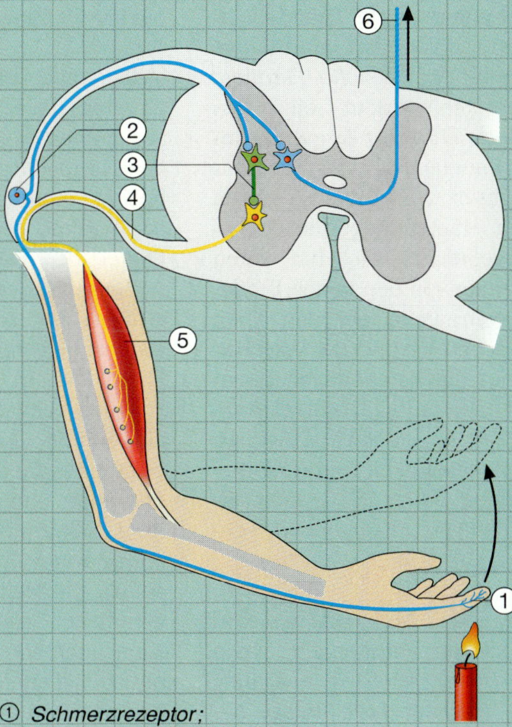

① Schmerzrezeptor;
③ Zwischennervenzelle;
⑥ sensorische Bahn zum Gehirn

a) Ordne den mit ②, ④ und ⑤ gekennzeichneten Strukturen Fachbegriffe zu.
b) Beschreibe den Ablauf der Reaktion. Verwende auch dabei die entsprechenden Fachbegriffe.
c) Stelle dar, welche Vorteile ein Reflex in solchen Situationen bietet.

A5 Reflex – ja oder nein?

Bei welchen der folgenden Situationen handelt es sich um Reflexe? Begründe.
(I) Ohne zu überlegen tritt der Autofahrer auf die Bremse, als ihm ein Reh vor das Auto springt.
(II) Wenn man Pfeffer in die Nase bekommt, niest man, ob man will oder nicht.
(III) Kaum hat der Elfmeterschütze gegen den Ball getreten, hechtet der Torwart in die richtige Ecke.
(IV) Bei einem unerwarteten kalten Guss in den Rücken atmet man unwillkürlich tief ein.

2.4 Das Gehirn

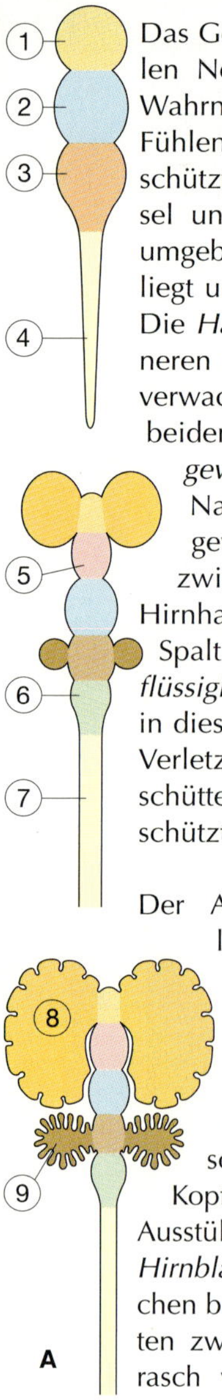

Das Gehirn ist der Teil des Zentralen Nervensystems, in dem sich Wahrnehmung, Denken und Fühlen vollziehen. Es liegt geschützt innerhalb der Schädelkapsel und ist von drei *Hirnhäuten* umgeben: Die *Weiche Hirnhaut* liegt unmittelbar dem Gehirn auf. Die *Harte Hirnhaut* ist mit der inneren Knochenhaut des Schädels verwachsen. Zwischen diesen beiden Häuten liegt die *Spinngewebehaut.* Sie hat ihren Namen von den feinen Bindegewebsfäden, die den Spalt zwischen ihr und der Weichen Hirnhaut durchziehen. In diesem Spalt befindet sich die *Gehirnflüssigkeit.* Das Gehirn schwimmt in dieser Flüssigkeit und ist so vor Verletzung durch Stöße oder Erschütterungen weitgehend geschützt.

Der Aufbau des Gehirns wird leichter verständlich, wenn man seine Entwicklung verfolgt: Erste Anlage des Nervensystems ist das *Neuralrohr.* Schon am Ende des ersten Schwangerschaftsmonats bilden sich im Kopfbereich des Embryos als Ausstülpung des Neuralrohrs drei *Hirnbläschen.* Das vordere Bläschen bildet in den nächsten Monaten zwei Seitenbläschen, die sich rasch vergrößern. Sie entwickeln sich zum **Großhirn.** Das mittlere Bläschen teilt sich und wird zu **Zwischenhirn** und **Mittelhirn.** Das hintere Bläschen gliedert sich in **Hinterhirn** und **Verlängertes Mark.** Am Hinterhirn stülpen sich die beiden Halbkugeln des **Kleinhirns** aus.

Voll entwickelt überdeckt das Großhirn die anderen Gehirnabschnitte fast vollständig. Die beiden Hirnhälften werden durch den Balken verbunden. Die Oberfläche ist in Falten gelegt. Nur etwa ein Drittel der Fläche liegt an der Außenseite der *Windungen,* der größere Teil in den *Furchen.* Besonders tiefe Furchen gliedern jede Hirnhälfte in Stirn-, Scheitel-, Schläfen- und Hinterhauptlappen. Ein Schnitt durch das Großhirn zeigt eine graue Außenschicht, die *Hirnrinde,* und das weiße Mark. In der Großhirnrinde liegen die Zellkörper von Milliarden von Nervenzellen, die vielfältig untereinander verschaltet sind. Jede einzelne kann mehrere tausend Synapsen besitzen. Das Mark wird von den Nervenfasern gebildet.

Methoden wie das **Elektroenzephalogramm** (EEG) ermöglichen festzustellen, welche Bereiche des Gehirns bei einer bestimmten Tätigkeit aktiv sind. Man unterscheidet drei verschiedene Typen von Rindenbereichen: *Motorische Rindenfelder* steuern willkürliche Muskelaktivität, *sensorische Rindenfelder* verarbeiten Sinneseindrücke, *Assoziationsfelder* bilden die Grundlage für Denken und Erinnern.

Das Zwischenhirn ist eine wichtige Schaltstation. Von hier aus werden

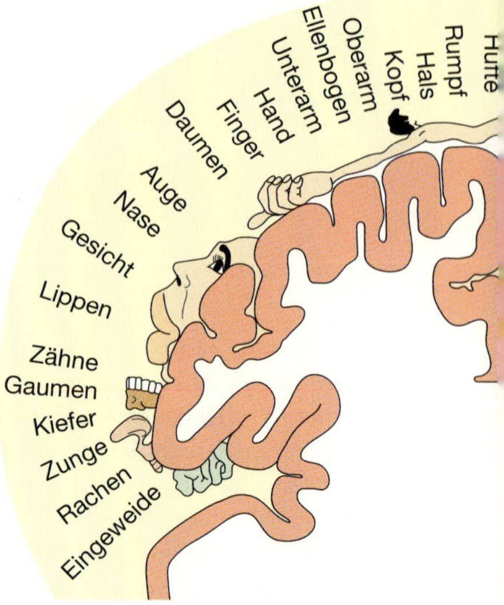

2 Rindenfelder. A *Körperfühlregion;*

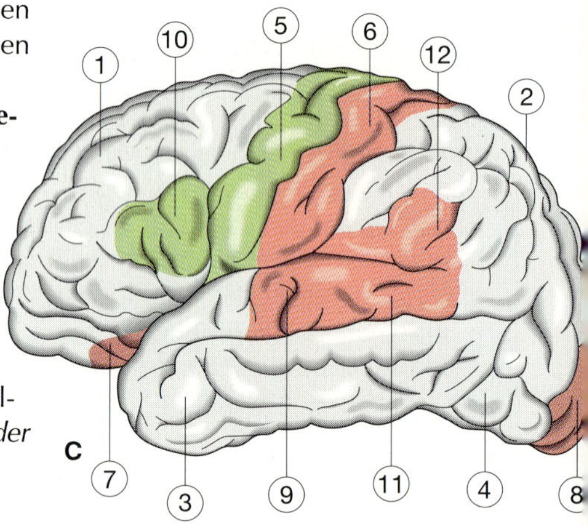

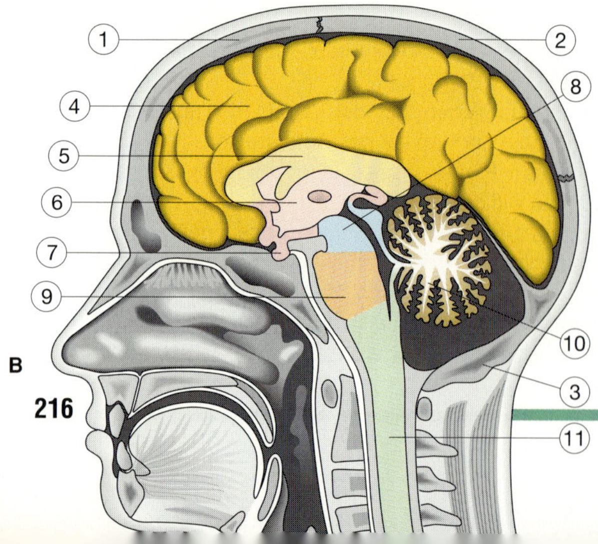

***1 Gehirn. A** Entwicklung. ① Vorderhirn; ② Mittelhirn; ③ Hinterhirn; ④ Neuralrohr; ⑤ Zwischenhirn; ⑥ Verlängertes Mark; ⑦ Rückenmark; ⑧ Großhirn; ⑨ Kleinhirn; **B** Längsschnitt durch Schädel und Gehirn. ① Stirnbein; ② Scheitelbein; ③ Hinterhauptbein; ④ Großhirn; ⑤ Balken; ⑥ Zwischenhirn; ⑦ Hypophyse; ⑧ Mittelhirn; ⑨ Brücke; ⑩ Kleinhirn; ⑪ Verlängertes Mark; **C** wichtige Rindenfelder. ① Stirnlappen; ② Scheitellappen; ③ Schläfenlappen; ④ Hinterhauptlappen; ⑤ Region der Körperbewegungen; ⑥ Körperfühlregion; ⑦ Riechregion; ⑧ Sehregion; ⑨ Hörregion; ⑩ motorisches Sprachzentrum; ⑪ Sprachhörzentrum; ⑫ Lesezentrum; ▬ sensorische Rindenfelder; ▬ motorische Rindenfelder*

Informationen von Sinnesorganen oder Schmerzrezeptoren zu den entsprechenden Bereichen der Großhirnrinde geleitet. Vom Boden des Zwischenhirns, dem *Hypothalamus,* werden lebenswichtige Funktionen wie Körpertemperatur, Wasserhaushalt oder Nahrungsaufnahme gesteuert.

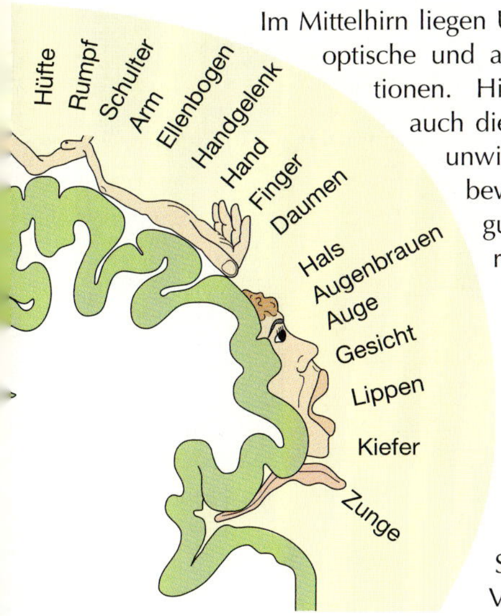

B Region der Körperbewegungen

Im Mittelhirn liegen Umschaltstellen für optische und akustische Informationen. Hier befinden sich auch die Reflexzentren für unwillkürliche Augenbewegungen. Schädigung bestimmter Bereiche des Mittelhirns führt zur *Schüttellähmung,* der *PARKINSONschen Krankheit.*

Die *Brücke* ist der zentrale Teil des Hinterhirns. Sie stellt die Verbindungen her zwischen Großhirn und Kleinhirn.

Das Kleinhirn ist der zweitgrößte Gehirnabschnitt. Es ist für die Koordination von Bewegungen verantwortlich. Es stimmt Körperhaltung und geplante Bewegung aufeinander ab. Außerdem ist das Kleinhirn am Lernen komplexer Bewegungsabläufe, etwa beim Tanzen, beteiligt.

Das Verlängerte Mark verbindet Gehirn und Rückenmark. Darüber hinaus enthält es Zentren zur Steuerung von Atmung und Kreislauf, von Schlucken, Husten, Niesen oder auch Erbrechen.

Mittelhirn, Brücke und Verlängertes Mark sind in ihren Funktionen eng verknüpft. Sie werden insgesamt als *Hirnstamm* bezeichnet.

Im Gehirn erfolgen Denken, Fühlen und Planen von Handlungen. Informationen der Sinnesorgane werden erst im Gehirn zu Wahrnehmungen.

1 In der Region der Körperbewegungen ist der Bereich, der die Hand repräsentiert, wesentlich größer als der Bereich für den Rumpf. Erläutere diesen Sachverhalt.

Streifzug durch die Medizin

Elektroenzephalogramm

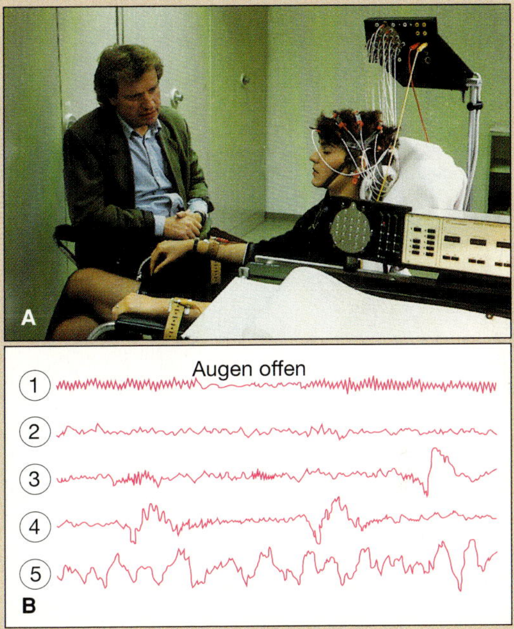

3 EEG. A *Apparatur zur Aufzeichnung von Gehirnströmen;* ***B*** *Gehirnwellen: ① wach, in Ruhe; ② Einschlafen; ③ Leichtschlaf; ④ mittlerer Schlaf; ⑤ Tiefschlaf*

Bei der Aktivität von Nervenzellen in der Hirnrinde entstehen elektrische Signale. Diese lassen sich durch Elektroden, die man auf der Kopfhaut der Schädeldecke befestigt, erfassen und als Elektroenzephalogramm, kurz EEG genannt, aufzeichnen.

Ein solches EEG gibt Aufschluss über die Aktivität des Gehirns. So lässt sich beispielsweise an der Form der Wellen erkennen, ob ein Mensch wach ist oder wie tief er schläft. Aus Unregelmäßigkeiten im EEG kann der Arzt Rückschlüsse auf Störungen wie Hirntumore oder andere Erkrankungen des Gehirns ziehen.

Das EEG kann auch herangezogen werden, um den Tod eines Menschen festzustellen. Lassen sich keine Gehirnströme mehr ableiten, d.h. zeigen sich im EEG keine Wellen mehr, so gilt ein Mensch als hirntot. Erst nach dieser Feststellung kann z.B. die Entnahme von Organen zur Transplantation erfolgen, falls eine Erlaubnis vorliegt.

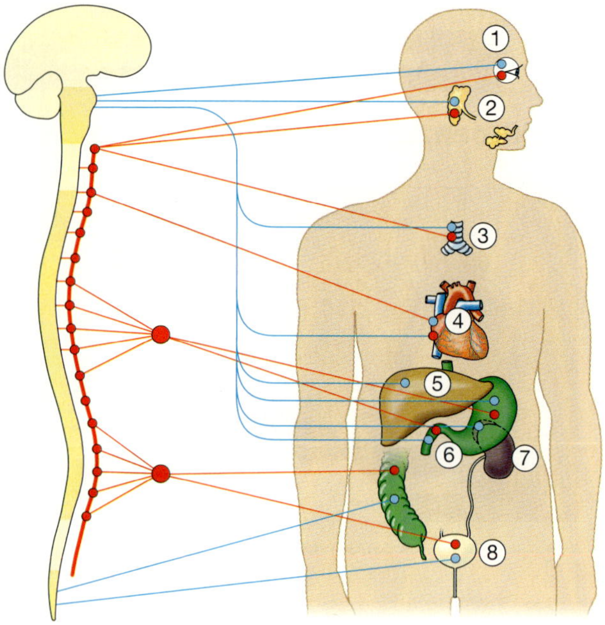

Organ/Organsystem	Sympathikus	Parasympathikus
① **Auge** Pupille Ziliarmuskel Tränendrüse	Erweiterung	Verengung Nahakkommodation Sekretion
② **Speicheldrüsen**	schwache Sekretion	starke Sekretion
③ **Bronchien** Muskulatur Drüsen	Erschlaffung	Kontraktion Sekretionssteigerung
④ **Herz**	Frequenzerhöhung	Frequenzsenkung
⑤ **Leber**	Zuckerfreisetzung	
⑥ **Magen-Darm-Trakt** Verdauungsdrüsen Bewegungen	Amylaseaktivierung Abnahme	Sekretionssteigerung Zunahme
⑦ **Nebenniere**	Sekretion verstärkt	
⑧ **Harnwege** Blasenwand Schließmuskel	Erschlaffung Kontraktion	Kontraktion Erschlaffung
Gefäße Haut Herzkranzgefäße Gehirn	Verengung Erweiterung Verengung	Verengung
Haut Schweißdrüsen	starke Sekretion	

*1 **Sympathikus und Parasympathikus.** Wirkung auf die Organe: ● Hemmung, Erschlaffung, Erweiterung; ● Anregung, Kontraktion, Verengung; (Sekretion = Absonderung eines Drüsenproduktes)*

2.5 Das vegetative Nervensystem

Während eines sportlichen Wettkampfes ist der ganze Körper auf Hochleistung eingestellt: Der Herzschlag ist beschleunigt, die Atmung vertieft. In der Leber wird vermehrt Glucose ins Blut abgegeben. Die Schweißdrüsen arbeiten verstärkt, damit die durch Muskelarbeit entstehende Wärme abgeführt werden kann. Gleichzeitig wird die Bewegung von Magen und Darm herabgesetzt, die Tätigkeit der Verdauungsdrüsen eingeschränkt. Auch das Gehirn wird weniger durchblutet. So kann in den Muskeln durch vermehrten Abbau von Glucose die benötigte Energie freigesetzt werden.

Diese Abstimmung so vieler verschiedener Organsysteme wird durch eigene Nerven gesteuert, die unabhängig von unserem Willen sind. Sie bilden das vegetative Nervensystem. Man unterscheidet zwei Teilsysteme. Der **Sympathikus** ist für die Einstellung des Körpers auf Leistung verantwortlich. Er ist das „Alarmsystem", das bei plötzlich auftretender Gefahr den Organismus auf Flucht oder Kampf vorbereitet. Die Nervenfasern des Sympathikus verlaufen vom Brust- und Lendenbereich des Rückenmarks zu Nervenknoten, die jeweils beiderseits der Wirbelsäule zu einem *Grenzstrang* verbunden sind. Von dort ziehen sympathische Nervenfasern zu fast allen Organen.

Das zweite Teilsystem ist der **Parasympathikus.** Seine Nervenfasern gehen vom Gehirn und vom Rückenmark im Bereich des Kreuzbeins aus. Auch sie führen zu fast allen Organen. Der Parasympathikus sorgt dafür, dass der Körper nach einer Anstrengung wieder zur Ruhe kommt. Er dämpft Herzschlag und Atmung und regt die Tätigkeit der Verdauungsorgane an. Er ist das „Erholungssystem".

Sympathikus und Parasympathikus arbeiten also als *Gegenspieler.*

Im ZNS, vor allem im Hirnstamm und im Hypothalamus, liegen **vegetative Zentren.** Sie erhalten Informationen von den Sinnesorganen und von Rezeptoren aus dem Inneren des Körpers. So reguliert ein Zentrum im Mittelhirn durch die von der Netzhaut gemeldete Helligkeit über Sympathikus bzw. Parasympathikus die Pupillenweite. Ein Zentrum im Verlängerten Mark steuert aufgrund der ihm gemeldeten Sauerstoff- und Kohlenstoffdioxidwerte des Blutes die Atemtätigkeit.

Die vegetativen Zentren sind eng verknüpft mit den Bereichen des Gehirns, in denen Gefühle wie Angst, Wut oder Freude entstehen. Daher sind Gefühlsregungen häufig begleitet von vegetativen Reaktionen wie Herzklopfen oder Schweißausbrüchen.

Das vegetative Nervensystem ist in zwei als Gegenspieler arbeitende Teilsysteme gegliedert:
Der Sympathikus ist das „Alarmsystem" des Körpers, der Parasympathikus das „Erholungssystem".

2.6 Regelung und Steuerung durch Hormone

Ein Patient klagt beim Arzt über Mattigkeit, ständiges Durstgefühl und ungewöhnlich starken Harndrang. Ein in den Urin getauchtes Teststäbchen bestätigt die Vermutung des Arztes: Es verfärbt sich von gelb nach grün und zeigt damit an, dass sich im Urin des Patienten Glucose befindet. Er ist „zuckerkrank".

Der Fachbegriff für diese Krankheit, von der 5–6 % der Bevölkerung in Deutschland betroffen sind, ist **Diabetes mellitus.** Der Urintest ist nur ein erster Hinweis. Wie schwer der Patient, der *Diabetiker*, betroffen ist, kann nur eine Bestimmung des Glucosegehalts seines Blutes zeigen.

Normalerweise beträgt die Konzentration von Glucose im Blut morgens vor dem Frühstück 0,55–1,00 g/l. Nach der Aufnahme von Kohlenhydraten mit der Nahrung steigt der *Blutzuckerspiegel* kurzfristig an, fällt dann aber rasch auf den normalen Wert zurück. Die überschüssige Glucose wird nämlich dem Blut entzogen und in der Leber und in geringerem Maße in der Muskulatur zum Aufbau von Glykogen verwendet. Durch Zellatmung wird Glucose verbraucht. Sinkt dabei der Blutzuckerspiegel unter einen bestimmten Wert, so wird er durch Abbau des Glykogens zu Glucose wieder auf den normalen Wert erhöht.

Diese Regulation des Blutzuckerspiegels erfolgt durch zwei Wirkstoffe, *Insulin* und *Glukagon*. Insulin senkt, Glukagon erhöht den Blutzuckerspiegel. Diese Wirkstoffe sind **Hormone,** die im Körper in besonderen Drüsen hergestellt werden. Die *Hormondrüsen* unterscheiden sich von Speichel- oder Verdauungsdrüsen dadurch, dass sie ihre Erzeugnisse unmittelbar ins Blut abgeben.

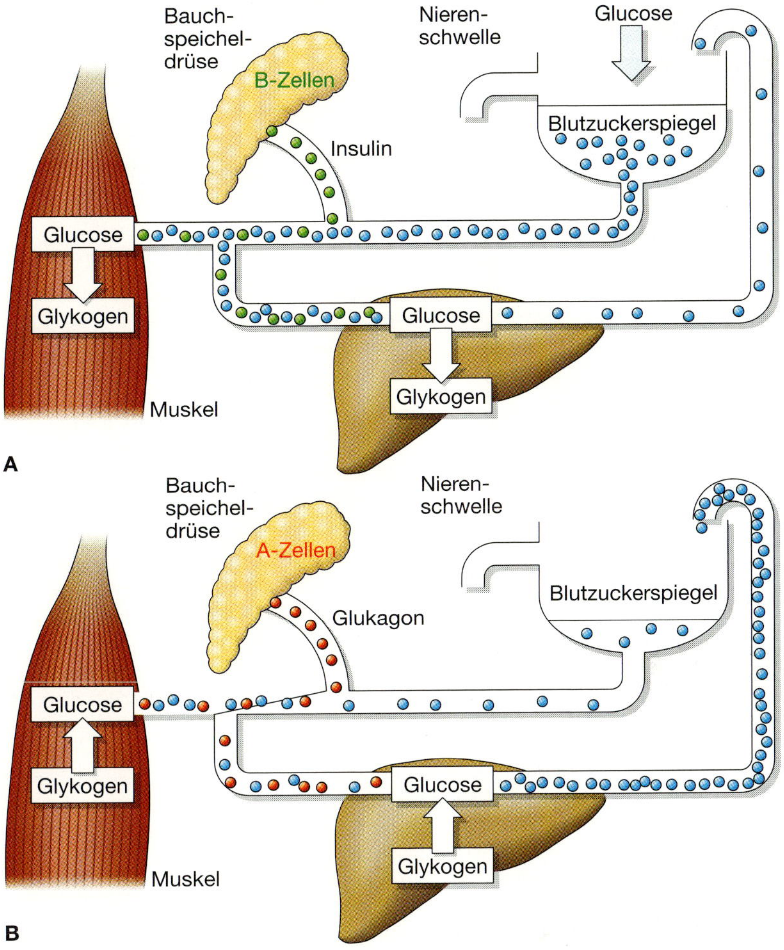

***1 Regulation des Blutzuckerspiegels. A** Wirkung von Insulin; **B** Wirkung von Glukagon*

Eine solche Hormondrüse liegt in der Wand der Bauchspeicheldrüse. Sie besteht aus Zellgruppen, die inselartig in die Drüsenwand eingelagert sind. Daher wird sie *Inselorgan* genannt. Das Inselorgan enthält verschiedene Typen von Drüsenzellen: Die A-Zellen produzieren Glukagon, die B-Zellen Insulin.

Bei Diabetikern wird überschüssige Glucose nicht gespeichert. Nach Überschreiten eines bestimmten Wertes, der „Nierenschwelle", wird Glucose in den Harn abgegeben.

Man unterscheidet mehrere Formen von Diabetes: Beim **Typ-I-Diabetes** wird zu wenig Insulin gebildet. Hier kann der Mangel mit Insulin-Spritzen ausgeglichen werden. **Typ-II-Diabetes** tritt meist erst in höherem Alter auf („Alterszucker"). Betroffen sind vor allem Übergewichtige. Diese Krankheitsform beruht darauf, dass der Körper nicht mehr auf das Insulin anspricht.

Hormone sind Wirkstoffe, die in speziellen Drüsen hergestellt werden. Über die Blutbahn erreichen sie ihre Zielorgane und steuern dort spezifische Zellfunktionen.

Pinnwand

REGELKREISE

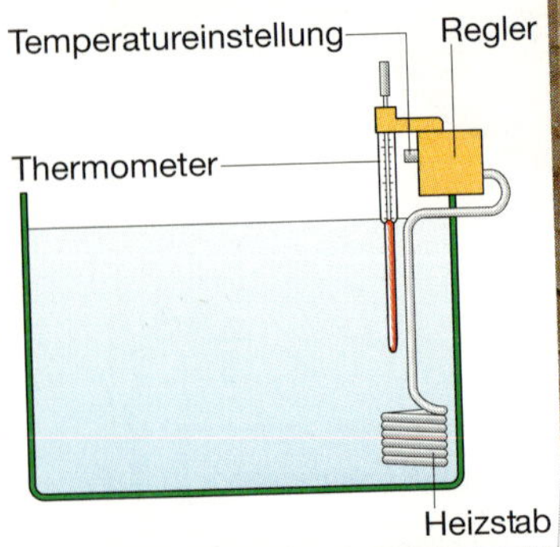

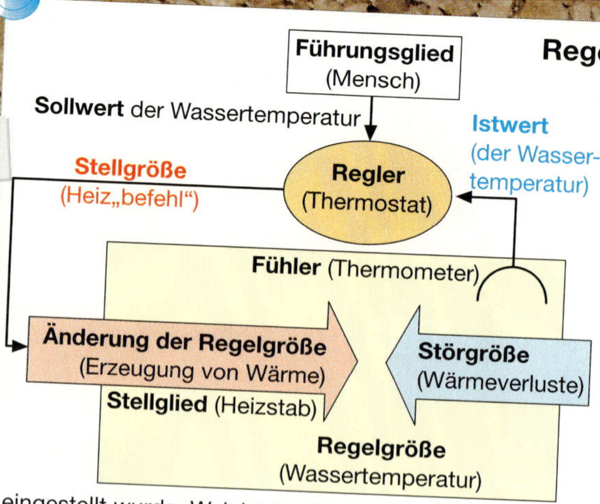

Regelung der Wassertemperatur

Der Begriff *Regelung* stammt ursprünglich aus der Technik. Die Grundbegriffe der Regeltechnik lassen sich am Beispiel eines Wasserbades darstellen: Die *Regelgröße,* der Zustand, der konstant gehalten werden soll, ist hierbei die Wassertemperatur. Ein *Fühler* (Thermometer) stellt den *Istwert* fest, den derzeitigen Wert der Regelgröße (die momentane Temperatur). Der Istwert wird an den *Regler* (Thermostat) übermittelt. Dieser vergleicht den Istwert mit dem *Sollwert* (der gewünschten Temperatur), die vom *Führungsglied* (z. B. dem Lehrer) eingestellt wurde. Weicht der Istwert vom Sollwert ab, so nimmt der Regler eine Korrektur vor. Dazu übermittelt er dem *Stellglied* (Heizstab) einen Korrekturbefehl, die *Stellgröße*. Das Stellglied verändert dann durch seine Tätigkeit die Regelgröße. Da deren Wert ständig vom Fühler gemessen wird, bleibt der Korrekturbefehl so lange erhalten, bis Istwert und Sollwert übereinstimmen. Äußere Einwirkungen, die eine Abweichung des Istwertes vom Sollwert bewirken (Wärmeverluste), nennt man *Störgrößen*. Die durch eine solche Störung bewirkte Veränderung wird durch das beschriebene System selbstständig korrigiert. Da bei einem solchen Regelprozess der Erfolg eines vom Regler erteilten Korrekturbefehls wieder an den Regler gemeldet wird, spricht man von einem *geschlossenen Wirkungskreis,* einem **Regelkreis.**

Regelung des Blutzuckerspiegels

Der Glucosegehalt des Blutes ist eine Größe, die vom Organismus konstant gehalten wird. Wir können also den Blutzuckerspiegel als Regelgröße betrachten. Als Fühler und gleichzeitig als Regler dienen in diesem Fall die Zellen des Inselorgans in der Bauchspeicheldrüse. Sie messen die Konzentration der Glucose im Blut. Der Sollwert ist durch den Bau dieser Zellen grundsätzlich vorgegeben, kann aber durch das vegetative Nervensystem den Erfordernissen angepasst werden. So bewirkt beispielsweise der Sympathikus eine Sollwerterhöhung, damit genügend Glucose für Muskelaktivität zur Verfügung steht.

Liegt der Istwert über dem Sollwert, geben die B-Zellen Insulin (Stellgröße) ab. Stellglied ist die Leber oder auch die Muskulatur. Diese Organe entziehen unter Einwirkung des Insulins dem Blut Glucose und wandeln sie in die Lagerform Glykogen um. Dies geschieht so lange, bis der Sollwert eingestellt ist.

Liegt der Istwert unter dem Sollwert, geben die A-Zellen des Inselorgans Glukagon (Stellgröße) ab. Dieses veranlasst das Stellglied Leber, Glykogen zu Glucose abzubauen. Dadurch erhöht sich der Blutzuckerspiegel. Auch hier wird der Prozess so lange fortgesetzt, bis der Istwert dem Sollwert entspricht.

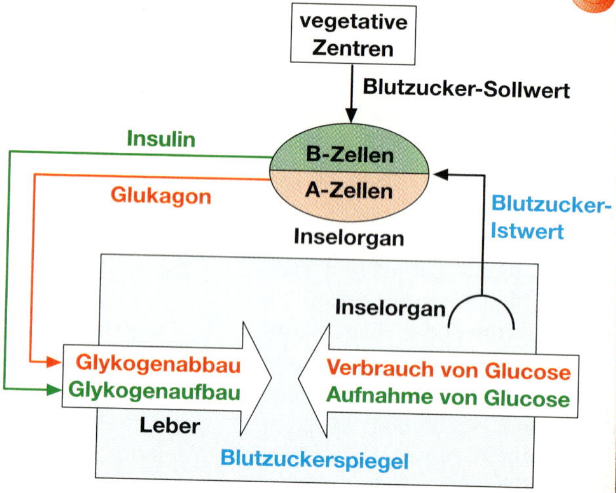

Störgrößen bei der Regelung des Blutzuckerspiegels sind die Aufnahme von Glucose über die Nahrung bzw. der Verbrauch von Glucose in den Organen zur Freisetzung von Energie.

Stress

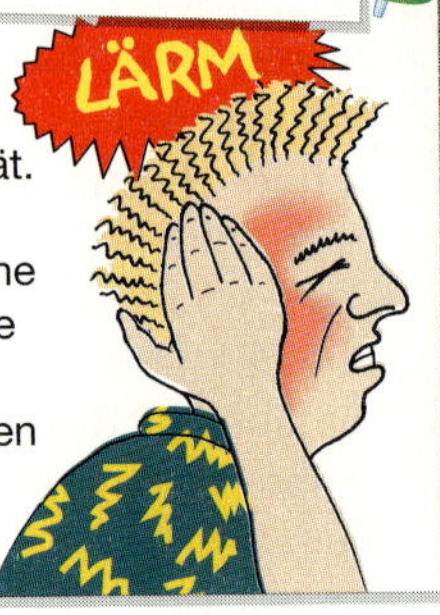

Kälte- oder Hitzebelastung, Verletzungen, Schmerzen oder auch starke Schallreize lösen im Körper **Stress** aus. Der Organismus antwortet darauf zunächst mit einer Steigerung der Sympathikus-Aktivität. Daraufhin werden im *Nebennierenmark* die Hormone **Adrenalin** und **Noradrenalin** ausgeschüttet. Diese Hormone steigern den Blutdruck und die Blutzufuhr zur Muskulatur. Außerdem bewirken sie eine erhöhte Freisetzung von Glucose. Gleichzeitig veranlasst der Hypothalamus - auf dem Weg über die Hypophyse - die *Nebennierenrinde*, **Cortisol** auszuscheiden. Dieses Hormon fördert ebenfalls die Bildung von Glucose. Darüber hinaus wirkt es entzündungshemmend. Bei kurzfristigem Stress klingen die Reaktionen rasch ab, da Adrenalin und Noradrenalin sehr schnell abgebaut werden.
Lange anhaltender Stress führt infolge des ständig erhöhten Blutdrucks zu Gesundheitsschäden.

Regelung des Iodhormon-Spiegels

Je nach Belastung muss im Körper mehr oder weniger Energie freigesetzt werden. Die Steuerung erfolgt durch die **Iodhormone,** die von der Schilddrüse gebildet werden. Diese Drüse umschließt die Luftröhre hufeisenörmig unterhalb des Kehlkopfes. Die Iodhormone steigern die Zellatmung, fördern in der Leber den Abbau von Glykogen sowie die Bildung von Glucose aus Eiweißstoffen und bewirken in den Fettzellen den Abbau von Fettreserven. Damit die Abgabe der Iodhormone und somit der Energieumsatz den Erfordernissen angepasst werden kann, muss die Schilddrüse entsprechend informiert werden. Diese Aufgabe übernimmt die *Hypophyse,* die Hirnanhangsdrüse. Sie liegt unter dem Zwischenhirn und steht mit dem Hypothalamus in Verbindung. Die Informationen von den Sinnesorganen oder von Rezeptoren aus dem Körperinneren bewirken also nicht nur eine Regelung über das vegetative Nervensystem, sondern auch über die Abgabe von Hormonen. Werden dem Hypothalamus steigende Belastung des Körpers oder Absinken der Körpertemperatur gemeldet, so gibt er das Hormon **TRH** (Thyreotropin-Releasing-Hormon) ab.

Dadurch wird die Hypophyse veranlasst, das Hormon Thyreotropin (**TSH**) abzusondern. TSH bewirkt, dass die Schilddrüse verstärkt Iodhormone produziert und ins Blut abgibt. Die Konzentration der Iodhormone wird ständig von Hormonrezeptoren kontrolliert und an den Hypothalamus gemeldet. Daher wird dieser Prozess so lange fortgesetzt, bis genügend Iodhormone im Blut sind, um den erforderlichen Energieumsatz zu gewährleisten. Auch hier liegt also ein Regelkreis vor: Führungsglied sind die Teile des ZNS, die durch ihre Information über steigende Belastung den Sollwert für die Iodhormone beeinflussen. Fühler ist ein Hormonrezeptor, Regler der Hypothalamus. Als Stellgröße dienen zwei Hormone, TRH und TSH, da die Hypophyse Zwischenstation im Signalweg ist. Stellglied ist die Schilddrüse, deren Aktivität den Iodhormon-Spiegel auf den gewünschten Wert hebt.

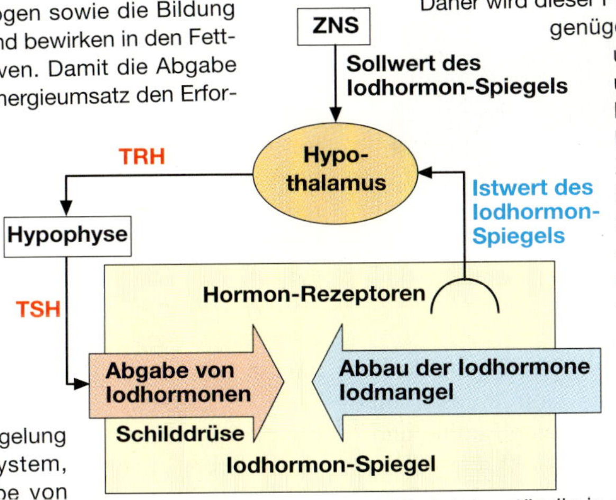

Störgröße ist der ständig in der Leber erfolgende Abbau der Iodhormone. Auch Iodmangel kann als Störgröße betrachtet werden, da eine Unterproduktion von Iodhormonen die Folge ist.

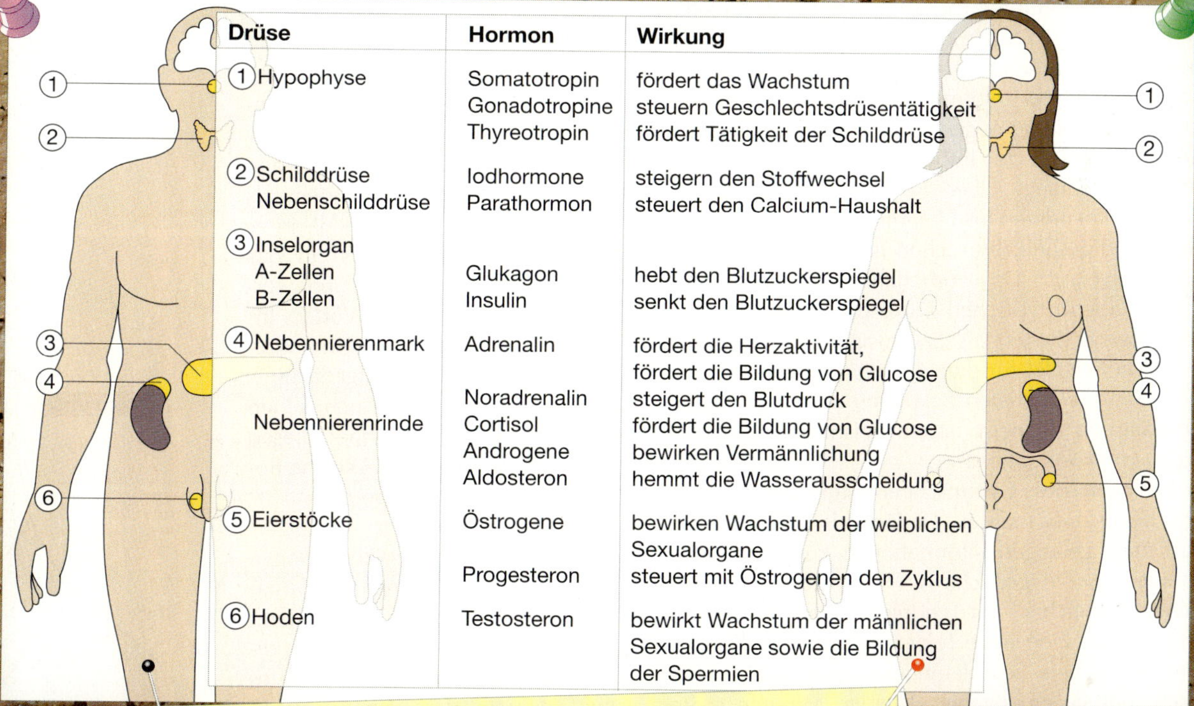

Drüse	Hormon	Wirkung
① Hypophyse	Somatotropin Gonadotropine Thyreotropin	fördert das Wachstum steuern Geschlechtsdrüsentätigkeit fördert Tätigkeit der Schilddrüse
② Schilddrüse Nebenschilddrüse	Iodhormone Parathormon	steigern den Stoffwechsel steuert den Calcium-Haushalt
③ Inselorgan A-Zellen B-Zellen	 Glukagon Insulin	 hebt den Blutzuckerspiegel senkt den Blutzuckerspiegel
④ Nebennierenmark	Adrenalin	fördert die Herzaktivität, fördert die Bildung von Glucose
	Noradrenalin	steigert den Blutdruck
Nebennierenrinde	Cortisol Androgene Aldosteron	fördert die Bildung von Glucose bewirken Vermännlichung hemmt die Wasserausscheidung
⑤ Eierstöcke	Östrogene Progesteron	bewirken Wachstum der weiblichen Sexualorgane steuert mit Östrogenen den Zyklus
⑥ Hoden	Testosteron	bewirkt Wachstum der männlichen Sexualorgane sowie die Bildung der Spermien

1 In den Regelkreisen des Blutzucker- und Iodhormonspiegels haben die beteiligten Hormone unterschiedliche Funktionen. Erläutere.

2 Entwirf ein Regelkreisschema für den Cortisolspiegel.

1 Vergessen

2.7 Lernen und Gedächtnis

Es fing so harmlos an. „Wo ist mein Terminkalender?" Solche und ähnliche Fragen stellte Herr Munster im Laufe weniger Jahre immer häufiger, seine Familie und seine Arbeitskollegen zeigten jedoch Nachsicht: „Der Gute wird nun doch allmählich alt." Er hatte diese Dinge schlicht *vergessen*, er konnte sich nicht nicht mehr an sie erinnern. Das Vergessen ist nicht nur eine Sache des Alters. Auch junge Menschen können vergessen. Wie kann man sich diese Vergesslichkeit erklären?

Menschen sind ununterbrochen einem Schwall vielfältiger *Informationen* ausgesetzt. Mithilfe ihrer Sinnesorgane, man spricht auch von *Eingangskanälen*, nehmen sie einen Teil dieser Informationen auf. Für Menschen ist der Eingangskanal Auge von besonderer Bedeutung, da ein großer Teil der Informationen über das Auge zum Gehirn gelangt. Über die Eingangskanäle gelangen die Informationen ins Gehirn. Hier werden sie verarbeitet und gespeichert. „Eben ist ein roter Sportwagen vorbeigerast." Das vorbeifahrende rote Gebilde mit vier Rädern, typischen Karosserieformen und anderen Besonderheiten als Sportwagen zu identifizieren, ist ein Beispiel für die *Verarbeitung* von Informationen. Sich nach sieben Sekunden oder auch später noch daran zu erinnern, ist ein Beispiel für die *Speicherung* von Informationen.

Die Fähigkeit des Gehirns, Informationen zu speichern, bezeichnet man als **Gedächtnis.** Über die Eingangskanäle gelangen Informationen zunächst ins so genannte *Kurzzeitgedächtnis*. Man könnte es als Durchgangsspeicher mit geringer Speicherkapazität kennzeichnen. Eine neue Telefonnummer, die man in einem Verzeichnis liest, kann man sich gerade noch merken, um sie einzugeben. Wenige Minuten später hat man sie vergessen. Dieses ist ein weiteres Kennzeichen des Kurzzeitgedächtnisses. Informationen werden hier für nur wenige Sekunden bis Minuten gespeichert, dann müssen sie für neu hinzukommende Informationen Platz machen. In einem einfachen Behaltenstest kann man dieses demonstrieren: Man lernt eine Liste von etwa 20 Wörtern auswendig. Beim Aufsagen werden normalerweise die ersten und letzten Wörter fehlerfrei wiedergegeben, die mittleren aber sehr fehlerhaft oder gar nicht. Die ersten Wörter kommen zunächst in den noch „leeren" Kurzzeitspeicher und werden dann in das so genannte *Langzeitgedächtnis* überführt. Diese Gedächtnisstufe hat eine große Kapazität und kann Informationen über längere Zeiträume, mitunter sogar lebenslang, speichern. Bei der Erinnerung der mittleren Wörter treten Störungen auf, weil sowohl neue Informationen aufgenommen werden müssen (die letzten Wörter) als auch bereits im Kurzzeitgedächtnis befindliche Informationen in das Langzeitgedächtnis überführt werden müssen (die ersten Wörter). Informationen, die weder im Kurzzeit- noch im Langzeitgedächtnis gespeichert werden können, gehen verloren. Man bezeichnet diesen Vorgang als *Vergessen*. Welche Bedeutung hat das Vergessen?

Über die Eingangskanäle gelangen in jeder Sekunde mehr Informationen in das Gehirn, als im Kurzzeitgedächtnis verarbeitet und gespeichert werden können. So ist es nur sinnvoll, dass eine Auswahl getroffen wird zwischen behaltenswerten Informationen und solchen, die vergessen werden dürfen.

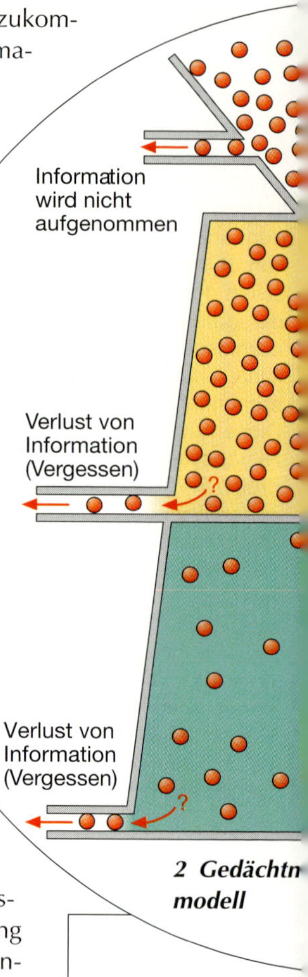

2 Gedächtn modell

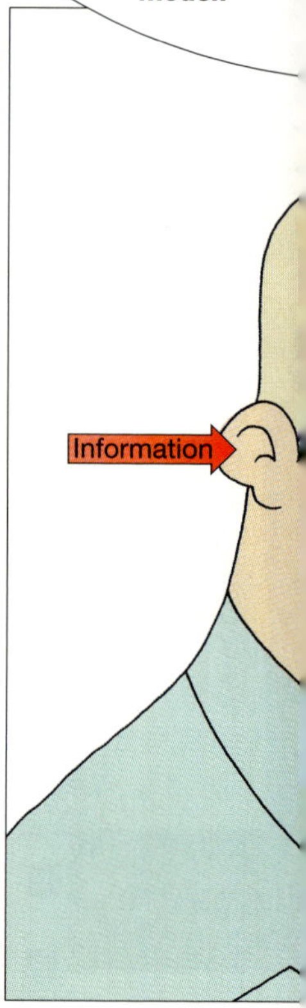

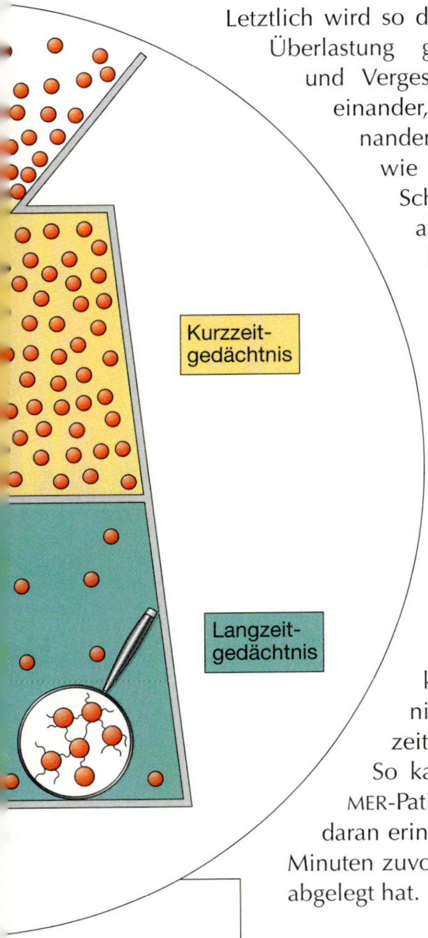

Letztlich wird so das Gehirn vor einer Überlastung geschützt. Erinnern und Vergessen ergänzen also einander, sie stehen miteinander im Gleichgewicht wie Wachsein und Schlafen, wie Wärmeabgabe und Wärmebildung.

Bei ALZHEIMER-Patienten ist dieses Gleichgewicht gestört, das Vergessen beherrscht sie. Sie nehmen über ihre Eingangskanäle zwar noch Informationen in ihren Kurzzeitspeicher auf, können diese aber nicht in ihren Langzeitspeicher überführen. So kann sich ein ALZHEIMER-Patient z. B. nicht mehr daran erinnern, wo er zwanzig Minuten zuvor sein Schlüsselbund abgelegt hat.

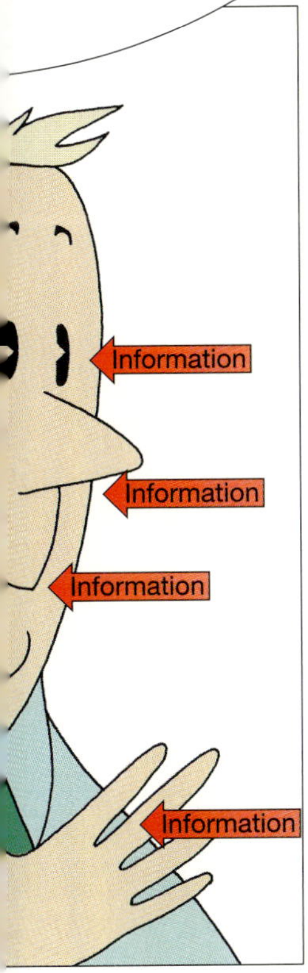

Menschen, wie auch viele andere Lebewesen, können Informationen aus ihrer Umwelt aufnehmen, um diese in ihrem Gedächtnis zu speichern. In entsprechenden Situationen wird die gespeicherte Information abgerufen und bei der Bewältigung eines Problems berücksichtigt. Eine solche Verhaltensänderung aufgrund persönlicher Erfahrungen bezeichnet man als **Lernen.**

Jeder hat erfahren, dass Lernbemühungen nicht immer erfolgreich sind. Wie kann man gute Lernergebnisse erreichen? Wichtig ist, dass Informationen aufgenommen und gespeichert werden. Vielen Menschen gelingt dies besonders gut, wenn sie den Eingangskanal Auge nutzen. Man spricht dann vom *Sehtyp.* Andere

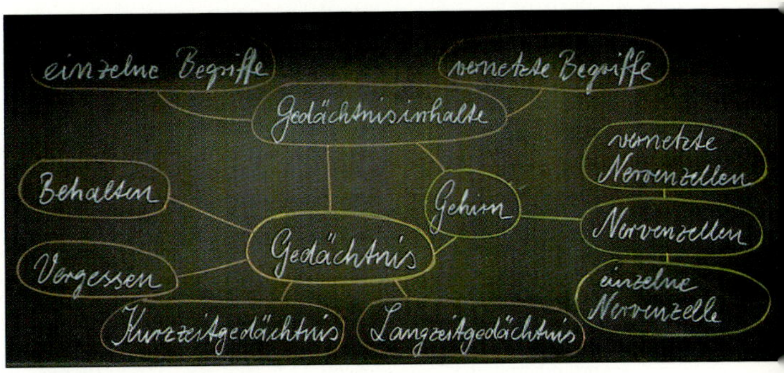

3 Tafelbild Begriffsnetz

Menschen gehören dem *Hörtyp, Fühltyp* oder *Gesprächstyp* an. Die Zugehörigkeit zu einem **Lerntyp** ist individuell verschieden. Jeder sollte wissen, welcher Eingangskanal bei ihm besonders ausgeprägt ist, und ihn nutzen. Gleichzeitig empfehlen Lernpsychologen, auch schwächer ausgebildete Eingangskanäle zu nutzen. Wird eine Information über mehrere Eingangskanäle aufgenommen, so erhöht sich die Wahrscheinlichkeit, dass sie in das Langzeitgedächtnis überführt und dort gespeichert wird. Ein Beispiel: Der Bau und die Funktion eines Gelenks soll behalten werden. Dieses gelingt besonders gut, wenn man mit einem Modell hantiert, sich Abbildungen eines Gelenks betrachtet, mit einem Schüler über den Sachverhalt spricht und den Ausführungen des Lehrers lauscht. Die vier „Informationspäckchen" gelangen in das Langzeitgedächtnis und können dort zu einem „Päckchenbündel" verknüpft werden. Man spricht auch von einer *Vernetzung.* Inhalte, Begriffe oder Namen lassen sich besser speichern und wieder in das Bewusstsein rufen, wenn sie mit anderen vernetzt sind.

Verhaltensänderungen auf der Grundlage persönlicher Erfahrungen bezeichnet man als Lernen.
Man unterscheidet nach den Eingangskanälen verschiedene Lerntypen: Sehtyp, Hörtyp, Fühltyp und Gesprächstyp.
Lernen ist dann besonders erfolgreich, wenn die Informationen aus verschiedenen Eingangskanälen miteinander verknüpft werden.

1 Nach einem Unfall können sich Betroffene häufig nicht an das erinnern, was direkt davor und danach passierte. Erkläre diese Gedächtnisschwäche.

2 Für viele Menschen hat das Vergessen eine negative Bedeutung. Welche Gründe sprechen dafür, dem Vergessen auch etwas Positives abzugewinnen?

Fette Seitenzahlen weisen auf ausführliche Behandlung im Text oder auf Abbildungen hin; f. = die folgende Seite; ff. = die folgenden Seiten.

T

U

V

W

X

Z

Bildquellenverzeichnis

Umschlag Heidelandschaft: Lange / Silvestris; Umschlag Bläuling: Dr. Jaenicke; 8-1-A: Minkus; 9-2: Stief / Okapia; 10-1-A: Wisniewski / Silvestris; 10-3, 11-4-A, 11-4-B, 11-4-C: Dr. Jaenicke; 14-1-A: Minkus; 14-1-B: eye of science; 14-1-C: Dr. Jaenicke; 14-2-A: Lieder; 14-2-B: eye of science; 16-4: Nittinger / Xeniel-Dia; 17-3: Dr. Jaenicke; 17-6: Lieder; 17-8-A, 17-8-B, 18-1: Dr. Jaenicke; 18-2-A: Pfletschinger / Angermayer; 21-Mausohr: Mönch / Angermayer; 21-Feuersalamander: Angermayer; 21-Seepferdchen: Tavernier / BIOS / Okapia; 21-Kaiserpinguin: Reinhard / Angermayer; 21-Delfin: Perrine / Globa Pictures / Okapia; 22-Hase: Cyril Ruose / BIOS / OKAPIA; 22-Käfer: Pfletschinger / Angermayer; 22-Gefieder, 22-Hundefell: Tönnies; 22-Schmetterling: Pfletschinger / Angermayer; 22-Insektenschuppen: Alistair Shay / OSF / OKAPIA; 23: AKG; 24-1-A, 24-1-B, 24-1-C, 24-1-D, 24-2-A: Dr. Philipp; 24-2-B: Kage / OKAPIA; 25: Dr. Philipp; 27-1: Angermayer; 27-2-A, 27-2-B, 27-2-C: Pfletschinger / Angermayer; 27-2-D: Kehrer / OKAPIA; 29-A–E, 30-1, 30-2: Dr. Jaenicke; 30-4, 31-5: Prof. Weber; 31-6: Laßwitz / OKAPIA; 34-3: Küchelbauer / SILVESTRIS; 35-Libellenauge: Pfletschinger / Angermayer; 35-Paarungsrad: Dr. Jaenicke; 35-Libellenlarve: Pfletschinger / Angermayer; 36-1, 36-2-A–G: Dr. Jaenicke; 37-3-A–C: Pfletschinger / Angermayer; 40-1-A: Konopka; 40-1-B: Löber / SILVESTRIS; 40-1-C: Pfletschinger / Angermayer; 40-1-D: Dr. Jaenicke; 41-1-F: Struck / SILVESTRIS; 43-3: Moffet / Minden Pictures; 44, 45-Wespe: Pfletschinger / Angermayer; 45-Hummel: Vock / OKAPIA; 45-Termitenbau: Konopka; 46-4-A: Pfletschinger / Angermayer; 47-1: Lane / SILVESTRIS; 47-2: Gislard / OKAPIA; 47-3: Scharf / Arnold / OKAPIA; 47-4: BHB-FOTO / OKAPIA; 47-5: Dr. Sauer / OKAPIA; 48-6-A: Keller / SILVESTRIS; 48-6-B: Angermayer; 50-1-A: Binckner / SILVESTRIS; 50-1-B: Eckstein / OKAPIA; 50-1-C: Reinhard / OKAPIA; 50-2-A: Thielscha / SILVESTRIS; 50-2-B: Carlons / OKAPIA; 50-2-C: Wellinghorst; 50-2-D: Cooke / OKAPIA; 51-3-A: Reinhard / OKAPIA; 51-3-B: Reinhard / Angermayer; 51-3-C, 51-4-A: Pfletschinger / Angermayer; 51-4-B: Gerhard / SILVESTRIS; 53-A–C: Pfletschinger / Angermayer; 53-D: Dr. Keil; 54-1-A, 55-3-A, 55-3-B: Pfletschinger / Angermayer; 57-Schlammröhrenwurm: Hecker / SILVESTRIS; 57-Wurmkot, 57-Drahtwurm: Pfletschinger / Angermayer; 57-Mistwurm: Hecker / OKAPIA; 57-Blutegel: Rohdich / SILVESTRIS; 57-Wattwurm: Quedens; 57-Seeringelwurm: Pohlner / OKAPIA PUR; 58, 59-2-A, 59-2-C: Pfletschinger / Angermayer; 60-Harlekin-Springspinne: NHPA / SILVESTRIS; 60-Wolfspinne: Hecker / SILVESTRIS; 60-Krabbenspinne gelb, 60-Baldachinspinne, 60-Krabbenspinne weiß: Pfletschinger / Angermayer; 60-Trichterspinne: De Cuveland / SILVESTRIS; 61-Schwertschwanz von oben: Gohier / OKAPIA; 61-Schwertschwanz von unten: Proctor / OKAPIA; 61-Bücherskorpion: Farkaschovsky / OKAPIA; 61-Weberknecht: Struck / SILVESTRIS; 61-Skorpion: Pfletschinger / Angermayer; 61-Rote Spinne: Struck / SILVESTRIS; 61-Wasserläufer, 61-Zitterspinne: Hecker / SILVESTRIS; 61-Weberknecht: Kapp / SILVESTRIS; 62-3: Switak / OKAPIA; 62-4: Ziesler / Angermayer; 62-5: Helwig / OKAPIA; 62-6-A: Irsch / SILVESTRIS; 62-6-B: Ramage / OSF / OKAPIA; 63: McDonald / OKAPIA; 64-1, 64-2-A: Pfletschinger / Angermayer; 64-2-B: Prof. Dr. Karg; 64-2-C: Dr. Sauer / SILVESTRIS; 64-2-D: Pelka / SILVESTRIS; 64-2-E: Pfletschinger / Angermayer; 64-2-F: Prof. Dr. Mehlhorn; 65-3-A: Göthel / OKAPIA; 65-3-B: Kage / OKAPIA; 65-3-C: Pfletschinger / Angermayer; 65-4: eye of science; 66-1-A: Maier / SILVESTRIS; 66-2-A: Pfletschinger / Angermayer; 66-2-B: Hartl / OKAPIA; 67-Europäischer Hummer: Köster / Angermayer; 67-Nordseegarnele: Luther / OKAPIA; 67-Wollhandkrebs: Quedens; 67-Taschenkrebs: Pohlner / OKAPIA; 67-Wasserfloh: Wothe / SILVESTRIS; 67-Rote Landkrabbe: Pfletschinger / Angermayer; 67-Hüpferling: Wothe / SILVESTRIS; 68-1-A: Bühler / SILVESTRIS; 69-Rollalles: Varin / OKAPIA; 69-Asseln: Schroedel Archiv; 69-Mauerassel: Pfletschinger / Angermayer; 69-Wasserassel: Hecker / OKAPIA; 69-Wüstenassel: NHPA / Stephen; 69-Rote Landkrabbe: Soder / OKAPIA; 70-1, 70-2-A, 70-2-B: Pfletschinger / Angermayer; 70-2-C: Kage / OKAPIA; 71-4-A–C: Pfletschinger / Angermayer; 72-1-A: Jacobi / OKAPIA; 73-3-A: Roessler / OKAPIA; 73-3-B: Lemoine / OKAPIA; 73-3-C: Hecker / OKAPIA; 73-4: Ehrenström / OKAPIA; 73-6: Roessler / Okapia; 74-6-A: Wothe / SILVESTRIS; 75-Sumpfdeckelschnecke: Hartl / OKAPIA; 75-Seehase: Flutham / SILVESTRIS; 75-Kalmar: Neumann / OKAPIA; 75-Rote Wegschnecke: Lenz / SILVESTRIS; 75-Gemeine Ackerschnecke: Pfletschinger / Angermayer; 75-Papierboot: Galasso / OKAPIA; 75-Auster: Varin / OKAPIA; 76-Dactylioceras, 76-Taramelliceras: Staatl. Museum für Naturkunde; 76-Nautilus: Schlüter Biologie; 76-Amaltheus, 76-Lytoceras, 76-Hildoceras: Staatl. Museum für Naturkunde; 78-Stubenfliege: Kapp / Silvestris; 78-Stigma CU / Biological / Phototake / Okapia; 78-Radnetz Buchhorn / Okapia; 79: Hecker / Silvestris; 80-A, 80-B: Stadtler / Silvestris; 82-3-A: Lieder; 82-4-A: Dr. Jaenicke; 84-5, 84-6: Konopka; 84-7: Amthor / IFA-Bilderteam; 84-8: NAS / Hermann; 85-4-A, 85-4-B, 85-5: Dr. Philipp; 86-2: Dr. Jaenicke; 86-4: Dr. Philipp; 87-4-A: Wanner / KARLY; 87-4-B: Wanner / KARLY; 88-1-A: IMA / Bonn; 88-1-B: Helbing / Naturbild / OKAPIA; 88-1-C: Danegger / SILVESTRIS; 90-1: Aerophot-Demuss; 90-1-A: Dr. Jaenicke; 90-1-B: Wellinghorst; 90-1-C: Tönnies; 91-1-D: Wellinghorst; 91-1-E: Behrens; 91-1-F: Dr. Jaenicke; 92-1-A–D, 96-1: Wellinghorst; 96-1-A: Prof. Weber; 96-1-B, 98-1: Dr. Philipp; 98-2-A–C, 99-5-A–C: Dr. Thomas; 100-1-A: Schacke / OKAPIA; 100-1-B: Tönnies; 101-1-A: Silvestris; 101-1-B: Dobers; 104-1-A, 104-1-E: Dr. Jaenicke; 109-Maiglöckchen: Dr. Philipp; 109-Wald-Sauerklee: Förster / Natur im Bild / OKAPIA; 109-Wald-Sauerklee Insert: Tönnies; 109-Wald-Schachtelhalm, 109-Schattenblümchen: Prof. Weber; 109-Waldmeister: Dr. Jaenicke; 109-Türkenbund-Lilie, 110-1-B: Prof. Weber; 112-Brauner Streifenfarn: Wellinghorst; 112-Mauerraute: Dr. Jaenicke; 112-Rippenfarn: Prof. Weber; 112-Adlerfarn: Tönnies; 112-Tüpfelfarn, 112-Wurmfarn: Dr. Jaenicke; 113-2-A: Dr. Sauer / SILVESTRIS; 113-3: Konopka; 114-1: Dr. Jaenicke; 116-Weißmoos: Wellinghorst; 116-Großes Haarmützenmoos 1, 116-Großes Haarmützenmoos 2: Manhart / OKAPIA; 116-Haar-Birnmoos: Prof. Weber; 116-Spaariges Torfmoos: Skibbe / SILVESTRIS; 116-Brunnelebermoos: Vock / OKAPIA; 116-Hornzahnmoos: Prof. Weber; 118-1: Essler / Silvestris; 119-1-B: Dr. Pott / OKAPIA; 119-1-C: Hecker / OKAPIA; 119-1-D: Skibbe / SILVESTRIS; 119-1-E: Vock / OKAPIA; 120-Grüner Knollenblätterpilz: Reinhard / Angermayer; 120-Weißer Knollenblätterpilz: Angermayer; 120-Flaschenstäubling: Wanecek / OKAPIA; 120-Steinpilz: Reinhard / OKAPIA; 120-Speisemorchel: Geyer / SILVESTRIS; 120-Satansröhrling: Schrempp / OKAPIA; 120-Schopftintling: Bühler / SILVESTRIS; 121-Maronenröhrling: Angermayer; 121-Riesenschirmling: Layer / SILVESTRIS; 121-Fliegenpilz: Reinhard / OKAPIA; 121-Austernseitling: Skibbe / SILVESTRIS; 121-Trüffeln: Lacz / SILVESTRIS; 121-Pantherpilz: Schmidt-Stohn / Naturbild / OKAPIA 121-Trüffelsuche in Frankreich: Lacz / SILVESTRIS; 121-Pfifferling: Reinhard / OKAPIA; 122-1: Wisniewski / OKAPIA; 122-2: Brockhaus / SILVESTRIS; 122-4: Meier / Greiner + Meyer; 123-Wand-Gelbflechte: Prof. Weber; 123-Lecanora: Maclean / QSF / OKAPIA; 123-Trompetenflechte: Struck / SILVESTRIS; 123-Korallenflechte: NHPA / SILVESTRIS; 123-Schnitt durch Flechte: Dr. Nittinger / XENIEL DIA; 124-6: Tönnies; 124-7: AKG; 125-9-A, 125-9-B: Dr. Philipp; 127-2: Tönnies; 127-3: Dr. Philipp; 132-3: AKG; 133-4: Dr. Thomas; 136-1: Wellinghorst; 136-1-A: Reinhard / OKAPIA; 136-1-B: Dr. Philipp; 137-1-C: Dr. Jaenicke; 137-1-D: Brockhaus / SILVESTRIS; 138-Wiesen-Klee, 138-Scharfer Hahnenfuß: Tönnies; 138-Wiesen-Bärenklau: Dr. Philipp; 138-Wiesen-Kerbel: Wellinghorst; 138-Wiesen-Storchschnabel, 138-Wiesen-Margerite: Tönnies; 139-Feldmaus: Maier / OKAPIA; 139-Maulwurf: Danegger / SILVESTRIS; 140-3: Lochow-Petkus GmbH; 140-4: Lessing / AKG; 140-5: Forman / AKG; 140-6: AKG; 140-7: Schiffer / IMA; 142-1: Beck / MAURITIUS; 142-2-A, 142-3, 143-4, 144, 145-A, 145-B, 148-1-A–C: Wellinghorst; 149-Ackerschachtelhalm: Schacke / Naturbild / OKAPIA; 149-Getreidefeld: Wellinghorst; 150-1-A: Büttner / Naturbild / OKAPIA; 150-1-B: Endt / Gesamtverband des deutschen Steinkohlebergbaus; 150-1-C: Schwesig / Gesamtverband des deutschen Steinkohlebergbaus; 151-Dachtrespe: ASA; 151-Natterkopf: Scholz / SILVESTRIS; 151-Riesen-Goldrute: Heppner / SILVESTRIS; 151-Schwarze Königskerze, 151-Hängebirke: Hecker / SILVESTRIS; 152-1: Wellinghorst; 154-Wasserhahnenfuß: Prof. Weber; 154-Breitblättriger Rohrkolben: Tönnies; 154-Schilfrohr: Dr. Philipp; 154-Faulbaum: Wellinghorst; 154-Schwarzerle: Reinhard / OKAPIA; 154-Blutweiderich: Tönnies; 155-Spitzschlammschnecke: Hecker / SILVESTRIS; 155-Wasserspinne: Pfletschinger / Angermayer; 155-Plötze: Hartl / OKAPIA; 155-Wasserläufer: Pfletschinger / Angermayer; 160-B–D, 161-4-A–D: Wellinghorst; 162-1-C: R. Väth; 163-1-C: Dr. Keil; 164-1, 166, 170-2,173-8: Dr. Jaenicke; 174-1: Otto / OKAPIA; 174-2: Umweltschutzamt; 175-3-A: Irsch / SILVESTRIS; 175-3-A-Kreis: Schmidt / Angermayer; 175-3-B: Lenz / SILVESTRIS; 175-3-B-Kreis: Walz / SILVESTRIS; 176-4-A: Rohdich / OKAPIA; 176-4-A-Kreis: Schmidt / Angermayer; 176-4-B: Schmidt / Angermayer; 176-4-B-Kreis: Thielscher / SILVESTRIS; 176-4-C, 176-4-C-Kreis: Willner / SILVESTRIS; 176-4-D: Ziesler / Angermayer; 177-5: Buch Ellenberg: Vegetation; 177-6: Walz / SILVESTRIS; 177-6-A: Ziesler / Angermayer; 177-6-B: Helbing / OKAPIA; 177-7: Vock / OKAPIA; 178-Feuchtwiese: Thielscher / SILVESTRIS; 178-Weißstorchpaar: Angermayer; 179-3-A: Eckhardt / SILVESTRIS; 179-3-B: dpa; 179-4: Uselmann / OKAPA; 180-Gewöhnliche Küchenschelle, 180-Gefranster Enzian: Prof. Weber; 180-Sommer-Adonisröschen: Mossrainer / SILVESTRIS; 180-Langblättriger Sonnentau: Wellinghorst; 180-Schachblume: Tönnies; 180-Frauenschuh: Dr. Jaenicke; 180-Hirschzunge: Tönnies; 181-Kreuzotter, 181-Hirschkäfer, 181-Großer Schillerfalter: Pfletschinger / Angermayer; 181-Feuersalamander: Angermayer; 181-Eisvogel: Reinhard / Angermayer; 181-Biber: Schulz / SILVESTRIS; 181-Große Hufeisennase: Krahmer / OKAPIA; 182-1: Greiner + Meyer; 182-1-A: Prof. Weber; 182-1-B, 182-1-C, 182-1-D, 183-2: Dr. Philipp; 183-2-A: Prof. Weber; 183-2-B, 183-2-C: Dr. Philipp; 183-2-D: Prof. Dohrenbusch; 184-3-A: Ablinger / SILVESTRIS; 184-3-B, 184-3-C: Dr. Philipp; 185-5: Albinger / SILVESTRIS; 186-1, 187-3-D: Tönnies; 188-1-A: Minkus; 188-2-A: Gröger / OKAPIA; 188-2-B: Kerscher / SILVESTRIS; 188-2-C: Irsch / OKAPIA; 189-3-A: Lehmann / SILVESTRIS; 189-4, 189-5: Minkus; 190-1-A: Pelka / SILVESTRIS; 190-1-B: Grzimek / OKAPIA; 190-2-A: Büttner / Naturbild / OKAPIA; 190-2-B: Schrempp / Greiner + Meyer; 190-3-A: Ulrich / SILVESTRIS; 190-3-B: Kerscher / SILVESTRIS; 191-4: Elfner / Angermayer; 191-5-A: Schillinger; 191-5-B: Glinski; 191-5-C: Runge; 191-6: Ziesler / Angermayer; 192-2: Schmidt / SILVESTRIS; 193-1: Pelka / OKAPIA; 193-3: Dr. Philipp; 193-4: Minkus; 194-1: Wellinghorst; 195-1-A, 195-1-B: Minkus; 196-3-A, 196-3-B, 198-1, 199-2, 200-1: Wellinghorst; 202-4: Mall; 202-5: P.M. / Verselis; 205-1, 206-1, 207-1, 208-1: Wellinghorst; 208-1-A: Traub / Silvestris; 208-1-B: Sellenschlo / Xeniel-Dia; 208-2-A: Brosette / Silvestris; 208-2-B: Rohdich / Silvestris; 209-3-A: Root / Okapia; 209-3-B, 209-4-A: Reinhard / Angermayer; 209-4-B: Martinez / Silvestris; 217-3-A: Zillmann / OKAPIA; 223-3: Dr. Jaenicke